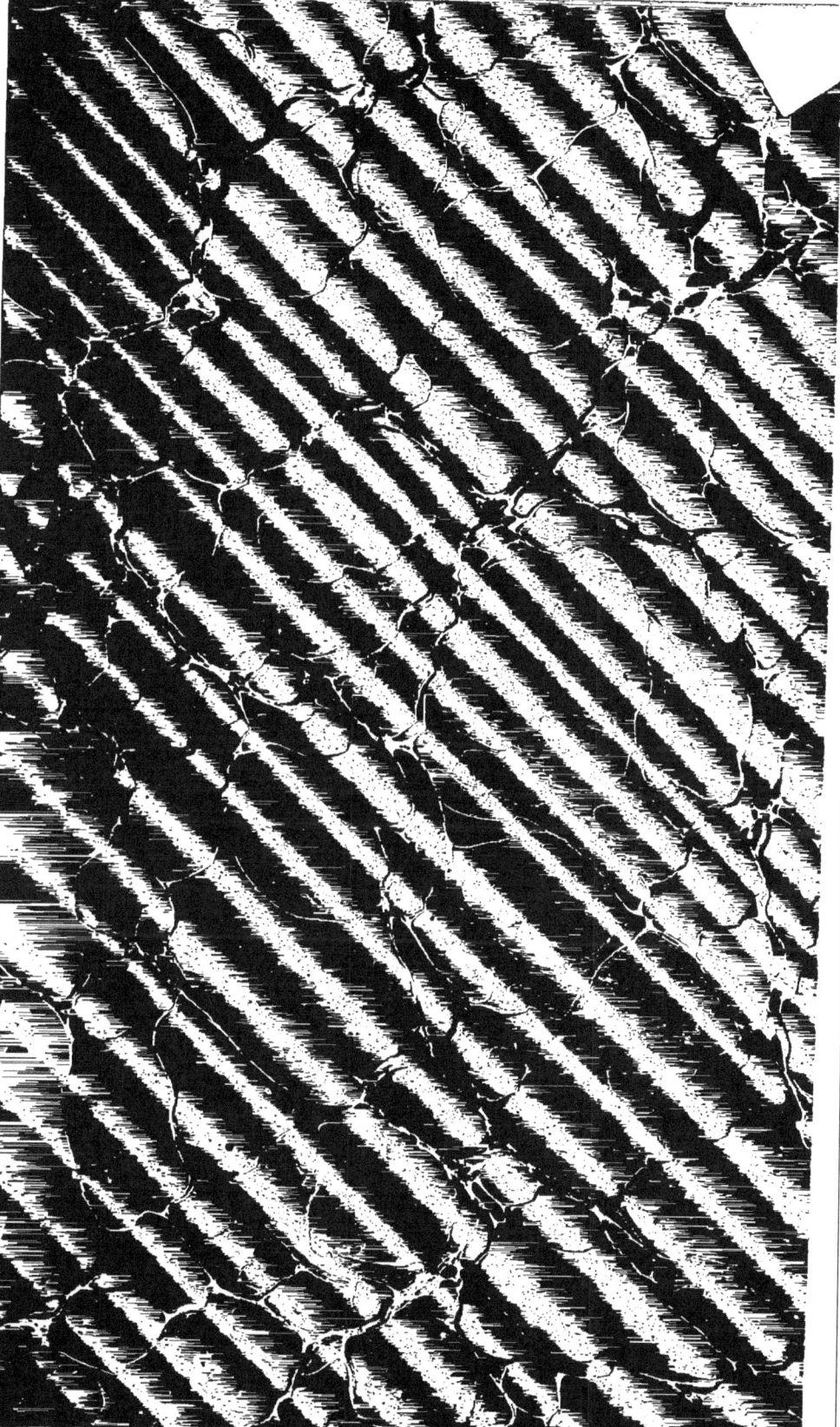

SOUSCRIPTION

Chez Leblanc, libraire-éditeur, rue Cruchedor, à Limoges.

ÉTUDES

MORALES, RELIGIEUSES ET POLITIQUES

sur

LES ANCIENNES PROVINCES DE FRANCE

LIMOGES AU XVIIᵉ SIÈCLE

PAR M. P. LAFOREST

UN FORT VOLUME IN-8, BELLE ÉDITION. — PRIX : 9 FR.

POUR LES SOUSCRIPTEURS : 7 FR 50 C.

Limoges, 1ᵉʳ décembre 1861.

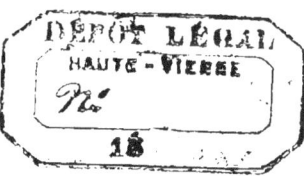

J'ai l'honneur de vous envoyer ci-joint l'annonce d'un ouvrage intitulé LIMOGES AU XVIIᵉ SIÈCLE. A Limoges, comme à Paris et dans beaucoup d'autres villes de France, la première moitié du XVIIᵉ siècle fut marquée par un admirable mouvement de rénovation religieuse. Cette réaction

morale, cette irradiation des âmes dans le bien, cette coalition de toutes les intelligences et de tous les bons vouloirs contre l'invasion déjà menaçante de doctrines subversives n'a pas eu d'historien dans notre pays. En écrivant cette histoire, je remplis une lacune : l'œuvre était difficile : je l'ai tentée.

J'invoque, M   , votre concours et, par vous, celui de tous les esprits que vous sauriez être sympathiques à un travail de cette nature.

L'Introduction du livre, reproduite à la suite de la présente lettre, vous permettra d'en apprécier l'esprit et la portée.

Daignez, M   , agréer l'hommage de ma considération la plus distinguée.

P. LAFOREST,
Boulevard de la Promenade, 5.

INTRODUCTION.

Le XVII° siècle a été de nos jours l'objet de nombreuses études : je viens à mon tour explorer cette mine féconde, et rechercher quelle fut au XVII° siècle la situation d'une de nos villes de province considérée dans sa foi, son culte, ses mœurs, ses habitudes, son langage, ses monuments.

Les faits que je vais décrire sont tirés, en partie, des Annales du Limousin du P. Bonaventure de Saint-Amable (1) et, en partie, des curieux manuscrits qui se conservent dans la bibliothèque publique de Limoges, au grand-séminaire et dans quelques-unes des communautés religieuses de cette ville. Les archives départementales ont été compulsées; mais ce dépôt, si riche à quelques égards, n'offre pour l'histoire de la vie morale au XVII° siècle que de rares matériaux.

Les études réunies dans ce volume présenteront au lecteur le tableau d'un actif mouvement de restauration religieuse. Les sectaires du XVI° siècle

---

(1) *Histoire de saint Martial*, 3 vol. in-folio. Le troisième volume se compose des Annales du Limousin.

avaient tout détruit : les populations catholiques du xviiᵉ siècle entreprennent de tout relever. Cet unanime concours des intelligences et des volontés à la régénération sociale par une expansion plus large de la sève catholique a certainement de la grandeur.

La condition politique de la bourgeoisie a été diversement appréciée. Ici les réalités de la vie publique nous montreront cette bourgeoisie avec ses vertus et ses défauts, intègre, austère, attachée aux formes établies, trop peu soucieuse peut-être de ces antiques libertés municipales, apanage des siècles de foi, qui furent l'une des plus brillantes irradiations du génie chrétien (1).

La plupart de nos grands écrivains appartiennent à la première moitié du xviiᵉ siècle, ou par la date de leur décès, ou par la date de leur naissance. Montaigne, Malherbe, saint François de Sales, Racan, Balzac, Voiture, sont morts ou touchent au terme de leur carrière en 1650. En 1650, Corneille, Molière, Pascal, Racine, Boileau, La Fontaine, Descartes, Bossuet, Fénelon, Bourdaloue, sont déjà nés. Il paraîtra peut-être intéressant de savoir quel fut, pendant cette mémorable période, l'état du langage dans une province que des circonstances topographiques d'une nature tout exceptionnelle séparaient du mou-

(1) Plus les croyances s'affaibliront, et plus deviendra complète l'absorption de l'individu dans la commune et de la commune dans l'État. Le dernier terme de l'erreur doctrinale dans ses applications à l'ordre politique, c'est l'asservissement de l'homme à l'homme. *Obéir à Dieu c'est la liberté* : ce mot de Sénèque est sans contredit l'une des plus belles paroles qui soient sorties d'une lèvre humaine.

vement intellectuel dont Paris était alors le centre. Diverses pièces du temps, relatées dans cet ouvrage, donneront aux esprits que ces sortes de faits intéressent une idée assez exacte de l'état de la langue écrite en Limousin pendant la première moitié du xvii⁰ siècle. Parmi ces pièces, certaines lettres de la vicomtesse Marie de Pompadour (1), curieuses au point de vue littéraire et surtout au point de vue des mœurs, méritent d'être remarquées. La vicomtesse écrit à son mari. La grande dame du temps de la reine Marie de Médicis se laisse voir dans son intérieur, dans l'intimité de la vie conjugale, et nous ouvre ainsi une échappée de vue sur la partie la plus intéressante et la moins connue des mœurs du xvii⁰ siècle. Ces pages de la vie de famille, qui n'ont point d'analogue, je crois, dans la collection des documents de l'époque, appartiennent au cabinet de manuscrits de M. Joseph Brunet, vice-président du tribunal de première instance de Limoges, qui a bien voulu me permettre d'en prendre copie.

En résumé, le présent ouvrage cotoie par plusieurs points l'histoire générale, et paraîtra peut-être mériter quelque indulgence par son but. Sauver de l'oubli des noms, des faits, des dates, des traditions locales dignes de mémoire, c'est encore servir la vérité. *Tout le monde est pour les vivants*, disait saint Louis ; *personne ne veut être du parti des pauvres morts.*

---

(1) La vicomtesse de Pompadour, l'une des grandes dames du xvii⁰ siècle, ne doit pas être confondue avec la trop célèbre maîtresse de Louis XV, Jeanne-Antoinette Poisson, qui porta le titre de marquise de Pompadour, et dont la fortune fut un des scandales du xviii⁰ siècle.

J'abrite mon obscur travail sous cette noble parole ; et, s'il m'était permis de la compléter, je dirais qu'en aucun temps le souvenir des aïeux n'a porté malheur à aucun peuple.

La ville de Limoges a été quelquefois maltraitée par la critique. Il n'est peut-être pas hors de propos de rappeler que cette ville aurait pu être jugée avec moins de rigueur.

Par une exception dont il n'existe point en France d'autre exemple, la province dont Limoges est la capitale a produit trois papes : Clément VI, Innocent VI et Grégoire XI, qui réintégra dans Rome la chaire de saint Pierre (1). Cette province compte trente-huit cardinaux, onze patriarches (2), cinquante-six archevêques et deux cent quatre-vingt-seize

(1) Clément VI, Rogier (Rosier?) de Mortroux de Maumont, porté au trône pontifical en 1342, siégea à Avignon, et mourut le 6 décembre 1352. Innocent VI, Étienne Aubert ou Albery, des Monts, paroisse de Beyssac près Pompadour, siégea aussi à Avignon, et mourut le 12 septembre 1362. Enfin Grégoire XI, Pierre Rogier de Mortroux de Maumont, cardinal de Beaufort, neveu de Clément VI, ceignit la tiare en 1371, rétablit le siége pontifical à Rome le 17 janvier 1378, et mourut à Rome le 27 mars de la même année. Tout le monde connaît les mémorables lettres que sainte Catherine de Sienne écrivit à l'illustre pontife.

(2) Notamment le vénérable Guillaume Lamy, patriarche de Jérusalem, né à Limoges, en 1305, de Jean Lamy et d'Anne de Murmans, et décédé en odeur de sainteté à Montpellier, le 9 juin 1360. Ses restes mortels furent transportés à Limoges, et déposés sous les voûtes de l'église cathédrale de Saint-Étienne, dans la chapelle de Saint-Thomas, derrière le maître-autel. Guillaume Lamy avait refusé le chapeau de cardinal. (V. BONAV., III, 633. — COLLIN, *Vies des saints*, p. 274.)

évêques (1). Elle a enrichi l'Église d'une multitude de saints, dont l'action civilisatrice se révèle par une foule d'institutions et de monuments encore subsistants.

Dans l'ordre politique, Limoges, au VIIe siècle, fournit à la dynastie mérovingienne le plus populaire de ses conseillers, saint Éloi, qui réunit sur son front la double auréole du génie et de la sainteté. Au XIe siècle, l'armée des croisés compte parmi ses chefs les plus intrépides les Aymeric de Rochechouard, les Raymond de Turenne, les Geoffroi de Rancon, et ce valeureux Gouffier de Lastours qui, à la tête de ses fidèles Limousins, emporta d'assaut la ville de Ptolémaïs. Au XIVe siècle, les bourgeois de Limoges repoussent l'oppression britannique, et, aidés de quelques paysans, mettent fin à une domination détestée. Au XVe siècle, les criminelles machinations de la reine de France Isabeau de Bavière font éclater en Limousin ce cri de mort dont le souffle de la tradition a porté les notes sauvages jusqu'à nous :

Fialo, fialo toun couteu
Per coupas lou cô d'Isobeu.

Aiguise, aiguise ton couteau
Pour couper le cou d'Isabeau.

Il est singulier qu'aucun écrivain du pays n'ait relevé la signification politique, cependant évidente, de ces deux vers. Des émotions qui pénètrent à ce point le cœur des peuples méritent d'être signalées.

(1) La connaissance du nombre des cardinaux est due à M. l'abbé Roy-Pierrefitte, qui a relevé ce nombre sur le *Gallia purpurata*. Les autres chiffres sont empruntés aux *Éphémérides de Limoges*, in-8, *Limoges*, 1837, p. 273.

Si les pères ne manquèrent pas de patriotisme, les fils n'ont pas manqué de mémoire, et, après quatre cents ans, le nom de la mère dénaturée de Charles VII est encore maudit dans une des provinces de France.

Dans la sphère des arts et de l'industrie, Limoges, au moyen âge, se signale par ses monnaies, son orfèvrerie et ses émaux, et très-probablement aussi par l'invention de la peinture sur verre, invention admirable dont profitèrent tous les grands monuments de l'Europe (1). L'architecture gothique doit à la ville de Limoges un de ses chefs-d'œuvre, cette cathédrale inachevée qui, dans son imperfection même, surpasse les éloges et l'admiration dont elle est l'objet. La poésie du moyen âge doit à la ville de Limoges la langue des troubadours; et l'art dramatique en France lui doit peut-être ses premiers essais : au XIe siècle, disent les historiens, fut représentée, dans l'abbaye Saint-Martial-lez-Limoges, une tragédie latine de la Passion, où Virgile était vu se prosternant avec les prophètes devant la crêche de Bethléem : c'est presque l'idée que Dante, deux siècles plus tard,

(1) Voyez, à ce sujet, les écrits du savant et regrettable abbé Texier, et notamment l'article *Limoges* dans son *Dictionnaire d'orfèvrerie* (1 vol. in-4, 1495 colonnes, Migne, 1856). Les raisons qui portaient M. l'abbé Texier à attribuer à la ville de Limoges la découverte de la peinture sur verre ont obtenu l'assentiment de plusieurs archéologues illustres. En ce qui touche les émaux, M. Texier évalue à dix mille le nombre des châsses autrefois répandues dans la seule province du Limousin. Sous le nom d'œuvre de Limoges, *opus de Lemogia*, les émaux de cette ville furent populaires dans toute l'Europe, et soutinrent quelquefois la concurrence avec les émaux d'Allemagne, qui en général l'emportaient par la correction du dessin.

doit développer dans la *Divine Comédie* (1). L'artiste de Limoges allait au-devant de l'artiste florentin. Cette disposition pré-instinctive de l'une des plus humbles provinces de France pour tout ce qui est bien se trouve à toutes les époques. Limoges, au XVIe siècle, donnera à la littérature Jean Dorat, l'une des étoiles de la pléïade littéraire. A l'éloquence de ce même XVIe siècle, Limoges fournit le plus célèbre peut-être de ses organes, Marc-Antoine-François Muret, l'orateur des papes, à qui Rome un jour décerna l'honneur de haranguer, au nom *du sénat et du peuple romain*, le vainqueur de Lépante (2).

Pendant que Rome applaudit les orateurs limousins, Venise honore le génie commercial de la province qui leur a donné le jour. C'est à Limoges que la république de Saint-Marc a placé, dès le Xe siècle, l'un de ses plus prospères entrepôts de l'Occident, et la rue des *Vénitiens*, encore subsistante, perpétue le souvenir des fraternelles relations qui autrefois unirent Limoges et Venise.

Louis XI veut initier sa ville d'Arras aux saines traditions du négoce : il s'adresse aux marchands de Limoges; et, répondant aux appels du souverain, les André Roger et les Disnematin acceptent, par contrat

---

(1) M. Amédée Gabourd, *Histoire de France*, V, 99, 22 vol. in-8, *Paris*, 1856.

(2) Le pape saint Pie V, après la victoire de Lépante, autorisa les Romains à décerner à Marc-Antoine Colonna, généralissime de l'expédition, les honneurs du triomphe antique. Muret prononça la harangue dans l'église de *Ara-Cœli* sur le sommet du Capitole. Ce savant mourut à Rome le 4 novembre 1585.

VIII

du 15 mai 1479, l'honorable mission d'aller organiser le commerce de l'Artois.

François I*ᵉʳ*, voulant orner ses palais des divers monuments des arts, fait appel aux émailleurs de Limoges : à sa voix, Léonard Limousin enrichit les résidences royales de ses chefs-d'œuvre; et, si, dans l'Université de Paris, l'Alighieri a jadis tendu la main aux poètes limousins, sous les galeries de Fontainebleau le Rosso fraternisera avec les princes du bel art des émaux.

De toutes nos villes de second ordre, Limoges est peut-être celle qui, au moyen âge, a porté le plus loin ses arts et son industrie, son crédit et sa renommée : « Limoges, disent les géographes du XVI*ᵉ* siècle, est une vraie officine de diligence et prison d'oisiveté. Elle se voit autant marchande qu'autre qui se puisse voir. Elle abonde en bons artisans de tous métiers, et aussi en peinture sur émail, étant ornée d'hommes doctes et curieux. Elle est assise en lieu assez agréable, et ne doit rien à aucune ville d'Aquitaine (1) ». — « C'est merveille, ajoute un autre géographe, qu'il se puisse faire à Limoges un tel trafic, vu qu'il n'y a de riviere voisine que celle de Vienne, non navigable, et que la ville est loin de toute commodité. Le soin des habitants est de négocier bien loin d'eux : ils s'y exercent en plusieurs sortes (2). » Théodore de Bèze, l'un des chefs du calvinisme, ne saurait être suspect de partialité pour la ville de saint Martial : «'Limoges, dit-il, ville épiscopale, située en lieu fort stérile et

---

(1) Paul MERULA, *Cosmogr.*, part. II, lib. II, cap. 32.
(2) THEVET, *Cosmog.*, II, 528 : LEGROS, *Mél.*, I, 318.

malaisé pour le charroi, estoit, par une singuliere industrie et bon ménage des habitants, fort adextre et ingénieuse, et l'une des plus opulentes de France (1) ». Ménage, écrivain du xviie siècle, appuiera sur ce point l'historien calviniste : « Limoges, dit-il dans son *Dictionnaire des origines*, Limoges, dans une assiette stérile, est pleine des plus gentils artisans du monde ». Les écrivains que je viens de citer font avec raison la part des obstacles naturels, et tiennent compte du mérite de la difficulté vaincue. Ils expliquent par les remarquables qualités des habitants le fait, autrement inexplicable, de la prospérité toujours croissante de la ville de Limoges : c'est de la saine critique ; c'est du bon sens.

(1) BÈZE, *Hist. eccl.*, liv. IX.

LIMOGES AU XVIIE SIÈCLE

LIMOGES. — IMPRIMERIE DE CHAPOULAUD FRÈRES,
Rue Montant-Manigne, 7

ÉTUDES

SUR LES ANCIENNES PROVINCES DE FRANCE

LIMOGES

AU XVIIᵉ SIÈCLE

PAR

M. P. LAFOREST

Colligite ne pereant.
(Joann., VI, 12.)

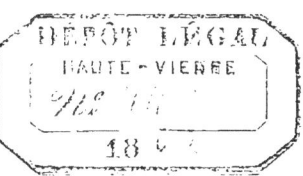

LIMOGES

LIBRAIRIE ECCLÉSIASTIQUE DE J.-B. LEBLANC ET Cⁱᵉ
Rue Cruchedor, 3

1862

INTRODUCTION.

I.

Le XVIIe siècle a été de nos jours l'objet de nombreuses études : je viens à mon tour explorer cette mine féconde, et rechercher quelle fut au XVIIe siècle la situation d'une de nos villes de province considérée dans sa foi, son culte, ses mœurs, ses habitudes, son langage, ses monuments.

Les faits que je vais décrire sont tirés, en partie, des Annales du Limousin du P. Bonaventure de Saint-Amable (1) et, en partie, des curieux manuscrits qui se conservent dans la bibliothèque publique de Limoges, au grand-séminaire et dans quelques-unes des communautés religieuses de cette ville. Les archives départementales se trouvaient naturellement

---

(1) *Histoire de saint Martial*, 3 vol. in-folio. Le troisième volume se compose des Annales du Limousin.

sur la ligne de mes recherches; mais ce dépôt, si riche à quelques égards, n'offre pour l'histoire de la vie morale, du moins en ce qui touche le xviie siècle, que de rares matériaux. J'ai pourtant recueilli là quelques pièces intéressantes qui ne se rencontrent point ailleurs, et que je me fais un devoir de mettre en lumière.

Les études dont la collection compose ce volume présenteront au lecteur le tableau d'un actif mouvement de restauration religieuse. Les sectaires du xvie siècle avaient tout détruit : les populations catholiques du xviie siècle entreprennent de tout relever. Les esprits se portent à l'œuvre avec empressement. Cette action spontanée, cet unanime concours des intelligences et des volontés à la régénération sociale par une expansion plus large de la sève catholique a certainement de la grandeur.

La condition politique de la bourgeoisie a été diversement appréciée. Ici la bourgeoisie sera vue à l'œuvre; nous la rencontrerons dans les réalités de la vie pratique; elle nous apparaîtra avec ses vertus et ses défauts, intègre, austère, attachée au devoir, trop peu soucieuse peut-être des anciens droits nationaux, déjà dépouillée, du moins en partie, des libertés municipales, que l'Europe, arrachée aux servitudes romaines, devait au christianisme, et qui furent l'une des plus brillantes irradiations du génie chrétien. Je constate la déchéance politique : il serait toutefois injuste d'en attribuer au xviiᵉ siècle seul la responsabilité. La ruine des libertés locales vint de plus loin, et fut, à mon avis, une conséquence forcée des déchirements religieux des siècles antérieurs. Plus les croyances tendent à se fractionner, et plus doit devenir complète l'absorption de l'individu dans la commune et de la commune dans l'État. La conséquence est fatale : le dernier terme de l'erreur doctrinale dans ses applications à l'ordre politique, c'est l'asservissement de l'homme à l'homme. *Obéir à Dieu*, a dit un philosophe, *c'est la liberté :* ce mot, s'il n'est tiré de saint Paul, serait sans contredit l'une des plus belles paroles qui fussent sorties d'une lèvre humaine (1).

La plupart de nos grands écrivains appartiennent à la première moitié du xviiᵉ siècle, ou par la date de leur décès, ou par la date de leur naissance. Montaigne, Malherbe, saint François de Sales, Racan, Balzac, Voiture, sont morts ou touchent au terme de leur carrière en 1650. En 1650, Corneille, Molière,

(1) Je crains de me tromper en nommant Sénèque : il me semble pourtant que cette belle parole est de lui.

Pascal, Racine, Boileau, La Fontaine, Descartes, Bossuet, Fénelon, Bourdaloue, sont déjà nés. Il paraîtra peut-être intéressant de savoir quel fut, pendant cette mémorable période, l'état du langage dans une province que des circonstances topographiques d'une nature tout exceptionnelle séparaient du mouvement intellectuel dont Paris était alors le centre. Diverses pièces du temps, relatées dans cet ouvrage, donneront aux esprits que ces sortes de faits intéressent une idée assez exacte de l'état de la langue écrite en Limousin pendant la première moitié du xviie siècle. Parmi ces pièces, certaines lettres de la vicomtesse Marie de Pompadour (1), curieuses au point de vue littéraire et surtout au point de vue des mœurs, méritent d'être remarquées. La vicomtesse écrit à son mari. La grande dame du temps de la reine Marie de Médicis se laisse voir dans son intérieur, dans l'intimité de la vie conjugale. Sa correspondance nous ouvre une échappée de vue sur la partie la plus intéressante et la moins connue des mœurs du xviie siècle. Ces pages de la vie de famille, qui n'ont point d'analogue, je crois, dans la collection des

---

(1) La vicomtesse de Pompadour, l'une des grandes dames du xviie siècle, ne doit pas être confondue avec la trop célèbre maîtresse de Louis XV, Jeanne-Antoinette Poisson, qui porta le titre de marquise de Pompadour, et dont la fortune fut un des scandales du xviiie siècle.

documents de l'époque, appartiennent au cabinet de manuscrits de M. Joseph Brunet, vice-président du tribunal de première instance de Limoges, qui a bien voulu me permettre d'en prendre copie.

En résumé, le présent ouvrage cotoie par plusieurs points l'histoire générale, et paraîtra peut-être mériter quelque indulgence par son but. Sauver de l'oubli des noms, des faits, des dates, des traditions locales dignes de mémoire, c'est encore servir la vérité. *Tout le monde est pour les vivants,* disait saint Louis : *personne ne veut être du parti des pauvres morts.* J'abrite mon obscur travail sous cette noble parole; et, s'il m'était permis de la compléter, je dirais qu'en aucun temps le souvenir des aïeux n'a porté malheur à aucun peuple.

II.

La ville de Limoges a été quelquefois maltraitée par la critique. Dans un ouvrage de la nature de celui-ci, il sera peut-être permis de rappeler que cette ville aurait pu être jugée avec moins de rigueur.

Sans entrer dans des détails que ne comporte point une préface, je rappellerai quelques faits. Par une exception dont il n'existe point en France d'autre exemple, la province dont Limoges est la capitale a produit trois papes : Clément VI, Innocent VI et Grégoire XI, *qui réintégra dans Rome la chaire de saint Pierre* (1). Cette province compte trente-huit cardinaux, onze patriarches (2), cinquante-six archevêques et deux cent quatre-vingt-seize évêques (3). Elle a enrichi l'Église d'une multitude de saints, dont l'action civilisatrice se révèle par une foule d'institutions et de monuments encore subsistants.

(1) Clément VI, Rogier de Mortroux de Maumont, porté au trône pontifical en 1342, siégea à Avignon, et mourut le 6 décembre 1352. Innocent VI, Étienne Aubert ou Albery, des Monts, paroisse de Beyssac près Pompadour, siégea aussi à Avignon, et mourut le 12 septembre 1362. Enfin Grégoire XI, Pierre Rogier de Mortroux de Maumont, cardinal de Beaufort, neveu de Clément VI, ceignit la tiare en 1371, rétablit le siége pontifical à Rome le 17 janvier 1378, et mourut à Rome le 27 mars de la même année. Tout le monde connaît les mémorables lettres que sainte Catherine de Sienne écrivit à l'illustre pontife.

(2) Notamment le vénérable Guillaume Lamy, patriarche de Jérusalem, né à Limoges, en 1305, de Jean Lamy et d'Anne de Murmans, et décédé en odeur de sainteté à Montpellier le 9 juin 1360. Ses restes mortels, transportés à Limoges, furent déposés sous les voûtes de l'église cathédrale de Saint-Étienne, dans la chapelle de Saint-Thomas, derrière le maître-autel. Guillaume Lamy avait refusé le chapeau de cardinal. (V. Bonav., III, 633. — Collin, *Vies des saints*, p. 274.)

(3) La connaissance du nombre des cardinaux est due à M. l'abbé Roy-Pierrefitte, qui a relevé ce nombre sur le *Gallia purpurata*. Les autres chiffres, dont il ne m'a pas été possible de vérifier l'exactitude, sont empruntés aux *Éphémérides de Limoges*, in-8 : *Limoges*, 1837, p. 273.

Dans l'ordre politique aussi bien que dans l'ordre religieux, Limoges ne sera pas au dernier rang. Cette ville, au viie siècle, fournit à la dynastie mérovingienne le plus populaire de ses conseillers, saint Éloi, qui réunit sur son front la double auréole du génie et de la sainteté. Au xie siècle, l'armée des croisés compte parmi ses chefs les plus intrépides une partie de la noblesse limousine, les Aymeric de Rochechouard, les Raymond de Turenne, les Geoffroi de Rancon, et ce valeureux Gouffier de Lastours qui, à la tête de ses fidèles Limousins, emporta d'assaut le fort de Marrah, d'autres disent la ville de Ptolémaïs. Au xive siècle, les bourgeois de Limoges repoussent l'oppression britannique, et, aidés de quelques paysans, mettent fin à une domination détestée. Au xve siècle, les criminelles machinations de la reine de France Isabeau de Bavière excitent dans la province un sentiment d'horreur, et font éclater en Limousin ce cri de mort dont le souffle de la tradition a porté les notes sauvages jusqu'à nous :

Fialo, fialo toun couteu
Per coupas lou cô d'Isobeu.

Aiguise, aiguise ton couteau
Pour couper le cou d'Isabeau.

Aucun écrivain de notre pays n'a, ce me semble,

VIII

relevé la signification politique de ces deux vers : des émotions qui pénètrent à ce point le cœur des peuples méritent cependant d'être signalées. Si les pères ne manquèrent pas de patriotisme, les fils n'ont pas manqué de mémoire, et, après quatre cents ans, le nom de la mère dénaturée de Charles VII est encore maudit en une des provinces de France.

Dans la sphère des arts et de l'industrie, Limoges, au moyen âge, se signale par ses monnaies, son orfèvrerie et ses émaux. Sous le nom d'œuvre de Limoges, *opus de Lemogia,* les émaux de cette ville étaient populaires dans toute l'Europe. Ils furent recherchés en Angleterre, et soutinrent quelquefois la concurrence avec les émaux d'Allemagne, qui en général l'emportaient par la correction du dessin. Notre savant et regrettable compatriote l'abbé Texier évaluait à *dix mille* le nombre des châsses émaillées autrefois répandues dans la seule province du Limousin. Suivant lui, l'invention de la peinture sur verre pouvait être attribuée, sans trop de témérité, à nos émailleurs; et Limoges, dans cette hypothèse, aurait doté le moyen âge d'un art qui, par la suite, concourut à la décoration de tous les grands monuments (1). L'architecture gothique eut à Limoges

(1) Voyez, à ce sujet, les écrits de notre illustre archéologue, notamment l'article *Limoges* dans son *Dictionnaire*

ses représentants, et y produisit cette cathédrale inachevée qui, dans son imperfection même, surpasse les éloges et l'admiration dont elle est l'objet. La poésie du moyen âge emprunta à la ville de Limoges la langue des troubadours, cette langue qui put se croire un moment appelée à devenir le dialecte de la civilisation, et qui aujourd'hui, puissance déchue, expire dans l'obscurité. L'antique idiome du Latium, autre majesté aujourd'hui découronnée, se survivait à côté de l'idiome vulgaire : au XIe siècle, disent les historiens, fut représentée, dans l'abbaye Saint-Martial de Limoges, une tragédie latine de la Passion, où Virgile était vu se prosternant avec les prophètes devant la crèche de Bethléem. Le chantre de Pollion mêlé au chœur des prophètes, acclamant l'enfant qui *va naître* sous le signe de la *Vierge,* le nouveau-né qui *descend des cieux,* et qui, DÉLIANT l'humanité de l'*ancien crime,* la DÉLIERA aussi des *anciennes terreurs* (1), c'est précisément l'idée que

---

d'orfèvrerie (1 vol. in-4, 1495 colonnes, Migne, 1856). Les raisons qui portaient M. l'abbé Texier à attribuer à la ville de Limoges la découverte de la peinture sur verre ont obtenu l'assentiment de plusieurs archéologues distingués.

(1)   Jam redit et Virgo.....
       Jam nova progenies cœlo demittitur alto.....
       Te duce, si qua manent sceleris vestigia nostri,
       Irrita perpetua *solvent* formidine terras.
                                            Eclog. IV.
Ceci, dit la glose, cadre très-véritablement avec la venue

Dante, deux siècles plus tard, développera dans la *Divine Comédie* (1). L'artiste de Limoges est allé audevant de l'artiste florentin. Cette disposition préinstinctive de l'une des plus humbles provinces de France pour tout ce qui est noble et beau se manifeste jusque dans ces essais dramatiques dont il vient d'être question, et qui nous reportent aux premières origines de l'art. A la même époque, c'està-dire au xie siècle, un moine de Saint-Martial de Limoges, Adhémar de Chabannes, écrivait ses Chroniques, et frayait à l'histoire ses premières voies. Au xiie siècle, un poète limousin, Béchade de Lastours, chantait la première croisade, et son poème est aujourd'hui encore recherché comme un des plus anciens monuments de la poésie française. A la même époque, Geoffroi, *prieur de Vigeois,* continuait et surpassait l'œuvre d'Adhémar de Chabannes, et produisait cette Chronique de Vigeois, *Chronicon Vosiensis,* qui, après tant de siècles, est encore en honneur parmi les savants. Au xiiie siècle, Ithier, bibliothécaire de l'abbaye de Saint-Martial, autre chroniqueur, écrivait

---

du Christ; mais le poète n'a pas compris cela du Christ : *Hoc verissime Christi adventui quadrat; sed poeta non intellexit de Christo.* Je ne cite que quelques mots : il faut lire dans Virgile l'églogue entière : le poète semble avoir traduit Isaïe.

(1) M. Amédée Gabourd, *Histoire de France,* V. 99. — 22 vol. in-8 : *Paris,* 1856.

une histoire qui va de l'origine du monde à l'année 1225. Enfin, au XVIᵉ siècle, Limoges est représentée dans le mouvement littéraire de l'époque par Jean Dorat, l'une des étoiles de la *pléiade* française, pléiade éphémère, constellation supplantée depuis par beaucoup d'autres astres dont l'éclat n'a pas été plus durable.

En 1571, eut lieu à Rome une solennité qui intéressait toute l'Europe. Le pape saint Pie V, après la victoire de Lépante, avait autorisé les Romains à décerner à Marc-Antoine Colonna, généralissime de l'expédition, les honneurs du triomphe antique. C'est à un de nos compatriotes, c'est à Marc-Antoine-François Muret que fut décerné l'honneur de haranguer, au nom *du sénat et du peuple romain*, le vainqueur de Lépante. Muret prononça la harangue dans l'église de *Ara-Cœli* sur le sommet du Capitole(1).

Pendant que Rome applaudit les orateurs limousins, Venise honore le génie commercial de la province qui leur a donné le jour. C'est à Limoges que la république de Saint-Marc a placé, dès le Xᵉ siècle, l'un

---

(1) Ce discours, écrit en latin, se trouve dans les œuvres de Muret. L'orateur prononça l'année suivante l'oraison funèbre de saint Pie V dans la basilique Vaticane. (M. Antonii Mureti, civis romani, *Orationum* volumina duo, tom. II, p. 305-320.)

de ses plus prospères entrepôts de l'Occident, et la rue des *Vénitiens*, encore subsistante, perpétue le souvenir des fraternelles relations qui autrefois unirent Limoges et Venise.

La réputation de notre commerce était si bien établie que Louis XI, voulant initier sa ville d'Arras aux saines traditions du négoce, demanda aux marchands de Limoges des sujets capables de réaliser son dessein ; et en effet deux de nos familles, les André Roger et les Disnematin, acceptèrent, par contrat du 15 mai 1479, l'honorable mission d'aller, par quelques-uns des leurs, organiser et féconder le commerce de l'Artois.

Nos artistes étaient recherchés et appelés au loin, même à l'étranger, notamment en Angleterre. Tout le monde sait avec quelle splendeur François Ier décora ses palais : le souverain fit appel aux émailleurs de Limoges. Léonard Limosin concourut par ses travaux à l'embellissement des résidences royales ; et, si, dans l'Université de Paris, l'Alighieri avait jadis tendu la main aux poètes limousins, sous les galeries de Fontainebleau le Rosso ne dédaigna pas de fraterniser avec les princes du bel art des émaux.

Je me résume : Limoges est peut-être la seule ville de France qui, condamnée par la nature des lieux à une infériorité presque inévitable, ait triomphé des difficultés qui s'opposaient à son développement. De toutes nos villes de second ordre, c'est certainement l'une de celles qui, au moyen âge, a porté le plus loin ses arts et son industrie, son crédit et sa renommée : « Limoges, disent les géographes du XVIe siècle, est une vraie officine de diligence et prison d'oisiveté. Elle se voit autant marchande qu'autre qui se puisse voir. Elle abonde en bons artisans de tous métiers, et aussi en peinture sur émail, étant ornée d'hommes doctes et curieux. Elle est assise en lieu assez agréable, et ne doit rien à aucune ville d'Aquitaine (1). » — « C'est merveille, ajoute un autre géographe, qu'il se puisse faire à Limoges un tel trafic, vu qu'il n'y a de riviere voisine que celle de Vienne, non navigable, et que la ville est loin de toute commodité. Le soin des habitants est de négocier bien loin d'eux : ils s'y exercent en plusieurs sortes (2). » Théodore de Bèze, l'un des chefs du calvinisme, ne saurait être suspect de partialité pour la ville de saint Martial : « Limoges, dit-il, ville épiscopale, située en lieu fort stérile et malaisé pour le charroi, estoit, par une singuliere industrie et bon ménage des habitants, fort adextre et

---

(1) Paul Merula, *Cosmog.*, part. II, lib. II, cap. 32.
(2) Thevet, *Cosmog.*, II, 528 : Legros, *Mél.*, I, 348.

ingénieuse, et l'une des plus opulentes de France (1) ».
Ménage, écrivain du xviie siècle, appuiera sur ce point l'historien calviniste : « Limoges, dit-il dans son *Dictionnaire des Origines,* Limoges, dans une assiette stérile, est pleine des plus gentils artisans du monde ».

Les écrivains que je viens de citer font avec raison la part des obstacles naturels, et tiennent compte du mérite de la difficulté vaincue. Ils expliquent par les remarquables qualités des habitants le fait, autrement inexplicable, de la prospérité toujours croissante de la ville de Limoges : c'est de la saine critique ; c'est de la justice.

(1) Bèze, *Hist. eccl.*, liv. IX.

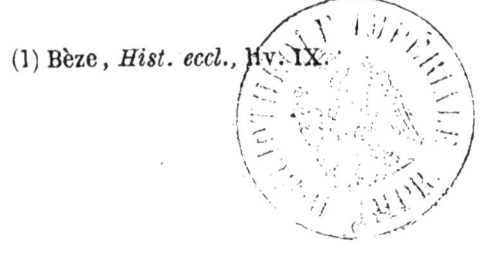

LIVRE PREMIER

ÉTUDES HISTORIQUES

I.

LIMOGES AU COMMENCEMENT DU XVIIᵉ SIÈCLE.

I.

Limoges était déjà florissante du temps de Jules César. Les Lémoviques, aussi bien que les autres tribus de la confédération gauloise, subirent le joug de la conquête ; mais, lorsque parut l'Évangile, ces peuples furent des premiers à saluer les lumières libératrices du christianisme, et à écrire sur leur drapeau l'immortelle devise de la civilisation : *Liberté dans la vérité* (1) ! Le caractère dominant du pays pendant la période chrétienne fut un inviolable attachement au symbole catholique. Limoges était avec raison

---

(1) Liberté dans la vérité ! liberté dans le bien ! loi sainte, loi fondamentale de l'ordre moral ! C'est pour avoir ébranlé cette loi, et lui avoir substitué le principe d'une prétendue liberté absolue, même dans l'erreur, que l'Angleterre, aujourd'hui tant vantée, sera un jour regardée comme la corruptrice de la civilisation.

regardée par l'Eglise de France comme l'un des boulevards de la foi. Là, comme ailleurs, le calvinisme réussit à enlever quelques postes avancés; mais le triomphe fut court, et, débusqué des positions envahies, l'ennemi se vit bientôt contraint de battre en retraite. Avant les guerres de religion, le moyen âge avait dit *Limoges la sainte* (1); après les guerres de religion, au XVII siècle, un magistrat éloquent, rendant hommage à la vaillance de ses concitoyens pendant la lutte, put dire avec raison que *rien n'étoit bastant pour saper ni ébranler la forteresse du cœur de ce peuple cimentée par la main du devoir* (2).

Beaucoup de familles limousines, subsistantes au commencement du XVIIe siècle, florissaient déjà au VIIIe et au IXe. Cette particularité, honorable pour le pays, mérite d'être signalée; car, dans la famille, vivre est assez ordinairement la récompense d'avoir bien vécu. Les familles ne s'enracinent pas dans l'iniquité; et, pour le remarquer en passant, aucun des insignes malfaiteurs de l'humanité n'a laissé de postérité durable. Les

---

(1) « Plusieurs historiens, dit l'abbé Bullat, ont désigné Limoges sous le nom de la *ville sainte* ou *petite Rome.* » (*Tableau de la ville de Limoges*, ms. inédit communiqué par M. l'abbé Courteix.) Voir J.-J. Juge, *Changements survenus dant les mœurs*, p. 28.

(2) Simon Descoutures, avocat du roi, *Discours sur l'antique fondation de la ville de Limoges.*

grands hommes commencent leur lignée; les grands coupables finissent la leur : c'est justice (1).

Tout observateur impartial et suffisamment éclairé parlera de Limoges comme le magistrat éloquent du XVIIe siècle dont tout à l'heure je reproduisais le témoignage. A cette époque, la population n'a aucun des vices des civilisations qui descendent; elle possède les vertus de toutes les civilisations qui montent. Peuple *simple et docile*, dit, en parlant des Limousins, l'un des plus célèbres intendants de la province, Henri d'Aguesseau, père du chancelier. Nous verrons ailleurs que la docilité chez ce peuple n'eut rien de commun avec le servilisme des peuples abrutis d'incrédulité qui prennent les bas-fonds de l'ordre moral pour les cimes de la liberté. La population est sobre, économe, laborieuse, fidèle à sa parole, soumise aux lois, attachée aux institutions. Elle a compris que les richesses ne sont pas l'unique thermomètre de la civilisation; que la civilisation la meilleure n'est pas celle qui roule le plus d'or, mais bien celle qui charrie le moins de fange.

---

(1) Appliquez la remarque aux héros du XVIIIe siècle; cherchez leur descendance : voyez et jugez. Où sont les descendants de Voltaire, de Rousseau, de Robespierre et de tant d'autres ? On peut dire en un sens très-vrai de certains grands coupables qu'ils se suicident dans leur postérité. Ces prétendus géants purent engendrer le mal : il leur fut interdit d'engendrer la vie.

Chez les familles du xviie siècle, les biens de la vie morale passent avant les biens de la vie matérielle. Certaines superfluités regardées de nos jours comme l'appendice obligé de nos prétendus besoins paraissaient à nos pères peu désirables. Leur opulence se faisait modeste; et c'est en restreignant le faste de leurs maisons que ces hommes forts tendaient à résoudre le difficile problème du rapprochement des classes et du nivellement des conditions. Ils aimaient à manquer de quelque chose : et cela était sage, car tout manque aux peuples qui veulent ne manquer de rien. Au luxe, qui creuse les abîmes, leur bon sens préférait l'humilité chrétienne, qui égalise les surfaces.

La critique, je le sais, reproche à ces anciennes populations limousines d'avoir poussé trop loin le dédain de certaines aisances de la vie. Heureux le peuple à qui de pareils torts peuvent être reprochés ! En général les fautes de nos aïeux sont de celles qui appellent indulgence; leurs vertus sont de celles qui commandent le respect. Quel esprit sérieux n'admirera ces rudes et mâles populations qui firent de l'austérité des mœurs la sauvegarde de leurs libertés, dont la moralité fut une puissance, et qui quelquefois contraignirent le souverain lui-même de prendre garde au chemin par où la royauté passait? Si la modestie des habitations particulières est, dans quelques cas, un signe de l'élévation des âmes, le luxe des habitations est plus souvent encore l'indice de l'écrasement des caractères. Chez nos aïeux, la demeure de l'homme porte le cachet de la tempérance et de la modestie chrétiennes. La rudesse des édifices privés est poussée si loin qu'on la croirait un effet de la rudesse des esprits. Mais qu'il s'agisse de la maison de Dieu, et ce peuple qui hier parut ignorer les plus simples lois de l'équerre et du compas, aujourd'hui ne sera étranger à aucun secret de la science. Sa main intelligente saisit la marteline et le ciseau; il assouplit la pierre et le granit, et marque sa place dans les arts à des niveaux que ses descendants n'ont point encore égalés (1).

La foi, cet éternel mobile des grandes choses, communiquait aux âmes l'amour du beau et du bien, l'élan de toutes les inspirations généreuses. Sous les saintes influences du christianisme,

---

(1) Ce que je viens de dire des habitations privées n'est pas sans exceptions : il arrivait que certains personnages, par leur rang, leur fortune, leur goût pour les arts, appelaient le génie de l'artiste à s'exercer en dehors de l'architecture monumentale. Limoges en peut offrir plus d'un exemple, notamment l'ancien hôtel de Malden (aujourd'hui couvent des sœurs de la Croix), construit en 1632. Pour apprécier les mérites de cette construction, il faut la visiter à l'intérieur et dans ses détails.

Limoges était devenue un actif foyer de bonnes œuvres. Les pauvres y étaient accueillis avec bonté. « Les couvents et les riches particuliers, dit un historien (1), donnaient à quiconque se présentait : lorsqu'un mendiant en trouvait un autre sur les routes, il lui disait : *Allez à Limoges : vous n'y manquerez de rien.* » En une année de disette, une nuée de pauvres étrangers s'étaient abattus sur Limoges : il y en avait *dix-huit cents!* Les magistrats, pendant trois mois consécutifs, deux fois par jour, distribuent de la soupe et du pain à ces malheureux ; deux fois par jour, de la *bouillie* aux enfants à la mamelle !

Dans cette ville où la charité a des sourires pour l'enfance, où les heures sérieuses de la vie occupent tant de place, les joies légitimes ont aussi leurs heures réservées. A côté des solides vertus, se laissent voir les qualités aimables, qui sont comme l'ornement et la parure de la vie sociale. Rencontrer, à cent lieues de Paris, au fond des bois du Limousin, une société gracieuse et polie, une colonie d'artistes, une réunion d'hommes d'esprit et de savoir, tel est le genre d'étonnement que La Fontaine paraît avoir éprouvé dans le voyage qu'il fit à Limoges en 1663 (2).

(1) J.-J. Juge, *Changem. surven. dans les mœurs*, p. 28.
(2) La Fontaine accompagna à Limoges, en 1663, Jeannart, son parent et son ami, substitut du procureur général au

« *Je vous donne*, écrit-il à sa femme, *les gens de Limoges pour aussi fins et aussi polis que peuple de France.* » C'est dans les salons de l'évêque François de La Fayette que se réunissait alors l'élite de la société limousine. La Fontaine, hébergé à l'évêché, a vu de près cette société. Il loue chez les femmes l'éclat et la blancheur de leur teint : sous la plume de La Fontaine, l'éloge sans doute serait assez mince; mais un écrivain du xvie siècle, parlant des femmes de Limoges, les a mieux et plus magnifiquement louées : « Ici, dit-il, la chasteté est en honneur chez les femmes, et la miséricorde aussi (1) ». Nous verrons dans cet ouvrage combien, à Limoges, les femmes du xviie siècle furent en effet dignes de respect.

Suivant les coutumes, ou plutôt suivant les nécessités du moyen âge, la capitale du Limousin

---

parlement de Paris, impliqué dans la disgrâce du surintendant Fouquet, et exilé dans cette ville. Il existe du fabuliste une lettre à sa femme, datée de Limoges le 19 décembre 1663. Cette lettre en annonce une seconde, qui aura été écrite, mais qui n'a pas été retrouvée.

On s'étonnera peut-être que, m'appuyant de La Fontaine, je ne dise rien de Molière. L'amertume de la satire de Molière trahit les ressentiments d'un amour-propre offensé. *Pourceaugnac* est une œuvre de vengeance qu'on ne saurait apprécier impartialement à Limoges.

(1) *Castitas hic feminis in pretio et misericordia.* (P. Merula, *Cosmogr.* : Legros, *Mélang.*, I, 12.)

s'abritait derrière d'épaisses fortifications (1). Les remparts étaient flanqués de hautes tours crénelées, de donjons et de fossés. Les portes, munies de pont-levis, se fermaient le soir. Aujourd'hui encore, il est facile de suivre de l'œil le périmètre des remparts. Cent grosses pièces d'artillerie complétaient le système de défense (2).

Vue de loin, avec ses pentes et ses toits saccadés, les bizarreries et les méandres de ses rues ; avec les clochers de ses quarante églises, ses flèches, ses dômes, ses donjons, ses tours, ses créneaux ; avec les grands arbres de ses places et de ses carrefours mariant leurs cimes aux cimes grisâtres de ses édifices, la ville de Limoges offrait dans la perspective un point de vue d'une remarquable beauté.

Comme toutes les anciennes villes de l'Europe, Limoges, à l'intérieur, présentait un aspect rude et sévère : un dédale de rues étroites et sombres, un amas de maisons de bois, et çà et là quelques maisons de granit noircies par le temps, indestructibles comme les races qui s'y succédaient. La piété publique avait érigé des croix à l'entrée

---

(1) Turgot, nommé intendant de la généralité de Limoges en 1761, fit détruire les fortifications, qui assombrissaient l'intérieur de la ville.

(2) Au XVIIIe siècle, sous l'intendance de M. d'Orsay, il ne restait de cette belle artillerie qu'un seul fauconneau. L'État sans doute avait fait main basse sur le reste.

des faubourgs. Au-dessus de chaque porte de ville, se voyait, au fond d'une niche, une statue de la très-sainte Vierge. Dans l'enceinte des murs, les nombreuses images de la Reine du ciel et des saints formaient comme autant de petites chapelles suspendues à l'angle des rues, ornées avec soin, parées de fleurs et de feuillages, et pourvues de lampes qui, allumées au déclin du jour, servaient à éclairer la ville pendant la nuit. En été, le soir, après les labeurs du jour, les jeunes filles, rassemblées aux pieds de la madone du quartier, dansaient en rond, ou faisaient retentir l'air de leurs pieux cantiques. Ces rues en apparence si tristes s'animaient ; la voie publique prenait un air de fête : l'innocence avait ses délassements ; et, si le luxe était banni des rues de Limoges, la joie n'en était pas entièrement exclue.

Pieuses chapelles, modestes monuments de la foi de nos pères, chœurs joyeux de jeunes filles sous l'œil maternel, mœurs innocentes et pures, je plains ceux qui vous ont dédaignés! Ces pages, si elles devaient survivre au jour qui les a vues naître, n'auront parlé de vous que pour invoquer un pieux et doux souvenir. De ces antiques images de nos saints quelques-unes ont échappé au marteau du progrès. Honneur aux magistratures qui les ont protégées! Honneur à l'édilité de Limoges, qui, tout récemment encore, détruisant à regret l'une de ces petites chapelles, relève l'humble sanctuaire plus gracieux et plus beau (1)!

II.

A Limoges, la ville et la Cité formaient deux agrégations distinctes, deux communes ayant chacune ses officiers municipaux, sa juridiction, sa milice, ses mesures, ses usages particuliers. La Cité relevait de l'évêque, qui y exerçait les droits seigneuriaux en partage avec la royauté. La ville, ou, comme on disait alors, le Château, ne relevait que du roi. L'évêque étendait sa juridiction sur neuf cents paroisses. L'évêché valait 50,000 livres (2). La justice ecclésiastique s'exerçait par l'official, tribunal composé de l'official général, d'un vice-gérant, d'un promoteur, d'un vice-promoteur et de deux greffiers. Le chapitre de la cathédrale se composait de trente-quatre membres, y compris le secrétaire. Les églises

(1) Notre-Dame-de-Préservation, sur le boulevard de la Corderie. Ce monument s'achève au moment où j'écris ces lignes (décembre 1861).

(2) M. Gay de Vernon (*Bullet. archéol.*, II, 121) dit 50,000 livres; Robert Hessein (*Dictionn. univ. de la France*, III, 657), 25,000 livres; le *Dictionnaire ecclésiastique*, 20,000 livres, et Louis de Bernage (*Mém. inédit sur le Lim.*), 18,000 livres. Pour concilier ces chiffres, il faut apparemment distinguer le revenu net du revenu brut.

paroissiales étaient au nombre de treize (1). La ville comptait plusieurs autres églises ou chapelles (2).

Deux colléges étaient chargés de distribuer l'enseignement à la jeunesse : l'un, de plein exercice, pour toutes les classes, dirigé par les Jésuites; l'autre pour la philosophie et la théologie, dirigé par les Pères de l'ordre de Saint-Dominique, vulgairement désignés sous le nom de Jacobins.

Le gouverneur de la province, la cour présidiale et, à partir de 1635, l'intendant de la généralité représentaient à Limoges l'autorité royale.

Le gouverneur de la province occupait le premier rang : en lui résidaient, par voie de

---

(1) Saint-Pierre-du-Queyroix, Saint-Jean, Saint-Maurice, Saint-Paul, Saint-Michel-de-Pistorie, Sainte-Félicité, Saint-Julien-Saint-Affre, Saint-Michel-des-Lions, Saint-Christophe, Saint-Domnolet, Saint-Aurélien, Saint-Gérald et Montjauvy.

(2) A la fin du XVIIe siècle, ces églises étaient au nombre de vingt-huit; savoir : Saint-Étienne, Saint-Augustin-lez-Limoges, Saint-Martin-lez-Limoges, la Règle, les Grandes-Claires, la Mission, les Pères Jésuites, les Carmélites, la Visitation, l'Oratoire, les Carmes-des-Arènes, la Providence, Sainte-Valérie, Saint-Cessateur vulgairement Saint-Cessadre, le Séminaire, les Pères Augustins, les Cordeliers, Saint-François, Sainte-Ursule, les Jacobins, les Carmes-Déchaussés, les Filles-de-Notre-Dame, le petit couvent de Sainte-Claire, les sœurs de la Croix, les Pénitents-Gris et la collégiale de Saint-Martial.

délégation, le pouvoir administratif et le pouvoir militaire. Mais le gouverneur était sans autorité sur les tribunaux, qui conservaient ainsi leur indépendance. Il ne pouvait d'ailleurs créer aucune taxe, établir aucun impôt, et n'était, à l'endroit des finances, que l'exécuteur des édits. Le gouverneur absent était remplacé par le lieutenant général au gouvernement de la province. Ce haut fonctionnaire ne doit pas être confondu avec le lieutenant général de la sénéchaussée et du présidial, autrement dit lieutenant général civil, l'un des chefs de la justice.

Le roi nommait quelquefois, outre le gouverneur de la province, un gouverneur particulier ou gouverneur de ville, dont l'autorité ne s'étendait que sur la ville et ses annexes. Cette charge fut confiée, en 1676, à Chouly de Permangle en récompense de ses services militaires, et, après lui, en 1679, à de Niert, premier valet de chambre du roi, qui mourut en 1719.

La cour présidiale, instituée par un édit de Henri II de janvier 1552, fut installée, le 11 septembre de l'année suivante, par Massiot, conseiller au parlement de Bordeaux. Cette cour, qui ressortissait pour les appellations au parlement de Guienne, avait dans son ressort les deux sénéchaussées de Bellac et du Dorat, cinq prévôtés ou justices royales et grand nombre de justices seigneuriales (1). La cour était composée du président ; après lui venaient le lieutenant général civil, le lieutenant général criminel, le lieutenant particulier, un assesseur, douze conseillers du roi, deux avocats du roi, un greffier de présentation des droits réservés, plus, pour les saisies réelles, un commissaire certificateur et un receveur des consignations. La chancellerie du présidial était représentée par un garde des sceaux, un greffier, un receveur et deux huissiers. La cour siégeait trois fois par semaine.

L'intendant de la généralité présidait l'administration civile, la police et le répartement de l'impôt. La généralité, c'est-à-dire la circonscription financière qui formait la juridiction de l'intendant, se subdivisait en cinq élections : Limoges, Tulle, Brive, Bourganeuf, Angoulême. Le bureau des finances, présidé par l'intendant, se composait de trente-cinq officiers ou trésoriers généraux, dont les charges rapportaient environ 3,000 livres par an (2), plus des gens du roi et d'un certain nombre d'huissiers. L'élection de Limoges avait un président, un lieutenant criminel, trois conseillers, un procureur du roi et un greffier en chef. Le bureau des finances constituait un tribunal devant lequel se jugeaient en première

---

(1) M. Gay de Vernon, *Bullet. archéol.*, II., 122.
(2) Louis de Bernage, *Mém. sur Limoges*, inédit.

instance toutes les contestations, tous les litiges, tous les délits en matière d'impôts. Les appels ressortissaient à la cour des aides de Clermont.

Les officiers de l'hôtel des monnaies formaient aussi une juridiction. Cette juridiction se composait de deux juges-gardes, d'un contrôleur, d'un garde-scel, d'un procureur du roi, d'un directeur, d'un essayeur et d'un graveur.

Enfin Limoges possédait une juridiction dite de la bourse, créée par édit de 1553. Le chancelier de L'Hôpital, auteur de l'édit, pensait avec raison que les marchands étaient seuls aptes à connaître des litiges nés des opérations du négoce. Le tribunal se composait d'un juge, de deux consuls de bourse, de deux syndics des marchands, de cinq conseillers et d'un greffier (1).

Tout l'espace que le pouvoir royal laissait libre, et, au commencement du XVIIe siècle, cet espace était encore vaste, appartenait à la commune. La commune s'administrait elle-même. Douze consuls annuels, élus par le peuple, gouvernaient le peuple. Ces magistrats, long-temps qualifiés du titre de seigneur (2), rendaient des ordonnances,

---

(1) J. Guineau, *Les Progr. du commerce à Lim.*, p. 20, broch. de 92 pages, in-12, chez Bargeas, 1822.

(2) *Consul*: cette dénomination, d'origine romaine, s'était conservée en Limousin et dans le midi de la France. La qualification de seigneur ne cessa qu'au XVIe siècle, à

recouvraient les taxes communales, présidaient à l'édilité publique, levaient et commandaient les milices de la ville et de la banlieue (1), et pourvoyaient à la sûreté de la communauté. Leur charge était purement honorifique. Ils ne recevaient point d'émoluments, et devaient, pendant la durée de leur magistrature, ne rien vendre à la commune, ni ne rien acheter de la commune. Les consuls sortants rendaient compte de leur gestion aux consuls entrants; et ceux-ci restaient ainsi solidaires de la gestion des prédécesseurs. Le costume des consuls se composait d'une jupe de damas noir, d'une longue robe de velours de même couleur, d'un chaperon ou capuchon

---

l'époque où, sous les influences du protestantisme, commencèrent à décliner toutes les libertés publiques.

Je ne parle ici des consuls qu'en passant : je reviendrai sur cet important sujet. Aidé des instructifs et curieux travaux de M. Achille Leymarie *(Histoire du Limousin*, 2 vol. in-8, Limoges, 1845), j'essaierai de donner une idée précise de l'organisation municipale; je dirai l'origine de la magistrature consulaire, la nature et l'étendue de ses attributions, ses actes, les causes qui favorisèrent son développement, et les circonstances qui me paraissent avoir dû précipiter sa ruine.

(1) Dans une revue passée, en 1512, sur les places de Saint-Gérald et des Jacobins, les seules milices de la ville *faisoient le nombre de quatre mille*. Il y avait un soldat de chaque maison, et quelquefois davantage. Les milices de la banlieue, distinctes de celles de la ville, formaient une compagnie de trois à quatre cents hommes. (Ach. Leymarie, *Hist. du Limousin*, I, 231.)

de damas rouge, qui retombait sur les épaules, et de la toque carrée. Dans les cérémonies publiques, les consuls marchaient deux à deux, de pair avec le corps de justice, mais à la gauche. Ces magistrats étaient précédés de leur massier portant la masse d'argent, et de six gagiers ou huissiers vêtus de robes mi-parties vertes et rouges, et portant des bâtons (1).

Il serait intéressant de rechercher quelle fut, au commencement du XVII° siècle, la situation commerciale et industrielle de la ville de Limoges; mais les annales du négoce de cette époque sont d'une regrettable stérilité. A Limoges, il semble en être du commerce comme de l'air, dont tout le monde vit, et dont nul ne se met en souci de constater la présence. Faute de mieux, je place sous les yeux du lecteur la nomenclature de quelques-unes des principales industries de l'époque.

En tête des industries locales, se place naturellement l'art de l'orfèvrerie et des émaux, représenté, au commencement du XVII° siècle, par les Noailher, les Laudin, les Limosin, les Raymond et une foule d'autres (2). En 1605, nous

(1) Ach. Leymarie, *Histoire du Limousin*, 1, 151.
(2) Notamment les Milhet, les Didier, les Guibert, les Péconnet, les Célérier, les Pinchaud, les Boisse, les Blanchard, les Tillet, les Mouret, les Cellières. Plusieurs de ces

verrons le ciseleur Masbarreaux exécuter à Limoges deux médailles d'or admirées d'Henri IV et des gentilshommes de sa cour; et plus tard, un autre orfèvre ciseleur de Limoges exécuter à Paris la châsse de saint Martial, regardée comme un chef-d'œuvre.

La ville de Limoges fabriquait des *revêches*, étoffe de laine peu différente sans doute des grossiers tissus qui furent connus depuis sous le nom de droguet. Les potiers d'étain couvraient la province de leurs produits, et voyaient avec terreur les progrès de la faïence, puissance d'un jour que la porcelaine a supplantée. Les tanneries de Limoges étaient renommées; la ganterie offrait aux femmes une branche de travail très-active et très-lucrative. Les selliers fournissaient au luxe local ces riches harnais, ces housses brillantes, qui relevaient l'éclat des fêtes publiques. Les cires limousines s'expédiaient au loin. Les produits des tréfileries de la province avaient aussi de la réputation. Vingt fabriques d'épingles employaient quinze ou vingt ouvriers chacune. La maréchalerie s'approvisionnait à Limoges, et y trouvait des clous qui passaient pour les meilleurs de France. Plus de cinq cents particuliers s'employaient à la fabrique

---

artistes étaient à la fois orfèvres et émailleurs. (Voir l'abbé Texier, *Dict. d'orfèvrerie*, art. *Limoges*.)

des boutons de soie, de fil et de crin, industrie précieuse que fit malheureusement tomber la mode des boutons d'étoffe. A Aixe, le 26 juin 1626, un orage emporta cinq papeteries : ce fait donne la mesure de l'extension qu'avait prise l'industrie de la fabrication du papier dans notre pays.

Introduite à Limoges en 1495 ou plus probablement vers 1520 (1), l'imprimerie continuait de prospérer par les soins des Garnier, des Berton, des Lanouaille, des Barbou et de leurs émules ; et c'est une justice à rendre à notre patrie que les presses limousines du XVII° siècle

---

(1) « Plusieurs écrivains estimables : MM. Fournier, dans son *Traité de la typographie*, in-8, 1825, page XXV ; Ludovic Lalanne, dans ses *Curiosités bibliographiques*, in-12, 1845, page 92 ; César Cantù, dans son *Histoire universelle*, in-8, 1847, T. XII, page 15, ont placé l'introduction de l'imprimerie à Limoges en 1495, sans en donner des preuves suffisantes. Pendant les cinquante années qui suivent la découverte de l'imprimerie, ce sont les presses parisiennes et lyonnaises qui alimentent les églises du Limousin, tenues, à partir de 1486, de se servir de livres liturgiques imprimés, sous peine d'amende. L'imprimerie ne se manifeste à Limoges que vers 1520. Les deux premiers imprimeurs, Claude Garnier et Paul Berton, eurent pour concurrent comme imprimeur, à partir de 1531, le libraire Richard de Lanouaille. Puis vinrent les fils de ce dernier, qui vendirent leur fonds 1,200 livres d'alors au lyonnais Hugues Barbou. » (M. Pierre Poyet, ingénieur civil des mines, *Recherches sur les premiers imprimeurs de Limoges*, mémoire lu à la Société Archéologique du Limousin dans sa séance du 29 novembre 1861.)

ne produisirent pas un seul livre connu dont puisse avoir eu à gémir la morale ou la vérité.

La métallurgie ne peut être signalée ici que pour mémoire. Le xviie siècle constata la présence de quelques filons de plomb dans la commune de Vic, et de quelques gisements de minerai de fer du côté de Coussac-Bonneval et de Saint-Yrieix ; mais rien n'indique que ces dépôts minéralogiques aient été l'objet d'aucune tentative d'exploitation.

Le négoce proprement dit, carrière moins difficile et plus sûre que l'industrie, ouvrait ses voies à toutes les activités intelligentes qui ne se consacraient pas aux charges publiques ou aux professions libérales. Le génie des habitants de Limoges avait transformé cette ville en un vaste entrepôt de marchandises, en une espèce de comptoir de transit, qui appelait et centralisait les produits de tous les points du royaume pour les répandre, avec bénéfice, du centre à la circonférence. A Limoges, une sève d'honneur et de probité circulait dans tous les rameaux de la vie sociale. La signature de nos commerçants était accréditée sur toutes les places de l'Europe. « Il était inouï, dit un écrivain, qu'un marchand de Limoges eût manqué au moindre de ses engagements (1). »

---

(1) J.-J. Juge : *Chang. dans les mœurs*, p. 43.

Une lettre de commerce et une facture d'une des maisons de Limoges du xvııe siècle, arrivées jusqu'à moi, sont probablement les seuls titres commerciaux de l'époque encore subsistants : à raison de cette circonstance, je me fais une obligation de les reproduire ici.

A Madame de Pompadour, à Pompadour.

« Limoges, ce 18 juillet 1625.

« Madame,

» Je vous envoie la marchandise contenue au mémoire ci-joint, montant soixante-neuf livres quatorze sols quatre deniers. Je ne vous envoie pas la petite dentelle, n'en ayant heu ni pu trouver en ville. *Je l'ai en même temps commandée à cinq ouvrieres*, laquelle néanmoins ne peut estre prête que mercredy prochain. J'ai choisi le fil d'argent pour la soie le plus deslié que j'ai pu trouver. Je vous envoie, à défaut de satin bleu, du petit satin de Gênes, avec toute la fratisque d'argent que j'ai heu. Si en quelque occasion je vous puis servir, je vous supplie de commander, estant toujours,

» Madame,

» Votre tres-obéissant serviteur,

» De Beaubrueilhe.

» P.-S. Je vous dirai comme mon boucher, le sieur Labesse, a heu sentence de son affaire à Poictiers. Les meurtriers sont condamnés à estre rompus sur une roue ; vingt mille livres d'amende envers les petits, et dix mille livres pour la veuve. Cent livres de rentes seront employées à faire dire des messes et pieuses prieres pour le défunt, sans parler des amendes envers le roi. L'exécution se fera devant la maison des meurtriers. Je vous en ai voulu donner avis, croyant la sentence agréable à monseigneur (1). »

Envoyé à madame de Pompadour, du 18e juillet 1625.

			liv.	s.	d.
7 1/4	Tresse d'argent fin, à 3 liv. 15 s............		27	03	09
»	8 Galon d'argent fin, à 3 liv. 15 s............		1	05	»
2	» Satin de Gênes bleu, à 10 liv. 10 s..........		21	»	»
1	» Soie incarnate	2 1/2, à 20 sols...	2	10	»
1 1/2	Soie blanche et noire				
1 1/2	Taffetas bleu, à 3 liv......................		4	10	»
1 1/2	Ruban blanc, à 6 s........................		»	09	»
1 3/4	Armoisin de Tours, à 3 liv.................		5	05	»
1 3/4	Bourassin noir, à 15 s.....................		1	06	03
1 3/4	Bourassin ind. esp., à 18 s................		»	13	06
7/12	Sarge noire de soie lustrée, à 6 liv. 10 s.....		3	15	10
1	4 Galon de Tours noir, à 24 s................		1	08	»
3	» Lacet bleu, soie..........................		»	08	»
	MONTE................		69	14	04

Il résulte des mots soulignés dans la lettre qui précède que, au XVIIe siècle, la fabrication de la petite dentelle fut aussi une des branches d'industrie de la ville de Limoges. On voit par le post-scriptum avec quelle rigueur étaient punis les crimes contre les personnes, plus communs alors que de nos jours. Ces sévérités nécessaires,

(1) Du cabinet de mss. de M. Joseph Brunet, vice-président du tribunal de 1re instance de Limoges.

rapprochées des adoucissements de notre législation, provoquent une comparaison qui, grâce à Dieu! est tout entière au profit de notre temps.

Le commerce agricole de la province avait de l'extension. Paris achetait les bœufs limousins, et les faisait engraisser en Normandie. Les agents chargés de l'approvisionnement des armées fréquentaient les marchés de Limoges et des villes voisines. Les chevaux limousins étaient recherchés, et quelques gentilshommes en faisaient grand trafic. En 1625 ou 1626, le vicomte Philibert de Pompadour fait acheter à Paris des chevaux au prix de quatre cents livres; vers la fin du XVII° siècle, les sujets limousins un peu remarquables se vendaient quinze cents livres et quelquefois cent louis (1).

Le commerce rencontrait dans les douanes intérieures et le mauvais état des routes de graves obstacles. Obligé de me restreindre, je laisse de côté la question des douanes, et ne dirai des routes qu'un mot.

Au XVII° siècle, faute de voies de communication praticables pour les voitures, les marchandises s'expédient à dos de mulet (2). Nous

---

(1) Louis de Bernage, *Mém. sur Limoges*, inédit.
(2) Jusque vers le milieu du XVIII° siècle, le courrier de Lyon a dû gravir, à Limoges, la rampe de la rue Pont-Saint-Étienne.

voyons, en 1632, Louis XIII se diriger de Limoges sur Paris par Bellac. C'était en effet la seule voie alors existante : le tracé par Châteauroux ne fut exécuté que pendant la seconde moitié du xviie siècle. En 1698, la ville possédait quatre grandes voies de communication : *Paris à Toulouse* par Bessines et Pierre-Buffière, *Bordeaux à Lyon* par Chalus et Saint-Léonard, *La Rochelle à Limoges* par Angoulême, et enfin *Limoges à Poitiers*.

La ville avait tous les ans quatre foires principales : la Saint-Loup, qui durait huit jours, et s'ouvrait le 22 mai; la foire dite du 16 juin ; la foire Saint-Étienne, dans la Cité, le 18 novembre, et enfin la foire du 28 décembre.

Il serait difficile de déterminer avec exactitude le chiffre de la population de Limoges au commencement du xviie siècle. D'après le *manuscrit de 1638*, d'accord sur ce point avec le *registre de la confrérie du Saint-Sacrement* (1), la peste de 1631 aurait fait périr, *dans la ville, la Cité et les faubourgs*, VINGT MILLE PERSONNES, PLUS QUE MOINS, *sans compter les morts des villages*. Ce chiffre, dont il ne m'appartient pas de discuter la valeur, mérite considération.

Telle était la situation politique et religieuse de la ville de Limoges au commencement du

---

(1) Voir ces deux mss. à la biblioth. publ. de Lim.

xvıIᵉ siècle. Je sais avec quel superbe dédain les grands hommes de notre âge traitent le passé. Ce passé tant dénigré comptait sur un lendemain ! Hélas ! tout vacille autour de nous : de divers côtés les pilotes jettent le cri d'alarme ; l'arche de la famille rase les récifs. Mère chrétienne, le ciel est sombre : berce ton fils plus doucement ; et, s'il doit périr dans le naufrage, ah ! du moins qu'il arrive au ciel endormi (1) !

(1) Au retour de la croisade, près de l'île de Chypre, le navire de saint Louis ayant touché un banc de sable, les nourrices, effrayées, demandèrent à la reine Marguerite ce qu'il fallait faire des enfants : « Madame, les éveillerons-nous, et leverons-nous ? » Et la dame répondit : « Vous ne les éveillerez mie : ains les laisserez aller au ciel endormis, » (Le confess. de la reine Marguerite : *Vie de saint Louis*.)

II.

NAISSANCE DE LOUIS XIII

(1601).

Le 27 septembre 1601, la reine Marie de Médicis, dont le mariage avec Henri IV remontait à l'année précédente, donna à la France un Dauphin, qui fut depuis Louis XIII.

Déjà les principales villes du royaume s'étaient associées à ce grand évènement par des prières et des réjouissances publiques, et la ville de Limoges n'avait encore reçu aucun avis officiel. Les consuls, ne sachant que penser du retard du message royal, ordonnèrent une assemblée de ville, qui eut lieu le 8 octobre 1601.

Dupeyrat, prévôt des consuls, après avoir fait connaître aux habitants qu'aucune notification officielle de la naissance du Dauphin n'était parvenue aux magistrats, soumit à l'assemblée la question de savoir s'il était licite, sans le commandement du roi, de célébrer la naissance de M. le Dauphin de France par des réjouissances publiques. La question fut d'une voix unanime résolue affirmativement; mais on fut d'avis d'en référer à Charles de Pierre-Buffière, vicomte de Châteauneuf, lieutenant de Sa Majesté au gouvernement du Limousin, qui faisait fonctions de gouverneur en l'absence du duc d'Épernon (1).

De Douhet, l'un des consuls, chargé par ses collègues de traiter avec le gouverneur, rendit compte le lendemain du résultat de l'entrevue. Le gouverneur approuvait la délibération, et applaudissait à l'empressement des habitants. En ce qui touche le message royal : « A supposer, avait-il dit, que la dépêche eût été interceptée ou perdue, il sauroit bien par qui, et prioit qu'on le laissât seulement faire les perquisitions ».

Le 10 octobre, deux des consuls, le président de Verthamond et le sieur Faulte, allèrent, au nom de leurs collègues, prier l'abbé de Saint-Martial, Pierre du Verdier, esprit fantasque et bizarre, de disposer la procession pour le lendemain. L'abbé s'y refusa : « Il ne pouvoit, dit-il,

---

(1) Jean Louis de Nogaret de La Valette, duc d'Épernon, nommé gouverneur du Limousin en 1596, avait fait son entrée à Limoges le 8 juin 1597. C'est en 1599 que Charles de Pierre-Buffière, vicomte de Châteauneuf, fut pourvu de la charge de lieutenant de Sa Majesté au gouvernement de la province. *A son entrée*, disent nos chroniques, *les canons jouerent, et s'en fendit un*. En 1595, ce seigneur eut l'idée de faire flotter ses bois sur la Vienne : de là, à Limoges, l'origine des bois de flottage. (*Ms. de* 1638, 352. — Bonav., III, 808. — M. de Laurentie, *Hist. de Fr.*, VI, 39.)

sans déroger aux anciennes coutumes, autoriser pour une fête de ce genre la sortie des reliques de saint Martial ». On lui prouva par la production des registres consulaires que, aux fêtes qui avaient eu lieu à la naissance du précédent Dauphin, les reliques de l'apôtre de la Guienne étaient sorties processionnellement. Il se rendit, et, toutes contestations étant ainsi terminées, les consuls, le même jour, firent publier, par quatre tambours et quatre trompettes, le curieux édit dont le texte suit :

« DE PAR LE ROY

» ET MESSIEURS LES CONSULS DE LIMOGES :

» On fait assavoir que, demain 11 octobre, se fait procession générale en l'église Saint-Martial, où seront portées les saintes reliques des saints, pour rendre grâce à Dieu de l'heureuse naissance de monseigneur le Dauphin. Est fait commandement à toutes personnes, de telle qualité ou condition qu'elles soient, de se trouver aujourd'hui, à quatre heures du soir, à l'église Saint-Martial pour le *Te Deum laudamus*, et demain à la grand'messe et procession générale, et de parer de tapisseries leurs maisons, tenir leurs boutiques fermées, nettoyer les rues, à peine de dix sols à l'encontre des contrevenants.

» DUPEYRAT, *prévost consul.* »

La relation officielle des cérémonies et des fêtes qui eurent lieu, naïf et pittoresque tableau des mœurs de l'époque, n'a jamais été publiée. Je copie :

« Le soir, apres vêpres, les sieurs consuls sortirent de la maison de ville, avec tambours, fifres, clairons, trompettes, hautbois, cornemuses et violons, sonnant une merveilleuse mélodie, et s'acheminerent en bel ordre, avec leurs toques et chaperons rouges, précédés de six torches ornées de panonceaux aux armes de la ville, et leurs officiers et gagiers avec leurs bastons et les marques consulaires.

» Apres les sieurs consuls, venoient les huit capitaines de canton, suivis de leurs lieutenants et autres officiers. Arrivés à l'église, les consuls, ayant pris place dans les hautes stalles, saluerent messieurs de Saint-Martial et messieurs de la justice; ils se mirent en dévotion, et fut chanté le *Te Deum* en belle et accordante musique. »

De retour à la maison de ville, les consuls commandèrent aux capitaines d'élire, par chaque canton, vingt-cinq ou trente soldats *des plus braves*, et de former ainsi une compagnie d'environ deux cents hommes qui marcheroient le lendemain lors du feu de joie. Ils créèrent M. Gallicher capitaine général; M. Verger, lieutenant; M. Péconnet, enseigne, et désignèrent quatre sergents.

Sur ces entrefaites, le sieur Brugère, *maître des postes* de la ville, avait reçu pour le vicomte de

Châteauneuf un paquet du roi qu se trouva contenir les lettres d'Henri IV aux consuls. Le style des chancelleries a ses nuances : les chancelleries d'Henri IV ont dû s'inspirer du caractère de ce prince :

« DE PAR LE ROY.

» Tres-chers et bien amés, ce jourd'huy, à dix heures du soir, la reyne est bien heureusement accouchée d'un fils. Grâce à Dieu, la mere et l'enfant se portent bien. Nous n'avons voulu différer de vous en donner avis, et vous faire participer à cette nouvelle, par laquelle Dieu témoigne continuer ses bienfaits sur cet État. Il ne faut pas manquer de lui en rendre de tres-humbles actions de grâces publiques et particulieres, ce que vous ferez bien volontiers. Donné à Fontainebleau, ce 27 septembre 1601.

» HENRI. »

« Le lendemain, jeudi 11 octobre, quinze jours apres l'évenement, messieurs de Saint-Martial envoyerent prier monsieur l'évesque, qui revenoit des champs, d'honorer la procession de sa présence, et à l'instant le prélat se rendit à l'église.

» Les consuls, partis de la maison de ville dans le mesme ordre que la veille, et tous les instruments sonnant, trouverent à Saint-Martial un nombre infini de peuple, habitants ou étrangers. Monsieur de Limoges et messieurs de la justice étoient déjà rendus. Aussitost commença la grand'messe, qui fut célébrée par le prévost Labrousse, et ouïe de tous en belle dévotion.

» Apres la messe, fut sortie de son repos la châsse de monsieur saint Martial, pour laquelle porter et accompagner se trouva grand nombre de gens avec flambeaux allumés. Furent aussi apportées les châsses de messieurs saint Loup, saint Aurélien, saint Dompnolet. Les Recollets et autres religieux s'avançoient en bel ordre. A la suite des saintes reliques, marchoient messieurs de la justice à droite, et, à gauche, messieurs les consuls avec leurs robes, toques, chaperons, et de grands cierges ornés de panonceaux aux armes de la ville. A l'angle de plusieurs carrefours, des feux de joie marquoient l'allégresse publique. Le sermon fut dit au retour, à côté de l'église, sous les arbres (aujourdhui *place Royale*), par le P. Solier, Jésuite, recteur du collége. Apres le sermon, les reliques furent fermées; et, pour le matin, chacun se retira.

» Apres midi, poursuit le narrateur officiel, commencerent les réjouissances. Les consuls avoient fait planter sur la place des Bancs un arbre dépassant de beaucoup en hauteur, comme il fut remarqué, ceux qui de nos jours y avoient estés plantés. Cet arbre, enduit de térébenthine, et flanqué de plusieurs barils de résine, de poudre et de pétards, fut entouré de deux ou trois charretées de bois et de fagots; à la pointe du mât, une longue épée, peinte d'or et d'azur, garnie au dedans de fusées et de pétards, étoit couronnée d'une banderole qui étoit chose plaisante à voir.

» Au-devant de l'arbre, sous un arc, pendoient en triangle, dans trois chapeaux de triomphe, les armes de France et de monsieur le Dauphin, et, au-dessus, les armes de la ville, peintes en or de ducat sur champ d'azur. Du côté du pilori (1), se trouvoit grand nombre de menue artillerie. Les gros canons avoient estés menés hors ville à la requeste des voisins, effrayés de la ruine qu'autrefois ces tonnerres avoient causée à leurs maisons.

» Environ trois heures apres midi, messieurs de la justice vinrent en la maison de ville. La compagnie de soldats, déjà assemblée sous les arbres, se composoit de piquiers, javeliniers et mousquetaires, la plupart habiles tireurs. La colonne se mit en marche au bruit du tambour, défila par la rue du Clocher et par Ferrerie, et vint descendre devant la maison de ville, tirant, en l'honneur de messieurs les consuls et de messieurs de la justice, un nombre infini d'arquebusades de fort bonne grâce. Au mesme moment, sonnerent clairons, fifres, trompettes, hautbois, cornemuses, violons, et sortirent en ordre messieurs de la justice et les consuls. Le cortége s'avança par la rue Crouchador et la rue Manigne. Aux Bancs, les soldats se formerent en haie, ayant peine à faire le large. Les magistrats, à leur arrivée, furent salués par l'artillerie avec tel tintamarre que les plus résolus estoient étonnés. Ces messieurs, en bel ordre, firent trois fois le tour de l'arbre. Des flambeaux furent alors présentés par le capitaine Cibot à M. le président Martin comme chef de la justice, à M. Dupeyrat, prévôt des consuls, à M. le lieutenant général et à M. le président Verthamond ; de sorte que le feu fut mis au bûcher par quatre côtés à la fois.

(1) Le pilori servant à l'exécution des criminels était alors placé sur les *Bancs*, du côté du Poids-du-Roi.

» Alors fut ouïe et témoignée l'allégresse publique par des battements de mains et les cris répétés de *vive le roy! vive monsieur le Dauphin!* Là furent tirées fusées de toutes parts. Le feu du bûcher, âpre et violent, s'éleva en un moment jusqu'à l'épée, d'où sortirent pétards, fusées, feux grégeois, qui tomboient en bas, ravageant plusieurs spectateurs, au grand divertissement de ceux des fenêtres. Et toutefois, chose rare et inouïe! parmi tant de vacarme et de presse, de coups de canon et d'arquebusade, de fusées et de pétards, parmi cette multitude, nul n'a été offensé de paroles seulement.

» Le feu brûloit encore, et la nuit s'avançoit. Les sieurs magistrats prirent chemin pour se retirer. La compagnie défila. Les instruments et tambours jouoient et battoient merveilleusement bien. Arrivés à la maison de ville, les sieurs consuls, apres avoir remercié messieurs de la justice et les sieurs capitaines, entrerent en la chambre du conseil pour délibérer de leurs affaires (1). »

Sachons gré aux ordonnateurs de la fête d'en avoir perpétué le souvenir dans des pages si curieuses, si naïvement triomphantes.

(1) Reg. consul. C, f° 35 (*inédit*).

III.

UNE ÉMEUTE A LIMOGES

(1602).

En 1601, à la suite des guerres civiles et des longs troubles de la fin du xvi⁰ siècle, le Gouvernement, obéré et à bout de ressources, avait surélevé l'impôt des tailles d'un vingtième. Ce nouvel impôt, dit *du sou pour livre*, mécontenta et aigrit les populations : en plusieurs provinces de France, il y eut des soulèvements. L'autorité, inquiète, crut devoir faire concourir la force armée à la publication de l'édit; mais, au lieu de réduire les populations, la violence ne fit que les exaspérer. A Limoges, les colères populaires se traduisirent par une émeute. Cette émeute servit de prétexte à un ensemble de mesures qui eurent pour résultat de précipiter la ruine des libertés municipales : il convient de reprendre et d'exposer les faits.

A Orléans, l'office de chevalier du guet était

rempli par le nommé Lambert, personnage qu'un dévoûment servile signalait à des distinctions dont aucun homme de cœur n'eût voulu. C'est sur cet officier que le conseil du roi jeta les yeux pour publier l'impôt dans la ville de Limoges. Ce que la mission pouvait avoir d'odieux ne répugna pas au caractère du délégué. L'argent, ce consommateur de tout mal, ne laissa voir au chevalier du guet que les profits d'un rôle équivoque. Lambert partit d'Orléans accompagné des archers du grand-prévôt, comme pour une exécution militaire. Il arriva à Limoges avec sa troupe le samedi 20 avril 1602. Sa mission était d'homologuer l'édit par la lecture publique de cette pièce sur les places et dans les carrefours. A Limoges, le marché au poisson se tenait alors sur la petite place située en face de l'église Saint-Pierre-du-Queyroix. Lorsqu'il parut au *Gras*, car ainsi se nommait, on ne sait trop pourquoi, le marché au poisson, Lambert put comprendre tout de suite, à l'agitation de la foule, que sa présence n'était pas agréable au peuple. Fort de son mandat et de ses archers, aguerri d'ailleurs aux affronts, l'officier du fisc déploie la pancarte financière, et veut procéder à la publication. Mais une explosion de murmures et de cris confus, d'interpellations railleuses et d'imprécations, l'oblige de s'interrompre. Lambert essaie de dominer le tumulte : les vociférations couvrent sa voix, et il lui est impossible de se faire écouter. La foule grossissait; les archers se sentaient trop peu nombreux pour résister : le chevalier du guet prend le parti de battre en retraite. Il espérait, en se retirant, calmer l'irritation; mais le peuple, exaspéré, le poursuivit à coups de pierres jusqu'à l'hôtellerie du *Cheval blanc*, où il logeait, et où deux de ses archers arrivèrent blessés. Les portes de l'hôtellerie s'étaient refermées sur les fugitifs : leur vie était en sûreté; mais toute la journée régna dans la ville une sourde fermentation.

Le lendemain, à la pointe du jour, les perturbateurs occupaient toutes les avenues, et le tumulte recommençait. Jehan du Verdier d'Orfeuilhe avait dû, en qualité de trésorier de France, rédiger et signer la pancarte. Le signataire fut représenté à la foule comme responsable de l'édit et auteur de tout le mal. La multitude, ainsi excitée et prévenue, se précipite vers la maison de Jehan d'Orfeuilhe, dans la rue des Combes, en face du cloître Saint-Martial. Les maisons de l'époque ressemblaient à des forteresses : celle-ci était munie de portes massives, bardées de fer, d'une solidité à toute épreuve. Les portes résistèrent : la maison fut préservée; mais les vitres des croisées volèrent en éclats. La foule, après cet exploit, s'écoula peu à peu, et la voie publique demeura libre.

Jehan du Verdier, ce jour-là, devait dîner à l'évêché. A midi, voyant l'émeute dissipée, il sort, et se rend au dîner de l'évêque. Le marché au poisson se trouvait sur son chemin. Comme il traverse le marché, une femme le reconnaît, le signale : la foule s'émeut : le tumulte recommence. Le peuple poursuivit, en le menaçant, le trésorier de France jusqu'à l'évêché, où il se réfugia, et se tint enfermé pendant plusieurs jours : les choses en étaient venues à ce point que sa vie, s'il se fût montré, pouvait n'être pas en sûreté.

Le lendemain 22 avril, au lieu de se calmer, l'effervescence s'était accrue. Les boutiques demeurèrent fermées toute la journée. De bonne heure des attroupements s'étaient formés sur plusieurs points. Les groupes, un moment indécis, commencèrent à s'ébranler, et à se diriger, par les Bancs et par *Crouchador*, sur la maison de ville. La rue Consulat fut en un moment envahie. Le peuple parlait haut, et sommait les consuls de chasser de la ville le chevalier du guet d'Orléans et ses archers.

Les consuls, qui voyaient avec déplaisir cette police étrangère s'interposer entre eux et le peuple, n'eussent pas mieux demandé peut-être que d'expulser le chevalier du guet ; mais trop de ménagements leur étaient imposés pour qu'ils pussent accéder aux vœux de la foule. Leur langage fut celui de la modération : *user de violence,* dirent-ils, *seroit désespérer tout* : ils conseillèrent au peuple de se montrer calme. L'avis était sage; mais que peut la raison sur une foule égarée? Les séditieux, au nombre de quatre à cinq mille, se portèrent tumultuairement sur la place Saint-Michel-des-Lions, devant l'hôtel du Breuil, où Lambert était en conférence avec le gouverneur, le vicomte de Châteauneuf, et demandèrent audacieusement que Lambert et ses gens leur fussent livrés.

Les plus braves ou les plus téméraires déjà avaient brisé les portes du jardin du Breuil, et, s'attaquant à l'hôtel du gouverneur, commençaient à en escalader les murailles. Les gentilshommes de l'hôtel, serrés de si près, se mettent sur la défensive, prennent les armes. Le peuple fut contenu. Les consuls croyaient avoir assez fait en conseillant la modération. Justement offensés des mesures prises pour la publication de l'édit, ils mirent peu d'empressement à se montrer, et ne parurent sur la place Saint-Michel-des-Lions que vers cinq heures du soir. L'un d'eux, le président Martin, dont la voix était écoutée avec faveur, harangua le peuple, et fit espérer *qu'il seroit trouvé quelque moyen de faire supprimer la pancarte*. Cette espérance ayant calmé les esprits, la foule ouvrit ses rangs, et les consuls purent entrer au Breuil, où leur présence mit terme à beaucoup de légitimes inquiétudes. Un moment après, les magistrats du peuple reparurent, suivis de Lambert et de ses archers, qui, sous la sauvegarde des consuls, traversèrent la foule sans encombre, pâles d'effroi. Rendu à la liberté, le chevalier du guet d'Orléans, qui commençait à craindre pour sa vie, s'empressa de gagner le large. Le jour même, à la faveur des premières ombres de la nuit, il quitte furtivement la ville, et se réfugie au château de Beauvais, paroisse de Verneuil, chez l'abbé de Saint-Martial, c'est-à-dire chez le fils de ce Jehan du Verdier d'Orfeuilhe, trésorier de France, dont l'émeute avait assailli le domicile (1). C'est du château de Beauvais que Lambert data le procès-verbal des évènements. La pièce était destinée aux ministres de Sa Majesté : on peut croire que les habitants n'y furent pas ménagés. Lambert partit ensuite pour La Rochelle, où il était également chargé de publier l'impôt du sou pour livre. Mais, tout aussi peu patients que ceux de Limoges, les habitants de cette ville se soulevèrent, et, traqué par l'émeute dans les rues

(1) Pierre du Verdier, abbé de Saint-Martial, dont il sera parlé ailleurs : « Ledit sieur abbé ha une très-belle maison à une petite lieue de Limoges, appelée de Beauvais, où il y a fossés remplis d'eau et pont-levys, d'où il voit Limoges, et entend les cloches ». (Bullet. Archéol., *Déclaration des revenus de l'abbé de Saint-Martial*, T. VIII, 113.)

de La Rochelle, le malencontreux séide du fisc n'échappa à la mort que par la fuite.

Ces sortes de gens, *gabeleurs et sangsues du peuple*, dit le P. Bonaventure de Saint-Amable, *font ordinairement des procès-verbaux farcis de mensonges, et colorent ainsi leurs exécutions tortionnaires* (1). Les consuls comprenaient la portée de l'affaire ; ils sentaient le besoin de parer le coup : un mémoire justificatif, dressé par eux, suivit de près le rapport de Lambert. Ce mémoire fut placé en leur nom sous les yeux d'Henri IV par le duc d'Épernon, gouverneur du Limousin. Mais, courroucé des émeutes qui éclataient de toutes parts, le roi se montra inexorable. Sa Majesté voulut que justice fût faite, et chargea Le Camus de Jambleville, président au grand-conseil, de se rendre sur les lieux pour informer. Ce magistrat arriva à Limoges le 29 mai 1602, et, le jour même, tint à l'hôtel-de-ville une assemblée générale des habitants. Il y parut accompagné de Charles de Pierre-Buffière, vicomte de Châteauneuf, lieute-

---

(1) En France, en 1661, soixante ans environ après cet évènement, les taxes publiques, beaucoup accrues, ne s'élevaient cependant qu'à environ 90 millions de livres. (V. M. Pierre Clément, *Colbert*, 97.) Ce qui rendait les taxes odieuses, c'était moins leur élévation que le mode de perception, la rapacité, la dureté, et, suivant l'énergique expression d'Estienne Pasquier, les *mangeries des exacteurs*. (Est. Pasquier, *Recherch.*, p. 717.)

nant de Sa Majesté au gouvernement du Limousin. Autour de lui se rangèrent messieurs de la justice, les officiers de Sa Majesté et les divers corps publics. Son discours, écouté avec une inquiète curiosité, récapitulait les circonstances de l'émeute. Les torts des séditieux y étaient énumérés, et relevés avec sévérité. De pareils excès, dit l'orateur, ne pouvaient demeurer sans répression : *c'étoit chose de si mauvaise conséquence qu'on ne la pouvoit appeler que rébellion.* Les factieux seraient punis ; mais *la clémence du roi tempereroit sa justice*, et la rigueur des lois n'atteindrait que les plus coupables. Les consuls, ajouta-t-il, n'étaient pas sans reproche : en négligeant de réprimer l'émeute, ils en avaient assumé, en partie du moins, la responsabilité. Sa Majesté *vouloit et entendoit qu'ils fussent démis de leurs charges.* Sur le commandement du délégué royal, ces magistrats, séance tenante, déposèrent sur la table le chaperon consulaire et les autres insignes de leur dignité. A la place des douze consuls ainsi révoqués, furent désignés d'office, et sans le concours du peuple, par Le Camus de Jambleville, six nouveaux consuls : Jehan de Mauple, trésorier général de France ; Joseph de Petiot, juge de ville ; Gaspar Benoist, élu en l'élection ; Jehan Bonin, procureur du roi au siége présidial ; Durand Brugère, et Pierre Du Boys du Boucheyron, bourgeois et marchands.

Moins sensibles aux faveurs du pouvoir qu'aux libertés menacées de la commune, obéissant d'ailleurs à d'honorables délicatesses, les élus déclinèrent à l'envi la distinction dont ils étaient l'objet. Leur refus ne fut point accepté : Le Camus de Jambleville fit intervenir le nom du roi : Sa Majesté, dit-il, *ne vouloit point d'excuse*. Jehan de Mauple, alors absent, revint de Bordeaux le 7 juin. Animé du même esprit que ses collègues, de Mauple, comme eux, refusa les insignes consulaires; mais, comme eux, dominé par les influences supérieures, il dut céder aux injonctions du roi, et prêter serment. Le procès-verbal fit mention du refus des nouveaux consuls, et rendit ainsi hommage à leur caractère.

Des conseillers-juges d'Angoulême, mandés à Limoges, furent chargés de l'instruction du procès. Les meneurs étaient en fuite : ils furent jugés par contumace, et condamnés à périr sur la roue. La plupart réussirent à se dérober aux recherches de la justice, et ne furent exécutés qu'en effigie. Moins heureux, non peut-être plus coupables, deux des perturbateurs, arrêtés à Bergerac, et ramenés à Limoges, furent pendus en la place Saint-Michel-des-Lions, devant les boutiques du Breuil. Ces rigueurs ne firent que rendre l'impôt plus odieux. Le Gouvernement n'osa braver l'opinion : il recula, et la taxe qui avait si profondément ému les populations fut supprimée par édit du 27 novembre de la même année 1602 (1).

En remplacement des douze consuls révoqués, Le Camus de Jambleville, ainsi qu'on a pu le remarquer, n'en avait nommé que six. Cette réduction de moitié du nombre des magistrats communaux constituait déjà une fâcheuse atteinte à l'institution ; mais les libertés municipales étaient menacées d'une mesure beaucoup plus grave. Suivant Le Camus de Jambleville, « la forme accoutumée d'élire les consuls en la ville de Limoges n'apportoit rien de si fréquent que brigues, séditions et tumultes. Le désordre procédoit d'une licencieuse autorité usurpée par un certain nombre de personnes. D'un gouvernement (*d'un mode de se conduire*) tant insolent naîtroit tôt ou tard quelque incident misérable qui ruineroit la ville. En conséquence, dans l'intérêt même de ses sujets, le roi vouloit changer la forme de l'élection en une meilleure. »

L'ascendant du pouvoir central s'exerce en cette occasion librement et sans obstacle. Les mémoires du temps ne mentionnent aucune résistance, aucune protestation. Soit indifférence, soit plutôt intimidation, les corps publics gardent le silence.

---

(1) *Reg. consul.* f° 41. — Bonav., III, 811.

Sur l'invitation de Jambleville, les consuls chargèrent l'un d'entre eux de se rendre à la cour, avec mission de recevoir du Gouvernement, en leur nom, le règlement de ville qu'il aurait plu au roi d'arrêter en son conseil. Pierre Du Boys du Boucheyron, désigné pour cette mission, rapporta de la cour un édit du mois d'août 1602 qui réglait la nouvelle forme de l'élection consulaire. L'édit dont il s'agit fait époque dans les annales de Limoges. Ses dispositions portent au droit communal, déjà entamé et ébranlé, un coup dont les libertés publiques ne se relèveront jamais. Henri IV motive l'édit sur la nécessité de remédier aux désordres nés des guerres civiles du xvie siècle. Il n'est que trop vrai que toute perturbation dans l'ordre moral aboutit à un amoindrissement des libertés légitimes dans l'ordre politique. Mais passons, et voyons l'édit.

Le préambule de l'acte législatif rappelle qu'un bon roi doit aimer ses sujets comme ses enfants, et établir entre eux, pour la société civile, telle police qu'ils puissent vivre en repos sous l'obéissance des lois. Le prince prend Dieu à témoin que toute sa sollicitude a été que *son règne fût bien heureux*; mais les guerres civiles ont engendré des divisions dont, à son grand regret, sa ville de Limoges s'est ressentie : ce qu'il a reconnu procéder de la confusion avec laquelle sont élus les consuls :

il y a donc lieu d'innover quelque chose en l'élection. Suivent les dispositifs :

Au lieu de douze consuls, il n'y en aura désormais que six. Leur nomination aura lieu le 7 décembre, conformément à l'ancien usage ; ils devront être pris parmi les habitants soumis à l'impôt de la taille, et être renouvelés d'année en année. L'élection sera faite par cent bourgeois, dix de chaque canton, choisis, le 6 décembre avant midi, par les consuls en charge. Sauf le cas d'empêchement légitime, les bourgeois électeurs seront tenus de satisfaire à leur mandat, sous peine d'*amende arbitraire*, à la discrétion des consuls. Par exception, et pour cette fois seulement, le roi se réserve de nommer les cent bourgeois à qui incombera la prochaine élection. Les consuls destitués pourront concourir aux charges municipales tout ainsi qu'avant la destitution.

Ce règlement est daté de Saint-Germain-en-Laye du mois d'août 1602.

Ainsi, aux termes de l'édit, les consuls, réduits à six, seront choisis parmi les citoyens soumis à la taille, c'est-à-dire dans le commerce et la bourgeoisie. Cette disposition a pour but d'écarter du consulat les gens de justice et de finances, qui, ne payant pas l'impôt, n'ont aucun titre au gouvernement de la ville.

De plus, l'édit attribue aux consuls en exercice

le pouvoir de désigner cent prud'hommes par qui seront nommés les nouveaux consuls. Jusqu'alors, et depuis des siècles, le droit électoral a résidé dans le corps entier des citoyens. Ce droit, aussi ancien que la monarchie, n'est pas seulement modifié, il est aboli. C'est le renversement de l'ordre ancien ; c'est une révolution dans le régime communal (1).

Ainsi faussée, dénaturée et frappée au cœur, l'institution consulaire essaiera vainement de se relever : soumise aux empiètements continus et persévérants du pouvoir central, la commune ne fera que décliner jusqu'au jour où les dernières libertés nationales iront s'ensevelir dans les limbes du plus fatal des règnes de la monarchie, le règne de Louis XV.

(1) Bonav., III, 813. — Ach. Leymarie, *Le Lim. histor.*, 551.

IV.

HENRI IV A LIMOGES

(1605).

Au commencement de septembre 1605, s'accréditait en Limousin une nouvelle qui agitait vivement les esprits. Pour des raisons d'État dont il sera parlé plus loin, Henri IV avait résolu de visiter sa fidèle ville de Limoges, et chargé le duc d'Épernon, colonel général de France, gouverneur du Limousin, de donner avis aux consuls de Limoges de cette résolution. Une rumeur en sens contraire circulait néanmoins dans le public : le projet annoncé n'était, disait-on, qu'une fausse nouvelle, une manœuvre destinée à effrayer et à contenir les partis. Mais Charles de Pierre-Buffière, vicomte de Châteauneuf, lieutenant de Sa Majesté en Limousin, arriva de la cour, et mit fin aux incertitudes. Il annonça que sans faute le roi ferait son entrée à Limoges le 20 octobre.

Les dispositions à faire pour la réception de Sa Majesté devinrent l'objet de beaucoup de préoccupations. Le temps pressait : les consuls ne perdirent pas un moment. Jehan Martin, procureur au présidial et banquier, exerçait la charge de prévôt des consuls. Lui et ses collègues, Antoine Barny, Martial Martin des Monts, Grégoire Descordes de Haut-Ligoure, Jehan Vidaud et Pierre Du Boys, passèrent les milices civiles en revue, créèrent un colonel et des capitaines de quartier, dressèrent le programme des fêtes, et prirent toutes les mesures que comportait un évènement si considérable. Les gens de métier, les ouvriers, les artistes, les érudits, la justice, la finance, le négoce, la bourgeoisie, apportèrent à l'envi leur part de concours. Les habitants n'eurent qu'à s'applaudir de leur diligence ; car, brusquant son itinéraire, l'actif monarque, attendu à Limoges le 20 octobre, était à Bellac le 12, et, ce jour-là, datait de cette ville une lettre pour le landgrave de Hesse (1). Il logea chez le consul Léonard Genebrias (2), se livra

(1) V. M. Berger de Xivrey, *Recueil des lett. de Henri IV*, VI, 546.

(2) La façade de cette maison, située dans le faubourg, a été en partie renouvelée : c'est dans la portion conservée que se trouvait l'appartement occupé par Henri IV. (M. l'abbé Roy-Pierrefitte, *Bull. Arch.*, II, 257.

pendant deux jours à l'exercice de la chasse, et, le 14 octobre, partit de bonne heure pour La Maison-Rouge, où il arriva dans la matinée (1). Deux des consuls de Limoges, Antoine Barny et Martin des Monts, y arrivaient de leur côté, chargés par leurs collègues de déposer aux pieds du prince *les humbles affections, les cœurs et volontés de ses sujets.* Le roi répondit qu'*il aimoit Limoges*, et parut vivement touché des témoignages d'affection que lui apportaient les consuls. Henri IV en effet dut aimer Limoges : la ville de Limoges put lui être chère à plus d'un titre. Cette vicomté, apanage de sa famille, avait été jadis visitée par Antoine de Bourbon, son père, et aussi par sa mère, Jeanne d'Albret. Les souvenirs de famille s'y mêlaient pour lui à des souvenirs de gloire militaire. C'est aux portes de Limoges, à La Roche-l'Abeille, que, en 1569, à peine âgé de seize ans, le prince avait fait ses premières armes. Peut-être se souvint-il aussi qu'un saint prêtre de Limoges, Pierre Benoist, avait autrefois concouru par sa parole à le ramener à la foi de saint Louis (2).

---

(1) La route de Paris passait alors par Bellac et par La Maison-Rouge.

(2) Pierre Benoist, archidiacre du diocèse, l'un des controversistes habiles de son temps, fit partie des docteurs qui conférèrent avec le roi à Saint-Denis le 22 juillet 1593, et

Quoi qu'il en soit, le prince se montra plein d'affabilité et de bon vouloir : *Afin*, dit-il, *de laisser aux consuls le temps d'achever les préparatifs de l'entrée solennelle, il ne les verroit d'abord que comme vicomte de Limoges, et son entrée comme roi auroit lieu seulement le* 20. Le soir du même jour, c'est-à-dire le 14 octobre, le vicomte-roi arrivait à Limoges. L'entrée devait être sans apparat : l'élan populaire en fit une fête splendide. Les habitants, par un mouvement spontané, s'étaient portés en masse au-devant du monarque pacificateur. Suivant une tradition locale persistante, et jusqu'à présent incontestée, la corporation des bouchers alla attendre Sa Majesté au bourg de Couzeix, et lui fit cortége jusqu'à Limoges : de là, pour cette corporation, le privilége d'avoir eu depuis une place marquée dans le cortége de toutes les entrées royales. Un cri d'allégresse continu et prolongé de *Vive le Roi! porté au ciel par un mélange de voix de trente mille personnes* (1), accompagna le souverain jusqu'à sa

decidèrent son retour au catholicisme. Ce docte théologien fut, dit-on, empoisonné à Tours par les calvinistes, qui ne lui pardonnaient pas d'avoir travaillé à la conversion du roi. Il expira le 22 septembre 1596, dans la vingt-huitième année de son âge. (*Biogr. lim.*)

(1) Je suis pas à pas la relation contemporaine; j'en conserve, autant que possible, le langage à la fois naïf et concis, imagé et plein de feu.

maison du Breuil, simple et modeste palais de nos rois, dont un petit bosquet faisait le principal ornement, et qui se voyait sur l'emplacement qu'occupe aujourd'hui l'hôtel de la préfecture (1).

Le 20 octobre, jour fixé pour l'entrée solennelle, le roi sortit de la ville le matin, et alla dîner à Montjauvy, dans la maison de Jehan Mercier. Cette maison, d'où le roi découvrait une partie des magnifiques horizons dont la ville occupe le centre, était située entre Montjauvy et Montmailler, à cinq cents pas environ de la porte de ville (2). Devant la maison avait été dressé un théâtre de neuf ou dix pieds de haut, mesurant environ cent vingt pieds carrés, accommodé aux extrémités de deux escaliers *opposites*, l'un pour monter, l'autre pour descendre. Ce théâtre, environné de barrières, et tendu de riches tapisseries, laissait voir, au milieu, le trône de Sa Majesté, élevé de quatre degrés, couvert de velours violet, surmonté d'un ciel de même étoffe, et paré de fleurs de lis d'or et de broderies.

(1) La maison du Breuil, devenue hôtel de l'intendance et aujourd'hui hôtel de la préfecture, fut rebâtie, de 1759 à 1762, par Pajot de Marcheval et Turgot, intendants du Limousin.

(2) La maison de Jehan Mercier, située en montant le faubourg, sur la gauche, dominait les prairies riveraines et les splendides coteaux des bords de la Vienne. Le côté droit de la rue n'était pas encore bâti.

Un peu après qu'il eut dîné, le roi, accompagné des princes du sang, des maréchaux de France, du garde des sceaux, des secrétaires d'État et des officiers de la couronne, monta sur le théâtre, et vit d'abord venir, à quatre ou cinq cents pas, une procession générale des églises, abbayes, couvents, religieux mendiants et autres ecclésiastiques au nombre de trois cents, rangés chacun sous sa croix (1). Le prince approcha de la barrière du théâtre afin de voir la procession de plus près. Les chœurs d'allégresse spirituelle de tant d'ecclésiastiques portant leurs vœux jusqu'au Ciel pour sa prospérité lui fut chose *merveilleusement agréable*. Le doux maintien du roi témoignait de ses sentiments : on le vit tout rempli d'un zèle sacré qui l'élevait à contempler l'humble modestie de ces dévots religieux.

Après les milices saintes, parurent les troupes de la ville, divisées en neuf compagnies, chacune sous son enseigne, fortes de quinze cents hommes, tous choisis d'âge et capables de quelque exploit honorable. Chaque compagnie avait son drapeau et ses livrées, et ses soldats *gentilhment accoutrés*. Les uns avaient des casques dorés et gravés ; les autres, la toque de velours rouge cramoisi ou

(1) Les chapitres de Saint-Martial et de la cathédrale se tenaient avec l'abbé de Saint-Martial et l'évêque : nous rencontrerons ces personnages sur un autre point.

écarlate, la grègue de même, le pourpoint de satin blanc et les bas de soie; les autres étaient vêtus des couleurs du roi; tous richement armés, marchant cinq à cinq, avec fifres et tambours, en bon ordre. A leur tête s'avançait Jehan de Douhet du Puy-Molinier, leur colonel, couvert d'un habit de brocatel enrichi de parfilures et de broderies. Arrivé près du théâtre, Jehan de Douhet se prosterna devant Sa Majesté, et lui dit :

« Sire,

» Les capitaines qui commandent ces troupes sous l'autorité de Votre Majesté sont heureux de votre présence. Ils supplient humblement Votre Majesté de prendre assurance de leur inviolable fidélité. Ils veulent vivre et mourir sous votre obéissance, comme vos naturels sujets et fidèles serviteurs. »

Le roi, par sa réponse, témoigna avoir agréable ce discours, et se remit sur la barrière pour voir passer les troupes, jugeant de la valeur d'un chacun selon son port et sa démarche, et disant *qu'ils avoient tous forme de bons soldats.*

L'infanterie ayant passé, se montrèrent cinquante jeunes hommes de dix huit à vingt ans, des principales maisons de la ville, conduits par un capitaine et guidon, superbement habillés et d'une même parure. Ils portaient le manteau d'écarlate couvert de clinquant, doublé de velours à plein fond, avec chacun deux laquais parés de leurs livrées. Outre la gentillesse de leur accoutrement, dont la valeur était grande, ces jeunes hommes montaient des chevaux d'Espagne ou autres chevaux de grande valeur, richement caparaçonnés, chanfrein fourni de panaches. Devant eux, une bande de trompettes et de clairons fanfaraient, et semblaient redoubler le courage des coursiers et des cavaliers. Le roi prenait plaisir à voir voltiger cette cavalerie dans la belle et vaste plaine qui se déroulait au pied du théâtre. Le sieur Benoist de Compreignac, commandant de cette troupe d'élite, approcha, et, s'étant prosterné devant Sa Majesté, la harangua en cette sorte au nom de tous les siens :

« Sire,

» Cette jeunesse assemblée, et unie de cœur et de courage, vous supplie de compter sur son dévoûment. Elle brûle de servir le plus glorieux, le plus puissant monarque de la terre. Nous ne cherchons d'honneur qu'en votre obéissance. Nos vies, nos fortunes, nos volontés, sont consacrées à Votre Majesté, dont nous demeurons les sujets dévoués et fidèles serviteurs. »

Sa Majesté vit de bon œil le généreux maintien de cette brave jeunesse, s'enquit du nom des maisons et des familles de la plupart et de leur qualité, et répondit : « Je reçois vos volontés de pareille affection que vous me les offrez, et le vous témoignerai lorsque vous m'en requerrez ».

Après ceux-ci, s'avança le vice-sénéchal, son lieutenant, le greffier, et les archers portant le hoqueton de livrée, montés sur leurs chevaux de service, et armés à leur accoutumée. Venait par après l'ordre de la justice, avec une modestie humainement grave et fort convenable à gens de telle profession. Cette compagnie était composée des plus anciens et *fameux avocats et procureurs*, après lesquels étaient les huissiers du siége présidial. Le président, le lieutenant civil, les lieutenants criminel et particulier, les conseillers, avocats et procureurs du roi et le greffier venaient ensuite. Douze sergents suivaient, chargés d'empêcher la presse et le désordre. Ces officiers de justice montaient des haquenées couvertes de housses traînantes en terre, frangées de soie, eux vêtus de leurs longues robes doublées de damas et de satin, avec bonnets et chaperons. Le président et le lieutenant général avaient la robe écarlate rouge. Le roi ayant vu venir les magistrats : « Voici, dit-il, les officiers de ma justice ; écartez le peuple du théâtre, qu'ils puissent monter ». Le prince en même temps alla s'asseoir en son siége royal, ayant entendu les autres à la barrière. Le président Martin, qui au savoir et à l'éloquence joignait l'expérience qu'un bel âge et une grande et honorable charge lui avaient acquise, porta la parole pour le corps de justice. Le roi, qui avait écouté ce discours avec plus d'attention que les autres harangues, répondit : « Je sais que vous m'avez fidèlement servi : continuez, messieurs; faites que mes sujets soient conservés en leurs droits. Rendez la justice que j'ai déposée en vos mains : vous ne pouvez faire chose qui m'agrée davantage ».

La justice ayant passé, vinrent les consuls, habillés de robes de velours tanné, cannelé, et de sayes de satin noir, montés sur des haquenées harnachées de housses à grandes bandes, frangées de soie, traînantes en terre. Ils avaient devant eux les gagiers de la ville, couverts de robes mi-parties d'écarlate rouge et azurées, et, à leur côté, les estafiers à pied, parés de leurs livrées et devises. Les conseillers de la maison de ville et les plus notables bourgeois, bien parés et montés, en grand nombre, marchaient deux à deux, accompagnant les consuls. Lorque les consuls furent près du théâtre, le prévôt Jehan Martin harangua le roi. Sa Majesté, joyeuse de tout ce qui s'était passé, lui dit : « C'est la vérité que vous m'avez toujours été fidèles : je n'oublierai jamais la connaissance que j'ai de votre dévoûment ».

Le monarque, se levant ensuite de son trône, commanda que chaque compagnie défilât en son ordre vers la ville. Du théâtre au logis du roi, les rues étaient parées de tapisseries, de tableaux, d'emblêmes et de devises. Les régiments des gardes et les milices de la ville formaient la haie sur toute la ligne, empêchant le désordre et la confusion. Le roi monta à cheval, et se plaça devant les consuls. Pour la magnificence de cette royale entrée, avait été dressé, à la porte Montmailler, un avant-portail d'une structure excellente. Son diamètre, au niveau du sol, était d'environ cent pieds sur vingt de hauteur, jusqu'aux galeries qui s'y voyaient percées à jour. L'édifice posait sur quatorze piliers compartis en sept divisions égales, qui formaient autant d'arcades. Sur la voûte de cet avant-portail se voyait un dôme en style dorique relevé de vingt pieds, sur la sode duquel était dressé un colosse d'homme, portant douze pieds de hauteur, *si bien façonné que rien mieux*. C'était, dit le narrateur contemporain, notre grand Lemovix, fondateur de Limoges (1). Il tenait de la main droite une clef d'argent, de la gauche un cœur enflammé, s'incli-

(1) Suivant un manuscrit du xiv⁰ siècle, ce prétendu fondateur, issu de la race des géants, serait venu dans les Gaules du temps que Gédéon jugeait les Hébreux. (Bibl. impér., n⁰ 5005. — Duroux, *Essai sur la sénatorerie de Limoges*, p. 23, in-4⁰, Limoges, 1811.)

nait, et semblait offrir à Sa Majesté les cœurs et les clefs de la ville. Les verdures appendues aux arcades laissaient voir de tous côtés de nobles et belles devises. L'un des emblêmes les plus remarqués fut un lion jouant avec une biche, et pour devise les mots : MANSUETIS CLEMENS, *clément aux pacifiques*. Un conseiller du présidial, esprit vraiment capable de choses rares, avait inventé et conduit à perfection toutes ces devises, qu'il serait pénible de déchiffrer par le menu. Sur les galeries et pavillons de l'avant-portail, nombre de musiciens *rendoient* un concert de musique *tres-doux et tres-plaisant*. Plusieurs voix s'accordaient et se mariaient aux sons des instruments.

Au moment où le roi arrivait près de l'avant-portail, on vit s'élever une nuée lumineuse, qui vint descendre et s'entr'ouvrir devant Sa Majesté. Il en sortit un beau jeune enfant, en costume d'ange (1), qui présenta à Sa Majesté les clefs de la ville étoffées d'argent doré, entourées de deux serpents en plis et replis, si habilement menés que l'ouvrier semblait y avoir déployé *tout le plus beau de son industrie*. L'ange, en remettant les clefs au roi, lui dit ces vers :

(1) L'ange et la nuée lumineuse sont évidemment ici l'emblême de la divine et mystérieuse origine du pouvoir : les clefs sont le symbole de la puissance. La nue avait coûté 500 livres. L'enfant se nommait André Vidaud.

> Avec ces clefs, les biens, voire même la vie
> De ce peuple, est acquise à Votre Majesté :
> Recevez de bon œil, Sire, je vous supplie,
> Ce que chacun vous offre avec fidélité.

Le roi reçut avec grand contentement les clefs, et les remit à M. de La Force, capitaine des gardes.

Les consuls, ayant mis pied à terre à la porte Montmailler, prirent les bâtons du poêle qui couvrait le roi. Presque au même instant se fit entendre le tonnerre des canons qui donnaient la salve de bien venue, et tiraient sur la plate-forme des Arènes. Le poêle, de forme ovale, relevé en voûte, de velours bleu azuré, avait un ciel de drap d'argent semé d'étoiles d'or. A l'extérieur, et sur la cime du poêle, étincelait une grande fleur de lis d'or, *brillante comme un rayon de soleil*. Ce dais avait coûté dix-huit cents livres. La rue des Combes, par laquelle défila le cortége, était toute tapissée, et regorgeait de monde jusque sur les toits. Les populations étaient venues de plus de vingt lieues contempler les traits du vainqueur d'Ivry. Emu et heureux de l'empressement du peuple, le roi dit aux consuls que pareille entrée ne s'était vue à Limoges depuis long-temps.
— « Sire, répondit Jehan Martin, prévôt des consuls, Antoine de Bourbon, pere de Votre

Majesté, a été ici magnifiquement reçu. — Mon pere entroit ici comme vicomte, repartit vivement le monarque : il n'y entroit pas comme roi de France (1) ! »

Aux cris de *Vive le roi !* se mêlait le cri de *Vive monsieur le Dauphin !* Le roi y prit garde : l'acclamation lui allait au cœur : *Ce peuple m'aime !* s'écria-t-il. Et, d'un visage joyeux, passant outre, il découvrit, vers le milieu de la rue des Combes, cette belle fontaine Constantine, l'une des merveilles de la ville, admirable par son antiquité, par la qualité et la commodité de ses eaux, et que l'art avait encore embellie (2). Sur la fontaine avait été construite une pyramide d'environ cent pieds de hauteur, avec des arcades qui la reliaient aux

(1) Une des plus curieuses entrées de prince à Limoges fut celle de Marguerite, reine de Navarre, qui eut lieu le 28 décembre 1537. Jean Lamy, consul, fit la harangue. Les consuls offrirent à la reine, entre autres présents, une barrique de vin muscat.

(2) La fontaine Constantine, dite aussi *du Chevalier*, et, par corruption, *du Chevalet*, située dans la rue des Combes, en face du local où fut depuis l'hôtel des monnaies, occupait le milieu de la rue. Les eaux de cette fontaine jaillissaient par cinq mascarons, et tombaient d'un bassin dans un autre plus grand. Un groupe représentait un guerrier qui foule un ennemi sous les pieds de son cheval. Suivant nos chroniques, ce guerrier était Constantin, et l'ennemi, Flavius Claudius Gallus Hannibalianus, légat d'Aquitaine, défait en Pannonie, où il s'était déclaré pour Licinius. Quelques écrivains donnent une autre version. Quoi qu'il en soit, le monument remontait à la plus haute antiquité.

deux côtés de la rue. Quatre Néréides décoraient les quatre pilastres du support. Nombre de musiciens et de chanteurs occupaient l'intérieur de la pyramide, et la musique, se mariant au murmure de l'eau, produisait comme une double mélodie.

Le soleil, jusqu'alors radieux, commençait à pâlir sous les ombres du soir. La lune se levait, heureuse, semblait-il, d'éclairer pareille fête. Ses propices clartés accompagnèrent le roi devant la grande porte de l'église Saint-Martial. Parmi les arcs de triomphe dressés autour de l'église, se faisait remarquer, entre autres emblêmes, un magnifique tableau représentant deux mains entrelacées, avec ces mots appropriés à la circonstance : ACCIPE DAQUE FIDEM, *reçois notre foi, donne-nous la tienne.*

La sonnerie des grosses cloches et la confusion des voix produisaient une immense rumeur. A l'apparition du roi, le silence se fit. Messire Henri de La Martonie, évêque de Limoges, assisté des abbés, chanoines et autres ecclésiastiques, reçut le roi sur le premier degré. Doué de l'art de bien dire, même en ses discours familiers, l'évêque fit une admirable harangue. Suivant la remarque du narrateur de l'époque, c'était le mieux disant et tout à la fois le plus digne prélat du royaume. Introduit dans le chœur, le roi se plaça sous un grand ciel de velours cramoisi; il s'agenouilla sur des carreaux de velours, et le clergé entonna le *Te Deum*. Le prince, sous l'antique voûte, semblait méditer les grandeurs de Celui qui tient en sa main le cœur des rois. Après le *Te Deum*, fut ouvert le précieux reliquaire du chef de saint Martial. La relique reposait dans des coupes d'or rehaussées de pierreries (1). A ce moment, le cœur du roi parut vraiment touché de *l'aimant divin*. Sa Majesté fut vue, d'une façon toute royale, mais d'un cœur humble et pieux, adorer et louer Dieu, baiser par plusieurs fois le saint reliquaire, et approcher de la relique sa croix et son chapelet.

Au sortir de l'église, le roi, avec un visage plein d'allégresse, dit aux consuls : *Allons maintenant où vous voudrez*. D'innombrables torches ou flambeaux, allumés le long des rues ou aux fenêtres des maisons, produisirent comme un jour soudain dans l'obscurité de la nuit. Le roi, à cheval, suivit les Taules, Crouchador, Montant-Manigne, les Bancs et la rue Ferrerie, au bout de laquelle on avait fait construire une belle fontaine quadrangulaire de douze pieds d'élévation, ayant à chaque coin un griffon vomissant de l'eau. Cette fontaine improvisée, placée entre les léopards de pierre de la petite place Saint-Michel, tirait ses eaux de

---

(1) Voir, dans ce volume, l'étude consacrée à la collégiale de Saint-Martial.

celle d'Aigoulène. Le cortége défila ensuite devant le palais de justice, et le roi rentra par plusieurs arcs de triomphe dans sa maison du Breuil. Ainsi qu'on l'apprit de M. de Villeroy, Sa Majesté, pendant tout le souper, ne fit que parler de cette belle journée et de la fidélité de son peuple de Limoges.

Le lendemain, les consuls, vêtus de leurs robes, couverts du chaperon de damas rouge cramoisi, allèrent présenter à Sa Majesté deux grandes médailles d'or, du poids de douze marcs, burinées et gravées avec tant d'artifice qu'il faudrait emprunter la main de l'ouvrier pour en tracer ici la figure; car le maître s'était essayé à rendre ces pièces excellemment rares et parfaitement singulières. Sur l'une, le roi, représenté à cheval, semblait bondir au milieu de ses ennemis vaincus; autour se lisait la devise suivante, écrite en latin : *A Henri quatrieme, tres-chrétien, héros tres-vaillant, tres-clément, le sénat et le peuple de Limoges*, 1605 (1). L'autre médaille représentait le fils de France, héritier présomptif de la couronne, un pied sur un dauphin, et l'autre sur la terre ferme, en signe de sa future domination sur l'un et l'autre élément.

(1) HENRICO QUARTO, *regi christianissimo, heroi fortissimo, invictissimo, clementissimo*, S. P. Q. Lemovic. — La formule S. P. Q. L. se trouve sur des médailles de Claude et d'Antonin. (M. Maurice Ardant, *Guide de l'étranger*, 5.) Les titres de noblesse de la ville de Limoges datent de loin.

Le prévôt des consuls, messire Jehan Martin, chargé de porter la parole, fit d'abord observer au roi que l'ouvrier n'avait pas eu le loisir de mettre à son œuvre la dernière main. Passant ensuite à un autre objet : « Sire, dit-il, la grandeur des monarques se perpétue par leurs libéralités : nous supplions très-humblement Votre Majesté de nous donner les mêmes franchises qu'aux autres villes capitales pour le fait des tailles et francs fiefs, et tout le peuple redoublera ses vœux à Dieu pour votre santé et la prospérité de M. le Dauphin. Sire, c'est la même chose que Votre Majesté nous fit donner par Charles IX ; mais les troubles ont empêché que le don n'ait sorti à effet. »

L'attention du roi se porta d'abord sur les médailles. Après en avoir admiré et fait admirer autour de lui l'exécution, il les remit aux mains des consuls : « Faites parachever ceci, dit-il, et me l'envoyez promptement. Quant à vos demandes, dressez votre requête : j'en communiquerai à mon conseil, et vous y apporterai tout ce que je pourrai. » Depuis, Sa Majesté a libéralement octroyé l'exemption des francs-fiefs en faveur de ceux qui ont été et seront consuls de Limoges et leurs enfants qui seront vivants lors de la taxe des dits francs-fiefs (1).

(1) *Discours de l'ancienne fondation de la ville de Limoges et entrée de Sa Majesté en icelle*, par Simon Descoutures,

Deux jours après, c'est-à-dire le 23 octobre 1605, le roi quittait Limoges au milieu des acclamations publiques. Les médailles, promptement achevées, furent portées au prince. Suivant nos chroniques (1), ces belles médailles étaient l'œuvre des Masbarreaux, *enfants de Limoges*, qui depuis, appelés à Paris par le roi, et installés au Louvre, y exécutèrent *les plus belles et rares pièces* de leur temps en or, argent, acier, fer, ivoire et autres métaux ou bois. Ainsi, au commencement du XVIIᵉ siècle, les beaux-arts fleurissent à Limoges, et Paris, demandant à cette noble ville des artistes, leur décernera les honneurs du Louvre.

avocat du roi, 1605. (*Reg. consul., C.*, fº 52. — *Feuille hebd.*, 1786, 1787. — Ach. Leymarie, *Lim. hist.*, II.) Simon Descoutures, auteur de cette belle relation, que je reproduis presque littéralement, mourut à Limoges en 1644. Je doute qu'il existe de la même époque aucune pièce analogue comparable à celle-ci. Sully, qui n'est pas nommé dans la relation, fut du nombre des grands officiers de la couronne qui accompagnaient le roi à Limoges. (M. l'abbé Roy-Pierrefitte, *Hist. de Bellac*, p. 51, *note*.)

(1) *Ms. de* 1638, p. 358.

V.

LE DUC DE BOUILLON

(1605).

Le moment est venu de faire connaître les raisons d'État qui avaient déterminé le voyage d'Henri IV à Limoges. Henri de La Tour, duc de Bouillon, premier maréchal de France, vicomte de Turenne, prince de Sedan, l'un des plus grands seigneurs du royaume, s'était mis à la tête du parti huguenot. Mécontent de la conversion du roi, jaloux d'ailleurs de la fortune et de l'élévation de Sully, ce seigneur donnait depuis long-temps de l'inquiétude au Gouvernement. Des émissaires soudoyés par lui agitaient les provinces, semaient de faux bruits dans le peuple, et annonçaient comme imminente une persécution religieuse dont la pensée n'était jamais entrée dans l'esprit d'Henri IV. Grossi de toutes les vanités déçues, de toutes les ambitions désappointées, le parti du maréchal tendait à devenir redoutable. La trahison cherchait appui jusqu'en pays étranger. Le duc négociait en Angleterre, traitait avec les princes protestants d'Allemagne, et, de tous côtés, s'alliait audacieusement aux ennemis de l'État. Ce maréchal, ce duc, ce prince, ce favori de la fortune, méditait le renversement de la monarchie, et, dans sa pensée, substituait à la royauté une démocratie dont il se flattait d'être le héros. Par cela seul qu'ils niaient l'autorité doctrinale de l'Église, les calvinistes, dont Bouillon s'était constitué le chef, en étaient venus à affirmer la doctrine de la souveraineté des masses, c'est-à-dire l'athéisme du nombre, la prédominance de la force sur le droit : programme anticipé de cette révolution qui, depuis soixante-dix ans, tient le monde comme suspendu sur un gouffre dont il n'est donné à aucun œil humain de mesurer la profondeur.

Déjà en 1602, à Blois, un peu après la condamnation du maréchal de Biron, le roi, confusément instruit des pratiques du duc de Bouillon, l'avait mandé à la cour afin qu'il eût à se justifier. Le maréchal élude l'invitation, et fait parvenir au roi une lettre d'excuses pleine d'artifice : ses ennemis, dit-il, sont si méchants, leur astuce si déliée et si dangereuse qu'il ne peut en aucune façon se commettre avec de tels adversaires. Pour toute réponse, le roi persista, et fit sommer Bouillon d'obéir. Au lieu d'obtempérer, le duc, inquiet, gagna la Guienne, et de là le Languedoc. A Castres, reprenant ses habitudes hautaines, il se présente devant la chambre de justice établie pour les réformés de la province, et demande, comme par bravade, à y être jugé. Le tribunal refusa de connaître d'une affaire qui ne lui était pas légalement déférée, et crut devoir prendre les ordres du roi. L'insolence du maréchal avait mis le comble à la mesure. Sa Majesté ne garda plus de ménagements. Un président du grand-conseil fut envoyé sur les lieux : il devait arrêter le prince rebelle, et l'amener à Paris. Le commissaire royal fit toute diligence ; mais, lors de son arrivée à Castres, le duc en était déjà parti. Avant de s'éloigner, Bouillon avait publiquement protesté de son innocence devant une grande assemblée de calvinistes. Il passa à Genève, et de là chez son beau-père, l'électeur palatin, à Heidelberg : *Un habile politique ne doit*, disait-il, *ni capituler avec son souverain, ni l'aborder tant qu'il est irrité.* Le maréchal, en partant, s'était substitué en Languedoc des affidés qui, lui absent, devaient diriger en son nom la révolte. Les principaux chefs du parti furent Pierre de Régnac et Gédéon de Bassignac, esprits rusés et entreprenants. Ces deux gentilshommes en eurent bientôt gagné d'autres. Jean Guy de La Roque-Tayac et le capitaine du Chassein, de Sarlat, furent des premiers à se laisser séduire. Des Fossats, de Giversac, de Lugaignac, de La Chapelle-Biron, entrèrent dans le complot, et, avec eux, dit le P. Bonaventure, *une bonne partie de la noblesse.* Ainsi, au commencement du xviie siècle, *une bonne partie de la noblesse* (1) conspire la ruine de l'État par le renversement des croyances politiques et religieuses. Dans des vues d'ambition et de licence, ces grands seigneurs appellent une révolution. La révolution viendra, et c'est sur leurs héritages en ruines que l'anarchie plantera son drapeau :

O vanas hominum mentes ! o pectora cæca !

Ceci se passait en 1603.

En cette même année, le baron de Calveyrac, du Quercy, l'un des conjurés, sans doute pour mieux cacher son jeu, fit avertir Sa Majesté qu'il y avait

(1) Les défections religieuses dont je parle furent sans aucun doute l'une des principales causes de l'ébranlement social. M. César Cantù, dans son *Histoire universelle*, XVI, 173, et le docteur Léopold Rancke, dans son *Histoire de la papauté au* xvie *et au* xviie *siècle*, présentent, au sujet de ces défections, des détails instructifs. « Un signe très-assuré de la fin d'une nation, a dit admirablement Vico, c'est lorsque les nobles méprisent la religion du pays : *Talchè dee esser' un gran segno che vada a finire una nazione ove i nobili disprezano la religione natia.* (*Principi d'una scienza nuova :* Joseph de Maistre, *Considér. sur la Fr.*, p. 205.) Vico, écrivant au xviiie siècle, ne parle que de la noblesse; peut-être, de nos jours, étendrait-il son observation aux classes supérieures en général.

en Limousin plusieurs brigues et menées, *avec des intelligences en Espagne, et que des personnes de qualité fort relevée s'en mêloient*, catholiques et protestants. Bouillon, qui était rentré en France, écrivit, le 18 juin 1603, à Rosny, surintendant des finances, pour tâcher de savoir au vrai ce que le roi croyait de lui. Sur la réponse de Rosny, le duc députa vers le roi Pierre de Régnac, son confident, et, un peu plus tard, un autre gentilhomme de son intimité, Gédéon de Bassignac. Ces semblants de soumission n'étaient qu'un jeu.

Pendant toute l'année 1604, une agitation sourde et continue régna dans le Quercy, le Périgord et le Limousin. Vers le milieu de l'été, le roi, à Paris, accorda audience à un capitaine Belin, qui promettait des communications importantes. Suivant cet officier, le Limousin et les provinces contiguës étaient un foyer d'agitations : certains gentilshommes, forts de l'appui du duc de Bouillon, fomentaient la révolte, et, reprenant en sous-œuvre la conspiration avortée du maréchal de Biron, leurraient le peuple d'une future diminution d'impôts (1). Bouillon, par ses émissaires, distribuait de l'argent; il enrôlait des soldats, et

---

(1) La révolution, dès le principe, a promis aux populations toutes sortes de biens, notamment *la diminution de l'impôt et la vie à bon marché* : on sait comment ce programme a été rempli.

méditait la prochaine occupation d'*une douzaine* de villes. Le roi remercia Belin, et lui fit donner une gratification de douze cents livres.

Ainsi les rebelles marchaient à leur but, et les ménagements ne faisaient que les rendre plus audacieux. C'est dans ces circonstances que le roi, pressé d'en finir, avait résolu de se rendre à Limoges, certain que sa présence imposerait aux factieux. Le voyage fut précédé et appuyé de mesures vigoureuses. Jean-Jacques de Mesme de Roissy, maître des requêtes, envoyé à Limoges, devait informer sur les faits de trahison, et en connaître de concert avec la cour présidiale. Ordre fut donné au duc d'Épernon de partir pour son gouvernement du Limousin avec dix compagnies des gardes et quatre compagnies de chevau-légers. Déjà le duc de La Force occupait le Périgord. Enfin le roi amenait avec lui six à sept mille hommes, dont trois mille du régiment de ses gardes. Ce déploiement de forces, joint à l'ascendant personnel du monarque, déconcerta la révolte, et jeta l'inquiétude et la division parmi les rebelles. Beaucoup de jeunes gentilshommes, que l'imprudence et la fougue de l'âge avaient seules engagés *dans ce dédale de désobéissances*, commencèrent à s'effrayer des suites de leur témérité. Les mieux avisés allaient au devant du pardon, et apportaient au roi leurs soumissions, qui étaient accueillies avec bonté. Quelques-uns des plus compromis se réfugièrent à Sedan. Ceux qui osèrent tenir la campagne furent poussés avec vigueur.

Le roi avait donné l'ordre d'arrêter en Périgord Jean Blanchard de Saint-Cyprien, confident du duc de Bouillon, et son intendant pour les terres de l'Auvergne, de la Marche et du Velay. Blanchard, averti, vint trouver Sa Majesté à Blois, et racheta sa tête par des révélations qui, complétant celles de Belin, mirent à nu les desseins des révoltés : Régnac et Bassignac présidaient aux enrôlements, distribuaient de l'argent, et promettaient des charges et des dignités; Bouillon devait amener d'Allemagne quarante mille hommes; les Anglais, complices-nés de toutes les perfidies dirigées contre la France, appuieraient le mouvement. Bordeaux servirait de quartier général; Rodez, Riom et Clermont-Ferrand seraient facilement forcés, et des garnisons, disséminées dans les places de moindre importance, contiendraient le pays. Les déclarations de Blanchard, recueillies par le garde des sceaux en personne, furent envoyées à de Mesme de Roissy, qui, de son côté, informait à Limoges.

Des documents de nature à éclairer la justice pouvant exister au château de Turenne, de Mesme s'y transporta. Les portes lui furent ouvertes sans difficulté. Pierre de Régnac et Gédéon de Bassignac avaient évacué la place le matin : leurs gens, au nombre de soixante, furent remplacés par soixante hommes des gardes du roi. Les perquisitions furent stériles : le duc avait eu la précaution de ne rien écrire, ou de supprimer les pièces écrites.

De Mesme revint à Limoges : le roi y arriva quelques jours après. Nous avons déjà vu quel enthousiasme y excita sa présence. Cette ville lui était dévouée. Beaucoup de gentilshommes des provinces voisines, engagés dans la faction, s'y étaient rendus, et faisaient à l'envi leurs soumissions. Le roi usait de clémence, et ne se montrait inexorable qu'à l'égard des gentilshommes qui persistaient dans la révolte.

Parmi ces derniers, plusieurs déjà, arrêtés et faits prisonniers, se trouvaient entre les mains de la justice. Leur procès ne devait commencer qu'après le départ du roi, qui eut lieu le 23 octobre 1605. Pour la connaissance de cette affaire, Sa Majesté avait institué à Limoges une chambre des grands jours, dont faisait partie de Feuillas, maître des requêtes, chargé de diriger l'instruction en Périgord. Dix juges présidiaux furent adjoints à cette cour, dont la présidence appartint à de Mesme. En attendant que la cour se constituât, les perquisitions continuaient, et amenaient chaque jour de nouvelles arrestations : le baron de Calveyrac fut pris au château d'Acampara en Arma-

gnac, dans le gouvernement du maréchal de
Thémines; Saint-Ureize et Malbec furent arrêtés
près de Montauban; Ligognac et de Tayac, cernés
au château de Picaços, réussirent à s'évader à la
faveur d'un déguisement.

Les débats s'ouvrirent. De l'issue du procès
dépendait le sort de plusieurs grandes familles de
notre province ou des provinces voisines. Les
parents, éplorés, assiégeaient le sanctuaire de la
justice. Le drame fut douloureux, le dénoûment
terrible. Onze des principaux accusés furent
condamnés à la peine capitale. Cinq subirent
leur peine : c'étaient le baron de Calveyrac,
du Quercy; le capitaine Mathelin; les sieurs du
Chassein et de Pénigourdon, du Périgord, et Louis
Renaud de Grispel, du Limousin. Ils furent décapités à Limoges sous les yeux d'une foule immense; les corps furent brûlés dans le creux des
Arènes, et les cendres jetées au vent. Leurs têtes,
exposées sur les tours des quatre portes de ville,
apparurent comme un formidable avertissement.
Les autres condamnés avaient réussi à se dérober
aux recherches de la justice : ceux-ci ne furent
exécutés qu'en effigie. C'étaient : La Chapelle-
Biron, Marc de Giversac, Jacques de Ligognac,
Guy de La Roque-Tayac, Gédéon de Bassignac
et Pierre de Régnac. Les accusés qui avaient
donné des gages de repentir en furent quittes

pour une incarcération de quelques mois. Sollicités de tremper dans les menées des ennemis de l'État, plusieurs gentilshommes limousins avaient su demeurer fidèles à leur serment : de ce nombre fut le jeune vicomte Philibert de Pompadour, dont il sera parlé plus longuement ailleurs.

Les actes de vigueur du Gouvernement faisaient trembler les coupables. Bouillon lui-même commençait à perdre assurance, et cherchait à prévenir l'orage. Le roi d'Angleterre et les princes d'Allemagne ayant intercédé en sa faveur, Henri IV répondit avec dignité *qu'il ne capituloit point avec ses sujets révoltés.* Les Suisses avaient à la bienveillance du roi d'autres titres que les Allemands et les Anglais : ils offrirent aussi leur médiation, et, à leur prière, le monarque promit à son *sujet révolté* une abolition, à condition que le duc reconnaîtrait et confesserait ses torts. La condition ayant paru trop dure à l'orgueilleux maréchal, le roi, résolu d'en finir, fit marcher ses troupes, et s'avança jusqu'à Donchery. L'armée française n'était plus qu'à deux lieues de Sedan : Sa Majesté menaçait de forcer la place. Le duc, effrayé, fit ses soumissions. Henri, qui aurait pu se montrer sévère, poussa la générosité jusqu'à comprendre dans les lettres d'abolition Gédéon de Bassignac et Pierre de Régnac, ces subalternes artisans de troubles dont nous avons rencontré les noms sur la liste des condamnés à mort.

Peu de gens, dit La Rochefoucauld, *ont assez d'esprit pour comprendre tout le mal qu'ils font*. C'est traiter le maréchal de Bouillon avec indulgence que de lui appliquer le bénéfice de cette maxime, dont, pour l'honneur de l'humanité, il faut quelquefois tenir compte (1).

Ce seigneur recommença ses intrigues et ses menées après la mort d'Henri IV. Il mourut à Sedan le 25 mars 1623. « Le duc de Bouillon, dit avec raison le P. Bonaventure, eût pu tenir rang parmi les grands personnages de son siècle ; mais le zèle de la fausse religion le fit tremper en des factions odieuses, qui n'ont pas peu terni sa réputation (2). »

Biron et Bouillon, conspirateurs tous deux, meurent, l'un sur un échafaud, l'autre comblé d'honneurs et de biens. Toute justice ne s'accomplit point ici-bas : la vie humaine est une balance dont l'un des plateaux se cache dans l'éternité.

Marié, le 15 octobre 1591, à Charlotte de La Marck, duchesse de Bouillon, princesse de Sedan, qui mourut, en 1594, sans postérité, le duc de Bouillon épousa en secondes noces, en 1595, Élisabeth de Nassau, fille de Guillaume, prince

---

(1) *V.* le P. Bonaventure, III, 820. — *Le Chroniq. du Lim. et du Périg.*, 65. — *Ms de* 1638 : 65, Bibl. publ. de Lim. — Béthun. *Mém.*, V, 444, et autres mém. du temps.

(2) Bonav., III, 831.

d'Orange. Celle-ci mourut le 3 septembre 1642, laissant deux fils, dont le plus jeune, né le 4 septembre 1611, fut l'immortel maréchal de Turenne. La gloire du fils a couvert les fautes du père. Investi du gouvernement du Limousin en 1653, Turenne fit abjuration du calvinisme le 25 octobre 1668, et fut tué d'un coup de canon en Allemagne le 27 juillet 1675. Ses restes mortels reposent à Saint-Denis dans le tombeau des rois.

VI.

MORT D'HENRI IV

(1610).

Nous avons assisté à l'entrée triomphale d'Henri IV à Limoges. Cinq ans après, le 14 mai 1610, frappé au cœur de deux coups de poignard par François Ravaillac, gentilhomme d'Angoulême, ce prince expirait à l'âge de cinquante-sept ans : il en avait régné vingt-un. Si jamais souverain put se dire la *fortune de la France*, c'est certainement le fils de Jeanne d'Albret. Le poignard qui frappait le roi frappait la nation (1). La nouvelle de l'attentat

(1) Informée de l'évènement, la reine Marie de Médicis sortit de son cabinet tout en pleurs, et, rencontrant le chancelier de Sillery : « Hélas ! s'écria-t-elle, le roi est mort ! — Madame, répondit avec gravité le chancelier, Votre Majesté m'excusera : les rois ne meurent point en France. » (*Hist. du règne de Louis XIII*, sans nom d'auteur; I, 6, 3 vol in-4.)

jeta le royaume dans la stupeur. A Limoges, l'évènement éclata comme un coup de foudre : la consternation fut générale. En racontant cette grande douleur, les registres consulaires perdent leur impassibilité : ils s'émeuvent, et l'émotion publique communique à leur langage une solennité inaccoutumée. Quelques métaphores ampoulées déparent çà et là le récit officiel; mais, dégagée de ces faux ornements, la page est belle :

« Durant les cinq ou six premiers mois de notre consulat, disent les magistrats, la France ressembloit au calme d'un océan paisible, sans être agitée d'aucune violence extérieure ou intérieure. On voyoit croître dans la massue guerriere de notre Hercule gaulois l'olivier, marque de repos et de sûreté. Nous révérions en France l'astre dissipateur des dissensions de l'État, et offrions nos cœurs et volontés sur l'autel de la clémence invincible d'Henri IV, notre grand monarque. Nous mesurions la félicité de l'État par les années de la paix. Mais, à travers le serein de cette longue et haute paix, une noire nuée est venue, portant sur nos têtes une tempête, la mort imprévue de notre grand Henri, l'amour, la joie, les délices de la France : mort vraiment funeste ! On faisoit déjà les appareils d'une haute et généreuse entreprise. Des le jeudi treizieme de may 1610, avoit eu lieu à Saint-Denis la pompe magnifique du couronnement de la reyne. Restoit à faire, le dimanche suivant, l'auguste cérémonie de l'entrée de la reyne à Paris. Tout étoit prêt, et voilà soudain un changement inopiné de l'allégresse d'un couronnement royal aux pompes funebres du plus grand roy du monde! Terrible métamorphose de se voir porté tout à coup d'une publique joie à une publique lamentation! »

Les consuls racontent ensuite comment et dans quelles circonstances la nouvelle de la mort du roi leur est parvenue. Tout entière aux fêtes *de la sacrée ostension des reliques précieuses du bienheureux apôtre de la Guyenne, saint Martial*, ils vivaient en une profonde sécurité lorsque, le lundi 17 mai, vers cinq heures du matin, ils furent inopinément avertis que Chamberet de Beaumont, arrivé à l'heure même de Paris, était chargé de *leur faire entendre quelque commandement de Sa Majesté*. Ce seigneur était descendu au *logis Saint-Jacques*. Plusieurs des consuls s'y rendirent : Chamberet de Beaumont, dissimulant l'évènement, *leur fait entendre par des paroles assez ambiguës* que le roi a été blessé le vendredi soir 14 mai; il *leur donne avis* de pourvoir à la sûreté de la ville, et, sans s'expliquer davantage, *continue sa course* vers Figeac, les laissant remplis d'incertitude. Une ou deux heures après, le sieur des Esgaulx se présente aux consuls : « Il a vu, dit-il, une lettre de Chamberet de Beaumont à Foucauld de Saint-Germain ». Dans cette lettre, Chamberet déclare que *son bon maître a été misérablement assassiné* en la rue de la Ferronnerie, le vendredi 14 mai, entre quatre et cinq heures du soir. Cette nouvelle complétait l'autre.

Après un jour et demi d'attente, officiellement avertis sans doute de l'évènement, les consuls crurent devoir assembler la ville, et *proposer aux habitants le malheur advenu, afin de pourvoir à ce qu'ils jugeroient nécessaire pour la sûreté et fidélité de la ville au roi en cas de désordre dans l'État;* car rien de grave ne se décidait qu'avec le concours et par la volonté des citoyens. L'assemblée se tint dans la grand'salle de la maison commune, le mercredi 19 mai 1610, avant midi. Jehan Sauxon, prévôt des consuls, présidait l'assemblée, assisté de ses collègues Pierre de Douhet du Puy-Molinier, Simon Descoutures, avocat du roi, Jehan Hardy, Joseph Descordes et Pierre Du Boys du Boucheyron. Le lieutenant général de la sénéchaussée Léonard du Chastenet, baron de Murat, prenait part à la réunion, les ordres de ville, les officiers de justice et de finances; les notables bourgeois et la masse des citoyens remplissaient la salle; Simon Descoutures, avocat du roi, l'un des consuls, portait la parole.

« Le sieur Descoutures, dit le registre consulaire, a représenté le détestable parricide et assassinat commis vendredi dernier en la personne du roy notre sire, au grand regret et déplaisir de tout son peuple.

Parmi ce désastreux malheur, a-t-il dit, on a sujet de louer et de remercier Dieu de ce que monseigneur le Dauphin a été couronné roy de France. Pour rendre un témoignage assuré du devoir de tout le peuple à Sa Majesté, les consuls ont convoqué cette assemblée générale afin de jurer publiquement et unanimement foi inviolable à notre nouveau roy comme vrai et légitime successeur de feu notre souverain monarque Henri quatrieme, et d'accompagner le serment d'une acclamation générale de Vive le roy Loys treizieme a présent régnant ! De plus, afin que Sa Majesté le roy, le reine sa mere, nosseigneurs les princes du sang et officiers de la couronne soient certains de ces témoignages de fidélité, les consuls proposent d'envoyer devers Leurs Majestés personnes de qualité pour jurer entre leurs mains fidélité au nom de toute la ville de Limoges.

» Sur quoy, les consuls, officiers et habitants, d'une commune voix et acclamation publique, ont dit qu'ils étoient tres-humbles et tres-obéissants serviteurs et sujets du roy, et vouloient exposer leurs vies, moyens et facultés pour son service, et ont tous crié unanimement par diverses fois : Vive le roy Loys treizieme ! tendant les mains au Ciel, avec tres-humbles prieres à Dieu de conserver par longues années Sa Majesté en prospérité et bonheur. Et ont tous été d'avis de députer personnes qualifiées pour aller par-devers le roy et la reine mere aux fins de faire de vive voix le même serment. De quoy les consuls ont requis acte, qui leur a été concédé par le scribe de la maison de ville. »

Les habitants ayant ainsi donné leur avis, les

consuls, retirés en la chambre du conseil, élurent député Simon Descoutures, l'éloquent auteur de la relation de l'entrée d'Henri IV à Limoges, et l'autorisèrent à s'adjoindre, pour cette légation, Pierre Du Boys du Boucheyron : la ville ne pouvait être plus honorablement représentée. Le lendemain 20 mai, jour de l'Ascension, Descoutures et son collègue partaient pour Paris, *accompagnés de leurs serviteurs*, et, franchissant les distances avec une vitesse inaccoutumée, arrivaient à Paris le quatrième jour. Simon Descoutures prit à peine deux heures de repos. Il se rendit au Louvre, et obtint du duc d'Épernon, gouverneur du Limousin, d'être présenté à l'instant même à la reine-mère, Marie de Médicis. Sa Majesté, qu'entouraient les princes du sang et les officiers de la couronne, parut écouter avec un vif intérêt la harangue de Simon Descoutures. La reine prit ensuite le papier qui contenait la délibération de ville : elle lut cette pièce, la fit lire publiquement, et, d'une voix émue, déclara *avoir très-agréable un témoignage d'obéissance si tôt venu d'une ville tant éloignée*, et *remercia grandement* les habitants de Limoges.

Ce jour-là ni les jours suivants, le député de Limoges ne put être reçu du roi à cause de l'exécution *de ce malheureux parricide Ravaillac*(1); mais,

(1) Ravaillac ayant été exécuté le 27 mai 1610, Descoutures fut présenté au roi le 29 ou le 30.

la première émotion passée, Descoutures fut présenté au roi par le duc d'Épernon. Le prince, debout sur un carreau de velours *avec une prestance et gravité extraordinaire*, écouta attentivement tout ce que Simon Descoutures *lui voulut dire de l'obéissance de sa fidele ville de Limoges*, et répondit avec une sagesse au-dessus de son âge. Charmés de la présence d'esprit du jeune monarque, les princes et seigneurs *embrasserent Sa Majesté*, la complimentant d'avoir fait d'elle-même une *si belle et si élégante réponse*, et quelques-uns d'entre eux allèrent féliciter la reine, qui se tenait dans un appartement voisin. Le marquis de Soùvray, gouverneur du roi, reconduisit Simon Descoutures, et lui dit en le quittant qu'il *avoit occasion d'être bien content, ayant reçu la premiere harangue que Sa Majesté eût jamais faite à personne* (1).

Simon Descoutures rapporta de la cour à ses collègues une lettre de remercîments de la reine-mère du 10 juin 1610 et des lettres de félicitations de d'Épernon et de Schomberg, dont le texte se lit dans les annales consulaires (2).

Le 15 juillet 1610, fut célébré à la cathédrale de Limoges un service funèbre pour le repos de l'âme du feu roi. Les trésoriers généraux de France ayant

(1) Louis XIII, né à Fontainebleau le 27 septembre 1601, était alors dans la dixième année de son âge.
(2) Reg. cons. C., f° 74.

soulevé une question de préséance, la reine, dans une pensée de paix, avait prié messieurs de la justice de s'abstenir de paraître à la cérémonie, et elle les remercia, par une lettre du 13 août 1610, d'avoir déféré à son désir. La magistrature eut ainsi son service particulier, qui fut célébré dans l'église Saint-Martial, devant la chapelle Saint-Yves (1). Les Jésuites, rétablis par Henri IV, ne furent pas des derniers à prier pour l'âme de ce prince, et à s'associer au deuil public (2). Heureuse la nation à qui ses souverains n'imposent d'autre douleur que celle de les avoir perdus !

(1) Le culte de saint Yves a inspiré quelques-uns de nos artistes. On cite de Limosin 1er un saint Yves à cheval : cet émail fait partie de la collection de M. Germeau, ancien préfet de la Haute-Vienne. (M. Maurice Ardant, *Bulletin Archéologique*, IX, 99.)

(2) Bonav., III, 823. — Legros, *Mélang*, III, 307 mss.

VII.

SOUS LA RÉGENCE

(1610-1620).

Les particularités réunies dans ce chapitre n'offrent qu'un intérêt secondaire; mais ces particularités, que tous les écrivains ont relevées, donneront une idée assez exacte de la situation de la ville de Limoges sous la régence de la reine Marie de Médicis, et rentrent ainsi dans le cadre de cet ouvrage.

Le 21 décembre 1611, le comte de Candale, fils aîné du duc d'Épernon, fit son entrée solennelle à Limoges en qualité de gouverneur en survivance du Limousin. Quatorze cents hommes, sous le commandement du juge de Petiot, colonel, allèrent avec les consuls au-devant de lui, et l'accompagnèrent à l'église Saint-Martial. Pendant le *Te Deum*, trois pièces de canon, pointées sur le fort Saint-Martial, tiraient à toute volée. Le jeune comte logea chez Benoît, trésorier général de France, et le duc son père, dans la maison du Breuil. Ces deux seigneurs repartirent le lendemain. Le comte de Candale, que des écarts de jeunesse jetèrent un moment dans le parti calviniste, ne fut jamais gouverneur en titre du Limousin.

Au moment du décès d'Henri IV, Louis XIII n'avait que neuf ans. La régente, Marie de Médicis, au lieu de s'entourer des princes du sang, accordait sa confiance au florentin Concini, marquis d'Ancre, qu'elle avait fait maréchal de France, et à sa femme, Éléonore Galigaï. La préférence donnée à ces étrangers blessait le sens national, offensait les grands et le peuple. Habile à exploiter les passions au profit de ses intérêts, le duc de Bouillon pressait Henri de Condé, alors âgé de vingt-cinq ans, de se mettre à la tête des mécontents, et répondait d'une armée de cent mille hommes. Condé se laisse séduire, quitte la cour, et, appuyé des ducs de Nevers, de Mayenne, de Longueville, de Vendôme et de Bouillon, publie, le 18 février 1614, sous forme de lettre à la reine, une diatribe violente contre l'État. Henri IV eût châtié les rebelles : la reine capitula, et, par le traité de Sainte-Menehould du 13 mai 1614, se laissa imposer l'obligation de convoquer avant la fin de l'année les états généraux du royaume. A Limoges, le clergé, réuni à l'évêché pour nommer les députés, porta son choix sur l'évêque, Henri de La Martonie. La noblesse, assemblée au couvent des Jacobins, députa le marquis de Bonneval; et les suffrages du tiers-état se portèrent sur Léonard du Chastenet, lieutenant général du présidial. La commune de Limoges avait droit d'envoyer un député : Grégoire Descordes, seigneur du Haut-Ligoure, fut chargé de la représenter.

La convocation des états généraux, ce remède héroïque des situations embarrassées, suscitait de profondes inquiétudes. Des prières publiques rassemblaient chaque jour au pied des autels les personnes de tout rang, de tout sexe et de toute condition. Les fidèles concouraient par des dons volontaires à l'entretien des torches devant les images des saints. Dans une quête à domicile, les pieuses dames de la ville réunirent un rouleau de cire à filet destiné à ce pieux usage, du poids de cent vingt livres, mesurant plus de sept cents aunes, c'est-à-dire une longueur égale à celle du mur de ville. Les états généraux s'ouvrirent au Louvre, dans la salle Bourbon, le 27 octobre 1614, et les cahiers arrêtés par l'assemblée furent présentés au roi le 23 février 1615. Il n'est pas de notre sujet d'apprécier les actes de cette mémorable assemblée, qui toucha à tout, et ne finit rien (1).

Irrités de n'avoir pu se rendre maîtres des délibérations aux états généraux, le prince de Condé, le duc de Bouillon et leurs adhérents levèrent de nouveau le drapeau de la révolte. La bourgeoisie de Limoges tenait pour le roi : elle se mit sur la défensive. Les cantons montaient la garde à tour de rôle. Des fossés improvisés se prolongeaient de l'église Saint-Martial à la porte Boucherie. Le fort Saint-Martin fut entouré de palissades, à la construction desquelles furent employés quatre-vingt-six arbres coupés sur le cimetière Saint-Paul, près de l'emplacement qu'occupe aujourd'hui la gare du chemin de fer. L'ancienne porte des Arènes fut murée, et remplacée par une nouvelle porte du même nom. Aucune mesure de sûreté ne fut négligée. Les rebelles, concentrés à Argenton, connurent ces préparatifs, et, tenus en respect, n'osèrent remuer (2).

(1) Bonav., III, 824. — *Ms. de* 1638, 360, inédit.

(2) *Le Patois limousin à M. le prince :* sous ce titre parut à Paris, en 1615, un pamphlet anonyme dirigé contre les abus, et notamment contre la vénalité des charges. (Fontette, *Biblioth. historiq. de la France*, n° 20, 322.) Il existe à la Bibliothèque impériale (*Catal. de l'hist. de France*, tom. I, p. 453) quatre exemplaires de cet opuscule, dont deux sous le titre de *le Matois limousin*. Le *patois* n'étant pour rien dans le pamphlet dont il s'agit, c'est évidemment le *Matois* qu'il faut lire.

Après son mariage avec l'infante d'Espagne Anne d'Autriche, célébré à Bordeaux le 25 octobre 1615, Louis XIII résida à Bordeaux près de deux mois. Charles de Gonzague, duc de Mantoue, chargé par le prince de Condé d'y porter à Sa Majesté des paroles de paix, traversa Limoges le 21 novembre. Le duc de Nemours arriva le 26, et logea chez le juge de ville de Petiot. Le lendemain 27, passa le duc de Joinville. Après bien des négociations, un accord fut conclu à Loudun le 3 mai 1616 ; mais, la paix n'ayant satisfait personne, les factieux continuèrent leurs menées. Condé, leur chef, se targuait de sa popularité jusque devant la reine-mère. Le 1ᵉʳ septembre 1616, au Louvre, vers huit heures du matin, ce prince recevant avec complaisance les placets qui lui étaient présentés, « *M. de Condé tranche du roy de France*, dit aigrement la régente : *sa royauté sera comme celle de la feve !* » Le même jour, à l'issue du conseil, il fut arrêté, enfermé au Louvre, puis à la Bastille, et enfin transféré au château de Vincennes. Cet acte d'autorité fit beaucoup de bruit ; mais un évènement bien autrement grave allait changer la face des affaires.

Le 24 avril 1617, vers six heures du matin, le maréchal d'Ancre fut assassiné aux portes du Louvre (1). La maréchale, mise en jugement, fut

(1) Les auteurs du complot étaient Luynes, du Haillan,

condamnée par le parlement de Paris, le 8 juillet 1617, à être décapitée, et son corps et sa tête à être brûlés. La mort du premier ministre entraîna la ruine du crédit de la reine-mère. Le roi, alors âgé de dix-sept ans, déclara vouloir diriger lui-même les affaires. *J'ai régné sept ans*, s'écria douloureusement Marie de Médicis : *ne songeons désormais qu'à la couronne du ciel!* Sa présence à la cour donnant de l'ombrage, elle fut reléguée à Blois. Au même moment, Schomberg, lieutenant au gouvernement du Limousin, se rendait par ordre du roi en Allemagne, à l'effet d'y recruter quatre cents reîtres et quatre mille lansquenets (1); car on craignait des soulèvements. La précaution ne fut pas inutile.

Impatiente de l'exil, la reine écrivit au duc d'Épernon, gouverneur du Limousin, et le pria de tenter quelque chose pour sa délivrance. Afin de se le rendre plus favorable, elle joignit au message une montre en brillants. Le duc, qui était alors à Metz, ne fut pas insensible aux sollicitations de Marie de Médicis. Il sortit de cette ville malgré la défense du roi, se rapprocha de Blois par une

Persan, Bournonville, Guichaumont, Rigaud et Vitry. Guichaumont atteignit d'un coup de pistolet le maréchal, qui lisait une lettre, et qui tomba sur le coup. On trouva sur le duc dix-neuf cent mille livres de valeurs en billets.

(1) *Hist. règn. Louis XIII*, anonyme, I, 169, 3 vol. in-4.

marche rapide, et deux de ses affidés, dans la nuit du 21 au 22 février 1618, appliquant une échelle aux appartements du château, faisaient descendre la reine. Un carrosse la mena à Loches. D'Épernon l'y attendait : il la conduisit à Angoulême, l'une des places de son gouvernement.

Ce coup hardi fut regardé comme le signal d'une nouvelle guerre civile. La cour enjoignit au comte de Schomberg, qui était de retour d'Allemagne, de marcher contre le duc d'Épernon, et de tirer la reine de ses mains. Schomberg se mit en campagne, et reprit le château d'Uzerche sur d'Épernon, qui s'en était emparé (1).

---

(1) Il fut publié, en 1622, un opuscule intitulé *le Limosin*, brochure de 15 pages, contenant quelques particularités sur la manière dont le duc d'Épernon a pris et perdu la place d'Uzerche. (Legros, *Mém. sur les guerres civil.*, inédit.)

Le catalogue de la Bibliothèque impériale (tom. I, p. 494) mentionne sous le même titre un pamphlet sans date signé I. M. S. D. C. et quelques autres publications analogues, que Legros semble n'avoir point connues, dont voici le titre :

Récit véritable de ce qui s'est passé en Limosin et aux environs, et particulièrement à la prise du fort de l'Uzarche (sic) *entre M. le duc d'Épernon et M. le comte de Schomberg* (11 avril). — Paris, N. Alexandre, 1619, in-18, pièce.

La 4ᵉ lettre de la reine-mère envoyée au roi sur la prise de l'Uzarche (sic), le 11 avril 1619. — Paris, 1619, n° 8, pièce.

Lettre envoyée au roi par M. le comte de Schomberg sur la prise de l'Uzarche (sic), 13 avril. — Paris, par F. Morel, 1619, in-8, pièce (1618). — Cette lettre peut se voir dans le recueil Z, p. 72.

Histoire véritable de tout ce qui s'est fait et passé depuis le

Ces troubles, ces tiraillements, ces guerres intestines, faisaient peser sur la population des charges fort lourdes. On cuisait à Limoges, pour les troupes de Schomberg, quatre mille livres de pain par jour. Le 30 avril 1619, fut conclu à Angoulême un accommodement. La déclaration d'amnistie, signée à Saint-Germain le 2 mai, et enregistrée au parlement le 2 juin, ne fut publiée à Limoges que le 26.

La reine-mère, réconciliée avec le roi, n'avait cependant aucune part aux affaires. Le duc de Luynes, principal favori, tout en paraissant la ménager, ne cherchait au fond qu'à ruiner son crédit. C'est apparemment dans ce but qu'il tira le prince de Condé du château de Vincennes le 20 octobre 1619. Marie de Médicis avait donné son assentiment à la mesure ; mais une déclaration du mois de novembre, où l'arrestation du prince était qualifiée avec sévérité, la piqua au vif, et les troubles se rallumèrent. Le roi partit de Paris le 9 juillet 1620, à la tête d'un corps de neuf mille hommes,

premier janvier 1619 *jusqu'à présent, tant en Guyenne, Languedoc, Angoumois, Rochelle, que Limosin et autres lieux circonvoisins, fidelement rapportée par témoins qui ont vu et été sur les lieux, où le lecteur verra choses rares et particulieres des affaires du temps.* — Paris, N. Alexandre, 1619, in-8, pièce (*ibid.*). — Un autre exemplaire, imprimé à Poitiers par Jean Thoreau, in-8, pièce (*ibid.*) : Legros, dans ses *Mém. sur les guerres civiles* mss., mentionne cette relation ; mais il paraît ne connaître que l'édition de Poitiers.

s'empara de Rouen, entra à Caen le 15, et parut devant Angers au commencement du mois d'août. Le Pont-de-Cé fut emporté, le château se rendit, et la reine, bloquée dans la ville, se vit, bon gré mal gré, contrainte de capituler. Sur ces entrefaites, menacée d'un siége par le duc d'Épernon, la ville de Limoges avait obtenu l'envoi d'un renfort de quatre mille hommes. Le duc de Joinville, commandant de ces troupes, reçut à Saint-Léonard, sous la date du 15 août, copie de la capitulation. Le lendemain 16, il entrait à Limoges, et, par son ordre, la paix y était publiée à son de trompe, au milieu des acclamations publiques. Ses gardes et les seigneurs de sa suite furent défrayés par la commune. Le prince refusa le riche présent que les consuls lui voulaient offrir. Les historiens relèvent le fait, et donnent des éloges à cet acte de désintéressement (1).

Pendant sa détention au château de Vincennes, Condé avait fait vœu, s'il recouvrait la liberté, de se rendre en pèlerinage en Limousin au tombeau de saint Léonard, patron des captifs. Aussitôt que la capitulation d'Angers eut assuré quelque repos à la France, Henri de Bourbon vint à Limoges : il y arriva le dimanche 4 octobre 1620, assista à l'office de vêpres à Saint-Martial, et demanda

(1) Bonav., III, 819.

à voir le chef de l'apôtre de l'Aquitaine. On le lui montra; mais, *par révérence*, disent les chroniques, *il ne le voulut baiser*. Le lendemain lundi, à cinq heures du matin, le prince partait pour Saint-Léonard, où, après avoir communié et vénéré les saintes reliques, il fit à l'église une aumône de cent écus d'or. L'illustre pèlerin alla dîner à l'abbaye de Grandmont, et partit le jour même pour Châteauroux (1). Ce prince fut le père du grand Condé.

(1) Bonav., III, 828. — Ms. de 1638, 364.

VIII.

L'ABBAYE DE SAINT-AUGUSTIN-LEZ-LIMOGES

(1617).

I.

A l'extrémité du cours de Tourny, sur l'emplacement de la maison centrale de détention, se voyait, avant 89, l'abbaye de Saint-Augustin-lez-Limoges, illustrée par deux grands souvenirs : là, au Vᵉ siècle, s'élève la première église que la France ait consacrée à saint Augustin (1); là, au XVIIᵉ siècle, la célèbre congrégation de Saint-Maur abrite ses premières origines. Aux yeux

---

(1) Rorice Iᵉʳ, évêque de Limoges, fondateur de ce sanctuaire, est connu par deux livres de lettres que le docte Canisius édita le premier au XVIᵉ siècle, et qui ont été réimprimées de nos jours par M. l'abbé Migne dans sa *Patrologie*, tome LVIII. Suivant la remarque de M. l'abbé Arbellot, ces lettres sont le plus ancien monument littéraire de notre province.

de nos pères, ce qu'il y a de plus grand dans le monde, c'est le génie uni à la sainteté. Ce sentiment domine tous leurs actes, toutes leurs institutions. Chez les peuples chrétiens, l'homme de la prière sera en même temps l'homme du labeur et de la science. Lorsqu'il ne défriche pas des terres, le religieux du moyen âge compose des livres, et, lorsqu'il ne compose pas des livres, il exécute ces immortels manuscrits qui, aujourd'hui encore, sont comme les joyaux de nos bibliothèques. Le copiste intelligent des chefs-d'œuvre de l'antiquité ne s'occupe de l'art païen qu'avec l'espoir de le dépasser. Ce n'est pas lui qui ouvrira le sillon des imitations serviles. Architecte, son compas hardi mesure des hauteurs que le compas grec ou romain ne mesura jamais. Ni le Parthénon ni le temple de Jupiter Capitolin ne lui paraissent marquer les dernières limites de l'art. Il sait qu'un jour le Parthénon s'effacera devant la splendeur de quelque monument incomparable dont peut-être un moine obscur et ignoré comme lui aura fourni le dessin (1). Le religieux du moyen âge est charpentier, fondeur, sculpteur, peintre, orfèvre, émailleur : son ciseau anime le bois et le métal ; son marteau assouplit le marbre et le granit. Ses

(1) J'ai vu, j'ai admiré le Parthénon, et c'est en face du chef-d'œuvre de l'architecture antique que j'ai mieux compris la sublimité de la basilique chrétienne.

aptitudes sont illimitées : il touche à tous les arts, parce qu'il est en possession de toutes les vérités ; et, parce qu'il possède la foi, il tient dans sa main la clef de la civilisation. C'est dans ce point de vue que veut être envisagé et apprécié le célèbre monastère de Saint-Augustin-lez-Limoges. En concourant à maintenir dans notre cité l'esprit de foi; en y propageant l'amour du travail et le feu sacré des arts, ce monastère rendit aux générations contemporaines des services dont, en vertu de la solidarité des races, les générations nouvelles profitent encore. Les pieux abbés qui gouvernaient la famille bénédictine excellaient dans la science et dans les arts. Au XIIIe siècle, l'abbé Étienne fabrique des chapes, des calices, des encensoirs d'or et d'argent, des reliures rehaussées d'or et de pierreries. Raymond, l'un de ses successeurs, fait *de ses propres mains* une grande croix d'argent et deux calices dorés d'une rare beauté; il exécute cinq chapes remarquables, transcrit cinq livres estimés, et sculpte le tombeau d'un évêque. Au XIIIe siècle, Gérald Fabry, autre abbé, architecte et sculpteur, bâtit des églises gothiques, applique le dessin architectural à l'orfèvrerie, et excelle d'ailleurs comme calligraphe(1). Telle fut l'abbaye du moyen

---

(1) Mabillon, *Annal. ord. S. Bened.*, in *Append.*, VI, col. 694 : abbé Texier, *Dictionnaire d'orfèvrerie*.

âge. Mais les souffles néo-païens de la renaissance ébranlèrent l'antique édifice. L'un des premiers malheurs du monastère fut d'être soumis, vers le commencement du xvie siècle, au régime de la commende. Sous ce régime ingrat, l'abbaye perdit la liberté, cette légitime liberté du bien qui est la source de la vie morale. Avec la servitude vinrent tous les maux. Les abbés commendataires ne virent dans l'abbaye qu'un domaine à exploiter. Intéressés à grossir leurs revenus, ils laissèrent dégrader les édifices; ils négligèrent la direction spirituelle : l'esprit de foi diminua; la discipline s'affaiblit. Le calvinisme, survenant, trouva peu de résistance, et ses bandes, enrégimentées pour le pillage, dévastèrent la séculaire abbaye. Au moment où fut dressé le procès-verbal des déprédations, c'est-à-dire le 23 octobre 1595, il ne restait que huit religieux, et ces religieux ne résidaient plus; mais déjà un homme de cœur songeait à relever le monastère.

Jean Regnaud, fils de Simon Regnaud, boucher de La Souterraine, élevé au collége de Navarre, docteur en Sorbonne, connu à Paris par ses prédications, avait été nommé par le roi Henri IV abbé commendataire de Saint-Augustin-lez-Limoges le 10 mai 1594. L'abbaye valait à l'abbé 3,000 liv. Dans une charge où d'autres n'auraient vu que des revenus à toucher, Jean Regnaud ne voulut voir que de grandes obligations à remplir. Restaurer l'abbaye devint la pensée dominante de sa vie.

Son premier soin fut de rallier à sa personne les huit religieux dispersés, et de poursuivre devant le parlement de Bordeaux la réintégration des biens usurpés ou irrégulièrement aliénés. Il pria ensuite l'évêque Henri de La Martonie de désigner une commission qui, de concert avec lui, s'occupât de rédiger les constitutions. La commission, à laquelle furent appelés les prieurs de Brantôme, du Glandier et des Ternes, dicta des statuts qui imposaient aux religieux, entre autres obligations, celle de se réunir à minuit pour la récitation de l'office. Habitués à une vie molle, quelques-uns des religieux trouvèrent l'obligation trop dure, et refusèrent de s'y soumettre : ceux-ci reçurent une pension alimentaire, et furent libres de se retirer. Les autres se groupèrent autour du réformateur.

De concert avec ses frères, Jean Regnaud, afin de consolider l'œuvre commune, résolut d'agréger l'abbaye de Saint-Augustin-lez-Limoges à la congrégation réformée de Lorraine dite de Saint-Vanne et de Saint-Hydulphe, qui florissait alors sous le gouvernement de dom Didier de La Cour (1).

(1) Didier de La Cour, né à Monzeville, à trois lieues de Verdun-sur-Meuse, réforma, vers 1598, l'abbaye de Saint-Vanne de Verdun, et un peu plus tard celle de Saint-Hydulphe de Moyen-Moutier. Les deux abbayes ainsi réunies

Le contrat d'union fut signé à Paris le 5 mars 1613. En 1614 et 1616, de nouvelles transactions confirmèrent les premiers arrangements.

L'édifice conventuel tombait en ruines : Jean Regnaud entreprit de le reconstruire. Les travaux, commencés en 1612, firent découvrir sous le clocher un tombeau surmonté d'une statue, que quelques savants crurent être le mausolée de Rothilde, femme de Richard Ier, roi d'Angleterre. Le tombeau contenait un diadème de vermeil, une ceinture, des bagues et d'autres joyaux qui produisirent une somme de neuf cents écus : ces ressources inespérées, regardées comme providentielles, furent appliquées aux nouvelles constructions (1).

Jean Regnaud fonda presque immédiatement une colonie à Noaillé en Poitou ; il prit possession de cette maison le 15 septembre 1615 au nom

---

donnèrent leur nom à la nouvelle congrégation, que Clément VIII approuva par un bref du 7 avril 1604. La congrégation de Saint-Vanne et de Saint-Hydulphe, illustrée par les Cellier, les Calmet, les Mangeart, les Petit-Didier, s'étendait dans la Lorraine, la Champagne et la Franche-Comté. Dom Didier de La Cour mourut le 14 novembre 1623, âgé de soixante-douze ans. Sa vie a été écrite par Michel Haudiquier, in-8 ; Paris, Quillau, 1772.

(1) Bonav., *Hist. S. Martial*, III., 519. — Abbé Bullat, *Rech. sur Lim.* — L'abbaye de Saint-Augustin-lez-Limoges était située sur le territoire de la commune de Saint-Christophe, aujourd'hui réunie à la commune de Limoges.

de la congrégation de Saint-Vanne et de Saint-Hydulphe ; mais la divine Providence le réservait à une œuvre bien autrement importante.

Le succès de la réforme de Lorraine avait fait naître chez quelques religieux Bénédictins le désir de fonder aussi en France une réforme. Il fallait trouver un monastère propice à cette grande entreprise : l'abbaye de Saint-Augustin-lez-Limoges, que sa position géographique signalait comme pouvant être aisément détachée de la congrégation de Lorraine, parut réunir les conditions désirables. La disjonction fut proposée ; des pourparlers s'engagèrent, et l'abbaye fut en effet concédée, en 1617 (1), à la réforme de France. Cette réforme, si célèbre depuis sous le titre de congrégation de Saint-Maur, fut reconnue par le pape Grégoire XV le 17 mai 1621, et approuvée par Urbain VIII en 1627. Dans la bulle de 1621, l'abbaye de Limoges n'est nommée qu'après le collége de Cluny de Paris, qui fut apparemment sur le point de se donner à la congrégation de Saint-Maur ; mais la bulle de 1627 passe sous silence le collége de Cluny, et l'abbaye de Saint-Augustin-lez-Limoges y est mentionnée la première. Notre antique abbaye est donc bien la maison-mère, le foyer, le berceau de l'illustre congrégation de Saint-Maur :

---

(1) L'abbé Bullat, *Recherch. sur Lim.*, ms. inédit.

ce titre d'ailleurs ne lui a jamais été contesté. Ainsi c'est au pied du premier sanctuaire érigé en France à saint Augustin que vient de naître la congrégation par qui la France fera rayonner le flambeau des sciences historiques sur le monde entier.

II.

Les Bénédictins de Saint-Maur se consacraient à l'étude des antiquités et des sciences ecclésiastiques et à l'enseignement. Ils érigèrent plusieurs colléges ou petits-séminaires (1). Sous l'impulsion de Nicolas-Hugues Ménard, ils entreprirent ces vastes travaux scientifiques qui ont immortalisé leur souvenir. Luc d'Achery, au XVIIe siècle, publiait le *Spicilegium* en treize volumes; Sainte-Marthe commençait le *Gallia christiana*, que ses confrères ont continué jusqu'au XIIe volume; Martène et Ursin Durand publiaient en commun le *Thesaurus anecdotorum*; Mabillon rédigeait ses immortelles recherches sur l'ordre de Saint-Benoît, et, créateur d'une science nouvelle, donnait à l'histoire la *Diplomatique*. Le monde savant dut aux

---

(1) La congrégation de Saint-Maur s'accrut rapidement. Fondée, comme on l'a vu, en 1621, elle compte, en 1717, 186 abbayes ou prieurés; elle en comptait 192 au moment de la révolution. (Cantù, *Hist. univ.*, XV, 115. — Le P. Prat, *Destruct. des ord. relig.*, p. 13.)

religieux de Saint-Maur leur édition des Pères de l'Église, l'*Histoire littéraire de la France*, l'*Art de vérifier les dates*, et cette multitude d'ouvrages dont le moindre ferait de nos jours la réputation d'une de nos plus savantes académies.

En jetant les fondements de la congrégation qu'allaient illustrer les d'Achery et les Mabillon, Jean Regnaud avait rempli sa tâche sur la terre. Sa santé s'était affaiblie, et de jour en jour ses forces diminuaient. Pressentant sa fin prochaine, il résigna, en 1621, son abbaye en faveur de dom Maur Dupont, qui reçut ses bulles le 3 mai 1622. Déjà le réformateur avait abdiqué de fait l'autorité, et, du rang de ceux qui commandent, était volontairement descendu au rang de ceux qui obéissent. Il s'éteignit, plein de jours et de mérites, le 31 janvier 1622. Au moment de son décès, le monastère comptait dix-huit religieux profès, et recevait de dix à douze novices par an. Ses frères l'inhumèrent dans le sanctuaire, au-dessous de la lampe, et gravèrent sur son tombeau une épitaphe, en vingt-deux vers latins, qui se lit dans les Annales du P. Bonaventure de Saint-Amable (1). Au bas des marches du grand-autel, avant 89, se voyait, sur une lame de cuivre, une inscription latine où dom Jean Regnaud était

---

(1) Bonav., III, 355.

qualifié de *principal fondateur de la congrégation* de Saint-Maur, CONGREGATIONIS SANCTI-MAURI PRÆCIPUUS AUCTOR (1).

Je rappellerai sommairement ici le nom de quelques religieux de Saint-Maur dont le souvenir se rattache à notre province.

Maur Dupont, successeur de Jean Regnaud, personnage très-recommandable, mérita d'être élu, en 1627, supérieur général de la congrégation ; il fut tué à la bataille de Saint-Denis le 21 septembre 1652, sans doute au moment où il portait des secours aux blessés. Le savant P. Estiennot, qui visita, en 1675, le diocèse de Limoges, et y recueillit de précieux documents historiques long-temps conservés à l'abbaye de Saint-Germain-des-Prés, nous donne une haute idée des grandes qualités et de la sainteté du P. Maur Dupont (2).

Jean Audebert, de Bellac, profès de l'abbaye de Saint-Augustin-lez-Limoges, grand-prieur de Saint-Denis, prieur de Saint-Germain-des-Prés, supérieur général de 1660 à 1672, mourut aveugle en 1675 (3).

---

(1) M. l'abbé Roy-Pierrefitte, *Bullet. Arch.*, VIII, 157-169.
(2) Dom Claude Estiennot recueillit, en 1675 et 1676, six volumes in-folio de documents dans les diocèses de Limoges, du Puy, de Périgueux, de Sarlat et de Clermont. (*Hist. litt. de la congr. de Saint-Maur*, p. 183.)
(3) M. l'abbé Arbellot, *Rev. archéol.*, 223.

Dom Jean Augustin du Pin, né à Limoges, fit profession dans l'abbaye de Saint-Vanne, à l'âge de trente ans, le 25 mai 1607. Ce religieux, appelé à concourir à la réforme de France, fut envoyé à l'abbaye de Saint-Augustin-lez-Limoges, où il seconda puissamment dom Regnaud. Il écrivit l'histoire de cette abbaye : le manuscrit de dom du Pin, qui existait encore du temps de Nadaud, a malheureusement disparu.

Léonard-Marc Bastide, de Saint-Benoît-du-Sault, fit profession à Saint-Augustin-lez-Limoges le 21 avril 1626, et fut nommé abbé de ce monastère en 1639 : « Sous un si digne supérieur, dit l'auteur de l'*Histoire littéraire de la congrégation de Saint-Maur* (1), la communauté fut une image du paradis. La régularité y étoit observée avec tant d'exactitude, l'office divin célébré avec tant de pompe, que l'évêque François de La Fayette se faisoit un plaisir d'inviter à cet office les personnes de qualité qui le venoient voir. » Dom Bastide fut élu en 1666 assistant du général. Chargé en cette qualité de la conduite des religieux qui se rendaient à Paris pour leurs affaires, il fut saisi d'une fièvre violente sur la route de Paris à Saint-Denis, et mourut, en baisant son crucifix, le 7 mai 1668. Ce saint religieux composa plusieurs ouvrages

---

(1) *Hist. litt. de la congr. de Saint-Maur*, p. 775.

ascétiques, notamment *Traité de la manière d'élever les novices* et *Traité de l'esprit de la congrégation de Saint-Maur.*

Dom Pierre-Benoît de Jumilhac, né, au château de Saint-Jean-Ligoure, d'une noble maison, faisait sa philosophie à Bordeaux lorsque, en 1629, s'arrachant à sa famille, il prit l'habit religieux dans l'abbaye de Saint-Remy de Reims. Il résida quelque temps à Rome, et, à son retour en France, remplit plusieurs charges importantes. Il mourut à Paris, à Saint-Germain-des-Prés, le 21 mars 1682. Dom Jumilhac avait fait une étude spéciale de la musique : il composa *la Science et la Pratique du plain-chant*; Paris, 1677, in-4 : ce traité renferme une exposition complète de la méthode de Gui d'Arezzo (1).

Dom Léonard Massiot, religieux d'une sainteté éminente, né à Saint-Léonard en 1643, profès de l'abbaye de Saint-Alyre de Clermont en 1662, prieur de Mauriac en 1678, mourut à Poitiers le 25 avril 1717. Nous avons de lui *Traité du sacerdoce et du sacrifice de Jésus-Christ et de son union avec les fidèles dans ce mystère*; Poitiers, 1708, in-8 (2). Cet ouvrage est estimé. On cite de dom

---

(1) V. *Hist. litt. de la congr. de Saint-Maur*, p. 95, et Michaud, *Biogr. univ.*

(2) *Hist. litt. de la congr. de Saint-Maur*, p. 380.

Massiot un autre ouvrage intitulé *la Nature réparée en Jésus-Christ* : celui-ci n'a pas vu le jour.

Dom François Chazal, de Meymac, un des plus stricts observateurs de la réforme de Saint-Maur, prononça ses vœux à Saint-Augustin-lez-Limoges le 1ᵉʳ août 1694. Nommé, en 1717, prieur de Saint-Benoît-sur-Loire, il composa l'histoire complète de cette abbaye en deux volumes in-f°. Dom Rivet, dans la préface de l'*Histoire littéraire de la France*, regrette que cet important ouvrage n'ait pas vu le jour. Dom Chazal avait écrit l'histoire de plusieurs autres abbayes, notamment de Pont-le-Voy et de Solignac (1), et publié le catalogue des manuscrits de la célèbre bibliothèque de l'abbaye de Fleury. Il décéda à Pont-le-Voy le 13 décembre 1729.

Dom Joseph Duclou, de Limoges, prononça ses vœux à Saint-Augustin-lez-Limoges le 30 mars 1698. Ses talents le signalant à l'attention des supérieurs, il fut appelé à Paris, à Saint-Germain-des-Prés, où il travailla, avec Denys de Sainte-Marthe, aux trois premiers volumes du *Gallia christiana*. Après la mort de Sainte-Marthe, Duclou, assisté de deux de ses confrères, publia les quatrième et cinquième volumes de cet ouvrage. Éloigné de Paris à cause de ses idées jansénistes,

---

(1) *Hist. litt. de la congr. de Saint-Maur*, p. 493.

il résida à l'abbaye de Chézal-Benoît, puis à Saint-Vincent du Mans, où, tout en continuant de s'employer au *Gallia christiana*, il travaillait, avec l'illustre dom Rivet, à l'*Histoire littéraire de la France* (1). Il décéda le 31 avril 1755.

Dom Maurice Poncet, né à Limoges de parents pieux, entra, à l'exemple d'un de ses frères, dans la congrégation de Saint-Maur, et fit profession à Noirmoutiers le 27 mai 1705. Il se livra exclusivement à l'étude de la religion, et approfondit le christianisme dans ses sources. De ses nombreux écrits un seul a vu le jour, par les soins de dom Clément, sous ce titre : *Nouveaux Éclaircissements sur l'origine et le Pentateuque des Samaritains*; Paris, 1760, in-8. L'ouvrage attira l'attention des journalistes de Trévoux. Dom Poncet semblait né pour enrichir de ses savantes recherches les travaux de ses amis. De 1723 à 1732, il concourut activement, avec dom Rivet, à l'*Histoire littéraire de la France*. Il travailla au nouveau *Traité de diplomatique*, et fournit à quelques-uns des savants de l'époque des mémoires d'une grande valeur. A une vaste érudition dom Poncet joignait une candeur et une simplicité admirables et la plus tendre piété. Il mourut dans l'abbaye de Coulombes le 2 décembre 1764 (2).

(1) *Hist. litt. de la congr. de Saint-Maur*, p. 722.
(2) *Id.*, p. 760.

Dom Jean Colomb, né à Limoges le 12 novembre 1688, d'une famille de riches négociants, fit profession à Rennes le 15 mai 1707, travailla avec dom Rivet à l'*Histoire littéraire de la France*, et fut d'un grand secours aux auteurs de l'*Art de vérifier les dates*. Il composa l'*Histoire des évêques du Mans* et l'*Histoire de l'abbaye de Saint-Vincent du Mans*. Il mourut dans cette ville le 30 janvier 1774 (1).

Dom François Deschamps, de Limoges, profès de l'abbaye d'Alyre de Clermont en 1746, s'occupa de débrouiller l'histoire de la province d'Auvergne, et lut devant l'Académie de Clermont, en 1766, un *Mémoire historique sur les anciens rois de cette province* (2).

Dom Léonard Duclou, de Limoges, profès de l'abbaye de Solignac, mort vers 1790, a composé un *Dictionnaire de la langue limousine*. Cet ouvrage, inédit, dont le manuscrit appartient à M. Roméo Chapoulaud, paraît avoir été composé vers 1777 (3).

Evroul dit Claude Bastard, qui fut supérieur général de la congrégation de Saint-Maur en 1687, avait fait profession à Saint-Augustin-lez-Limoges. Suivant quelques écrivains, le savant

---

(1) *Hist. litt. de la congr. de Saint-Maur*, p. 76, et Desportes, *Bibliogr. du Maine*, 1844.

(2) *Hist. litt. de la congr. de Saint-Maur*, p. 799.

(3) Aug. Du Boys, *Guide de l'étr.*, 367.

dom Vaissette aurait également fait profession dans cette même abbaye; mais le fait ne nous paraît pas démontré.

Le 28 décembre 1621, Jean Regnaud avait obtenu du roi Louis XIII des lettres-patentes qui relevaient l'abbaye de Saint-Augustin-lez-Limoges du régime de la commende, et attribuaient aux religieux de ce monastère la faculté de nommer eux-mêmes leurs abbés de trois en trois ans (1). En 1766, le roi, révoquant les lettres-patentes de 1621, s'empara de nouveau du droit de nomination. Dom Col avait été le dernier abbé régulier; l'abbé de Monfrabeuf, son successeur, fut le dernier abbé commendataire.

Aux processions générales, les Bénédictins prenaient rang immédiatement après le clergé de la cathédrale. La terrasse de l'abbaye, située en face des charmants coteaux de la Vienne, présentait un aspect ravissant. D'épaisses charmilles, dessinées en labyrinthe, conduisaient à une allée circulaire de tilleuls dont une vaste nappe d'eau occupait le centre.

Les Bénédictins, ainsi que les chapitres de tous les autres ordres monastiques, furent supprimés par le décret de l'assemblée nationale de 1790.

(1) D'après l'abbé Bullat, le régime de la commende n'aurait cessé qu'en 1627.

Dom Poncet, de la même famille que celui dont il a été parlé ci-dessus, fut le dernier prieur claustral de l'abbaye. Il ne restait, au moment de la révolution, qu'une douzaine de religieux. La plupart persévérèrent dans la foi, et s'ensevelirent dans leur drapeau.

Si quelque jour l'épigraphie monumentale entreprenait de perpétuer le souvenir des vicissitudes de la cité, le voyageur lirait sur le frontispice de la maison centrale de détention de Limoges cette inscription :

ICI FUT LE BERCEAU
DE LA
CONGRÉGATION DE SAINT-MAUR.

Malheur à nous qui avons méconnu et renié les plus glorieux souvenirs de notre pays!

IX.

LES URSULINES

(1620).

Pendant les vingt premières années du xviie siècle, il n'existait à Limoges, pour les filles, aucune communauté enseignante. Les Bénédictines de la Règle et les Filles de Sainte-Claire recevaient, il est vrai, des pensionnaires; mais ces religieuses résidaient dans la Cité, et leurs écoles, situées loin du centre, ne profitaient qu'à un petit nombre de familles. En 1720, frappées de cette lacune, les Ursulines de Brive proposèrent aux magistrats de Limoges de fonder, dans l'intérieur même de la ville, une maison de leur ordre. L'instance donna lieu à une délibération de ville, dont le texte peut offrir quelque intérêt, en ce qu'on y voit comment se traitaient ces sortes d'affaires du temps de la liberté des communes.

DÉLIBÉRATION DE VILLE.

« Aujourd'hui 4 octobre 1620, les habitants, convoqués au son du tambour et cri public, et réunis à la maison de ville, ont reçu communication d'une lettre du 29 septembre dernier, signée Marie de Liberos. Par cette lettre, les religieuses de Sainte-Ursule de Brive disent qu'il leur soit permis de s'établir en cette ville, aux fins de leur institut, qui est d'instruire les filles, et ne demandent que de pouvoir s'y loger. Les habitants, sur ce requis l'un après l'autre, ont été d'avis que les consuls doivent agréer l'établissement desdites religieuses pour le bien public.

» Etoient présents : Jehan Bastide, prévôt consul; Louis Desmaisons de Bonnefont, homme d'armes de la maison du roi; Balthazard Du Boys, avocat; Isaac Juge, procureur, consuls de la présente année.

» Assistoient : le baron de Murat, lieutenant général en la sénéchaussée; les sieurs Descordes de La Grange, Pierre Du Boys de Ferrerie, François Jayac, Etienne Peyroche, Martial Ardant, Jehan Guy, Jacques Malden, Lazare Texandier, Jehan de Beaubreuil, Elie de Nozerines, etc. (1). »

L'évêque Raymond de La Martonie ayant approuvé, par acte du 10 octobre 1620, la fondation projetée, la Mère de Liberos, originaire d'Espagne, supérieure de la communauté de Brive, arriva à Limoges avec ses Filles au mois de

---

(1) Legros, *Mélanges*, III, 215, mss. semin.

novembre suivant. « L'an de grâce 1620, disent les chroniques inédites de la communauté, le 25 novembre, fut fait notre établissement en la ville de Limoges. Il vint de Brive trois religieuses professes : la révérende Mère Marie de Liberos, la Mère Marie du Verdier d'Orfeuilhe et la Mère Claude du Verdier, plus deux autres jeunes sujets; savoir : sœur Béatrix de Cosnac, novice, et Mademoiselle de La Fragne, postulante. Nos mères furent accueillies de la ville avec grande joie et consolation. »

Le baron de Murat, lieutenant général de la sénéchaussée, leur ouvrit sa maison, et les y traita pendant huit jours. L'année suivante, c'est-à-dire en 1621, les Filles de Sainte-Ursule, logées dans la maison Dupeyrat, en face de l'église Saint-Martial, quittèrent ce local, et s'installèrent rue Banc-Léger, dans une maison achetée de Dorat, notaire, deux mille cent livres. Le 4 avril 1621, veille des Rameaux, l'évêque bénit la chapelle, et, le 23 mai, les sœurs prirent la clôture. Les bulles de fondation accordées par le pape Urbain VIII portent la date du 9 octobre 1625 (1). On voit par ces bulles qu'en 1625 la communauté n'avait pour toute ressource fixe et assurée qu'un revenu de 400 livres, et que ce

(1) Legros, *Mélanges,* III, 215.

modique revenu suffisait à l'existence de treize religieuses, y compris la supérieure.

Raymond de La Martonie, évêque de Limoges, sous l'autorité de qui était placé le couvent, donna à la naissante famille des constitutions, qui furent imprimées à Limoges par Guillaume Bureau, 1626, in-16 : les Ursulines ne pouvaient prendre de pensionnaires âgées de plus de dix-huit ans ; il leur était défendu de recevoir aucun présent de leurs élèves (1).

Pendant les premières années de leur séjour à Limoges, les Filles de Sainte-Ursule étaient si pauvres qu'il leur arriva quelquefois de manquer de pain. La Providence vint à leur secours. Une dame Chambineau veuve Guibert, de Limoges, demandant à prendre le voile, fit donation à la communauté de tous ses biens par acte notarié du 5 février 1621. Cette petite fortune permit de mettre sur un pied convenable les écoles de la rue Banc-Léger, qui bientôt, devenues populaires, reçurent un grand nombre d'élèves. Les Ursulines enseignaient aux jeunes filles les éléments de la doctrine chrétienne, la langue française, la lecture, l'écriture, les travaux d'aiguille et de couture (2).

Plusieurs Filles de Sainte-Ursule périrent victimes

---

(1) Legros, *Mélanges*, I, 55.
(2) Id., *ibid.*, I, 55.

de la fatale peste qui désola la ville de Limoges en 1631. Les autres se refugièrent à Eymoutiers.

Grâce à la prospérité de leurs écoles, les Ursulines purent, en 1673, reconstruire la maison conventuelle, et bâtir une église. L'église fut consacrée le 21 octobre 1674, et, le lendemain, l'évêque François de La Fayette y célébra la messe pour la première fois. La maison ne fut achevée que plus tard.

Il résulte d'un document inédit, conservé dans les archives du département, que, au XVIII° siècle, les Ursulines, outre leur maison, possédaient un capital de 76,340 livres. Ce capital était le produit accumulé des dots et des épargnes de plus d'un siècle. Avec de si faibles ressources, la communauté passait pour riche. On voit par là ce qu'il faut penser de la prétendue opulence de certaines communautés. La plupart de nos couvents vécurent dans un état voisin de l'indigence : la pauvreté fut la règle; la richesse, l'exception.

Cette maison des Ursulines, que tant de services rendus signalaient à la gratitude des familles, périt dans le fatal incendie de 1790, dont j'aurai occasion de parler avec quelque détail lorsque je traiterai de la maison de l'Oratoire.

Parmi les premières mères de la communauté des Ursulines, se fit remarquer la mère Saint-Laurent de Reynou, fille d'Albert de Reynou et de

Catherine Lamy, qui fit profession le 7 février 1627, et qui remplit pendant plusieurs années la fonction de maîtresse des novices. Les *chroniques des Ursulines de la province de Toulouse* la signalent comme une des plus saintes âmes de son temps. Elle mourut le 20 septembre 1673 (1).

(1) Labiche, *Vies des saints*, II, 140.

X.

LA MAISON DE POMPADOUR.

(1584-1634).

I.

Les membres de cette maison s'alliaient aux premières familles du royaume. Louis, vicomte de Pompadour, baron de Bré, Lubersac, Treignac, Saint-Cyr et La Roche, et vicomte de Comborn, qui vivait vers la fin du xvie siècle, avait épousé, le 1er juillet 1570, Péronne de La Guiche. Un médecin de l'époque, Loys Guyon de La Nauche, nous a laissé une peinture naïve de la vie féodale que menaient les deux époux au château de Pompadour : « Leur maison, dit-il, étoit tres-bien policée : on n'y parloit que de vertus et de faire actes nobles. C'étoit une cour composée de damoiselles de maisons illustres ; de gentilshommes et de savants ; de médecins, chirurgiens et apothicaires, pour secourir les malades de leurs terres. Louis de Pompadour, quand il n'étoit pas à la guerre, s'occupoit à lire l'histoire des guerres, les livres de chirurgie, et surtout les livres qui traitoient des blessures pour bien faire panser les blessés, et il avoit à ses gages un très-habile chirurgien espagnol (1). »

Nommé en 1589 lieutenant de Sa Majesté au gouvernement du Limousin, Louis de Pompadour fut dans cette province le chef de la Ligue, et concourut à repousser le calvinisme du trône de France. La loyauté de son caractère se peignait dans ces vers, qu'il répétait quelquefois :

> Songe long-temps avant que de promettre ;
> Mais, si tu as quelque chose promis,
> Quoi que ce soit, et fût-ce aux ennemis,
> De l'accomplir en devoir te faut mettre.

Ce gentilhomme mourut, jeune encore, à l'hôpital Saint-Jean, dans le Quercy, le 26 novembre 1591. Il laissait deux fils : Léonard-Philibert, qui prit le titre de vicomte de Pompadour, et Jean, baron de Laurière.

(1) Guyon de La Nauche, *Miroir de beauté et de santé corporelle.*

II.

Lorsque son père mourut, Léonard-Philibert, héritier du nom, n'avait que six ans. Après avoir étudié à Poitiers, il se rendit à la cour. Des luttes ardentes y divisaient les esprits. Fidèle aux traditions de sa famille, il se déclara catholique, et se fit remarquer par la prudence et la fermeté précoces de son caractère. Ayant, tout jeune encore, embrassé le métier des armes, il aida à la conquête du marquisat de Saluces, et remporta à Davignac un avantage considérable. Rentré en France, il fut employé dans le Bordelais et la Saintonge contre les huguenots. Un duel qu'il eut avec un des plus *raides et vaillants* chevaliers de Guyenne mit le sceau à sa réputation de bravoure. Enfin il parut avec éclat, en 1621, au siége de Montauban ; mais une maladie grave le contraignit à cette époque d'abandonner le service actif. Les honneurs le suivirent dans sa retraite. Il fut nommé conseiller du roi en ses conseils d'État et privé, capitaine de cent hommes des ordonnances de Sa Majesté, et, le 19 mai 1621, lieutenant de Sa Majesté au gouvernement du Limousin, en remplacement du comte de Schomberg, appelé à remplir la charge de gouverneur de la province (1).

Le vicomte de Pompadour fit, en qualité de

(1) Nadaud, *Nobiliaire*, mss. du sémin.

lieutenant du roi, son entrée solennelle à Limoges le 23 juin 1621. Onze cents hommes de la milice civile, sous la conduite de Martial Benoist du Montet, avocat au siége présidial et colonel, allèrent au-devant de lui. Le surlendemain 25 juin, dans la salle de la sénéchaussée, eut lieu l'homologation des lettres royales. L'évêque, les députés des chapitres de Saint-Étienne et de Saint-Martial, deux trésoriers de France, les gens du roi, les consuls, la noblesse, le barreau, assistaient à la solennité. Trois orateurs, l'avocat du vicomte, le procureur du roi et le lieutenant de la sénéchaussée, prirent successivement la parole. Pompadour était assis. Les gentilshommes de sa suite assistaient à l'audience debout, *en bottes et éperons*, par permission de la chambre du conseil. Enfin, le 1er octobre 1622, Léonard-Philibert de Pompadour fut nommé maréchal de camp des armées du roi : le brevet parle de ses *signalés services*, de son zèle à se porter aux armées de Sa Majesté *avec de grandes et puissantes troupes, tant de cavalerie que d'infanterie.*

Ce seigneur, *l'un des plus braves et des mieux faits cavaliers de son temps*, disent les chroniques, avait épousé, par contrat du 16 juillet 1609, Marguerite de Montgomery, *femme accomplie*, qui mourut en couches l'année suivante, et qui lui avait apporté cent mille livres de dot. Le 16 septembre

1612, il épousa en secondes noces Marguerite de Rohan, veuve du marquis Charles d'Épinay de Durtal, d'une beauté remarquable. Cette dame, qui mourut sans enfants après quelques années de mariage, vivait encore en 1615, car, à cette époque, Loys Guyon de La Nauche dédie à la vicomtesse et à son mari le livre intitulé : *Miroir de beauté et de santé corporelle*. Enfin, le 1er avril 1618, le vicomte de Pompadour, si malheureux jusqu'alors dans ses alliances, épousa Marie de Fabry-Portanier, fille de noble Jean de Fabry-Portanier, trésorier de l'extraordinaire des guerres, à Paris.

III.

Marie de Fabry trouva les affaires financières de la maison de Pompadour fort embarrassées. D'un procès engagé devant le parlement de Paris contre la comtesse de Chalais-Talleran semblait dépendre le sort de cette maison. Les Chalais étaient alors tout-puissants. Appelée à seconder son mari dans cette lutte inégale, la jeune femme, embrassant avec ardeur les intérêts de sa nouvelle famille, déploie une intelligence et une activité peu communes. On la voit, tantôt seule, tantôt avec son mari, se rendre à Paris, se présenter au palais à quatre heures du matin, solliciter les juges, et stimuler les gens d'affaires. Ces voyages réitérés et le procès qui en était l'objet dûrent amener entre les membres de la famille un très-actif commerce de lettres (1). Échappés au naufrage des ans, quelques débris de cette intime correspondance sont parvenus jusqu'à nous. Les lettres que nous possédons, et que nous placerons bientôt sous les yeux du lecteur, furent écrites en 1626. Pour apprécier ces très-curieuses correspondances, il faut tenir compte de la position sociale des personnes et du caractère de l'époque.

Élevée à Paris, initiée de bonne heure aux habitudes du grand monde, Marie de Fabry tenait par son père à cette aristocratie financière qui fut si puissante pendant la première moitié du XVIIe siècle. Par son mari, elle se rattachait à l'ancienne noblesse militaire. De ses deux sœurs, l'une avait épousé le président Séguier, qui fut depuis chancelier de France, et l'autre un M. d'Aultry, qui remplit des charges élevées dans la magistrature. Ainsi la jeune solliciteuse tenait à toutes les grandes influences de l'époque.

Mais ces influences, au moment où Marie de

---

(1) Ces lettres, ainsi que je l'ai déjà dit, appartiennent au cabinet de manuscrits de M. Joseph Brunet, vice-président du tribunal de 1re instance de Limoges. En 93, l'émeute avait transporté sur la terrasse du château de Pompadour plusieurs tombereaux de titres et de parchemins, et se disposait à y mettre le feu. Une main intelligente réussit à sauver des flammes diverses pièces, notamment les lettres qui arrivent aujourd'hui pour la première fois à la publicité.

Fabry entrait dans le monde, commençaient d'être obligées de compter avec une puissance toute nouvelle, dont l'ascendant, déjà considérable, devait un jour devenir prépondérant, et dont il convient de dire ici quelques mots.

IV.

Au XVI° siècle, la vie de salon n'existait point en France. Catherine de Vivonne, marquise de Rambouillet, ouvrit, la première, sa maison aux personnes du grand monde qui, préparées par l'éducation aux jouissances de l'esprit, désireraient goûter en commun les charmes d'une conversation polie. C'est en 1610 que commencèrent, sous les auspices d'*Arthénice*, alors âgée de vingt-cinq ans (1), ces assemblées célèbres qui eurent tant

(1) Catherine de Vivonne, née en 1584, épousa, en 1600, Charles d'Angennes, marquis de Rambouillet, et ouvrit son salon à la société de Paris en 1610. Elle maria sa fille, la célèbre Julie d'Angennes, au duc de Montausier en 1645, devint veuve en 1653, perdit son fils aîné à la bataille de Nortlingen en 1658, et maria, vers cette époque, une autre de ses filles à ce célèbre comte de Grignan qui depuis, c'est-à dire en 1669, épousa en troisièmes noces Mlle de Sévigné. La marquise de Rambouillet mourut à Paris, en 1665. A partir de 1647, époque où Mme de Montausier quitta Paris pour suivre son mari, l'hôtel de Rambouillet ne fit que décliner. Plusieurs autres salons s'ouvrirent après celui-ci; mais aucun ne le fit oublier. Le nom d'*Arthénice* est l'anagramme de Catherine : cet anagramme fut inventé par Malherbe.

d'éclat, et qui exercèrent sur les mœurs publiques une influence si considérable. A peine ouvert, le salon de Rambouillet devient le rendez-vous de la ville et de la cour. Les princes du sang s'honorent d'y être admis. La finance, la guerre, le barreau, la magistrature, la politique, la science, les beaux-arts, s'y donnent la main. Toute célébrité naissante aspire à s'y produire; le génie y cherche sa première consécration. Partout ailleurs au premier rang, la noblesse ici, pour la première fois, entrevoit des supériorités, et peut pressentir une lutte moins profitable pour elle que celle des champs de bataille. Mais les intérêts rivaux vivent pour le moment sur le pied de paix, et leur union fait leur force. L'hôtel de Rambouillet gouverne l'opinion, forme un aréopage dont les arrêts, en matière d'art et de mode, d'urbanité et de goût, font autorité. Cette haute cour connaît de toutes les questions de morale ou de littérature, de tous les litiges auxquels l'esprit où le cœur peuvent se trouver intéressés. Elle décide du sort des ouvrages nouveaux. Elle s'ingère dans la grammaire, accrédite les mots, ou les frappe d'ostracisme, et c'est son droit, car son souffle intelligent a communiqué une vie nouvelle au bel idiome que vont immortaliser Corneille et Molière, Racine et Bossuet. Le célèbre hôtel est comme un théâtre ouvert à tous les talents : là, devant un immense parterre, se joue, par des acteurs d'élite, l'étrange comédie de la vie humaine; là tous les sentiments et toutes les passions, toutes les élégances et tous les caprices, toutes les grandeurs et peut-être aussi toutes les misères de l'époque.

Malherbe, Racan, Segrais, Balzac, Voiture, Godeau, La Fontaine et une foule d'autres célébrités littéraires fréquentèrent ce salon. Armand Duplessis de Richelieu, le futur cardinal-duc, s'y montrait en 1615, à peine âgé de vingt ans. On y rencontrait les femmes les plus brillantes et les plus spirituelles de Paris. Telle est la société qui accueillit la jeune vicomtesse Marie de Pompadour à son début dans le monde (1).

V.

C'est de leur temps, dit Mademoiselle de Montpensier dans ses mémoires, c'est du temps des héroïnes du salon de Rambouillet, *que l'écriture fut mise en usage. Auparavant on n'écrivoit que des contrats de mariage : de lettres, on n'en entendoit pas parler.* L'invention du style épistolaire en France remonterait donc à l'époque du salon de Rambouillet; et c'est apparemment ce qui donne tant de prix aux lettres, d'ailleurs assez rares, des

---

(1) V. Rœderer, *Hist. de la Société polie*, 1 v. in-8. Paris, Didot, 1825.

femmes qui fréquentèrent ce salon. Mais, toutes curieuses qu'elles puissent être, les lettres de ce temps, celles du moins que nous connaissons, ont le tort assez grave de paraître avoir été écrites en prévision d'une certaine publicité. Destinées à circuler dans les ruelles, à se faire lire et peut-être applaudir, ces lettres visent à l'effet, et ne sont pas exemptes de prétention. Les correspondances de Marie de Pompadour diffèrent de celles-ci : ce ne sont pas des pièces littéraires : ce sont des lettres, de véritables lettres, les lettres d'une femme à son mari, lettres écrites dans l'abandon de l'intimité, destinées à l'obscurité de la famille, d'autant plus intéressantes que l'auteur a moins songé à intéresser le public. Il n'en existe malheureusement que quatre, dont une tronquée et incomplète. Je fais précéder ces lettres d'un billet du vicomte de Pompadour (1) dont le ton, quelque peu vulgaire, contraste avec l'élégance des lettres de la vicomtesse.

1.

« *Le Vte de Pompadour à Marie de Pompadour, à Paris.*

(Sans date.)

» Ma chère moitié, j'envoie savoir de tes nouvelles,

(1) Le lecteur trouvera aux pièces justificatives quelques lettres écrites à Marie de Pompadour par diverses personnes de sa famille ou de son entourage.

et te conjure de m'en envoyer et de m'aimer. Mande-moi aussi des nouvelles de Monsieur et de Madamoiselle Fabry. La cour est fort grosse. On tient pour assuré que le roi ira à Soissons. Je vous verrai sans faillir dimanche ou lundi. Aime-moi, chère vie, et te tiens gaillarde; car rien qui puisse te faire mal comme de t'attrister. Je t'embrasse mille fois, et suis ton tres-humble serviteur.

» Pompadour. »

2.

« *Marie de Pompadour à son mari, à Pompadour.*

» Paris, ce 21 avril 1626.

».... mon fils et ma petite, bien que je croie que vous en prenez tout le soin qu'un bon pere doit avoir de ses enfants. Je te demande donc tes bonnes grâces et ton amitié. Mande-moi si l'on cemmence à travailler à nostre escurie : mon procureur ne m'en dit rien.

» Tous vos amis me sont venus voir : M. de Noailles, M. de Curson, M. de Bourdeille et M. le comte de La Vauguyon, que je n'ai pas vu. Je suis allée plusieurs fois voir M. Roger pour savoir si l'on fait des chevaliers de l'ordre. Il m'a dit qu'il s'en parloit. Mais, depuis trois ou quatre jours, il est bruit de guerre; et, si cela est, on n'en fera pas. Je vous tiendrai au courant (1).

(1) Léonard-Philibert de Pompadour ne fut fait chevalier des ordres du roi qu'en 1633, un an avant sa mort.

» Je vous envoie une lettre qui touche Mme de Hassent. Elle a perdu son mari. Ses larmes n'ont pas esté fort grandes. Elle m'a priée de vous en escrire comme je fais. Toute la cour est allée la voir.

» Je vous prie de m'aimer toujours, comme je veux mériter par mon obéissance et mes services. Adieu, cher cœur, je te donne mille bons souhaits. Je vous envoie un baiser et mille embrassades. Les heures me sont des années : je prie Dieu que je sois bientôt pres de toy. Je demeure jusqu'à la mort, cher *Babour* (1),

» Vostre tres-humble servante et femme.

» M. FABRY. »

3.

Au même.

« Paris, ce 29 juillet 1626.

» Mon cher *Babour,* je vous ai escrit par un laquais que je vous ai envoyé. Je vous mandois que, sans faute, on mettroit votre proces aujourd'huy sur le bureau. Je viens de chez votre procureur qu'il n'estoit que quatre heures du matin. Il m'a dit qu'il n'y seroit encore de huit jours. Il est bien besoin que Dieu me donne patience : je ne la puis prendre de moy-mesme.

» J'ay commencé d'acheter des chevaux par deux

(1) *Babour*, diminutif de Pompadour, appellation familière, terme de caresse que la jeune femme aura sans doute emprunté au bégaiement de ses enfants.

de carrosse. Ils sont hors de prix. On me doit amener aujourd'huy un coureur, et faire voir s'il me sera propre pour vous. J'en fais chercher partout. J'en ai donné la charge au chevalier de Razat. Il fait si cher vivre à Paris pour les personnes et pour les chevaux que cela est hors de raison.

» Je ne sais si vous serez satisfait de ce que je vous ai escrit par vostre laquais : vous avez grand tort de penser que tout ce que vous me pouvez faire me fasse oublier l'amour que j'ay pour vous. Je vous prie de me faire l'honneur que de m'aimer toujours. Je ne crois pas que vous croyiez que je sois ici fort contente : tout le monde le reconnaît dans mon visage. Je serai satisfaite si vous croyez que c'est pour vos affaires que j'y demeure. Croyez-le donc, ma chere âme : vous n'avez point tant d'amour de me voir comme j'ai de vous embrasser.

» Mon frere traita hier Mme du Fargis (1) et moy. Il y avoit les plus grandes magnificences du monde. M. le maréchal de Saint-Géran m'est venu voir, et

(1) Mlle de La Rochepot, marquée de la petite vérole, fort agréable d'ailleurs, vive et pleine d'esprit, épousa du Fargis d'Angennes, cousin du marquis de Rambouillet, homme de cœur et de savoir, et le suivit dans son ambassade d'Espagne. Au retour, nommée par le cardinal de Richelieu dame d'atours de la jeune reine Anne d'Autriche, elle fit beaucoup de bruit, et se mêla de beaucoup d'intrigues politiques. Sa sœur aînée, mariée à Emmanuel de Gondy, duc de Retz. général des galères, fut cette noble et pieuse dame chez qui saint Vincent de Paul, alors inconnu, remplit pendant quelques années la charge de précepteur. Le duc de Retz, né à Limoges en 1581, quitta la cour après la mort de sa femme, et entra dans la congrégation de l'Oratoire; il mourut à Joigny le 29 juin 1662.

moy je suis allée le voir; mais je ne l'ai pas vu chez lui. Il sollicite pour vous, et me prie de solliciter pour Le Montier, qui est prisonnier pour quelque homme qu'il a tué. Il est condamné à avoir la teste tranchée. On taschera à voir si on peut le faire condamner aux galeres perpétuelles : j'y ferai tout ce que je pourrai. Dites à Lafon que M. du Mazet fait ce qu'il peut pour son affaire. Je suis dans tous les désespoirs du monde qu'on me fasse tant languir : c'est une mort extrême. On m'assure que notre rapporteur fera du pis qu'il pourra contre nous. Je suis bien dans les appréhensions de cette malheureuse affaire : Dieu me fasse la grâce de gagner ce proces ! nous serions tous misérables si nous le perdions.

» Je vous conjure de vous bien conserver, et de passer le temps le mieux que vous pourrez. Faites-moy l'honneur que de m'aimer, et de vous souvenir de moy. Je vous prie de faire mes baise-mains à vos amis de par-delà, comme fait votre fille, qui me le vient dire. Vous la trouverez bien changée (1). Pour mes petits, je ne crois pas qu'ils croient n'avoir plus de mere. Je te prie de les baiser pour l'amour de moy. Adieu, cher cœur ; je t'aimerai toute ma vie.

» Vostre tres-humble servante et femme.

» M. Fabry. »

(1) Charlotte de Pompadour, connue depuis sous le nom de comtesse d'Excideuil, célèbre par sa beauté.

4.

Au même.

« Paris, ce 4 aoust 1626.

» Mon cher *Babour*, je ne vous puis que mander sinon que, Dieu merci, on mit hier vostre proces sur le bureau. On y travailla toute une heure et demie, et aujourd'huy l'on n'y va travailler que demain. Tous les jours je vais au palais à quatre heures du matin (1). J'en suis si lasse que je n'en puis plus. Pourvu que notre partie se laisse juger, et ne présente rien pour nous remettre apres la Saint-Martin! S'il faut que ce malheur m'arrive, je ne sais ce que je ferai. Ce nous seroit une chose fort fâcheuse de retourner céans pour cette malheureuse affaire.

» Je suis bien affligée de la mort de Mme Dupin. J'en ai escrit un mot à mon neveu. Je vous demande pardon si je ne vous écris davantage; mais je vous donne parole que je n'en puis plus. Si cela dure, je ne sais comment y suffire. Je vous recommande vostre santé, et vous prie, si vous allez aux eaux, d'en prendre bien avis des médecins de par-delà. M. Dalliet m'a dit que ces eaux ne valent rien, et que ceux qui en prennent en meurent.

» Je vous prie de vous souvenir de moy, et de

(1) Ces habitudes matinales étaient alors générales. Henri IV fait ses visites à Sully à la pointe du jour, et c'est à six heures du matin que Colbert distribue le travail à ses commis.

croire que vous avez tout pouvoir sur moy : je ne puis recevoir de consolation qu'en vous voyant. Je finis ce discours, vous conjurant par toutes les amitiés que vous m'avez promises de conserver votre santé.

» Je vais trouver M. le président qu'il me mene solliciter. Le comte de Clermont a épousé Mlle de Nantouillet. M. de Saint-Géran a envoyé ici sa femme ; mais ce sont des cris et des pleurs, car il n'y veut point venir. Mme de Saint-Ange et M. son mari triomphent à Paris dans chacun un beau carrosse tout de velours et doré. Ce sont des merveilles ; mais on dit que l'argent qu'ils mangent c'est d'une terre : ce n'est pas comme il faut faire.

» M. le maréchal de Saint-Géran et moy faisons tout ce que nous pouvons pour sauver la vie au pauvre Montier : je ne sais si nous le pourrons. Tout ce que je fais est en vostre considération. Aimez-moy comme je vous honore. Présentez mes baise-mains à tous vos amis. Je finis en vous envoyant mille baisers. Jusqu'au tombeau.

» Cher *Babour*,

» Vostre tres-humble servante et femme.

» M. FABRY. »

5.

Au même.

« Paris, ce 19 aoust 1626.

» Mon cher *Babour,* vostre lettre du 10 de ce mois n'apporte guere de soulagement à mes peines. Je vois que vous estes devenu de tres-mauvaise humeur, au lieu de prendre patience. Ne vous laissez point tant aller dans l'aigreur comme vous faites. Il faut se divertir, et songer à ce qui vous peut plaire. Je vous conjure de vous réjouir, et d'oster cette mauvaise humeur; car, apres avoir esté tant désespérée, ce seroit me mettre au tombeau. J'ai tant pleuré et gémi que mes larmes ont fait pitié à vos juges. Je viens du palais : ces mesjeurs ont pris compassion de moy. Ils ont travaillé deux jours à notre proces, et résolu d'y travailler trois jours de suite, et ils l'acheveront.

» Assurez-vous au moins que je pleure. Je vis comme un galérien qui traisne une galere : cela ne m'est rien, pourvu que vous vous réjouissiez. N'épargnez rien : prenez tout l'argent qu'il vous faudra, et réjouissez-vous : c'est tout ce que je demande.

» Vous m'informez que Lahore a demandé du blé sur ses gages. Commandez qu'on lui en donne ce que vous jugerez : cela est bien raisonnable. Mais il n'a que faire d'appeler sa femme en Limousin : elle est bien là où elle est. Du reste, ceci nous est indifférent à nous : pourvu que nous payions bien à Lahore ce qui lui est promis, nous en serons quittes.

» Au moins je vous prie de me donner ce contentement de passer le temps le mieux que vous pourrez. J'ai des obligations incroyables à M. le président Séguier : veuillez lui escrire et à ma sœur aussi.

» J'enverrai M. le chevalier à Saint-Cloud vous chercher des chevaux. Ils sont hors de prix : quatre cents livres n'y font rien. Je tascherai à vous en avoir quelques-uns de beaux et de bons. Il m'a fallu emprunter de l'argent par obligation pour ma dépense. Je ne puis faire davantage quand je serais pour mourir.

» Je vous prie de commander que l'on ait bien soin

de nos enfants, et qu'ils ne mangent pas de fruits : la maladie est fort à Paris.

» C'est tout ce que je vous puis mander. Je suis pressée d'aller solliciter pour M. Feron, qui a un grand procès. Je m'en vas le mener chez M. de Harlay. M. de Bois-le-Duc m'est venu voir, et m'a priée de l'assister à une affaire qu'il a au grand-conseil : je le servirai si je peux. En tout, je ne veux servir autre que vous. Je vous conjure de m'aimer, et de songer que ce que je fais c'est pour vostre maison et pour vos enfants. Je vous demande vostre amitié : elle m'est plus chere que la vie. Mes actions feront toujours reconnoître l'amour que j'ai pour vous, puisque j'ai l'honneur d'estre vostre femme. Adieu, chéri : il ne se passe pas de jour que je ne pleure. Ne vous embrasserai-je jamais tout mon saoul? Je vous envoie mille baisers,

» Cher *Babour,*

» Vostre tres-humble servante et femme.

» M. FABRY.

» P. S. Je te prie d'assurer toutes vos sœurs de mon affection. Je te conjure de baiser mes pauvres petits pour l'amour de moy, comme vous baise la main vostre fille. »

VI.

Quand et comment se termina le procès qui avait tant excité de sollicitudes? Les lettres que j'ai sous les yeux n'en disent rien; mais je vois par d'autres documents que Charlotte, fille aînée de Marie de Pompadour, baptisée le 27 mars 1621, épousa, le 22 février 1637, âgée de seize ans, Charles Chalais de Tallerand, comte d'Excideuil (1). Les conflits d'intérêts, s'il en existait encore entre les deux familles, se trouvèrent ainsi terminés. Philibert de Pompadour n'eut pas la consolation d'assister au mariage de sa fille : le vicomte était décédé en son château de Pompadour, avec de grands sentiments de piété, le 21 octobre 1634, âgé de cinquante-un ans. Dans des temps souillés de baucoup de félonies, ce seigneur fut du petit nombre de ceux qui surent garder leurs serments. Ses obsèques, célébrées à Arnac-Pompadour avec beaucoup de solennité, réunirent toute la noblesse de la province. L'évêque de Limoges, François de La Fayette, y officia pontificalement. L'oraison funèbre, prononcée par le P. Hilaire de La Nauche, recollet, fut imprimée à Tulle, chez Antoine Sol, en 1635. Le vicomte de Pompadour s'était concilié le respect de la province et l'estime de la cour. Louis XIII parut le regretter : *J'ai perdu*, dit ce prince, *le meilleur gentilhomme de mon royaume.*

Marie Fabry de Pompadour mourut à Bonne en Saintonge, le 4 septembre 1662, entourée des secours de la religion, et fut inhumée, suivant ses désirs, dans l'église des Bernardines de Tulle,

(1) Nadaud, *Nobiliaire,* mss. du sémin.

fondée par sa famille. Elle avait survécu dix-huit ans à son mari. Cette dame a été diversement appréciée. Le P. de La Nauche, qui lui dédie, en 1641, les *Excellences du mystere de l'Eucharistie*, loue sa piété, son esprit, sa droiture, sa discrétion, la sûreté et la finesse de son jugement. Mais un écrivain de l'époque, célèbre par sa causticité haineuse (1), lui est moins favorable. Tout en rendant à Marie de Pompadour la justice de reconnaître qu'elle a rétabli les affaires de sa maison, cet écrivain l'attaque dans ses mœurs, et incrimine sa vie privée.

Pour concilier des appréciations en apparence contradictoires, il faudrait peut-être, avec M. de Monmerqué, tenir compte d'un phénomène moral fréquent au xviie siècle. A cette époque, de jeunes femmes, de jeunes hommes de la noblesse et de la bourgeoisie, se livrent pendant une partie de leur vie à l'entraînement des passions : plus tard, les remords arrivent, et l'on voit alors des âmes long-temps égarées se ranger à la pratique des plus austères vertus. Telles furent, parmi les femmes, Mmes de Longueville et de La Sablière, de La Vallière et de Montespan; et, parmi les hommes, le cardinal de Retz, La Fontaine, Racine et Rancé. Peut-être en aura-t-il été de même de Marie de

---

(1) Tallemant des Réaux.

Pompadour. Les écrivains susmentionnés n'auraient, dans ce cas, envisagé chacun que la moitié d'une vie qui peut avoir eu deux phases distinctes. S'il en était ainsi, les jugements, loin de se contredire, se compléteraient l'un l'autre.

Le fils aîné de Marie de Fabry, Jean, vicomte de Pompadour, lieutenant général des armées du roi et lieutenant de Sa Majesté au gouvernement du Limousin, assista, le 1ᵉʳ septembre 1674, à l'arrière-ban de la noblesse, convoqué à Limoges. Ce seigneur avait épousé, le 3 octobre 1640, Marie de Rochechouart qui mourut à Pompadour, le 13 juillet 1665, à l'âge de quarante-sept ans, regrettée de toute la province, des pauvres surtout, dont elle avait été la providence. Le service de quarantaine se fit dans l'église d'Arnac-Pompadour avec une pompe extraordinaire. François de La Fayette, évêque de Limoges, et l'évêque de Tulle s'y rencontrèrent à la tête de cent vingt prêtres séculiers ou réguliers, entourés de la noblesse du Limousin et de toutes les magistratures consulaires de la province. La ville de Saint-Yrieix avait envoyé sa musique, et la cathédrale de Limoges, ses enfants de chœur. Le Père Texier, recteur du collége des Jésuites de Limoges, fit l'oraison funèbre *avec applaudissement*. Il fut distribué ce jour-là deux cent cinquante setiers de blé aux pauvres.

Jean François de Pompadour, fils du précédent, né le 12 juillet 1650, investi, le 25 mars 1671, de la charge de guidon des gendarmes de Sa Majesté, payée par lui CENT QUATRE-VINGT-DIX MILLE livres, mourut avant son père, le 14 novembre 1684, après avoir dissipé de grands biens, et contracté des dettes immenses. Le père mourut le 21 juin de l'année suivante, ne laissant que des filles. Augustine de Choiseul, dernière descendante de cette grande maison, décéda, en 1728, à Paris, sans enfants. Sa fortune passa aux Choiseul.

VII.

Jeanne-Antoinette Poisson, dame du palais de la reine, épouse séparée de Guillaume Lenormand d'Étioles, secrétaire du roi, acheta des Choiseul, au xviiie siècle, la terre de Pompadour, Bret, Saint-Cyr, etc., et affubla le titre de marquise de Pompadour.

La scandaleuse élévation de cette femme, les basses adulations dont la royale maîtresse fut l'objet, la désastreuse influence qu'elle exerça sur les mœurs publiques et sur les affaires de l'État, sont assez connues. L'anecdote suivante l'est moins :

A l'occasion de la naissance du duc de Bourgogne, en 1751, la marquise de Pompadour, voulant faire sa cour au roi, conçut le projet de marier et de doter DEUX CENT SOIXANTE-QUINZE filles des terres de sa dépendance. Outre la dot, qui fut de soixante-six livres, et l'anneau de mariage, chaque jeune fille reçut de la marquise une médaille d'argent sur laquelle étaient gravés, d'un côté, le portrait du roi, et, de l'autre, la naissance du duc de Bourgogne. La veille du jour de la cérémonie, à l'entrée de la nuit, le canon du château, tirant à toute volée, annonça la solennité du lendemain. Le matin, de nouvelles salves d'artillerie convoquèrent et réunirent les populations rurales dans la chapelle du château. La célébration nuptiale se fit au milieu d'un immense concours. A la suite de la cérémonie, la marquise offrit aux jeunes époux un banquet de NEUF CENTS couverts. Il n'y eut ce jour-là que cinquante mariages; les autres unions se célébrèrent en partie le 25 novembre et en partie le 2 décembre 1751. Jeux de courtisane, folles profusions, qui n'ont pu réhabiliter devant la postérité la mémoire de l'épouse séparée de Guillaume Lenormand d'Étioles! Après avoir abrité pendant des siècles une famille justement illustre, le château de Pompadour fut un moment profané par la maîtresse de Louis XV : ce château est aujourd'hui un haras!

XI.

LE COLLÉGE

(1599-1700).

I.

A Limoges, au commencement du XVIIe siècle, les anciennes écoles avaient subi le sort des choses humaines : la caducité était venue, et la nécessité de renouveler l'enseignement se faisait sentir à tous les bons esprits. En 1526, prenant à cœur cette affaire, les consuls bâtirent, entre l'église Saint-Pierre-du-Queyroix et le mur de ville, sur l'emplacement du lycée actuel, un collége destiné à l'enseignement de la grammaire, de la poésie, de la rhétorique et de la logique, *et principalement des bonnes mœurs* (1).

Le droit de nommer les professeurs appartenait au grand-chantre de la cathédrale. Les consuls, comme fondateurs, ayant essayé de revendiquer

(1) Bonav., III, 759.

ce droit devant le parlement de Bordeaux furent déboutés de leur demande ; mais, un peu plus tard, Michel Jouvion, promu à la dignité de grand-chantre, céda aux consuls, d'accord avec le chapitre de la cathédrale, le droit de nomination, moyennant la rente insignifiante de dix livres par an.

L'établissement de 1525 n'avait été à proprement parler qu'un essai. Les consuls de 1566 reprirent en sous-œuvre l'entreprise ébauchée de leurs devanciers : autorisés par lettres-patentes du roi à procéder à la fondation définitive, ils nommèrent une commission. Des quêtes eurent lieu ; les devis furent arrêtés : tout était prêt lorsque les soulèvements fomentés en Limousin par le calvinisme amenèrent un ajournement. Vers 1580, un peu de calme s'étant produit, les consuls profitèrent de l'intermittence pour reprendre l'affaire du collége, et terminer les constructions. En 1582, il ne restait qu'à organiser les écoles, et à trouver une main capable de les gouverner.

Guillaume Malherbaud, théologal de la cathédrale, docteur en Sorbonne, né dans la paroisse de Folles en Limousin, homme de grande érudition, parut réunir les qualités désirables. Ce savant avait publié à Paris, en 1566, les légendes de saint Pierre et saint Paul, attribuées à saint Lin, successeur des apôtres, et avait ainsi signalé à l'attention publique ces pièces, qui depuis furent insérées dans la collection des Pères de l'Église. Déjà Guillaume Malherbaud avait dirigé avec succès, pendant plusieurs années, le collége de la ville de Chartres (1). A la prière des consuls, il consentit à prendre la conduite du collége de Limoges. Les écoles s'ouvrirent, et six régents, sous la haute direction du principal, se partagèrent le cours des études. Tant que vécut Malherbaud, le collége prospéra peut-être; mais, après lui, l'établissement ne fit que décliner, et les sentiers de l'enseignement se couvrirent de ronces nouvelles. Préoccupés de l'obligation de pourvoir à un intérêt si considérable, les consuls, désespérant de trouver autour d'eux les éléments de restauration nécessaires, résolurent d'appeler à Limoges les Jésuites.

II.

Le père Émont Auger, de la compagnie de Jésus, esprit éminent, controversiste habile, estimé des protestants eux-mêmes, se trouvait à Limoges en 1570. Les chapitres de Saint-Étienne et de Saint-Martial avaient coutume de

(1) Guillaume Malherbaud composa, pour le diocèse de Limoges, un *Ordo* perpétuel, qui fut imprimé chez Hugues Barbou en 1575.

décerner aux illustres étrangers, sous le titre de *prébende*, un présent, que la reine Catherine de Médicis avait gracieusement accueilli à son passage à Limoges en 1569 (1). D'un commun accord, ils décernèrent cette distinction au P. Émont Auger, dont la parole venait de produire dans notre province des fruits abondants (2). Ce religieux n'était probablement pas venu seul en Limousin. Les Jésuites avaient donc paru dans les chaires de Limoges, et nos populations pouvaient juger de la vaillance de ces nouvelles milices, qui marchaient au combat avec les seules armes de la piété et de la science. Le docteur protestant Léopold Rancke, qui a rendu aux Jésuites de magnifiques témoignages, cite une relation de 1582 d'un ambassadeur de Venise en France, de laquelle il résulte que, par leur influence, le nombre des protestants avait diminué

(1) Bonav., III, 789.
(2) Émont Auger datait de Limoges, en 1570, une lettre à *Messieurs les catholiques et bourgeois de Toulouse en leurs afflictions causées par les guerres civiles*. (M. Crétineau-Joly, *Hist. comp. de Jés.*, II, 109.) En 1563, Émont Auger avait publié, à Lyon, un *catéchisme* en langue française, destiné à réfuter le calvinisme. Depuis, il le publia en latin et en grec : Paris, Sébast. Nivelle, 1569. Au témoignage de l'imprimeur, il se vendit, dans la seule ville de Paris, trente-huit mille exemplaires de ce catéchisme. L'illustre Jésuite écrivit grand nombre d'ouvrages, dont la liste peut se voir dans Alegambe, *Biblioth. scc. Jos.*

dans le royaume de soixante-dix pour cent (1). Les succès obtenus ailleurs par ces religieux faisaient vivement désirer aux habitants que le collége pût être placé sous leur direction. Le prévôt des consuls ayant fait à la compagnie des ouvertures à ce sujet, le P. Alexandre Georges, provincial d'Aquitaine, se rendit à Limoges au printemps de 1597 afin d'entrer en pourparler avec les magistrats.

III.

Après quelques jours passés à Limoges, le P. Georges, obligé de partir, confia le soin des négociations au P. François Solier, de Brive, esprit distingué. Le vénérable Bardon de Brun, dont il sera parlé ailleurs, accueillit sous son toit le négociateur, qu'accompagnait un autre Jésuite, et offrit aux deux Pères une affectueuse hospitalité.

A la fin de juillet 1597, toutes choses ayant été mûrement examinées et discutées, les consuls portèrent l'affaire devant une assemblée de ville qui eut lieu le 31 juillet 1597. Gabriel de La Brousse, prévôt des consuls, dirigeait la délibération ; ses collègues étaient : Pierre Malden, receveur des décimes; Mathieu Petiot de Cha-

(1) Léopold Rancke, *Hist. de la papauté aux* XVIe et XVIIe *siècles.* — Lorenzo Priuli, *Relatione de Francia*, giugno 1582.

vagnac(1); François Chastaignac ; Gérard de Jayac, avocat; Jean Martin, procureur, et Jacques d'Aixé dit *Père*. Les consuls ne s'étaient pas bornés, comme pour une affaire ordinaire, à convoquer les habitants *à cri public et son de tambour*. Vu la gravité des intérêts engagés, les magistrats avaient fait inviter à domicile les bourgeois et citoyens *les plus apparents*, et ceux-ci s'étaient rendus dans la grande salle de l'hôtel de ville au nombre de cent soixante-dix-huit. Gabriel de La Brousse exposa que, *depuis six mois en çà*, M. Cibot, principal du collége, ayant été promu à la dignité de chantre de la cathédrale, le collége *se trouvoit sans direction, régents ni discipline, et que la jeunesse étoit débordée et sans conduite*. Invités à opiner l'un après l'autre, les habitants furent d'avis que les consuls devaient le plus promptement possible supplier Sa Majesté de leur permettre *d'installer le collége sous la charge des Jésuites*, parce qu'il ne se pouvait trouver *régents plus zélés en l'honneur de Dieu et instruction de la jeunesse*.

« Et attendu, ajoute la délibération, que la jeunesse se déborde de jour en jour, et vit sans aucune discipline, les citoyens et habitants, d'un commun accord, ont été d'avis que les deux Peres Jésuites présents soient dès ce jour installés dans le collége en attendant la volonté de Sa Majesté. »

(1) Beau-frère de Bardon de Brun.

Les consuls essayèrent de faire entendre que l'autorisation préalable du roi était indispensable.

« Mais, ajoute la délibération, les habitants ont protesté par des acclamations réitérées, et ne se sont voulu retirer qu'après que le prévôt des consuls les a eu assurés que demain à midi il y seroit pourvu, et qu'ils seroient contents. »

Le P. Solier et son compagnon, installés au collége le lendemain, n'y résidèrent d'abord qu'à titre officieux, toutes choses demeurant subordonnées au bon vouloir de Sa Majesté. Une nouvelle assemblée de ville, appelée, le 1er janvier 1598, à reprendre la délibération, pose en principe que les arrangements pris ou à prendre n'auront de valeur qu'avec l'approbation du roi. Sous cette réserve, l'assemblée s'occupe des voies et moyens d'exécution.

Révérend Père en Dieu messire Raymond de La Martonie, évêque de Limoges, promet, pour lui et ses successeurs, cinq cents livres de rente annuelle et perpétuelle, à prendre sur sa seigneurie d'Isle. Les chapitres de la cathédrale et de Saint-Martial promettent deux prébendes pleines, produisant ensemble un revenu de mille livres. Le corps de ville fournira la maison bâtie et meublée, les emplacements y attenants, tous les biens dépendants du collége, plus deux mille livres de rentes, représentées par les souscriptions volontaires des notables habitants au nombre de quatre cent vingt-cinq. La liste de souscription, intéressante en ce qu'elle donne les noms des principaux chefs de famille de la ville de Limoges en 1598, peut se voir à la fin du volume, aux pièces justificatives.

IV.

A l'époque où ces choses se passaient, l'injuste arrêt du parlement de Paris de 1594, rendu contre les membres de la compagnie de Jésus à la suite de l'attentat de Jean Chastel, n'avait pas encore été rapporté: Les Jésuites se trouvaient donc légalement exclus du royaume; mais, la vicomté de Limoges relevant de la couronne de Béarn, et n'ayant pas encore été incorporée à la couronne de France, les Jésuites pouvaient s'y établir sous le bon plaisir du vicomte de Limoges, c'est-à-dire d'Henri IV. Le prince avait sans doute accordé en 1599 l'autorisation désirée, car le contrat de fondation porte la date du 29 novembre de cette année (1). C'est dans la chapelle du collége, en

---

(1) Cet arrêt ne fut rapporté que plus tard. Par un édit de 1603, daté de Rouen, Henri IV autorisa les Jésuites à demeurer dans les résidences qu'ils occupaient déjà, savoir : « Ez-villes de Toulouse, Auch, Agen, Rodez, Bourdeaux, Périgueux, Limoges, etc. ».

face des saints autels, sous l'œil de Dieu, que fut rédigé ce mémorable concordat. La pièce débute ainsi :

« Au nom de Dieu, le Pere, le Fils et le Saint-Esprit, apres avoir invoqué l'intercession de la glorieuse Vierge Marie, mere de Dieu, et tous les saints et saintes du paradis, particulierement monsieur saint Martial, patron de la ville de Limoges, A TOUS PRÉSENTS ET A VENIR, SALUT :

» L'instruction de la jeunesse étant un des plus singuliers moyens pour maintenir l'honneur de Dieu, l'appui et le repos public, l'obéissance due au prince et aux magistrats, et pour bannir loin des villes toutes sortes de vices et de péchés, plusieurs notables personnes se sont ci-devant efforcées d'y pourvoir par l'érection d'un collége, et en ont à diverses fois jeté quelque fondement; mais leur dessein n'a point eu jusqu'ici d'effet conforme à leur bonne volonté, faute de régents capables et de moyens suffisants pour les entretenir et salarier. »

Le contrat expose ensuite que, sous le bon plaisir du roi très-chrétien, pour le bien de *tout le pays et lieux circonvoisins*, les magistrats ont songé à se procurer tel nombre de religieux de la compagnie de Jésus qu'il serait nécessaire pour instruire la jeunesse *en la piété, bonnes mœurs et sciences*, et à ces fins doter le collége d'un revenu de quatre mille livres. Le P. François Solier et quelques autres Pères et régents ont en effet pris la direction du collége en 1597 et 1598 ; mais, *débordés par la multitude des écoliers* qui arrivent de tous côtés, ces Pères ne peuvent assurer le service de l'enseignement si les stipulations exprimées dans le compromis du 1ᵉʳ janvier 1598 ne sont religieusement exécutées. En conséquence, l'évêque et les magistrats, d'une part, et, de l'autre, le P. François Solier, au nom du provincial, conviennent de ce qui suit :

Les Pères de la compagnie de Jésus seront tenus d'entretenir au collége sept régents de leur société, dont cinq feront cinq classes pour l'instruction de la jeunesse, *ez bonnes mœurs et religion catholique*, grammaire, poésie et rhétorique. Les six et septième régents enseigneront la philosophie alternativement ; savoir : la première année, la logique ; la seconde année, la physique et la métaphysique, ET TOUTE LA JEUNESSE SERA INSTRUITE AU COLLÉGE GRATUITEMENT. Seront aussi les Pères tenus d'entretenir au collége toutes autres personnes requises et nécessaires, selon leurs constitutions.

De leur côté, le sieur évêque, les chapitres de Saint-Étienne et de Saint-Martial, et les habitants, représentés par les consuls, fonderont le collége de quatre mille livres de revenu annuel. Le seigneur évêque a donné et donne cinq cents livres de rente sur sa seigneurie d'Isle, plus la salle et les jardins de la chancellerie, où jadis se tenait le tribunal de l'officialité. Les sieurs consuls ont donné et donnent à jamais au collége toutes les maisons, cours, classes et jardins y attenants. Et, parce que la place manque pour l'église, les prévôt et consuls s'engagent à acheter les maisons voisines nécessaires pour l'église et les classes.

De plus, les prévôt et consuls donnent aux Pères tous les biens, droits, rentes et revenus afférents au collége, nommément la métairie de Frégefont, les rentes de Villebois et Mas-du-Puy, et tout ce qui se trouvera donné et légué audit collége jusqu'à présent par qui que ce soit. Les prévôt et consuls donnent aux Pères les anciens droits du collége sur le prieuré d'Aureil, le revenu de deux prébendes des églises Saint-Étienne et Saint-Martial. Seront aussi pris par les Pères quatre cents écus sur les particuliers de la ville qui ont promis de constituer une rente sur tous leurs biens au denier vingt, amortissable à leur gré, ladite rente payable moitié à Noël, moitié à la Saint-Jean. Les Pères peuvent lever ou faire lever cette rente par qui bon leur semblera, si mieux ils n'aiment, pour éviter toute contestation, que les consuls la lèvent en leur nom.

Et, parce que l'expérience journalière apprend que *le nombre des écoliers est tres-grand en cette ville*, il est accordé qu'il ne sera reçu enfant au collége qui ne sache lire et médiocrement écrire. Les abécédaires seront instruits ailleurs qu'en l'enclos du collége, sous l'autorité toutefois desdits Pères. Les Pères tiendront la main à ce que les enfants soient bien élevés et imbus de la foi catholique, apostolique, romaine, par quelque honnête séculier, dont le salaire sera l'objet d'une fondation particulière.

Pour le soulagement du simple peuple, les consuls déchargent le collége de toutes tailles et charges quelconques, logement de guerre, garde de ville, entrée de blé, vin et autres choses nécessaires à l'entretien du collége (1), et feront jouir l'établissement des mêmes priviléges que les étudiants de Paris, Toulouse et autres universités.

Les consuls s'engagent à prendre en tout et partout la protection des Pères, à leur prêter la main pour la discipline scolastique, s'opposant aux écoliers quand il y en aurait de rebelles, *voire les chassant de la ville si besoin est.*

Pour la validation de l'acte, il fallait le concours de deux témoins : l'un de ces témoins fut choisi

(1) C'est *pour le soulagement du simple peuple* que l'instruction, dans la commune de Limoges, sera distribuée, à tous ses degrés, gratuitement : si donc le collége jouit de certaines immunités, ce n'est qu'en vue du *soulagement du simple peuple.* Telle est, si je ne me trompe, la pensée des parties contractantes.

parmi les écoliers eux-mêmes. Ainsi, par une attention touchante, les divers âges sont appelés à participer à la conclusion d'un acte qui, impliquant les plus chers intérêts de la cité, va engager le présent et l'avenir.

La délibération se termine ainsi :

« Fait en la chapelle du collége, avant midi, ez présence de Martial Mouret, escolier, et de Jean Manent, praticien, à ce appelés. Ont signé : Henri de La Martonie, évêque de Limoges; Martin, président ; Degay, lieutenant général ; de Jayac, Dupeyrat, Bagnol, Benoist, de Grandchamp, Bounin, Garreau, Paignon, Barny et François Solier, *de la société de Jésus*. Ont également signé : Louis Saleys, prévôt consul; Malden, Martial Vidaud, Jean Pinot, Gadault, Lavandier et Lascure, consuls, et enfin Mouret et J. Manent, témoins.

» Mouret, notaire. »

L'acte dont je viens de placer l'analyse sous les yeux du lecteur est remarquable à plusieurs points de vue. Déjà dépouillée d'une partie de ses anciens droits, la bourgeoisie ne peut fonder le collége qu'avec l'autorisation du prince; mais, cette autorisation obtenue, la commune, maîtresse chez elle, organise le collége comme il lui plaît. Si ce ne sont plus les antiques franchises, ce n'est pas non plus de la servitude, et dans beaucoup de pays civilisés ce régime s'appellerait de la liberté. Le programme des études est digne d'attention : La religion! car point de religion, point de civilisation; la science! car les vérités sont sœurs, et la mission de l'humanité c'est de les embrasser toutes (1). En ce qui touche la distribution, la diffusion de l'enseignement, l'acte n'est que la consécration d'un principe fondamental. Dans la grande famille chrétienne, la vérité est le patrimoine commun des intelligences : le christianisme ne connaît point de déshérités. Les sources de la science seront donc publiques et accessibles à chacun; l'instruction sera libre et gratuite, GRATUITE A TOUS LES DEGRÉS, GRATUITE POUR TOUS. De nos jours, des esprits qui se croient sérieux ont reproché au passé son *obscurantisme* : je relève le reproche, je n'ai garde de le discuter.

V.

L'évêque et le chapitre s'étaient engagés, par le contrat de fondation, à parfaire une somme de 2,800 livres : ils satisfirent religieusement à l'obli-

---

(1) La religion ne va jamais sans la science. La science est quelquefois tentée de se passer de la religion: son châtiment, dans ce cas, c'est de se corrompre : « L'arbre de la science, a fort bien dit lord Byron, n'est pas l'arbre de la vie :

» The tree of knowledge is not the tree of life. »

gation. Mais les habitants, qui avaient souscrit une rente de 1,200 livres, ne se piquèrent pas de la même exactitude : il y eut des retardataires ; et, en 1605, les arrérages s'élevaient à une somme assez considérable. Après avoir épuisé toutes les voies de douceur et de conciliation, le syndic des Jésuites s'adressa aux tribunaux, et obtint du parlement de Bordeaux un arrêt qui condamnait les consuls à remplir les clauses du contrat de fondation (1). Les magistrats, embarrassés, proposèrent aux Jésuites, en échange de la rente, qui serait supprimée, d'une part, les revenus du prieuré d'Altaroche ; de l'autre, un capital de 6,000 livres, et enfin la portion recouvrable des arrérages en litige. Le P. Christophe Balthazar, provincial d'Aquitaine, esprit modéré et conciliant, agréa la proposition, et un accord du 8 novembre 1605 (2) termina le différend.

(1) L'auteur inconnu du manuscrit de 1638 blâme les Jésuites d'avoir usé des voies de droit. Les Jésuites ne recouraient aux tribunaux qu'après cinq ans de temporisation : le reproche manque d'équité. (Voir *ms. de* 1638, p. 353.)

(2) L'acte, délivré sous le scel de la vicomté de Limoges, a été rédigé en présence de Jean de Manent, notaire, né à La Porcherie, et d'Antoine Valladon, praticien de Limoges, témoins appelés. Ont signé : pour les Jésuites, le PP. Christophe Balthazar, le P. Solier, recteur du collége, les P. Montgaillard et Jean Sabatery ; pour la ville, Barny, prévôt des consuls; Jean Vidaud, Pierre du Boys et Martin, consuls. L'acte a été rédigé par Mouret, notaire royal. (*Bulletin Arch.*, tom. I.)

Il restait à obtenir du Père Aquaviva (1), général de la compagnie de Jésus, qu'il acceptât le collége de Limoges. Les lettres d'acceptation furent expédiées en date du 25 mars 1606.

En 1607, les consuls, qui n'avaient pas encore fourni de local pour le cours de philosophie, obtinrent du P. Laurent Aubery, recteur du collége, par acte du 20 octobre, qu'il se chargeât, moyennant une somme de 906 livres, d'acheter le local, et de construire la classe. L'esprit de désintéressement des Jésuites dans toutes ces transactions mérite d'être remarqué. Les Pères ont exigé peu, et beaucoup promis : nous verrons plus loin avec quelle libéralité ils remplirent leurs engagements; mais auparavant disons quelques mots de l'église du collége.

VI.

L'architecture est un langage : le granit raconte les temps écoulés. A défaut de Juvénal, le Colysée redirait les abaissements de la civilisation romaine. A défaut du sire de Joinville, la Sainte-Chapelle de Paris acclamerait les sublimes aspirations de la civilisation chrétienne. L'unique monument

---

(1) Voir le texte et la traduction du texte des lettres du P. Aquaviva dans le *Bulletin Arch.*, tom. III, p. 160.

architectural que les Jésuites nous aient laissé dépose des tendances à la fois religieuses et artistiques de la première moitié du xviie siècle. L'élégante église de Notre-Dame du collége de Limoges est trop connue dans notre province pour que j'essaie de la décrire.

La première pierre de l'édifice fut posée le 11 juillet 1607. Ce fut le matin : l'évêque Henri de La Martonie avait célébré la messe : après le saint sacrifice, le prélat, accompagné des consuls, se rendit sur le chantier, où l'attendaient les architectes et le peuple. A côté d'une pierre de taille enroulée de cordes et de rubans, se voyaient un marteau de pur acier et une truelle de vermeil. Un acolyte portait la croix : ce signe sacré rappelait aux esprits que tout édifice chez les peuples chrétiens doit reposer sur l'unique vraie *pierre fondamentale*. Après les prières et les chants liturgiques, le pontife et les consuls prirent les extrémités des rubans, et la pierre descendit dans le lieu de son repos séculaire. Une lame de cuivre, incrustée dans le granit, portait une inscription destinée à rappeler la date de la fondation.

Le 14 décembre suivant, c'est-à-dire cinq mois après, l'ancienne chapelle du collège s'écroula, et les Pères se fussent trouvés en un grand embarras si le curé de Saint-Pierre-du-Queyroix, Balthazar de Douhet, ne les eût provisoirement accueillis dans son église. La chapelle écroulée fut immédiatement restaurée, et les Jésuites purent y rentrer le 2 avril 1608 (1).

Plusieurs fois interrompus faute de ressources suffisantes, les travaux de construction de l'église durèrent vingt-deux ans, et ne furent terminés qu'en 1629. L'historique de ces travaux offrirait au lecteur quelque intérêt; mais les documents font défaut. Les seuls détails que j'aie recueillis sont tirés des Mémoires de Pierre Mesnagier (2). Suivant cet écrivain, l'entrepreneur chargé, en 1620, de

---

(1) Bonav., III, 821. — *Ms. de* 1638, p. 353.

(2) In-4, reliés en veau, 372 pages : mss. de la bibliothèque publique de Limoges. — Pierre Mesnagier ou Le Mesnagier, car l'auteur prend les deux noms, dédie son livre à Bermondet, seigneur de Saint-Laurent-sur-Gorre, La Quintaine et Plénavaire, président au siége de Limoges, et à Jean Lavau, procureur audit siége. Nous ne savons de sa personne que ce qu'il nous en apprend lui-même. Son père, Jacques Mesnagier, dit-il, *fit bastir en sa métairie de Beaune, provenant de Péronne Dangresac, sa femme*, les deux pavillons et le grand portail qui est devant la fontaine du bourg (p. 118). Les noms de Mesnagier et de Dangresac ne se retrouvent, à ma connaissance du moins, sur aucun autre document contemporain. L'auteur des Mémoires manque d'instruction; son orthographe est des plus vicieuses, et ses assertions sont quelquefois grossièrement inexactes; mais souvent aussi son témoignage est conforme à celui des autres écrivains de l'époque. Il relève des particularités que des auteurs plus corrects ont négligées, et sa phrase respire une sorte de naïveté qui la rend originale.

l'exécution de la *voûte* ne la put achever : en assujettissant une charpente, *il tomba roide mort*. C'était un maître *charpentier-menuisier* nommé Ligoure. Son gendre, Dumas, aussi charpentier et *enfant de la ville*, continua les travaux. *La voûte n'est que de bois* : le bois est venu en partie du côté de Saint-Léonard-le-Noblat et en partie de Lastours et des Cars, au-delà d'Aixe. Les quartiers de pierre furent pris à Bonnac, au-delà du bourg de Beaune. L'ardoise du clocher et du pavillon venait d'Alassac en Bas-Limousin (1).

Commencée sous l'épiscopat de Henri de La Martonie, et achevée sous son successeur, François de La Fayette, l'église fut consacrée et bénite par ce prélat en 1629. Alain de Solminiac, le célèbre réformateur des chanoines de Chancelade, fit le discours. Le nouveau sanctuaire fut dédié à la très-sainte Vierge en exécution d'un vœu de Louis XIII pendant le siége de La Rochelle, vœu dont une inscription, placée au-dessus du portail, perpétue le souvenir.

D'après une tradition locale, le tableau de *l'Assomption* qui se voit dans l'église du collége serait de Rubens, et aurait été exécuté par lui à Limoges en 1615, au retour d'un voyage qu'il

---

(1) Mesnagier, *Mém.*, p. 215.

venait de faire à Bordeaux pour les fêtes du mariage de Louis XIII et d'Anne d'Autriche. Arrivé malade à Limoges, l'artiste flamand se serait fait transporter chez les Jésuites, et, touché de leurs soins, aurait promis à ses hôtes, pour leur église, en signe d'affectueuse gratitude, le tableau susmentionné. A cette tradition constante, long-temps populaire, long-temps inattaquée, la critique a opposé de nos jours des objections dont l'appréciation supposerait des connaissances que je n'ai pas. Simple rapporteur, j'enregistre les opinions ou les témoignages. Desmarest, dans ses *Ephémérides de* 1765, et Robert de Hessein, dans son *Dictionnaire de la France*, publié à Paris en 1771, attribuent le tableau à Rubens, et ne paraissent pas même supposer que le fait puisse être contesté. Des personnes qui ont examiné de près cette belle toile ont cru reconnaître Rubens dans la figure d'un des personnages, et la figure de la sainte Vierge rappellerait les traits de la seconde femme de l'artiste(1). Ces faits, dont je ne garantis pas l'exactitude, formeraient, en faveur de l'authenticité du tableau, s'ils étaient reconnus vrais, une présomption considérable. Enfin on raconte qu'un riche amateur, passant à Limoges, aurait offert du

---

(1) M. Léopold Fougères, *Guide de l'Étranger*, p. 119-121.

seul pied de Saint-Pierre dix mille livres. Mais les témoignages qui précèdent sont contestés. Des critiques éclairés ne retrouveraient, disent-ils, dans cette peinture aucun des caractères de la manière de Rubens. Ainsi ce ne serait ni le dessin de ce maître, ni le type habituel de ses figures, ni sa composition hardie, ni la richesse quelquefois exubérante de sa palette. Quoi qu'il en soit de la valeur des allégations respectives, toujours est-il que le tableau vient de Rubens, et que l'œuvre est d'une rare beauté. L'expression pleine de feu et de génie des têtes des apôtres fixe surtout l'attention des connaisseurs (1). Cette magnifique peinture, reléguée au fond de l'abside à une grande hauteur, manque de lumière et se voit mal. Il est regrettable que l'édifice n'ait pas offert d'emplacement plus convenable. Le tableau, sous ce rapport, fut autrefois plus favorisé. Du temps des Jésuites et jusqu'à la révolution, l'*Assomption* se voyait dans une chapelle particulière, indépendante de l'église, où le jour arrivait avec abondance. Cette toile eut alors une grande popularité. L'ombre lui a nui : la peinture vit de lumière.

Ainsi que je l'ai dit plus haut, c'est en 1615, et à l'occasion du mariage de Louis XIII, que Rubens passa à Limoges. La présence de l'illustre artiste

---

(1) M. Léopold Fougères, *Guide de l'étranger*, p. 119-121.

dans nos murs s'expliquerait assez naturellement par une circonstance qu'aucun écrivain, je crois, n'a relevée. Notre habile émailleur Jean II Limosin fut chargé d'exécuter, en 1615, une riche cassette pour la jeune reine Anne d'Autriche (1). Marie de Médicis, si c'est elle qui offrit l'objet en question, put charger Rubens, qu'elle honorait de sa bienveillance, de se rendre à Limoges, avec mission de commander le travail, et peut-être d'en arrêter le dessin. Cette conjecture donnerait un but au voyage jusqu'à présent inexpliqué de l'artiste flamand.

La sculpture avait apporté sa part de concours à la décoration de l'église du collége : la chaire était ornée de figurines et de bas-reliefs ; de belles statues relevaient la majesté de l'autel. La musique ne fut pas oubliée, et, en 1639, un jeu d'orgues fut installé au-dessus de la porte principale.

A Limoges, comme dans leurs autres colléges, les Jésuites avaient institué une congrégation de la Sainte-Vierge. Cette congrégation formait trois divisions : les *messieurs*, les *artisans* et les *écoliers*. Chaque division avait, en dehors de l'église, dans l'enceinte du collége, sa chapelle particulière. La chapelle des écoliers, qui prenait jour sur la cour et sur la rue, l'emportait sur les

---

(1) M. Maurice Ardant a donné la description de ce coffret. V. *Bullet. Archéol.*, IX, 105.

deux autres par l'élégance et la richesse des décorations : les tapisseries en étaient somptueuses ; de belles peintures se voyaient encadrées dans les lambris : c'est là que figurait l'*Assomption* donnée par Rubens. Tous les ans, dans cette chapelle, à la suite de la retraite des écoliers, se faisait une collecte, dont le produit servait à donner un repas et des secours aux prisonniers ; car, dans notre pays, et ceci est caractéristique, l'éducation tendait à incliner le cœur de la jeunesse du côté des misères les plus abandonnées, des souffrances les moins secourues (1).

VII.

Les études, si long-temps déchues à Limoges, s'étaient relevées sous les maîtres habiles qui venaient d'en prendre la direction. Les Jésuites appliquèrent chez nous ces belles méthodes que copiaient et s'appropriaient à l'envi les universités de l'Europe. Le succès fut immédiat. C'est en 1597 que le P. Solier et ses compagnons préludent à l'ouverture des écoles, et, dès la première année, les maîtres sont comme débordés par l'affluence des écoliers. Il serait curieux de suivre année par année le mouvement de progression du nombre des

---

(1) L'abbé Bullat, *Recherch. sur Limog.*, ms. inédit.

élèves pendant le xvii° siècle. Mais aucun registre scolaire ne nous a été conservé, et les seuls chiffres connus se déduisent de deux relations dont il convient de dire ici quelques mots.

C'était en 1610 : les Jésuites, pendant les jours gras, ajoutèrent aux exercices de l'oraison des quarante heures des processions dont les écrivains du temps ont loué la belle ordonnance. Le dimanche 20 février, sortirent, du côté de l'église Saint-Pierre, avec leur bannière, précédés de la croix, les écoliers de la classe de cinquième, au nombre de CENT QUATORZE, habillés en anges, et portant les attributs de la Passion. Le même jour, par la même porte, à une heure de l'après-midi, parurent CENT QUATRE écoliers de la classe de quatrième, vêtus de blanc, portant les symboles des prophéties relatives à la très-sainte Vierge. Le lundi 21 février, à huit heures du matin, sortirent CENT écoliers de la classe de troisième, représentant le corps des antiques oracles du paganisme par qui furent propagées dans la Grèce et dans Rome les prophéties relatives à l'avènement du Messie. Le même jour, à midi, les membres de la congrégation de la Sainte-Vierge sortirent *en bel ordre* au nombre de soixante, couverts, en ces jours de folie, des insignes de la pénitence, et rappelant ainsi les âmes à la dignité de la vie chrétienne. Parurent après SOIXANTE écoliers de la classe de seconde, figurant les rois, les patriarches et les prophètes. Le mardi 22 février, s'avancèrent les écoliers de la première classe, au nombre de QUARANTE : ils représentaient les apôtres, les évangélistes, les docteurs, les martyrs et les confesseurs. La procession générale, *la plus belle, la plus magnifique qui se fût jamais faite* à Limoges, sortit après-midi par la grande porte du collége, se dirigea par Manigne, les Bancs, la Croix-Neuve, les Combes, la place Saint-Pierre, et ne rentra qu'à la nuit. *Jamais*, disent les chroniques, *ne fut vue à Limoges telle dévotion*. Durant trois jours, la chapelle des Jésuites ne désemplit pas. L'évêque Henri de La Martonie fit le sermon du mardi soir, et donna la bénédiction (1).

La relation de cette procession trouvera les esprits du xixe siècle moins sympathiques peut-être que ceux du xviie. Nos fêtes publiques, d'où la pensée de Dieu est absente, valent-elles mieux ? Passionnent-elles plus vivement les âmes pour le bien ? Il serait permis d'agiter cette question ; mais ce n'est pas de cela qu'il s'agit : le but ici c'est d'arriver à l'évaluation du nombre des écoliers. Je récapitule donc :

(1) Bonav., III, 822. — *Ms. de* 1638, p. 353. : biblioth. publ.

	Nombre d'écoliers
Classe de cinquième	114
Classe de quatrième	104
Classe de troisième	100
Classe de seconde	60
Première classe	40
TOTAL	418

Ainsi le collége de Limoges réunissait, en 1610, douze ans environ après sa fondation, QUATRE CENT DIX-HUIT écoliers, non compris les élèves des cours de philosophie et les enfants qui suivaient, en dehors de l'enceinte du collége, les écoles élémentaires. Ce chiffre fut bientôt dépassé.

Saint Ignace et saint François-Xavier ayant été canonisés dans la basilique Vaticane le 12 mars 1622, les églises de Limoges, au mois d'août de la même année, s'associèrent à la solennité par une procession générale. Les rues étaient pavoisées, couvertes de tapis et de draperies, jonchées de fleurs et de verdure. En tête de la procession, *s'avançoient en bon ordre* les écoliers du collége. Il y en avait, disent nos annales, PLUS DE MILLE, *choisis dans toutes les classes.* Après eux marchaient, par longues files, les confréries, les corporations, les religieux, le clergé, les magistrats. Ces MILLE ÉCOLIERS ET PLUS figuraient, sous des costumes symboliques, le corps de l'église militante : rois, prophètes, apôtres, martyrs, pontifes et confesseurs. Parmi le clergé se distinguaient TRENTE-DEUX religieux : ces religieux étaient les guides, les maîtres, les serviteurs de la jeunesse de notre patrie. Au retour, deux bannières, l'une de Saint-Ignace et l'autre de Saint-François-Xavier, furent suspendues dans la cathédrale et dans l'église du collége en souvenir da la solennité (1).

Les MILLE ÉCOLIERS de la procession de 1622, ces écoliers *choisis entre toutes les classes* ne représentent, remarquons-le bien, qu'une partie de la population scolaire. D'après l'abbé Texier, le nombre des élèves du collége de Limoges se serait élevé, au XVIIe siècle, jusqu'à quatre mille (2). En l'absence de documents certains, je n'ai garde d'adopter un chiffre si élevé ; mais on peut affirmer sans témérité, appuyé sur une masse d'indices très-solides et très-concluants, que le chiffre de 1622 a dû être largement dépassé (3). On voit,

(1) Bonav., III, 830. — La fête donna lieu à une relation intitulée : *Solennité de la canonisation des saints Ignace et Xavier* : Antoine Barbou, 1622. Je ne connais aucun exemplaire de cette relation.

(2) *Dictionn. d'orfèvr.*, art. *Ostensions*.

(3) Il venait des écoliers des provinces voisines, quelquefois des pays étrangers, notamment de l'Irlande. Un compte de la cathédrale de 1661 porte ces mots : *Baillé à trois escoliers ybernois, étudiants en la présente ville,* 1 *livre* 10 *sols*. (*Bullet. Archéol.*, 11, 151.) Il y a long-temps que les enfants de l'Irlande ont appris à leurs dépens combien est amer le pain de l'exil !

en 1684, les Jésuites, en vertu de lettres-patentes de Louis XIV, ajouter aux classes déjà existantes deux cours de théologie : ce fait seul suffirait pour attester un progrès considérable. En ce qui touche les maîtres, le contrat de fondation n'avait promis à la ville que SEPT professeurs, et déjà, en 1622, les Jésuites lui en fournissent TRENTE-DEUX. Le fait vaut la peine d'être remarqué.

Les fêtes de la canonisation de saint Ignace et de saint François-Xavier, célébrées avec enthousiasme par les écoliers, inspirèrent nos artistes. Un admirable émail de Léonard II représente les notables de la ville à genoux aux pieds de saint Martial ayant à ses côtés les deux saints. Parmi les notables se fait remarquer Balthazar Du Boys, l'un des consuls, reconnaissable à sa barbe pointue et à sa toge de velours noir (1). Un autre artiste distingué, Jean II Limosin, peignit aussi saint Ignace et saint François-Xavier : il les a représentés à genoux aux pieds de la sainte Vierge : l'émail est d'une grande beauté.

En 1640, la compagnie de Jésus célébrait son premier centième anniversaire. Le jeu d'orgues acquis en 1639 concourut à la pompe des cérémonies. Le soir, les dômes des deux clochers furent illuminés; suivant Pierre Mesnagier, des

---

(1) M. Maurice Ardant, *Bullet. Archéol.*, IX, 119.

feux d'artifice *montoient dans l'air* à perte de vue. De plus, les Pères « avoient trompettes, tambours et *autres instruments fort récréatifs* (1) ».

Si j'ajoute qu'à Limoges, pendant le xviie siècle, le nom des Jésuites ne se trouve pas une seule fois mêlé aux affaires et aux intérêts du monde, j'aurai donné une idée juste de l'existence collective de cette famille religieuse dans notre pays.

VIII.

Individuellement, les Jésuites aspirent à vivre ignorés : l'existence de la plupart d'entre eux n'a laissé aucune trace. Leur vie peut se résumer dans un mot : sacrifice de la personnalité au devoir ; immolation du *moi* dans les pénibles et obscurs labeurs de l'enseignement. Quelques Jésuites du collège de Limoges ont écrit : je donne ci-dessous leurs noms et la liste de leurs ouvrages.

Le P. Hercule Balsamone, né dans la Pouille, élevé à Naples, admis, vers 1561, à dix-huit ans, dans la compagnie de Jésus par le célèbre Père Alphonse Salmerone, enseigna avec succès les belles-lettres à Naples et à Rome, et, étant passé en France, habita les colléges de Tournon, d'Avignon

---

(1) Mesnagier, *Mém.*, p. 222.

et de Toulouse, où il exerça seize ans la charge de maître des novices. De cette dernière ville il fut envoyé à Limoges, où s'écoulèrent les dix-sept dernières années de sa vie: sainteté hors ligne, humilité profonde, oraison continuelle. Suivant une opinion très-accréditée, son corps, pendant qu'il célébrait la messe, fut souvent élevé de terre (1). Les infirmités dont il fut accablé étaient, disait-il, *ses bénédictions*. Son affabilité et sa piété attiraient à lui tous ceux qui avaient à demander à Dieu une grâce, ou aux hommes un conseil. Il mourut à Limoges, en odeur de sainteté, le 2 octobre 1618. — J'indique ses écrits : *Instruction sur la perfection religieuse et vraie méthode de méditation et d'oraison* : Cologne, Jean Kinckius, 1612, in-12 (1). — *Ascetica* : Jean Kinckius, 1612, in-12, et, chez le même imprimeur, en 1626, nouvelle édition in-24 : cet opuscule fut traduit en flamand et en français (2).

Le P. François Solier, de Brive, premier recteur du collége de Limoges, savant théologien, prédicateur distingué, mort au collége de Bordeaux, le 16 octobre 1628, âgé de soixante-dix ans, écrivit les *Vies de Jacques Lainez* et *de saint François de Borgia*, second et troisième généraux de la compagnie de Jésus, traduites de l'espagnol de Pierre

---

(1) Alegambe, *Bibl. soc. Jes.*, p. 216.
(2) Labiche, *Vies des saints*, II, 268.

Ribadeneira ; il publia une édition du *Martyrologe romain* sans nom d'auteur : Lyon, Rigault, 1620, in-8 ; une *Histoire ecclésiastique des îles du Japon*, et plusieurs autres ouvrages dont la liste se voit dans Alegambe (1).

Le P. Pierre Josset, de la compagnie de Jésus, professeur au collége de Limoges, publia à Limoges, en 1650, chez Antoine Barbou, une Rhétorique en vers latins : *Rhetorice Grandia, auctore P. Petro Josset, e societate Jesu*, petit in-12 de 414 pages, non compris cinq feuillets liminaires et l'index (2). La bibliothèque publique de Limoges possède un exemplaire de cet ouvrage.

Le poème a vingt-deux chants : il contient trop de poésie à la manière des rhéteurs, et pas assez à la manière des poètes. L'auteur vise à l'amplification : des vers bien faits ne compensent pas suffisamment pour le lecteur les fatigues de la prolixité. Les pensées cependant ont de l'élévation. M. le docteur Émile Blanchard, dans une dissertation sur *la Conformation particulière de la tête observée en Limousin*, lue au Congrès scientifique de France, à Limoges en 1859, a traduit à son point de vue quelques passages de ce poème. Le chantre de l'éloquence prend le futur orateur avant sa

---

(1) *Bibl. soc. Jes.*, p. 135.
(2) *Catal. de la bibl. de Lim.*, Polygr.

naissance, et veut que sa mère appelle sur lui les bénédictions divines ;

« Père plein de puissance, donne-moi de mettre au
» jour un fils éloquent; envoie du haut du ciel ces
» rosées qui fécondent la parole. Tu peux donner aux
» enfants des voix éloquentes, et faire descendre sur
» eux des langues de feu : qu'une goutte de ta puis-
» sance coule sur mon fils.... »

» Pendant sa grossesse, la mère se plaira à imaginer de grandes choses, roulera en son cœur de hautes pensées, écoutera les orateurs à langue brillante : *Qui oserait dire que les pensées d'une mère soient sans effet sur l'enfant qu'elle porte dans son sein ?* »

L'auteur donne aussi des conseils à la nourrice. Ces conseils sont fort curieux :

« Nourrice fidèle, façonne de tes mains habiles une tête qui contiendra plus tard tant de choses ! Que la tête ne soit pas entièrement sphérique : cette forme, appropriée au développement de la masse cérébrale, ne réserve pas assez de place à la mémoire. Que la tête soit donc *un peu longue, et que par derrière elle s'étende légèrement en pointe*. — Le front, siége de l'intelligence, ne prendra pas la forme d'un cercle étroit, indice d'un esprit léger : qu'il aille se développant en une surface plane, légèrement renflée sur le côté, à la naissance des cheveux (1) ».

(1) Le célèbre docteur Gall aurait gagné quelque chose à la lecture du poème du P. Josset !

Avant sa Rhétorique, Josset avait déjà publié la Franciade, *Franciados tomus primus : Rupellœ*, 1639, in-f°, poème consacré à la gloire des Mérovingiens. Notre poète n'est mentionné dans aucun des grands recueils bibliographiques. « Comment se fait-il, dit un écrivain de notre pays, que l'auteur de plus de trente mille vers latins qui ne sont pas sans mérite ait été oublié non-seulement de la postérité, mais encore de ses contemporains, et même de ses confrères (1)? » Telle est la gloire humaine! Nous ne saurions rien du P. Josset s'il n'eût pris soin de nous avertir, dans sa *Franciade*, qu'il était Bordelais, et qu'il composa ce poème sur la flotte française, commandée en 1638 par le cardinal-archevêque amiral d'Escoubleau de Sourdis.

Nicolas du Sault, recteur du collége de Limoges en 1641, mort en 1655, a publié la *Vie de mâdamoiselle Suzanne de Neuvillars* : Paris, Sébastien Cramoisy, 1649, in-12, 310 pages, avec portrait. Les œuvres complètes du P. du Sault, in-4 (2), reproduisent cette Vie, et contiennent, entre autres opuscules ascétiques, un *Traité de la confiance en Dieu* : ce traité est un résumé des directions spirituelles données par l'auteur à Marie de Petiot,

---

(1) M. Émile Ruben, *Catal. bibl. Lim.* : Polygraphie, p. 175.
(2) Lelong, *Biblioth. histor.*, I, n° 484.

fondatrice des Sœurs hospitalières de Saint-Alexis de Limoges.

Le P. Louis Peneré, professeur au collége de Limoges, a écrit en un seul corps d'ouvrage la Vie de Martial de Malden de Savignac, fondateur de l'hôpital général de Limoges, et la Vie de la Mère Anne-Marie du Calvaire, fondatrice du couvent des Filles réformées de Sainte-Claire. Les religieuses hospitalières de Saint-Alexis possèdent une copie du manuscrit de cet ouvrage, qui n'a jamais été imprimé, et qui paraît avoir été écrit de 1673 à 1683.

Étienne Petiot, de Limoges, entré, en 1619, à dix-sept ans, dans la compagnie de Jésus, enseigna avec distinction la rhétorique à Bordeaux. Alegambe mentionne de lui deux opuscules : *Panegyricum Burdegalæ dictum Ludovico XIII, regi christianissimo, post debellatos in Gallia sectarios* : Bordeaux, Pierre de La Court, 1628, in-8, et *Panegyricum nato Delphino* (1). De plus, le P. Petiot a écrit en français la *Vie du vénérable Bernard Bardon de Brun*, imprimée pour la première fois à Limoges en 1653, et rééditée, en 1668, chez Pierre Chapoulaud. Cette monographie, si elle était mieux faite, serait d'un grand intérêt pour la ville de Limoges : mais l'auteur ignore l'art d'exposer et

---

(1) *Bibl. soc. Jes.*, p. 427.

de développer les faits, et n'évite aucun des défauts des biographes de son temps.

Le P. Laval, professeur au collége de Limoges, publia, en 1677, *la Journée chrétienne* : Limoges, Charbounier-Pachi.

Le P. Texier, recteur du collége de Limoges en 1666, prononça avec succès, le 11 ou le 12 août de cette année, dans l'église d'Arnac-Pompadour, l'oraison funèbre de Marie de Rochechouart, vicomtesse de Pompadour. C'était un savant religieux (1). Nous avons de lui : *Sermons pour tous les dimanches de l'année, tirés de l'évangile de chaque jour* : Paris, Étienne Michallet, 1682, 2 vol. in-12; — *l'Impie malheureux, ou les trois Malédictions du pécheur* : même imprimeur, sans date, in-12; — *Panégyriques des saints* : même imprimeur, 1680, 2 vol.

Enfin le P. Jean Adam, né à Limoges, en 1608, au faubourg Manigne, sur la paroisse Saint-Michel-de-Pistorie, controversiste, prédicateur, historien, poète, enseigna la philosophie au collége de Bordeaux, et mourut en 1684. Il a laissé des sermons et d'autres ouvrages qui ne se lisent plus (2).

Je mentionne en terminant le P. Louis Duprat, professeur au collége de Limoges. Ce religieux,

---

(1) Nadaud, *Nobiliaire*, 2234.
(2) *Biog. Lim.* — *Chron. du Périg. et du Lim.*, p. 72.

de qui je ne connais aucun ouvrage imprimé, fut envoyé à Rome, en 1682, pour assister à l'élection d'un nouveau général. Une lettre de lui, conservée dans les archives du département, renferme certaines particularités historiques qui m'engagent à la publier ici :

A Louis Lascaris d'Urfé, évêque de Limoges.

« Rome, ce 8 juillet 1682.

» J'ai cru, Monseigneur, ne pouvoir rien écrire de Rome à Votre Grandeur qui lui fût plus agréable que l'élection de notre Père général. Nous avons élu au premier scrutin le R. P. de Noyelle par le suffrage de 83 voix sur 84. Lui seul a donné sa voix à un autre. Je ne sais si, dans les temps passés ou à venir, on trouvera exemple pareil. Les qualités de ce Père sont une grande union avec Dieu dans l'oraison, une grande science de notre institut, et une singulière prudence, résultat d'une expérience de trente ans, durant lesquels il a été secrétaire de l'assistance d'Allemagne huit ans, et assistant durant près de vingt-deux. Il a une exactitude admirable pour l'observance des règles; et peu de novices lui sont comparables pour l'observance. On peut le dire François; sa maison, qui est très-noble en Flandre, se trouve maintenant dans les conquêtes du roi Les Allemands le regardent comme un homme de leur assistance, et les Italiens comme un Italien naturalisé, car il a demeuré à Rome trente ans. Le pape et la cour de Rome ont extrêmement approuvé cette élection, et admiré le consentement unanime des Pères comme chose bien rare.

» Je n'ai pas manqué de dire au P. général combien notre collége vous a d'obligations. Il m'ordonne d'assurer V. G. qu'il sera ravi de trouver les occasions de la servir.

» J'ai écrit au P. recteur du collége le peu que nous avançons pour l'affaire de L'Artige. Nous ferons notre possible lorsque nous aurons des nouvelles du P. Falloux, que nous attendons.

» On dit à la cour de Rome qu'on remarque ici beaucoup de dispositions pour s'accommoder avec la France.

» La foudre tomba dernièrement sur le Vatican auprès de la chambre où dormoit le pape, environ une heure après minuit : le tonnerre ne fit de mal à personne. On ne vit jamais pape mieux intentionné que celui-ci, ni plus appliqué aux affaires de l'Église. Il se porte bien ; il alla demeurer hier à Monte-Cavallo (1).

» Je suis, avec un profond respect,

» Monseigneur, etc.

» Louis DUPRAT, S. J. (2). »

Tout le monde sait que les Jésuites furent expulsés de France en 1762 : il n'est pas de mon

---

(1) Les détails contenus dans cet alinéa se rapportent au saint pape Innocent XI.
(2) *Arch. du départ., fonds de l'évêché* : A, 1209.

sujet de raconter par qui, comment, sous quelles influences et dans quel esprit fut préparée, conduite et accomplie cette grande iniquité. Heureux les persécutés qui n'ont à se reprocher que le bien qu'ils ont fait et la vérité qu'ils ont dite! La maison des Jésuites de Limoges avait subsisté cent soixante-quatre ans.

XII.

LA PESTE A LIMOGES

(1630-1631).

Les récoltes avaient manqué en Limousin en 1628. L'année 1629 fut également stérile. La récolte des vins, aujourd'hui insignifiante, était alors une des ressources du pays : les raisins coulèrent. Il n'y avait ni blés ni vins : une affreuse misère couvrit le pays. La population luttait avec énergie contre les maux de la situation, lorsqu'un fléau d'un autre genre, imprévu et terrible, vint ébranler les plus mâles courages.

C'était en 1630 : un jour, sur la fin de septembre, le bruit se répand que, à l'hôtellerie des *Trois-Anges*, au faubourg des Arènes, un étranger est mort de la peste. Avant la fin du jour, ces vagues rumeurs avaient acquis une funeste certitude. Les médecins s'étaient prononcés : ils étaient unanimes. Un étranger venu on ne sait d'où avait réellement apporté à Limoges la contagion. Le lendemain et les jours suivants, à l'hôtel des *Trois-Anges*, furent constatés plusieurs autres décès (1). Du foyer pestilentiel le mal, en peu de temps propagé d'une maison à l'autre, avait envahi le faubourg. Pendant l'hiver, le fléau parut se ralentir. En réalité, il s'acclimatait : ce n'était qu'une trêve.

Au printemps de 1631, la peste éclate avec une force nouvelle. Les victimes se multiplient. Quelques jours à peine écoulés, le fléau destructeur a frappé les principaux quartiers de la ville.

Les rues de Limoges, étroites, obscures, privées d'air et de lumière, et ordinairement si sombres, s'assombrissaient encore sous les coups redoublés de la mort. Les vivants ne suffirent bientôt plus aux labeurs incessamment accrus des inhumations. Les décès journaliers se comptaient quelquefois par centaines. Les cercueils manquaient : il devint impossible de maintenir dans les obsèques l'ordre et la décence accoutumés.

---

(1) L'hôtel des *Trois-Anges* subsistait encore au moment où furent écrites les premières pages de ce livre. Cette maison, l'une des plus anciennes de la ville de Limoges, a été démolie en 1861.

Les cadavres à peine refroidis, repoussés comme un objet d'horreur, étaient portés et jetés pêle-mêle, quelquefois nus, dans la fosse commune. Le cimetière Saint-Cessateur, vulgairement *Saint-Cessadre* (1), écarté et isolé, situé à l'extrémité de la rue actuelle des Quatre-Chemins, fut le principal théâtre de ces inhumations hâtives, qui ne cessaient ni jour ni nuit.

L'ostension septennale des saintes reliques, qui précisément devait avoir lieu en 1631, s'ouvrit, comme d'usage, le dimanche d'après Pâques : c'était le moment où la peste sévissait avec le plus de fureur. La fête, d'ordinaire si joyeuse, fut cette fois silencieuse et morne : un petit nombre de fidèles s'agenouillèrent éplorés devant les saintes reliques.

Le mois de mai fut désastreux. La mortalité allait croissant. Au lieu de s'employer à relever le moral des populations, au lieu de se porter au secours des pestiférés, les riches désertaient le théâtre de la contagion, et, infidèles aux saintes lois du dévoûment, fuyaient dans leurs maisons de campagne. La disette ajoutait aux misères de la situation. Les vivres continuaient à manquer : le

---

(1) L'église Saint-Cessadre à l'extrémité de la rue des Quatre-Chemins, était dédiée à saint Cessateur, évêque de Limoges.

setier de seigle valait de sept à huit livres, prix énorme pour le temps. Les calamités extrêmes ont pour effet ordinaire d'aigrir et d'égarer le peuple. La population fermentait; des signes inquiétants s'étaient produits. Les magistrats, fermes et inébranlables à leur poste, et supérieurs à la crainte, prenaient avec dignité et intelligence toutes les mesures que comportait la situation.

Les registres consulaires nous ont conservé le texte d'une délibération de ville intervenue dans ces douloureuses circonstances. La pièce est du 18 avril 1631 : elle respire les sentiments les plus élevés. Jacques David, prévôt des consuls, et ses collègues, Gaspard Benoist, Jean Rougier, Léonard Descordes, David Romanet et Albin, avocat, délibèrent sur les moyens « *de pourvoir à la contagion jà espandue, dont on prévoit l'accroissement à mesure qu'on entrera dans la saison du printemps et la chaleur de l'esté* ». Vu la gravité des conjonctures, le lieutenant général de la sénéchaussée, Jean Descordes, assiste à la délibération. Ce magistrat « *expose aux sieurs consuls qu'il seroit tres à propos, voire nécessaire, d'establir une chambre de santé, à l'exemple de plusieurs villes bien policées, affligées de la peste comme Limoges* ». La chambre de santé se recruterait dans les divers corps de ville, parmi les juges de police, et aussi parmi la bourgeoisie et les marchands. Cette chambre connaîtrait de toutes les questions qui lui seraient déférées par le prévôt des consuls, et élaborerait, en cas de besoin, tous règlements relatifs à la contagion. Applaudie par les consuls, approuvée ensuite par les divers corps, la mesure fut exécutée d'urgence. Les compagnies de la commune appelées à concourir à la formation de la chambre de santé députèrent les personnages désignés ci-dessous ; savoir :

Le chapitre de Saint-Martial : messire Jehan Dubourg, chanoine et prieur de Saint-Gérald, et messire Anthoine Veyrier, aussi chanoine ;

Le siége présidial : maître Jehan Vidaud et maître Simon Descoutures ;

Le bureau des finances : messire Gaspard Benoist et Jehan Peuvre, avocat du roi en la généralité de Limoges ;

L'élection : messire Guillaume de Verthamond, président, et Jehan Devoyon, élu ;

Les jugements de police : maître Jehan de Reculet, et Anthoine Malden, conseillers au présidial ;

Les marchands : les sieurs de Chastaigner et Malden,

Et enfin les bourgeois : Jehan de Jayac et Jacques Martin du Teilloux ;

En tout, quatorze députés.

La chambre de santé, ainsi constituée, entra immédiatement en fonctions, et tint sa première séance à la maison de ville le 24 avril 1631. On s'occupa d'abord de régler l'ordre des délibérations, et il fut décidé que la chambre siégerait tous les jours de deux à quatre heures du soir. Le prévôt des consuls, prenant ensuite la parole, exposa qu'il était nécessaire de déléguer deux prêtres ou religieux pour l'assistance et la consolation des malades et l'administration des sacrements. Passant ensuite à un autre objet : « Tous les habitants, ajoute ce magistrat, quittent et abandonnent la ville, sans laisser aucun moyen de pourvoir à la sûreté, garde et conservation d'icelle, *ce qui ne se peut ni doit faire*. A son avis, il seroit urgent d'establir une compagnie de soldats et un capitaine soigneux et vigilant pour empescher les *larcins, vols et saccagements* de maisons, et autres désordres qui se commettent de nuit par grand nombre de gens de néant, que la pauvreté a réduits au désespoir. Mais *l'argent, suivant les sages politiques, estant le nerf de la guerre*, la chambre devra, avant tout, délibérer sur les moyens de constituer un fonds nécessaire à l'aide de taxes prélevées sur les citoyens, *qui sont naturellement obligés de contribuer pour le salut et la conservation de leur commune patrie.* »

La chambre, statuant sur la proposition des consuls, *est d'avis et trouve bon d'establir* les révérends Pères François et Albert, religieux Récollets, pour consoler et assister les malades : noble mission, qui signale aux respects de la postérité et les religieux qui en sont jugés dignes et les magistrats dévoués qui, dans cette grande calamité, se préoccupent avant tout des destinées éternelles de leurs concitoyens! De plus, la chambre *est d'avis, trouve bon et nécessaire d'establir* une compagnie de trente ou quarante soldats, sauf à en augmenter le nombre au besoin. Enfin la chambre est d'avis que les consuls « pourvoient aux frais et dépenses de la contagion par forme de prêt et avance, sauf d'en être remboursés sur l'assiette qui en sera faite entre tous les habitants (1) ».

Les mesures indiquées ci-dessus furent bientôt reconnues insuffisantes. C'était trop peu de quarante soldats : on en porta le nombre à cent, et ainsi fut formée une compagnie qui, sous le commandement de Guillaume Pénicaud, fut chargée de la garde des portes de la ville et du service des patrouilles. Des médecins et des chirurgiens du dehors furent appelés pour renforcer le service médical. Les pauvres étaient traités gratuitement. Deux chirurgiens, par ordre et sous la surveillance des magistrats, se tenaient en permanence, l'un à la tour d'Amblard, l'autre à La Mailharte, au-dessous de La Mauvandière. Les pestiférés qui

---

(1) Reg. consul. C., 153-154.

manquaient d'asile furent logés aux frais de la ville. On construisit pour eux des cabanes ou huttes près la Maison-Dieu, *le long du ruisseau*, et chaque jour on eut soin de leur envoyer les provisions et les médicaments nécessaires. Les morts étaient enterrés partie à Saint-Paul, à l'entrée de l'avenue des Bénédictins (mais les Feuillants, qui avaient des droits sur cette église, firent opposition), et partie dans le cimetière Saint-Cessateur ou Saint-Cessadre, dont il a été parlé plus haut.

Les magistrats, obligés de créer à la ville des ressources, établirent une taxe sur les habitants qui avaient cherché dans leurs maisons des champs un asile contre le fléau. Les sommes obtenues par cette voie s'étant trouvées insuffisantes, les consuls se mirent généreusement à découvert, et firent des avances dont ils ne furent jamais remboursés, *ce qui a été jugé bien injuste*, disent les mémoires du temps.

« Et pour la santé de l'âme, ajoutent les chroniques, des prestres s'offrirent volontairement, comme aussi des religieux Jésuites, Récollets et autres. » Ces généreux prêtres savaient que solliciter la mission de servir les pestiférés, c'était briguer une mort presque certaine : ils n'écoutèrent que la voix de la conscience. Le seul couvent des Petits-Carmes de la réforme de Sainte-Thérèse perdit six de ses membres. On estime, disent les chroniques, qu'il mourut, dans la ville, la Cité et les faubourgs, VINGT MILLE personnes, PLUS QUE MOINS, *sans compter les morts des villages* (1). Ce chiffre, que tout à l'heure nous retrouverons énoncé dans un autre document contemporain, accuserait, dans la ville de Limoges, au XVIIe siècle, ainsi que je l'ai remarqué ailleurs, une population dont il serait peut-être difficile de concilier l'importance avec l'idée que nous nous faisons de l'étendue de la ville et de ses annexes.

Tous les écrivains du temps ont fait mention de cette terrible peste de 1630-1631. Pierre Mesnagier en a parlé dans ses Mémoires. A la manière dont il s'exprime, on s'aperçoit que le prudent narrateur a eu soin de chercher sous les ombrages de sa métairie de Beaune un asile contre le fléau. De ce que la ville a souffert, il n'en dit mot : il ne sait les choses que par ouï-dire; mais la peste s'est assise au foyer des pauvres villageois : il l'a vu, et ce qu'il raconte des désolations de la population rurale est navrant : « Dans certaines contrées, dit-il, il ne s'est pu lever un seul grain de blé. Tel village il y a où il n'est demeuré de vivants ni hommes, ni femmes, ni petits-enfants. Le bétail étoit abandonné : bœufs, vaches, brebis et porcs erroient à l'aventure, sans guide de

---

(1) *Ms. de* 1638, 974 : bibl. publ.

personne, et pâturoient dans les blés. Le dégast fut grand, notamment du costé de Grandmont, aux villages appelés Clou, Puy-Garsaute, Pevet et autres. Dieu à l'advenir nous préserve de tel malheur! (1) »

Quelle est la nature du fléau qui décima si cruellement nos malheureuses populations? On l'ignore. Ce fléau se nomme LA PESTE! Les écrits du temps, dans notre pays du moins, ne lui donnent pas d'autre qualification, et n'indiquent d'ailleurs aucun des symptômes qui en déterminaient le caractère aux diverses phases de son développement. S'ils n'en indiquent pas le principe, ils en constatent le résultat.

Une plume inconnue a déposé dans le *Livre des comptes de la confrérie du Saint-Sacrement* de Saint-Pierre du Queyroix l'éloquente expression de la douleur publique. Imprimée pour la première fois en entier dans le *Limousin historique*, cette pièce, qui n'a peut-être pas d'analogue dans la littérature française de la première moitié du XVIIᵉ siècle, fait arriver jusqu'à nous les lamentables gémissements d'une population que la mort pousse pêle-mêle dans la tombe :

« Nous escrivons aux siecles à venir, et insérons dans ce papier, comme sur les colonnes de Syrie,

---

(1) Pierre Mesnagier, *Mém.*, p. 119, inédits.

que, aux environs de mars de l'année 1631, nos péchés ayant excédé la mesure de ceux de nos peres, Dieu frappa quasi toute l'Europe occidentale d'une maladie qui ravagea hostilement nos foyers, nos maisons, nos familles, et fit un funeste charnier de nos concitoyens, au nombre de VINGT MILLE, *par bon calcul et dénombrement politique*, à partir du commencement de mars jusqu'au déclin de septembre. Si Dieu n'eût arrêté la tuerie de l'ange dévastateur, possible serions-nous réduits comme Sodome et Gomorrhe, sans rejetons d'hommes, ensevelis dedans nos ruines. Déplorable étoit l'image de cette fameuse ville lorsqu'on portoit ses vieillards, sans respect et sans pompe, en un charnier que la prévoyance magistrale et consulaire avoit fait fouir (creuser) au cimetiere de Saint-Cessateur, vulgairement Saint-Cessadre : là, nos matrones et nos vierges, insolemment traitées et sans pudeur, entassées pêle-mêle par nos corbeaux, vrais laniers (bouchers); là, tes Hélenes en beauté, ô Lymoges: là, tes Lucreces en chasteté! Souviens-toi, postérité, qu'un jour de cet auguste parterre de Saint-Cessadre sortiront tout autant de lauriers en l'honneur de ceux qui ont si glorieusement et si chrétiennement laissé leur vie dans cette désolation publique! Glorieuses et fortunées âmes, vivez dans le tombeau, puisque vous vivez dans l'éternité! Que vos noms soient proclamés sur la terre, puisqu'ils sont écrits dans l'empyrée! La Jérusalem inférieure vous décernera des honneurs funebres annuels. Et de fait, la maladie contagieuse ayant cessé vers la fin de septembre 1631, le vingt-deuxieme de février de l'année suivante, fut indicte une procession générale, avec convocation des ordres religieux, et, de par monseigneur le révérendissime évêque François de La Fayette, le lendemain, un service général pour les âmes de ceux qui gisent inconnus et inglorieux dans les sépulcres.

» Or ce qui ajoutoit à nos malheurs, c'est que Lymoges, ville riche, peuplée de tant d'hommes, incontinent après Pasques, fut désertée de la plupart, sans respect aucun de nos saints tutélaires et de l'ostension jubilaire de leurs reliques. Et ce fut lors qu'on ne trouva plus Lymoges dans Lymoges. Nos temples furent fermés; et nous pouvions dire, tournant la teste vers nos murs : *Nous nous sommes assis sur le bord des fleuves en Babylone : là nous avons pleuré, nous ressouvenant de toi, Sion.* Les églises paroissiales Saint-Pierre et Saint-Michel seules subsisterent dans le danger. Partie des prestres s'en étoient fuis à la campagne. Partie d'entre eux (que la mémoire de ceux-ci soit en bénédiction!) demeurerent, et trouverent leur tombeau dans cette désolation publique. *Simon Fournier* et *Léonard Fallot*, prestres de Saint-Pierre, s'exposerent volontairement comme victimes pour le public. La maison de santé, ainsi appelée par antiphrase, et les huttes de la Maison-Dieu étoient plus pestiférées que la peste même. Les casuettes et cabanes des vignes fourmilloient de pestiférés, et chaque vigne servoit de cimetiere à ses hôtes. Le grand cimetiere de Saint-Paul fut fermé aux pestiférés par les révérends Peres Feuillants! O temps! ô mœurs! Que la sépulture soit contestée en des temps pareils (1)!

» Telle fut l'image, telle fut la plaie de notre pauvre ville en 1631, année précédée de cinq années de disette et de stérilité, en croupe desquelles suivit la pestilence. Nos annales en feront foi aux siecles à venir, et les archives de la maison de ville ne le confirmeront que trop à la postérité (2). »

---

(1) Les Feuillants purent redouter pour la ville les suites de l'entassement de tant de cadavres, et proposer pour les inhumations un local plus éloigné. S'il en était ainsi, ces religieux se seraient inspirés de l'esprit du fameux article de la loi romaine *In urbe ne sepelito;* mais la remarque est toute conjecturale.

(2) *Livre des comptes de la confr. du S.-Sacrem.*, ms. de la biblioth. publ. — Voir dans Legros, *Mélanges*, T. III, p. 43, mss. du sémin., une copie du texte de ce livre. Les bailes de la confrérie du Saint-Sacrement, dite frérie du Corps-de-Dieu, pour l'année 1631, étaient : « Jean de Petiot, sieur de Talhiac (*sic*); Jehan La Treilhe, advocat; Pierre Alesme, advocat, et Martial Hardy, bourgeois ».

Simon Fournier et Léonard Fallot étendirent leur dévoûment bien au-delà des limites de la paroisse Saint-Pierre. Après avoir assisté les moribonds de la ville, ces généreux prêtres trouvaient le temps de prodiguer aux populations rurales les consolations de la religion. Par eux, tant que dura le fléau, furent desservis les villages échelonnés sur la route de Saint-Junien jusqu'au château de Beauvais, à une lieue et demie de Limoges. Après la peste, les populations reconnaissantes voulurent appartenir à la paroisse Saint-Pierre. Leur vœu fut pris en considération; et long-temps en effet les localités dont il s'agit relevèrent de cette paroisse.

Les Carmélites, recueillies par Mme Martial Benoist dans sa terre du Mas-de-l'Age, y passèrent les plus mauvais jours de l'année 1631, et y trouvèrent un asile contre le fléau. Parmi les religieuses Ursulines, quelques-unes se réfugièrent à Eymoutiers; les autres sollicitèrent la faveur de rester au milieu des pestiférés : quelques-unes de celles-ci périrent victimes de leur charité (1).

La mortalité avait amené dans les fortunes particulières une sorte de révolution : les vivants recueillaient de toutes parts l'héritage des morts. Les nouveaux riches, dépensant avec libéralité une fortune inopinément acquise, semaient l'or à pleines

(1) M. Léopold Fougères, *Guide de l'étrang.*, p. 117.

mains. Jamais à Limoges la circulation du numéraire n'avait été si abondante; les pistoles surtout furent très-communes. Cette particularité a été relevée par les historiens de l'époque (1).

La peste commença à perdre de son intensité vers la fin de septembre 1631, à la suite d'une procession qui se fit le jour de la fête de saint Roch, et à laquelle assistèrent les consuls et le corps de ville. C'est à l'occasion de ce grand évènement que fut fondée la confrérie de Saint-Roch; la procession qui aujourd'hui encore se célèbre le jour de la fête du saint n'est qu'une commémoration de celle de 1631.

À Bordeaux, pendant cette mémorable peste de 1630-1631, deux religieux de Limoges se signalèrent : l'un, le Père Bernard Cibot, périt victime de son dévoûment, et fut inhumé dans l'hospice Saint-Michel, théâtre de son courage (2); l'autre, le Père Martial de Roux, Carme déchaussé, chargé par ses supérieurs de distribuer les aumônes, s'acquitta de cette périlleuse mission avec le zèle d'un apôtre.

La peste de 1631 étendit ses ravages dans les provinces occidentales et jusque dans le nord de

---

(1) La pistole valait dix livres. Suivant quelques auteurs, cette monnaie nous serait venue d'Espagne, et se serait introduite en France à l'époque du mariage de Louis XIII.

(2) L'abbé Legros, *Dictionn. des grands hommes.*

la France. A Paris, l'un des fils de la célèbre marquise de Rambouillet périt victime de la contagion. Le fléau, à Florence, frappa, entre autres victimes, le fils du maréchal d'Ancre : il semblait qu'une mort fatale fût réservée à tous les membres de cette infortunée famille des Concini.

XIII.

LE MARÉCHAL DE SCHOMBERG

(1607-1632).

En 1620, les calvinistes, réunis en assemblée générale à La Rochelle, firent demander du secours en Angleterre. L'année suivante, cette assemblée eut la témérité de décréter, par un règlement en quarante-sept articles, la division du royaume en un certain nombre de cercles, destinés à former une république sur le modèle de celle de Hollande. Le duc de Luynes, principal ministre, crut arrêter la révolte en exigeant de tous les dissidents religieux un serment politique; mais les calvinistes éludèrent l'obligation (1). Le roi, irrité, prit le parti de marcher avec son armée contre les huguenots du

---

(1) En Limousin, il n'y eut que quatre-vingts prestations de serment.

Midi. Le 21 août 1621, Sa Majesté mit le siége devant Montauban.

Henri de Schomberg, comte de Nanteuil, seigneur de Nully, Saint-Front et Ouchie-le-Cassel, d'une ancienne famille d'Allemagne établie en France, gouverneur de la Marche, lieutenant de Sa Majesté au gouvernement du Limousin depuis 1607, et enfin honoré du bâton de maréchal en 1615, assistait au siége en qualité de surintendant des finances et de grand-maître de l'artillerie, double charge que Sully avait autrefois occupée. A la mort du connétable de Luynes, que le mauvais succès du siége conduisit, dit-on, au tombeau, et qui décéda le 14 ou 15 décembre 1621, Schomberg se trouva à la tête des affaires avec le cardinal de Retz et le marquis de Puisieux. Vers la fin de l'année suivante, la nomination de Schomberg au gouvernement du Limousin, en remplacement de d'Épernon, appelé au gouvernement de Guienne, l'attacha par un lien plus étroit à notre province. Il fit son entrée solennelle à Limoges le 7 mai 1623. Onze cents hommes de la milice, commandés par Jacques de Petiot, leur colonel, étaient allés au devant de lui. Par un trait de modestie dont l'opinion publique lui sut gré, le nouveau gouverneur refusa de se placer sous le poêle. Ses mœurs faciles contrastaient avec les habitudes altières de son prédécesseur. Un jour, en 1624, assistant, dans l'église Saint-Martial, à la clôture des reliques, il parut regarder comme une faveur l'obtention de quelques fragments de l'enveloppe du précieux dépôt (1). Cette foi naïve plaisait aux habitants. Le peuple l'aimait. Sa popularité s'appuyait d'ailleurs sur une grande réputation militaire : il s'était distingué au siége de Montauban ; le siége de La Rochelle allait ajouter à sa renommée.

En 1627, Bonnet de Thoiras, commandant de l'île de Ré, construisait dans l'île un nouveau fort. Les calvinistes de La Rochelle, dont ce fort contrariait les mauvais desseins, ayant fait demander du secours aux Anglais, le duc de Buckingham, principal favori du roi d'Angleterre, conduisit devant l'île de Ré une flotte de cent cinquante voiles, et débarqua sur la plage de Semblanceau, au mois de juillet 1626, huit mille hommes de pied et cent cinquante chevaux. Thoiras et sa petite troupe, inférieurs en nombre, durent se retrancher dans le fort Saint-Martin. On entreprit de les y forcer. Ils y soutinrent courageusement le choc de l'ennemi. Le siége durait depuis trois mois lorsque Schomberg fut appelé à prendre le commandement des troupes du roi : c'était au mois de novembre. Il contraignit les

(1) Bonav., III, 820. — Legros, *Mém. abb. dioc.*, 72.

Anglais de se rembarquer, et leur tua douze cents hommes.

En essayant de livrer la France à ses plus mortels ennemis, les calvinistes avaient appelé sur eux la réprobation publique. La Rochelle était leur dernier et principal boulevard. Par le conseil de ses ministres, Louis XIII résolut d'assiéger la place. Richelieu combattit ce projet; mais le cardinal de Bérulle insista, et son avis prévalut (1).

Le blocus commença du côté de terre sur la fin de 1627. Les tranchées furent ouvertes hors de la portée du mousquet, sur une ligne d'environ trois lieues, de manière à couper les vivres aux assiégés. Les vaisseaux anglais pouvant jeter des secours et des provisions dans la place, on résolut de construire devant le port une digue qui leur en fermerait l'entrée. Les assiégés jugèrent l'entreprise chimérique, et ne firent d'abord que s'en moquer; mais les ingénieurs Métezeau et Thiriot, auteurs du plan, répondaient de l'exécution. Cette digue devait avoir cinq cents pas de long et trente-cinq pieds de haut, dont vingt pieds au-dessus du niveau de la mer. Pour mener à fin cette gigantesque construction, et l'exécuter avec la rapidité désirable, il fallait des ouvriers expérimentés. Le

---

(1) Tabaraud, *Vie de Bérulle*, II, 57.

maréchal de Schomberg, qui dirigeait le siége conjointement avec le maréchal de Bassompierre (1), se souvint des ressources que, sous ce rapport, pouvait offrir la province dont le gouvernement lui était confié. Il communiqua sa pensée au roi, et le roi, par le conseil du général, adressa au vicomte de Pompadour, lieutenant au gouvernement du Limousin, l'ordonnance suivante :

Au vicomte de Pompadour.

« Le roi ayant résolu de faire faire promptement une forte chaussée pour empêcher le flux d'entrer de la mer au port de La Rochelle, et, par ce moyen, contraindre tout au plus tôt ses sujets rebelles à l'obéissance, Sa Majesté mande et ordonne au sieur de Pompadour, son lieutenant général en Limousin, de faire recueillir et envoyer présentement en son armée, près sa personne, tous les maçons et manœuvres valides de la province pour travailler et servir à la construction de ladite chaussée sous la direction de ceux qu'elle y commettra; et, à cette fin, faire pourvoir sur les chemins, par telles personnes que besoin sera, à la nourriture desdits ouvriers, et convenir avec eux de leurs salaires et journées à tels prix et sommes qu'il jugera raisonnable, pour être payées des deniers que Sa Majesté a ordonnés et ordonnera ci-apres pour cet effet; contraignant,

(1) Le cardinal de Richelieu, nommé commandant en chef de l'armée le 4 février 1628, avait pour lieutenants le duc d'Angoulême et les maréchaux de Schomberg et de Bassompierre. Les deux maréchaux dirigeaient l'action.

faisant contraindre, pour l'exécution de cette sienne volonté, tous ceux qui pour ce seront à contraindre.

» Au camp, devant La Rochelle, le 2 décembre 1627.

» Signé Louis, et plus bas : *De Beauclère* (1). »

La lettre que le vicomte de Pompadour écrivit au maire et aux échevins de Saint-Yrieix pour leur notifier l'ordonnance nous a été conservée :

---

(1) Cette pièce et les suivantes ont été publiées pour la première fois par M. Auguste Bosvieux dans le Bulletin de la Société Archéologique de la Haute-Vienne, III, 157. Je ne reproduis de ces pièces que les passages principaux.

Déjà, en 1564, les pionniers limousins avaient officiellement concouru, par un contingent de trente d'entre eux, à la construction d'une forteresse à Lyon. (Bonav., III, 784.) Leur participation et la participation, aussi requise, des Marchois à la construction de la digue de La Rochelle, mit les maçons des deux provinces en réputation. « Bientôt, dit Mercier, les rois appelèrent des régiments de Limousins pour construire les édifices destinés à immortaliser leurs règnes. » De là, dans nos provinces, ces émigrations périodiques d'ouvriers, cette désertion des campagnes, qui à si juste titre préoccupent les esprits sérieux. « En 1789, dit M. Louis Bandy de Nalèche (*Les Maçons de la Creuse* : Paris, 1859, in-8, p. 15), six mille paysans à peine quittaient la Marche : actuellement le nombre des émigrants s'élève à environ trente mille. Si la progression continue, le département de la Creuse n'aura bientôt plus pour l'habiter que les prêtres, les fonctionnaires, les gendarmes et les infirmes. » Les émigrations, moins nombreuses en Limousin, y sont cependant, surtout dans la partie qui avoisine la Creuse, l'une des causes de la souffrance de notre agriculture.

A MM. les maire et échevins de Saint-Yrieix.

« Messieurs,

» Vous verrez par la copie de l'ordonnance que le roi m'a adressée à quel usage Sa Majesté veut employer trois ou quatre cents maçons qu'elle m'a commandé de recueillir dans cette province pour les conduire avec diligence près d'elle. Je vous prie me faire savoir dans quatre jours de quel nombre au vrai je pourrai faire état, afin qu'après cela je puisse envoyer un homme exprès pour convenir du prix de leurs journées. Ils seront bien payés. Vous ferez en cela un service tres-grand à Sa Majesté, où monseigneur de Schomberg prendra beaucoup *de paix*, étant celui qui a la conduite et le principal soin des desseins de Sa Majesté sur ce sujet, lequel vous départira pres de Sa Majesté ses bons offices quand l'occasion s'en offrira ; à quoi de ma part je me joindrai tres-volontiers, comme étant, Messieurs,

» Votre tres-affectionné serviteur.

» Pompadour.

» A Pompadour, ce 18 décembre 1627. »

Et en marge : « Je vous prie de faire un rôle des nom et surnoms, lieu et patrie des maçons qui voudront venir, afin de connoître l'argent qui sera besoin pour leur conduite. »

Au moment où partait ce message, le vicomte de Pompadour en recevait un autre du roi. Sa Majesté confirmait les ordres précédents, et recommandait d'en presser l'exécution. En conséquence, le vicomte écrivit la lettre suivante :

A MM. les maire et échevins de Saint-Yrieix.

« Messieurs,

» Je vous prie de ne manquer à faire conduire ici, jeudi prochain 23 du mois, la plus grande quantité de maçons valides et propres à servir qu'il vous sera possible. Si aucun fait difficulté d'obéir, vous l'y contraindrez par la rigueur qu'il faut observer aux affaires de Sa Majesté, qui m'a encore commandé de faire à ce diligence avec accélération. Afin de les y convier avec plus de facilité, je vous promets qu'ils auront chacun trois livres quinze sols pour leur dépense de route. Pour leurs journées, étant arrivés, je promets qu'on leur donnera quatre sols de pain chacun et huit sols en argent, qui est plus qu'ils ne sauroient dépenser. Ne manquez donc en cela, je vous prie : je veux qu'ils partent d'ici vendredi. Pour cet effet, qu'ils apportent leur petit équipage, et pour outil un marteau ; mais qu'ils soient au plus grand nombre que vous pourrez. Vous me trouverez disposé à vous servir, comme étant, Messieurs, votre tresaffectionné serviteur.

» Pompadour.

» A Pompadour, ce lundi 20 décembre 1627. »

Quelque brillante que fût la perspective ouverte à leur ambition, les maçons limousins, moins soucieux de lucre que de liberté, mirent peu d'empressement à s'engager, et, arrivés à La Rochelle au nombre d'à peine deux cents, désertèrent presque tous ; ce qui donna lieu à la lettre suivante du roi au vicomte de Pompadour :

« Monsieur de Pompadour,

» Les deux cents maçons qu'aviez naguere envoyés en mon armée pour travailler à la digue s'en étant presque tous allés sans congé, j'ai bien voulu vous en donner avis par la présente, afin que, incontinent icelle reçue, vous ayez à en faire faire une exacte perquisition au lieu de leur demeure pour les renvoyer promptement, les y faisant contraindre sur peine de punition exemplaire. Si d'aventure ils ne s'étoient retirés chez eux, et qu'il fût impossible de les retourner, vous prendrez soin d'en faire venir deux cents autres, afin que je puisse faire parachever cet ouvrage en toute diligence et sans aucune perte de temps. On les pourra assurer qu'il n'y a aucun péril ni hasard à encourir, et qu'ils seront tres-bien salariés. Vous savez combien cela est important au bien de mon service. Et prierai Dieu, Monsieur de Pompadour, qu'il vous ait en sa sainte et digne garde.

» Au camp devant La Rochelle, ce 20 janvier 1628.
» Signé Louis, et plus bas : *De Beauclère.* »

La lettre du roi est du 20 janvier 1628. C'est seulement le 20 février, à un mois d'intervalle, que Pompadour transmit au maire et aux échevins de Saint-Yrieix les ordres de Sa Majesté, tant étaient alors imparfaits les moyens administratifs.

A MM. les maire et échevins de Saint-Yrieix.

« Messieurs,

» J'ai reçu commandement du roi de faire retourner les maçons que j'avois envoyés, qui ont quitté sans congé, et d'en envoyer d'autres. Je vous prie de mettre soin et diligence d'en assembler et recueillir un bon nombre, et, sans aucun retardement, les faire rendre à Coregnac, sans faillir, le dernier jour de ce mois, où j'ai donné le rendez-vous général. Je leur donnerai des hommes capables de les conduire et faire vivre par les chemins. Ceux qui feront des difficultés, vous les y contraindrez par emprisonnement de leurs personnes. Usez donc de diligence, vous assurant que cela est tres-important au service de Sa Majesté, et au particulier contentement de M. le maréchal de Schomberg.

» Votre tres-affectionné serviteur.

» Pompadour.

» A Pompadour, le 20 février 1628. »

Les nouvelles compagnies, formées sous de meilleurs auspices, arrivèrent au camp, et s'y employèrent sans doute avec zèle à la construction de la fameuse digue. Notre province, qui avait fourni à l'armée de La Rochelle un de ses principaux généraux, des officiers, des ouvriers et des soldats, concourut d'une autre manière encore au succès de la campagne. Les consuls de Limoges prêtèrent au roi, sur sa demande, un certain nombre de pièces d'artillerie, reste de ces cent canons qui avaient autrefois composé l'arsenal de défense de la ville. Parmi les pièces prêtées, et qui malheureusement ne furent jamais intégralement rendues, se trouvait une pièce fameuse dite *la Marsale*, sur laquelle se lisait la fière devise INANIA PELLO : littéralement, *je chasse les choses vaines*, et plus exactement :

Vaines sont devant moi les forces qui me bravent.

En dépit de mille difficultés, les travaux de la digue, poussés avec vigueur, se terminèrent heureusement. Privés du secours des Anglais, cernés et bloqués de tous côtés, pressés d'ailleurs par la famine, les assiégés ne pouvaient tenir plus long-temps. La ville capitula le 29 octobre 1628, et le roi, accompagné du cardinal de Richelieu, y entra le lendemain.

Parmi les gentilshommes limousins qui assistèrent au siége, se fit surtout remarquer Yrieix Chouly de Permangle, qui depuis fut gouverneur du château et de la cité de Limoges (1).

(1) Au siége de La Rochelle se distingua aussi Henri Victor baron de Cardaillac. A raison des services rendus par lui en diverses rencontres, et notamment devant La Rochelle, Louis XIII accorda à ce seigneur, au mois de décembre 1651, des lettres d'érection d'un marquisat. Les titres originaux sont encore dans la famille.

L'église du collége, terminée l'année suivante, fut dédiée à la très-sainte Vierge en vertu d'un vœu spécial de Louis XIII pendant le siége.

Étienne Du Boys, religieux Récollet de Limoges, né à Limoges le 24 février 1595, envoyé par ses supérieurs au camp de La Rochelle, s'y employa au service des malades et des blessés, et expira victime de son zèle.

La ville de Limoges, qui s'était associée aux travaux du siége de tant de manières, en célébra le succès par des prières et des réjouissances publiques. Les fêtes eurent lieu le 12 novembre 1628. Elles se terminèrent par un de ces feux de joie couronnés de fusées dont les splendeurs excitaient, sur la place des Bancs, tant d'acclamations et de vivat! Jeux paisibles, qui longtemps suffirent à la simplicité de nos aïeux!

Schomberg, en 1630, força Pignerol, et publia, la même année, une *Relation de la guerre d'Italie*. En 1632, il gagna, contre les rebelles du Languedoc, la célèbre bataille de Castelnaudary. Cette victoire ayant pacifié le Midi, Louis XIII, qui était à Toulouse, crut devoir rentrer à Paris, et prit la route de Limoges, où il arriva le 9 novembre entre quatre et cinq heures du soir. Autant avait été joyeuse l'entrée d'Henri IV à Limoges en 1605, autant celle de Louis XIII prit un caractère douloureux et triste.

Le roi venait de faire procéder, à Toulouse, au jugement de cet infortuné duc de Montmorency qui racheta de grandes fautes par l'héroïsme de sa mort (1). Le duc avait eu la tête tranchée le 30 octobre. Le souvenir si récent de cette mort, le deuil de la saison, la pluie glacée qui tombait à torrents, le froid, les premières ombres de la nuit, tout sembla concourir à jeter sur le front royal un nuage de tristesse. Des magnificences avaient été préparées. Le présidial, le sénéchal, la basoche, les bourgeois, les marchands, le peuple, rencontrèrent le roi à la chapelle Sainte-Anne, au-delà du pont Saint-Martial (2). Le souverain déclina les témoignages de l'allégresse publique. Le lieutenant général ayant commencé une harangue, le roi, d'un ton sec, l'interrompit : « C'est bien! » dit-il. Et l'orateur se tut. Un arc de triomphe et une galerie remplie de musiciens avaient été dressés à la porte Manigne. C'est là que les clefs de la ville furent présentées à Sa Majesté par un *beau fils*, Jean Vidaud, fils de Vidaud du Carrier, conseiller au présidial. Le roi, sous un poêle splendide que portaient les consuls, se dirigea vers l'église Saint-Martial, à la porte de

---

(1) Suivant Collin, c'est un Pompadour-Laurière qui fit Montmorency prisonnier à la bataille de Castelnaudary. (M. l'abbé Arbellot, *Rev. Archéol.*, 36.)

(2) *Guide de l'étranger*, p. 105.

laquelle l'attendaient l'évêque, François de La Fayette, et l'abbé de Saint-Martial, Pierre du Verdier. Entre cet abbé et le prélat s'était élevé un conflit sur la question de savoir qui de l'un ou de l'autre ferait à Sa Majesté les honneurs de l'église. Le roi s'aperçut du débat. Il en fut désagréablement affecté, et, refusant, dit-on, d'entrer dans l'antique basilique, se fit immédiatement conduire à son logis du Breuil (1). Le lendemain, de grand matin, il se rendit à l'église Saint-Michel-des-Lions, et y entendit la messe, qui fut dite par son aumônier. L'évêque assistait à la cérémonie; l'église était comble. Immédiatement après la messe, le roi monta en carrosse, et prit la route de Paris, qui passait alors par Bellac. A Bellac, à son dîner, le roi demanda du vin du crû, et, en ayant goûté : « *Voilà*, dit-il, *du vin à teindre les nappes!* » L'épigramme fit fortune, et passa en proverbe dans le pays. Le même jour, Pierre Robert, du Dorat, vint à Darnac complimenter Sa Majesté : « Nous trouvâmes, dit-il, le roi dans un petit carrosse, le fouet à la main, et le menoit tout seul. Il n'y avoit que lui dans le carrosse. Quand il fut pres de Darnac, il monta à cheval, et avoit un manteau d'écarlate. La harangue finie, il eut grand' peine à nous dire : « Tenez-moi cela, et je vous

---

(1) Bonav., III, 840. — Legros, *Vie de M. de La Fay.*, inédite.

» serai bon roi » ; car il ne parloit qu'avec grande difficulté ; mais il avoit un fort bon jugement, et étoit adroit à toutes sortes d'exercices (1) ». En passant à Argenton, le roi fit raser les fortifications de cette ville, qui naguère avait servi d'asile aux rebelles (2).

Pendant que Louis XIII regagnait tristement sa capitale, le maréchal de Schomberg, consumé à Bordeaux d'une fièvre lente, n'attendait que sa dernière heure. Il expira le 17 novembre 1632. Le gouvernement du Languedoc, dont le roi venait de l'investir en récompense de ses glorieux services, passa à son fils le duc d'Halluyn. Sa mort excita à Limoges et dans la province des regrets universels. Les consuls firent célébrer, pour le repos de son âme, un service solennel à Saint-Pierre-du-Queyroix. Ce fut le P. Timothée, Récollet, prédicateur de l'avent à Saint-Martial, qui prononça l'oraison funèbre : j'ignore si le discours fut imprimé (3).

---

(1) Allou, *Monum. Haute-Vienne*, p. 23.
(2) Bonav., III, 840.
(3) *Ms. de* 1638, 376. — Bonav., III, 840. — Legros, *Diction. gr. hom. Lim.*, inédit.

XIV.

LES PÉNITENTS

(1643).

La confrérie du Gonfalon, fondée à Rome au xiii° siècle par saint Bonaventure, serait, suivant quelques auteurs (1), la souche commune des confréries de pénitents. Ces sortes d'associations florissaient depuis long-temps dans le Midi de la France, lorsque, en 1598, fut instituée à Limoges par Bernard Bardon de Brun la compagnie des pénitents noirs de Sainte-Croix. Déjà, de concert avec saint François de Sales et le vénérable César de Bus, Bardon de Brun avait fondé

---

(1) M. l'abbé Karle, *Vie de saint Thomas d'Aquin*, p. 86, 1 vol. in-4.

une association de ce genre à Toulouse lorsqu'il y étudiait la jurisprudence. Les pénitents noirs de Sainte-Croix, dont l'évêque Henri de La Martonie approuva les statuts par un rescrit du 10 septembre 1598, servirent à Limoges de modèle à d'autres compagnies du même genre, au nombre de cinq, distinguées les unes des autres par la nuance du vêtement, qui formèrent comme cinq branches d'une même famille.

Les pénitents noirs tenaient leurs assemblées à Saint-Michel-de-Pistorie ; les bleus, à Saint-Paul-Saint-Laurent ; les blancs, à Saint-Julien-Saint-Affre ; les gris, à Saint-Antoine, sur le cimetière des Arènes, et les feuille-morte, à Saint-Martial-Mont-Jauvy. Les couleurs étaient symboliques : le noir figurait le deuil du Calvaire ; le bleu, l'azur du ciel des thébaïdes ; le blanc, l'innocence de la vie chrétienne ; le gris, la pénitence ; la couleur feuille-morte rappelait les tristesses de la solitude où Madeleine cacha ses pleurs. On disait ces confréries *voilées* à cause du voile dont les pénitents couvraient leur face, et aussi à cause des riches voiles ou draperies qui, de la cime de leurs croix, tombaient et se déroulaient de chaque côté.

Fondées sur le plus intime des mystères du christianisme, la nécessité pour l'âme humaine de coopérer par la souffrance aux souffrances réparatrices du Sauveur, les compagnies de pénitents puisèrent dans ce dogme une vitalité qui ne s'était jusqu'alors révélée au même degré dans aucune confrérie laïque.

Les précédentes corporations se proposaient quelque mission spéciale et circonscrite. A Limoges, par exemple, les *Pacifères* (1), à l'instar des chevaliers, faisaient vœu de défendre le faible et l'opprimé, de maintenir la paix *par armes et par prieres*. Les *Pauvres à vestir*, dont il existe aux archives un terrier de 1570, se donnaient mission de vêtir les membres souffrants de Jésus-Christ. La confrérie des *Aumônes de Sainte-Croix*, dont nous possédons aussi un terrier de 1494, se chargeait d'aider à l'alimentation des pauvres. La confrérie des *Pèlerins*, qui ne s'est éteinte que de nos jours, s'attachait à populariser les pèlerinages de Rome et de Saint-Jacques-de-Compostelle. Les autres associations, celles du Saint-Sacrement, de Saint-Martial, de Saint-Roch, des Agonisants, du *Stabat*, du Rosaire, avaient ainsi chacune son but particulier. Si les compagnies de pénitents prirent plus d'importance que les autres, c'est qu'elles s'enracinèrent plus profondément dans l'humilité. En s'associant aux abais-

---

(1) Espèce de chevalerie populaire, fondée en Auvergne, en 1183, par un simple charpentier. (Leymarie, *Hist. Lim.*, I, 290.)

sements et aux humiliations de Notre-Seigneur, les pénitents méritèrent une part plus large dans la pratique des œuvres que Notre-Seigneur a bénies. Jetons un coup d'œil sur leurs statuts.

Les confrères paraîtront aux cérémonies publiques sous le sac de la pénitence, une torche à la main, voilés et pieds nus; enseigneront les Commandements de Dieu aux gens de leurs maisons et aux ignorants; jeûneront le dernier vendredi de chaque mois, et se réuniront à des jours déterminés pour réciter en commun l'office divin.

Les confrères fuiront les débauchés et les hérétiques; s'interdiront les cabarets; ouïront tous les jours la sainte messe; s'abstiendront de toute danse publique ou dissolue, masques, comédies, jeux de hasard; se garderont de toutes querelles, et ne se mêleront des différends d'autrui que pour les assoupir.

Les confrères visiteront et assisteront les pauvres, les malades et les prisonniers; faciliteront aux orphelins le moyen d'apprendre un métier et de s'établir; pourvoiront à l'ensevelissement des pauvres, et feront prier pour eux après leur décès.

Le confrère nécessiteux ou malade sera assisté de l'argent du coffre. S'il meurt, le corps, revêtu de l'habit de pénitence, sera exposé la face découverte et les pieds nus. Les confrères, au nombre de six, porteront le défunt au cimetière, et chaque confrère fera dire pour lui une messe basse (1).

Telles furent, dans le principe, les obligations des pénitents ; tout à l'heure nous verrons le cercle, déjà si large, de ces obligations s'agrandir encore.

En 1643, pour la première fois les pénitents parurent à la procession de l'octave de la Fête-Dieu, vêtus de leurs sacs, nu-pieds, portant des torches, chaque compagnie sous sa croix et bannière. L'innovation occasiona un conflit entre la magistrature et l'autorité ecclésiastique. A la requête de Pierre Du Boys de Chamboursat, très-honorable prieur des pénitents noirs, Saige, official du diocèse, avait autorisé, par décision du 29 mai 1643, les pénitents à paraître à la procession. Le 6 juin, le présidial fait opposition. Le 10 du même mois, la cour, statuant sur les protestations des pénitents, lève la défense, mais à la charge par eux de se pourvoir devant le conseil du roi. L'évêque François de La Fayette était alors à Paris. L'arrêt empiétait sur son autorité : il porta plainte devant le conseil privé, et obtint, sous la date du 17 août 1643, un jugement. La sentence annulait les décisions du

---

(1) *Statuts des pénitents noirs.* — Voir dans les Mélanges de l'abbé Legros diverses pièces relatives aux confréries de pénitents.

présidial comme abusives et attentatoires à l'autorité ecclésiastique : « Ordonne, dit l'arrêt, que les permissions de l'official du 29 mai 1643 seront exécutées : les pénitents continueront d'assister aux processions de l'octave de la fête du Saint-Sacrement, et très-expresses défenses sont faites au présidial de troubler le sieur évêque dans l'exercice de son pouvoir (1) ». Ainsi finit le conflit, et, depuis, le droit des pénitents ne fut jamais contesté.

En 1661, quelques nobles âmes voulaient ajouter aux obligations des pénitents celle d'assister les condamnés à mort. Une requête fut adressée dans ce sens à l'évêque François de La Fayette. Les suppliants exposaient que l'église Saint-Cessateur, vulgairement Saint-Cessadre, dégradée et ruinée, ne pouvait être remise en état que par le concours d'une compagnie de pénitents ; ils rappelaient qu'ainsi avaient été restaurées les églises Saint-Michel-de-Pistorie, Saint-Julien, Saint-Paul, Saint-Christophe et Saint-Martial-Mont-Jauvy, et demandaient en conséquence l'autorisation d'établir à Saint-Cessateur une compagnie de pénitents de la Charité, couleur pourpre, sous le titre de *Jésus souffrant*. La pièce portait vingt-sept

(1) Arch. dép. : fonds de l'évêché, A, 2557.

signatures (1). Déjà les pétitionnaires avaient eu soin de se pourvoir d'une bulle du pape Alexandre VII, du 1ᵉʳ des calendes de mars 1661, qui autorisait la fondation. François de La Fayette ne pouvait voir qu'avec joie l'institution projetée : il l'approuva le 1ᵉʳ octobre de la même année.

Constitués sur le modèle des pénitents de la Miséricorde de Lyon, les pénitents pourpres de Limoges avaient adopté pour devise les mots : « *Quæ a Deo sunt ordinata sunt :* L'ordre est l'essence des choses qui sont de Dieu ». Aux termes des statuts, la compagnie devait, de préférence, assister les misérables les plus délaissés, les prisonniers et les condamnés à mort : « C'est dans cet abaissement, disent les statuts, que brûlera le feu de la charité des confrères ». Les pénitents prennent soin du condamné, le consolent, lui procurent les secours de la religion, et l'accompagnent au dernier supplice. Après l'exécution, les pénitents détachent le corps, et, l'ayant enveloppé d'un suaire, le déposent publiquement dans le cercueil. La bière sera portée dans l'église Saint-Cessadre ou dans la chapelle Saint-Aurélien par quatre confrères, qui devront avoir *sollicité* ce charitable office. Les obsèques se feront le lende-

---

(1) Goudin, curé; Bonneau, Cybot, de Héralde, Landon, Laudin, Limousin, Malden, Martin, Nicolas, Poncet, Raby, etc.

main, et les pénitents y assisteront. Une femme de nos jours chez qui les facultés de l'esprit s'unirent à une rare dignité de caractère et à une grande élévation de sentiments, Madame Swetchine, fait observer que le domaine de la charité s'étend sur la vie future aussi bien que sur la vie présente : « *Les soins de la charité*, dit madame Swetchine, *seraient incomplets s'ils ne suivaient l'homme en son dernier asile* (1) ». Telle fut, au xviie siècle, la pensée de nos admirables populations.

Les statuts de la nouvelle compagnie furent revêtus de l'approbation épiscopale le 7 avril 1662 (2). Suivant Pierre Mesnagier, dont je me permets de reproduire les naïves expressions, le premier condamné à mort assisté par les pénitents pourpres de Limoges *fut un simple homme de Saint-Junien qui, lors de leur établissement, avoit déjà commencé la mauvaise affaire de sa condamnation* (3).

Ainsi que les pénitents pourpres s'y étaient engagés, l'église Saint-Cessadre fut, par leurs soins et à leurs dépens, restaurée et reconstruite. Ils en décorèrent les chapelles, et donnèrent pour

---

(1) Le comte de Falloux, *Vie de Mme Swetchine*, 1, 286.
(2) Archiv. dép. : fonds de l'évêch. A, 2257.
(3) Pierre Mesnagier, *Mém. inéd.*, p. 318 : Biblioth. publiq.

les autels des ornements et des vases de prix. Les détenus commencèrent d'être assistés. On s'occupa de leurs vêtements et de leur nourriture. La prison fut pourvue de paillasses, de draps de lit, de couvertures, de bois de chauffage et d'ustensiles pour la préparation des aliments. L'assistance matérielle ne pouvait être que bien venue; mais faire accepter l'assistance spirituelle paraissait plus difficile. On essaya pourtant. La charité se présenta humble et douce, pleine de mansuétude et de miséricorde. Où régnait le trouble, fut annoncée la paix; à des cœurs brisés et humiliés furent promises les saintes joies de la réhabilitation. Parmi beaucoup de consciences mortes en apparence, quelques-unes n'étaient qu'endormies : il y eut des réveils heureux. Des âmes que le reproche eût aigries saluèrent ces clémences inespérées, et bénirent les nobles cœurs qui les aidaient à se rattacher à la vie morale. Ne voir dans l'œuvre des pénitents que l'effet d'un sentiment de pitié serait bien peu connaître la nature humaine. La pitié se dérobe au spectacle des maux qu'elle ne peut guérir, et le sentiment héroïque qui donnait un consolateur au condamné à mort venait évidemment de plus haut. A la nouvelle d'une condamnation capitale, les douze visiteurs, couverts du sac de la pénitence en signe de deuil, parcouraient la ville une bourse à la main, recueillant l'obole destinée à adoucir les derniers moments du malheureux, et à faire prier pour lui. D'autres pénitents déjà s'étaient mis en communication avec l'infortuné ; ceux-ci apportaient au mourant la pensée d'une vie meilleure. Dans des lieux où les espérances humaines ne pénétraient plus pénétraient les divines espérances ; l'âme pardonnait afin d'être pardonnée ; et, près de quitter la terre, réconcilié avec la société et avec lui-même, le condamné se jetait humble et repentant dans les bras de Celui qui du haut de la croix étendit un jour sa clémence sur un grand coupable.

Qu'est-ce donc que cela? s'écrie quelque part saint François de Sales : *il semble qu'il n'y ait personne qui aime cordialement les pécheurs, sinon Jésus-Christ et moi.* Aimer les pécheurs ! parole merveilleuse, parole véritablement divine ! Mais, pour *aimer les pécheurs*, il faut *aimer* Celui par qui seul ont pu être rachetés les péchés du monde : c'est donc à l'école du Rédempteur que nos pieuses populations avaient appris à compatir à l'humanité courbée sous le poids des justices humaines, à l'âme criminelle, mais repentante. Ce sentiment de commisération fut général. Tous les rangs, toutes les conditions apportèrent à l'œuvre des prisons leur part de concours. Une sainte émulation s'établit entre les frères : c'était à qui obtiendrait de remplir l'office le plus rebutant, le ministère le plus douloureux. La prérogative de détacher du gibet le supplicié, d'envelopper le corps dans le suaire, et de porter le cercueil à l'église, fut mise à l'encan, et dut appartenir au plus haut enchérisseur.

Le monde n'est qu'instabilité : sur cette scène mouvante, l'œuvre d'aujourd'hui sera caduque demain; mais l'œuvre que Dieu a bénie résiste. L'institution si fragile en apparence des pénitents pourpres se soutint près de deux siècles. Pendant deux siècles, notre pays fut témoin de ces actes d'héroïque charité! Toute volonté droite y prit part, tout cœur généreux y voulut concourir, et plus d'une fois le magistrat dont les lèvres avaient prononcé la condamnation fut le premier à provoquer l'assistance qui pouvait en adoucir la rigueur. Si le but de la vie c'est la satisfaction de nos vastes égoïsmes, l'assouvissement de toutes les convoitises du cœur, les pieuses institutions du XVIIe siècle ne mériteraient que dédain; mais, si le but c'est le devoir, si la civilisation c'est le développement indéfini des plus nobles aspirations de l'âme humaine, des générations qui laissèrent de tels souvenirs de leur passage sur cette terre ne paraîtront peut-être pas indignes du respect de leurs descendants. L'antiquité païenne attribuait aux êtres qui regardent les cieux la prédominance sur les êtres dont le front incline vers la terre. Tout le monde connaît les vers du poète :

> Pronaque quum spectent animalia cetera terram,
> Os homini sublime dedit, cœlumque tueri
> Jussit, et erectos ad sidera tollere vultus.

Nos aïeux pensaient comme le poète romain : ils ne voulaient pas ressembler à ces êtres inférieurs qui ne regardent jamais le ciel.

Vers la fin du xvıı^e siècle, les pénitents formaient six compagnies qui se recrutaient dans toutes les classes : unis dans la même foi, le riche et le pauvre, le maître et le serviteur, fraternisaient aux pieds du même Dieu. Chaque compagnie était fort nombreuse : « A une année d'ostensions, dit l'abbé Bullat, j'ai vu figurer à la procession QUATRE CENT SOIXANTE pénitents pourpres (1) ».

Ces pacifiques mais fortes associations avaient traversé, croyantes et pieuses, les mauvais jours du xvııı^e siècle. Elles résistaient aux dissolvantes doctrines de l'époque, lorsqu'un incident imprévu mit en péril leur existence.

C'était en 1781. Les passions impies fermentaient; la jeune noblesse, saturée d'incrédulité,

(1) L'abbé Bullat, *Tableau de Lim.*, inédit.

insultait à des dogmes dont elle n'avait plus l'intelligence, et concourait ainsi à creuser l'abîme qui déjà menaçait l'ordre social. Le 14 juin, l'église Saint-Michel-des-Lions faisait, dans les rues, la procession de la fête du Saint-Sacrement. Les pénitents gris, voilés et recueillis, marchaient devant le dais. Un officier du régiment d'Artois-dragons se permet d'entrer dans les rangs, et d'y cheminer le chapeau sur la tête. L'acte n'était pas seulement une provocation : c'était un sacrilége. Le bâtonnier va à l'officier, le rappelle aux bienséances, et l'invite à respecter le Saint-Sacrement. Au lieu de se rendre à des représentations si légitimes, celui-ci s'emporte, éclate en invectives, et tire à demi son épée. Le major du régiment, placé à une fenêtre, regardait passer la procession. Témoin du scandale et de l'acte de violence, l'officier supérieur interpose son autorité, et, pour le moment, le calme se rétablit.

Le perturbateur méritait d'être puni : par un renversement de toute justice, c'est contre le bâtonnier que les sévérités furent dirigées. Un mandat d'arrêt fut décerné contre lui. Il se cacha. On le poursuivit; on le traqua; on fit à son sujet des fouilles domiciliaires de jour et de nuit. Les pénitents furent d'ailleurs dénoncés au ministre : contre toute vérité et toute justice, on leur imputait les premiers torts; on les signalait comme fauteurs de troubles. Le ministre donna suite à la plainte, et les pénitents reçurent du sieur d'Aisne, intendant de la généralité de Limoges, une lettre ainsi conçue :

« Paris, le 6 juillet 1781.

» M. Amelot, secrétaire d'État au département de cette province, me charge, Monsieur, de vous demander des copies en forme et régulières : 1° des titres d'existence de la confrérie de pénitents à la tête de laquelle vous êtes placé; 2° des statuts de cette compagnie. Je vous prie de m'adresser ces pièces dans un court délai.

» Je suis, avec un parfait attachement, etc. »

Le prieur de chaque compagnie reçut une lettre pareille. Les réponses sont dignes et contenues : c'est un simple accusé de réception. Le caractère de l'intendant paraît inspirer aux prieurs peu de confiance (1). En écrivant à l'évêque, Charles

(1) Lorsque d'Aisne fut appelé à l'intendance de Tours, le vaudeville suivant se chanta dans les rues de Limoges. La popularité du couplet ne témoignerait pas de la popularité du magistrat :

Ah! Messieurs de Tours,
C'est à vous l'antienne :
Chacun à son tour
Tâtera de d'Aîne.
   Gué,
La faridondaine!
   Gué,
La faridondé!

d'Argentré, les supérieurs des compagnies se sentent plus à l'aise : les opprimés versent dans le sein du prélat leurs plaintes et leurs gémissements. La lettre est du 20 juillet 1781. Pour pallier l'indécence dont un officier s'est rendu coupable, disent-ils, on les aura représentés comme des perturbateurs, des superstitieux. Ils se défendent de ce double reproche, et font observer avec raison que, avant de condamner le bâtonnier à perdre pendant plusieurs mois sa liberté, l'autorité aurait dû éclaircir les faits par une enquête. Cette marche, conforme à la justice, eût dévoilé le vrai coupable, et *la raison du plus fort*, ajoutent-ils, *n'eût pas été la meilleure*. Ils se placent sous l'égide du premier pasteur, et se plaisent à espérer que le prélat prendra leur défense.

Suivent les signatures, au nombre de douze (1).

Il est pourtant juste de reconnaître que la ville doit à d'Aisne des améliorations importantes. Cet administrateur dressa un projet d'alignement et de redressement de la voie publique. Il fit numéroter les maisons et indiquer par un écriteau le nom des rues. Il introduisit l'usage des réverbères. Il rebâtit les prisons et le palais de justice, et, sur l'emplacement où les Romains avaient bâti un amphithéâtre, fit une place qui a porté son nom. (*Lett. de l'abbé Vitrac au Journal de Paris*, n° du 18 déc. 1781.)

(1) Bourdeau, prieur des pénitents blancs; Chapoulaud, prieur des pénitents bleus; Cramouzaud, chanoine théologal de Saint-Martial, ancien prieur des pénitents noirs; Devoyon, ancien prieur des pénitents gris; Dufaure de Viallebost, ancien capitaine de cavalerie, prieur des péni-

En même temps qu'ils écrivaient à l'évêque, les prieurs adressaient à Amelot un mémoire justificatif. « Les habitants de Limoges, a dit un observateur, se montraient en toute occasion soumis aux autorités légitimes : ils ne demandaient rien que de juste : *aussi ne s'abaissaient-ils jamais à flatter l'administration* (1). » Le mémoire des prieurs respire le sentiment du droit et le respect de soi-même. La dignité du langage ne saurait prêter à une indignation légitime des expressions plus fortes et à la fois plus mesurées. En tirant cette pièce de la poudre des archives, j'acquitte une espèce de dette : toute âme libre doit un tribut de respect à quiconque, par des voies que la morale autorise, a défendu la moindre des libertés légitimes.

A M. Amelot, secrétaire d'État.

« Monseigneur,

» Les pénitents de Limoges doivent leur institution à un saint prêtre, le vénérable Bardon de Brun, qui,

---

tents pourpres; Deunay, prieur des pénitents feuille-morte; Faugère, ancien prieur des pénitents gris; Fournier, sous-prieur des pénitents pourpres; comte de La Clavière, lieutenant des maréchaux de France; Petiniaud, ancien prieur des pénitents blancs; du Vignaud, chevalier de Saint-Louis, et Vitrac, prêtre, ex-prieur des pénitents bleus.

(1) J.-J. Juge, *Changem. survenus dans les mœurs*, p. 22.

à l'exemple de saint François de Sales, et peut-être de concert avec lui, érigea, en 1598, les pénitents noirs de la Croix, avec l'approbation de monseigneur de La Martonie.

» Les autres compagnies se sont établies vers la même époque, avec le même esprit, des statuts semblables, et des approbations dont les titres accompagnent la présente lettre.

» Grâce au Ciel, Monseigneur, notre ville, où il n'y a ni académies ni écrivains philosophes, croit en Dieu, aime la religion, et respecte des institutions que dédaigne la philosophie.

» Oui, Monseigneur, si quelques hommes fréquentent nos compagnies comme des compagnies profanes, plusieurs y viennent par véritable esprit de religion, et les fêtes solennelles des pénitents ne se passent pas sans qu'il y soit donné des sujets d'édification.

» N'y eût-il que le zèle des compagnies pour le culte extérieur, elles mériteraient la protection d'un gouvernement religieux. Les églises où elles sont érigées, paroissiales la plupart, mais très-pauvres, ont été *réparées, rebâties, entretenues avec soin* par ces compagnies.

» Ce n'est pas seulement dans les églises que les pénitents marquent leur pieuse émulation pour le service divin : au dehors, dans les processions, ils se produisent avec un éclat qui ne contribue pas peu à la pompe de ces marches solennelles.

» La charité est le but de nos compagnies. Parmi les pénitents, comme chez les premiers chrétiens, Monseigneur, il n'y a pas de pauvres, *du moins de pauvres souffrants, et jamais il n'y en aura tant que chez eux il y aura des riches*. Nous attestons ici les alarmes des familles indigentes à la nouvelle que les pénitents pouvaient être menacés dans leur existence.

» Ce serait *un cri général* si l'on voyait supprimer la compagnie des pénitents pourpres, qui se dévouent au soin des prisonniers. Se pourrait-il, Monseigneur, qu'il se trouvât des cœurs assez durs pour blâmer pareille œuvre de bienfaisance?

» Les compagnies de pénitents intéressent grand nombre de citoyens : *ecclésiastiques, magistrats, militaires, négociants, artisans, riches et pauvres*. C'est l'ordre de ces compagnies aux processions générales, leur nombre, la richesse des croix et images, peut-être la forme et la variété des costumes, qui attirent le grand concours d'étrangers, dont la présence détermine une multitude d'opérations mercantiles. Ces considérations méritent l'attention du Gouvernement.

» On a peut-être représenté le voile dont se couvrent les pénitents comme un déguisement dangereux, propre à favoriser l'esprit de rébellion. Supprimer le voile, Monseigneur, serait équivalemment prononcer la destruction des compagnies. LE VOILE FACILITE LE RAPPROCHEMENT DES CITOYENS DE TOUT RANG ET DE TOUTE CONDITION ; et c'est cette fraternité en Jésus-Christ qui assure aux pauvres le secours des riches.

» Et, quand on dit que ces quatre ou cinq cents hommes voilés pourraient se porter à des excès, on sent bien qu'on veut faire un épouvantail d'une chimère. Cinq à six cents citoyens honnêtes abusant de la solennité d'une fête pour répandre dans la cité natale le désordre et le trouble! *cela ne fut jamais, ni ne se peut imaginer.* Par quelle fatalité, ce qui est sans danger à Toulouse, à Lyon et en d'autres villes considérables, serait-il funeste à Limoges ? Si on détruisait tous les établissements qui, dans des suppositions chimériques, pourraient entraîner des abus, *lequel resterait debout ?*

» Nous vous prions, Monseigneur, de maintenir les compagnies de pénitents de Limoges dans leurs droits et usages, ET FEREZ BIEN (1). »

La copie que j'ai sous les yeux ne porte ni date ni signatures. Mais les signataires durent être les personnages dont nous avons déjà vu figurer les noms sur la lettre adressée à Charles d'Argentré.

Quelles furent les suites de l'affaire? Qu'advint-il du bâtonnier? Le droit fut-il sacrifié? Le ministre sut-il être équitable? Les dossiers ne donnent de réponse à aucune de ces questions. Une chose pourtant est certaine, c'est que, quelques années plus tard, la justice de Dieu brisait les puissances et les justices du XVIIIe siècle.

Après la tempête politique, les pénitents essayèrent de recueillir leurs débris. Les compagnies se réorganisèrent; mais ce ne furent plus les vastes associations d'autrefois. De nombreuses défections avaient eu lieu : les riches se retiraient; il ne resta au pied de la croix qu'un petit nombre d'âmes fidèles, des artisans, des ouvriers, des pauvres, les premiers, les derniers amis de N.-S.

(1) Arch. départem.

XV.

SAINT-MARTIAL DE LIMOGES

I.

L'Église.

Construite sous Louis le Débonnaire en 840, incendiée, détruite, restaurée et consacrée à plusieurs reprises, consacrée de nouveau en 1095 par le pape Urbain II (1), enfin de nouveau restaurée et pour ainsi dire transformée en 1419, l'église Saint-Martial était, au XVIIe siècle, l'un des plus curieux monuments de la ville de Limoges.

Sur la petite place, devant l'église, se voyait un clocheton en forme de pyramide *où dedans anciennement on mettoit des lampes allumées aux vigiles qu'on célébroit* (2).

---

(1) Le pape Urbain II prêcha la croisade à Limoges en 1095. Il y passa les fêtes de Noël, et consacra solennellement, assisté de onze évêques, l'église Saint-Martial et la cathédrale.
(2) Bonav., III, p. 182.

Le clocher, de style roman, situé en face de la rue du Clocher, avait cinq étages : trois de forme carrée, et deux de forme octogone; les deux derniers à frontons aigus dans le style du ix° siècle. Les étages allaient en se rétrecissant, et, de loin, ressemblaient à une pyramide tronquée. Le monument produisait beaucoup d'effet. Sur la façade, trois statues de pierre représentaient saint Martial, sainte Valérie et un autre personnage que l'abbé Bullat croit être saint Aurélien. Les cloches, au nombre de neuf, dont une du poids de onze mille livres servant de tocsin, soutenues par une charpente ou bretèche d'une rare beauté, donnaient les notes du plain-chant et l'octave, et pesaient ensemble vingt-cinq mille deux cent trente-deux livres. L'une de ces cloches, offerte apparemment par la famille *Petiniaud*, portait le nom de cette famille, et sur le bronze se lisait la date de 1551 (1).

Trois portes à plein cintre, situées à la base du clocher, formaient l'entrée principale. On descendait dans l'église par une dizaine de degrés. Cette vaste basilique, romane en partie, en partie gothique, à trois nefs et à onze travées, avait 303 pieds de long, 112 pieds de large à la croisée, car l'église formait la croix, et 75 pieds dans la

(1) Allou, *Monum. de la Haute-Vienne*, p. 165.

nef (1). Une galerie au-dessus des bas-côtés dominait la nef principale, et au centre s'élevait une coupole dont la hardiesse faisait l'admiration des connaisseurs. A la hauteur de la huitième travée, le sanctuaire et le chœur, entourés d'une grille de fer de douze à quatorze pieds de haut d'un remarquable travail, occupaient le rond-point. L'autel, isolé et couvert d'un marbre d'une seule pièce, présentait trois concavités carrées, ce qui faisait dire que trois prêtres pouvaient y célébrer le saint sacrifice en même temps. L'ostensoir, en vermeil, d'un beau travail antique, était supporté par deux anges. Sur les livres des Évangiles et des Épîtres, des plaques de vermeil, richement ciselées, représentaient en relief les principaux traits de la vie de saint Martial.

Au fond du sanctuaire, adossée au mur, une magnifique impériale en bois doré, garnie de draperies, protégeait la châsse, qui renfermait sous onze clefs les reliques de l'apôtre de l'Aquitaine. Le chef du saint reposait dans deux épaisses coupes d'or massif, dues à la libéralité du pape

---

(1) Ces chiffres, empruntés à M. l'abbé Texier, redressent les mesures données par Desmarest dans les *Ephémérides*, in-12, 1768, p. 49. L'abbé Texier aura probablement relevé les mesures sur un plan géométrique provenant de l'abbé Legros, qui est aujourd'hui la propriété de M. Nivet-Fontaubert, ou sur le plan géométrique qui se conserve dans les archives du département.

limousin Grégoire XI (Roger de Maumont), portant l'inscription suivante en langue romane :

PAPA GREGORI donet aquestas coppas
L'AN MCCC IIII B. VIDAL MA F. (1).

Sur les coupes se voyaient les armes du pontife, composées d'une bande et de six roses en orle, armoiries parlantes de Rogier ou Roger. L'écu avait pour cimier la tiare, et derrière deux clefs en sautoir. Les têtes de saint Alpinien et de saint Aurélien étaient suspendues au travail principal par deux chaînes d'or. Une riche cassette, œuvre de Pierre Veyrier ou Verrier, argentier de Limoges, qui y avait employé douze marcs d'argent et deux onces huit deniers d'or, et qui por-

---

(1) V. Legros, *Diction. des inscript.*, ms. — L'abbé Texier, dans son *Dictionnaire d'orfèvrerie*, lit 1380. Grégoire XI étant mort en 1378, cette leçon paraît inadmissible. Le P. Bonaventure lit 1378; mais, en 1378, le pape Grégoire XI faisait don à l'abbaye de Saint-Martial d'une grande image de saint Martial d'argent, dorée, émaillée, ornée de perles et de pierres précieuses, du poids de sept cents marcs et au-delà, destinée à renfermer les deux coupes : *Quandam imaginem argenteam, deauratam et emaillatam, ac multis margaritis et preciosis lapidibus adornatam, septingentas marcas et amplius ponderatam.* Donc les coupes existaient déjà; donc peut-être faudrait-il lire, en ajoutant un L, 1374 : MCCCLXXIIII. La richesse de l'image lui aura porté malheur : elle ne subsista guère! la cassette de Pierre Veyrier, qui la remplaça, fut exécutée en 1496.

tait la date de 1496, servait comme d'étui aux deux coupes. Au fond du couvercle se lisaient dix vers, dont le dernier faisait connaître le nom de l'artiste :

Ce coffre fist Pierre Verrier.

L'œuvre était d'un fini admirable. Suivant un écrivain qui l'a vue, « on avait peine à se persuader qu'il eût existé des ouvriers capables d'un pareil travail (1) ». Les coupes et la cassette se déposaient dans une châsse, et la châsse était placée derrière une grille de fer et une porte en chêne que masquait un grand tableau représentant l'apparition de sainte Valérie à saint Martial, après son martyre. Au-dessus du cintre, un ange de grandeur naturelle tenait suspendu le *corpus elevatum*, qu'adoraient deux séraphins d'une belle sculpture. Deux énormes colonnes torses, ornées de figurines en relief, soutenaient l'impériale, dont la cime touchait la voûte.

Dans le sanctuaire, du côté de l'Évangile, une statue, un genou en terre, tenant sur l'autre genou un candélabre allumé, rappelait, disait-on, un acte de violence commis autrefois dans l'église par l'un des consuls.

---

(1) M. Duroux, *Historique de la clôture du chef de saint Martial en 1785 : Limousin historique*, 457.

Le sanctuaire, où se voyaient les tombeaux des cardinaux de Mende et de Saragosse, était entouré de riches tapis d'Aubusson, magnifiquement encadrés, représentant divers traits de l'histoire sainte.

Le chœur, un peu étroit, avait deux rangs de stalles bien sculptées, adossées à de riches boiseries, surmontées de tapisseries antiques, représentant les moines dans leurs diverses fonctions. Le trône de l'abbé était au fond du chœur. Sur la gauche, à douze pieds d'élévation, l'horloge laissait voir son mécanisme, de forme pyramidale. Une ou deux minutes avant l'heure, une table cylindrique, munie de timbres, prenait un mouvement de rotation, et un ange armé d'une baguette frappait un carillon qui donnait le chant du *Veni Creator*. Un squelette assis sur une corbeille de fleurs d'où sortait un serpent tintait les heures avec une faux. A chaque coup, le squelette tournait la tête, et ouvrait les mâchoires d'une manière effroyable : le serpent levait la tête, comme pour le mordre ; mais, en frappant l'heure, le squelette mettait le pied sur la tête du serpent. Cette curieuse horloge figura dans le clocher de l'hôtel-de-ville après la révolution. Aujourd'hui encore il en existe un débris dans l'église Saint-Pierre-du-Queyroix (1861).

A droite, dans la nef, un jeu d'orgues s'élevait

jusque dans la voûte. Aux deux extrémités du couronnement, deux lévites de six pieds de haut, d'une sculpture achevée, tenaient des encensoirs dont le mouvement était déterminé par le jeu de deux flûtes colossales. Ces flûtes, dit l'abbé Bullat (1), avaient été bouchées « à cause des impressions que leur son produisait sur certaines personnes dont la santé exigeait des ménagements ».

La chapelle Sainte-Anne ou chapelle de Notre-Dame-de-Bonne-Espérance, placée au fond de l'abside, dans l'axe du maître-autel et de la porte principale, était adossée à l'antique et populaire chapelle de Notre-Dame-des-Arbres, qui avait son entrée sur la place de ce nom.

A gauche de l'église, dans le transept, une porte en serpentine de La Roche-l'Abeille, et un escalier de quinze ou dix-sept degrés (2), conduisaient dans une église souterraine construite au VIIe siècle sur les ruines de la chapelle de Saint-Pierre-du-Sépulcre, dédiée par saint Martial à sainte Valérie. Cette église se prolongeait sous l'église principale, la dépassait, et ne s'y adaptait pas (3). A l'une

---

(1) L'abbé Bullat : *Tableau de Limoges*, ms. inédit appartenant à M. l'abbé Courteix.
(2) *Ibid.*
(3) M. l'abbé Roy-Pierrefitte, *Hist. de l'abbaye de Saint-Martial.*

des extrémités, s'ouvrait une crypte vénérée : dans cette crypte, où avaient autrefois reposé les tombeaux de saint Martial, de sainte Valérie et du duc Étienne, se voyait une série d'émaux qui représentaient la vie de l'apôtre de l'Aquitaine. Dans l'église, l'autel de cuivre, ciselé, doré, émaillé, décoré de figures en relief, et séparé de la nef par une claire-voie, était dédié à saint Crépin, patron des cordonniers.

De l'église souterraine on passait à la chapelle de Saint-Benoît : c'était comme une troisième église : celle-ci avait une entrée dans l'abbaye. L'abbé Texier parle du monument avec admiration: « La chapelle de Saint-Benoît, dit-il, reproduisait la forme et les dimensions de la Sainte-Chapelle de Paris ».

Les bâtiments conventuels formaient, avec l'église proprement dite, une sorte de rectangle. L'ancien monastère, destiné à loger deux cents religieux, bâti en 1248 par l'architecte G. Raffard, avait été en partie détruit. Quelques constructions, encore subsistantes, donnaient une grande idée des constructions primitives. Une aile du cloître laissait apercevoir des vestiges de peintures. Le chapitre, de style gothique, voûté et appuyé sur des colonnes d'une remarquable légèreté, était si spacieux que les moines, pour s'y éclairer, employaient vingt-deux torches de cire du poids de neuf livres chacune. On entrait à l'abbatiale par la rue Pont-Hérisson.

Dans cette même rue, l'hôpital Saint-Martial, achevé le 30 novembre 1211, se développait sur l'emplacement qu'occupe aujourd'hui l'hôtel des sapeurs-pompiers. Cet hôpital et ses trois cents pauvres furent réunis, en 1661, à l'hôpital général. La place des Arbres dépendait de l'abbaye; le public était admis à s'y promener.

II.

La Collégiale.

Après la mort de saint Martial, quelques prêtres, réunis en communauté près de son tombeau, avaient pris le titre de gardiens du sépulcre. Ces prêtres s'étaient séparés depuis pour vivre en leur particulier. Mais, en 848, les évêques de la Guyenne, dans une assemblée tenue à Limoges, à laquelle assistait Charles le Chauve, autorisèrent la reconstitution de la communauté, et adjoignirent aux religieux, pour les fonctions extérieures, douze prêtres séculiers. Vers le milieu du xie siècle, l'abbaye passa aux Bénédictins de la congrégation de Cluny. Cinq cents ans plus tard, en 1537, sous l'épiscopat de Jean de Langeac, ces religieux, à la demande de François Ier, furent sécularisés par le pape

Paul III. Ils prirent le titre de chanoines réguliers, et les douze prêtres auxiliaires devinrent *vicaires majeurs* inamovibles. L'église fut déclarée église royale abbatiale ou collégiale. La mesure scandalisa le peuple, et mécontenta une partie des religieux : quelques-uns refusèrent de quitter l'habit monastique ; mais la sécularisation fut maintenue. « La ruine des magnifiques bâtiments du xiii° siècle, dit l'abbé Texier, et la dispersion d'une des plus riches bibliothèques du monde furent la conséquence de cette transformation (1). » Entre autres manuscrits précieux, la bibliothèque de Saint-Martial de Limoges possédait divers ouvrages de Charlemagne, notamment l'épitaphe d'un de ses enfants ; une épître en vingt-cinq vers latins, tout énigmatique, adressée à Paul Warnefride, et une lettre en prose à Lulle, archevêque de Mayence, pour l'engager à instruire son clergé dans les belles-lettres (2).

L'abbé, le prévôt, le grand-chantre, dix-huit chanoines, douze vicaires majeurs inamovibles, et sans doute quelques vicaires ordinaires, composaient le personnel de la collégiale.

L'abbé, nommé par le pape sur la présentation du roi, jouissait de nombreux priviléges. « L'abbaye Saint-Martial, dit un contemporain, est une

---

(1) Bandel, *Dévot. à saint Martial* : note de l'abbé Texier.
(2) *Hist. litt. de la France*, T. V, avertissem., p. xv.

des plus belles de France par son antiquité, ses revenus, ses collations et hommages. L'abbé porte crosse, mitre, rochet, camail, sandales, tout ainsi que l'évêque, lequel il ne reconnoît dans son église en aucune maniere, soit pour visite ou autre chose. C'est le premier abbé du diocese, quoique l'abbé de Grandmont soit chef d'ordre. Le prévôt et le chantre, qui ont chacun deux mille livres de bons revenus aux portes de Limoges, sont à sa nomination. Les bulles coûtent mille écus. L'abbé de Saint-Martial a une tres-belle maison à une petite lieue de Limoges, appelée Beauvais, où sont fossés remplis d'eau et pont-levis, d'où il voit Limoges, et entend les cloches. La maison est au milieu d'un grand parc entouré de murailles, et dans iceluy il y a belles prairies, bois taillis et de haute futaie, belles allées et jardins. Ledit abbé a deux beaux prés aux portes de Limoges, appelés du Nouzaud, pour nourrir quinze ou vingt chevaux. Tout le revenu de l'abbaye est dans la ville et dans les paroisses circonvoisines : Couzeix, Verneuil, Veyrac, Peyrilhac, Cieux, Vaury, Saint-Jouvent, Compreignac, etc. Il n'y a rue dans Limoges où l'abbé n'ait des rentes foncieres sur les maisons, et aussi sur les vignobles de la ville (1). »

(1) *Bullet. Arch.*, VIII, 110 : *Déclarat. des reven. de l'abb. de Saint-Martial*, par Jacques Baillot, de Limoges, 1608, pièce éditée par M. A. de Jussieu.

L'abbé de Saint-Martial avait droit de consacrer les calices. Vicaire général né du diocèse, il présidait le conseil en l'absence de l'évêque. Son revenu dépassait vingt-deux mille livres. En tant que seigneur, sa juridiction s'étendait sur le quartier des Combes.

Le prévôt, principale autorité du chapitre après l'abbé, portait la crosse dans ses armes, avait droit de seigneur sur la paroisse de Verneuil, et nommait à la cure de cette paroisse. Après lui, venait le grand-chantre, et après le grand-chantre, le chanoine aquilaire : celui-ci nommait aux bénéfices vacants et aux cures dont la nomination appartenait au chapitre. Les douze vicaires perpétuels, pensionnés par le chapitre, possédaient d'ailleurs un revenu en rentes foncières. Le chapitre entretenait un organiste, six musiciens choristes, six enfants de chœur et trois bedeaux.

Les laïques domiciliés dans la circonscription de l'abbaye dépendaient de Saint-Martial pour les pâques et l'enterrement, et de Saint-Michel pour le baptême et le mariage.

III.

Usages. Fêtes, Solennités

Les membres de la collégiale de Saint-Martial se réunissaient à l'église trois fois par jour pour la récitation de l'office canonial. Tous les matins, en été à quatre heures, et à cinq en hiver, l'aumônier de l'abbé célébrait, dans l'église souterraine, une messe en musique avec diacre (1). Deux messes, dans l'église supérieure, attiraient, durant l'office de matines, un nombreux concours, qu'augmentait encore, les lundis et les jours de foire, l'exposition de la relique du bras de saint Martial. Une particularité remarquable c'est que, à Saint-Martial, au xe siècle, le *Gloria*, le *Sanctus* et l'*Agnus Dei*, se chantaient en grec (1).

Les rois ou princes qui passaient à Limoges ne se rendaient au Breuil qu'après être allés prier à Saint-Martial. Ainsi s'étaient agenouillés sous l'antique basilique les papes Urbain II et Clément V, Édouard d'Angleterre, Louis VII, saint Louis, Blanche de Castille, Louis XI, sainte Jeanne de Valois, Henri IV, Louis XIII et beaucoup d'autres princes ou seigneurs. Le soir du jour de leur nomination, le 7 décembre, et le lendemain de bonne heure, les consuls, réunis avec le peuple

---

(1) Un arrêt du parlement de Bordeaux de 1358, rendu à la requête de Jean Colin et de Jean Chambineau, bailes de la confrérie du Saint-Sépulcre, obligeait l'abbé de faire célébrer chaque jour une messe chantée *à quatre heures du matin en été, et à cinq en hiver*, et d'entretenir, jour et nuit, sept lampes devant le tombeau. L'arrêt, gravé sur une lame de cuivre, était placé dans l'église du Sépulcre. (Bandel, *Dév. à saint Mart.*, p. 187.)

(2) M. l'abbé Arbellot, *Rev. archéol.*

devant les reliques de saint Martial, appelaient les bénédictions de Dieu sur la cité. Ces magistrats entretenaient trois torches devant le chef de l'apôtre, et c'est à Saint-Martial qu'ils suivaient les stations de l'avent et du carême, dont les frais étaient faits par la maison de ville.

Deux fois par jour, à la suite des offices de matines et de complies, le chapitre descendait faire une station devant la grille du tombeau. Les lundis, il y avait absoute.

Le jour de la fête de saint Martial, aux premières vêpres, un consul, revêtu de ses insignes, accompagné des massiers et hallebardiers, procédait, avec un chanoine, à l'ouverture solennelle de la grille derrière laquelle reposait le chef de l'apôtre de l'Aquitaine. Le 8 septembre, le chapitre célébrait la fête de Notre-Dame-des-Arbres, et, le 10 octobre, celle de la Translation des reliques de saint Martial, qui, cachées à Solignac, puis au château de Turenne, pendant les incursions des Normands, furent rapportées à Limoges le 10 octobre 832. Cette fête, qui concourait avec l'ouverture des vendanges, se nommait *San-Marçau Debro-Treil*, Saint-Martial Ouvre-Pressoir. La fête commémorative de la cessation de la peste dite *feu sacré* ou *mal des ardents* par l'intercession de saint Martial en 994 se nommait *San-Marçau Baro-Treil*, Saint-Martial Ferme-Pressoir. Celle-ci avait lieu le 12 novembre. Le dimanche suivant, la fête des marchands, dite vulgairement *Sainte-Marchande*, se célébrait à Saint-Martial, car anciennement le négoce étalait ses marchandises autour de l'église, et la rue des Taules (rue des *Tables*) doit son nom à cet ancien usage. Dans la rue de la Courtine, l'abbé Bullat a vu une halle sous laquelle se tenaient, de son temps, les marchands d'images : cette halle fut supprimée vers 1780.

La solennité la plus importante était celle du mardi de Pâques. Il appartenait à l'évêque de présider celle-ci ; mais, si l'évêque officiait, l'abbé ne paraissait pas. L'ouverture des grilles se faisait aux premières vêpres, et le mardi, après la grand'messe, avait lieu la procession, qui attirait un *concours incroyable* de fidèles de tous les points de la province. L'hôpital ouvrait la marche. Suivait, accompagnée d'un vicaire de Saint-Pierre, la confrérie et la châsse de Saint-Rustice qui passait la première, parce que le saint n'appartenait pas au diocèse. Venait ensuite la châsse de saint Domnolet, précédée du sabre de ce valeureux défenseur de la cité, et accompagnée du curé et des habitants de la paroisse. La confrérie des bouchers, sous la conduite du curé de Saint-Cessateur ou de Saint-Cessadre, portait la châsse de saint Aurélien. Puis s'avançait le clergé de Saint-Michel-des-Lions avec la châsse de saint Loup, et le clergé de Saint-Pierre, qui précédait le chapitre de la collégiale. La châsse de l'apôtre de l'Aquitaine était portée par seize membres de la *grande confrérie*, couverts de leur costume. Les consuls, revêtus de leurs insignes, entourés de leurs massiers et hallebardiers, fermaient la marche. « Il n'existe peut-être en France, dit Jean Bandel, aucune dévotion qui donne plus d'édification et de piété. La procession du mardi de Pâques, ajoute-t-il, est suivie ordinairement de *neuf* ou *dix mille* personnes, dont plus de quinze cents, de l'un et l'autre sexe, pieds nus, des cierges en main. » Au XVIII° siècle, d'après l'abbé Bullat, plus de cinq mille personnes suivaient encore cette procession, que Jean Bandel suppose avoir pu être instituée en mémoire de certains grands miracles faits par saint Martial en 1010, au temps de Pâques.

Le 1ᵉʳ janvier de chaque année, l'abbé faisait distribuer aux membres de son clergé une petite médaille d'argent aux armes de la ville, qui représentent le buste de saint Martial entre un $\mathfrak{S}$ et un $\mathfrak{M}$ gothiques, avec des fleurs de lis.

Ce serait ici le lieu de parler des fêtes de l'Ostension; mais, ces fêtes ayant été décrites par feu l'abbé Texier, je me borne à reproduire un extrait de son travail aux pièces justificatives.

IV.

Confrérie de Saint-Martial.

La confrérie de Saint-Martial, dite aussi la *Grande-Confrérie*, fut instituée, en 1212, *en l'honneur de Dieu et de son saint apôtre, pour le bien et avancement spirituel des confreres d'icelle, et l'édification de ceux qui les voient et conversent avec eux* (1). En 1356, les fidèles rétablirent la *Grande-Confrérie pour faire cesser les calamités inouïes et exécrables, les pestes et les divisions du royaume* (2). Les habitants de toutes les classes, hommes et femmes, riches et pauvres; la noblesse du diocèse, les Cramaud, les Leychoisier, les Foucauld, les Bonneval, tenaient à faire partie de l'œuvre. La ville de Lyon et les cantons suisses comptaient d'honorables représentants dans cette belle association, dont les membres s'élevèrent bientôt à plus de six cents (3). Le 29 mars 1624, l'évêque de Limoges, Raymond de La Martonie, approuva, avec de grands éloges, les statuts, qui furent imprimés la même année; et, par un bref du 18 avril 1644, le

---

(1) Étienne Larivière, premier président de la cour impériale, *Traduction des Statuts*. Voir le Registre de la confr. chez M. Dantreygas.
(2) Jean Bandel, *Dévot. à saint Martial*.
(3) Id., *ibid*.

pape Urbain VIII accordait à la séculaire association de nouvelles et nombreuses indulgences.

Les confrères accompagnaient et portaient la châsse de saint Martial aux processions. Leurs torches étaient garnies de panonceaux ornés du buste du saint et de fleurs de lis. Les courriers de la confrérie étaient vêtus de robes noires, blasonnées devant et derrière, aux armes de la compagnie. Le premier lundi de chaque mois, le *frère servant* se rendait, après minuit, à la porte de chaque confrère, agitait une clochette, et chantait sur un rhythme lugubre les paroles suivantes :

> Réveillez-vous, vous qui dormez :
> Ne dormez pas si fort
> Que vous ne pensiez à la mort !
> Priez Dieu pour les trépassés !
> Que Dieu leur daigne pardonner !
> *Requiescant in pace !*

Et trois fois : *Sancte Martialis ! Amen.*

Avant de se retirer, le frère frappait trois coups à la porte en criant : « Il est telle heure ! » Les païens mêlaient à leurs banquets la pensée de la mort afin de s'exciter à jouir de la vie. Les chrétiens mêlent aux silences de la nuit le souvenir de la dernière heure afin de s'exciter à bien faire. Partout le paganisme rabaisse l'homme : le christianisme le relève partout. A l'honneur de notre pays, la confrérie de Saint-Martial subsiste encore (février 1862).

V.

Éphémérides

Revenons à la collégiale. Le 26 décembre 1602, Silvestre Pontut, peintre vitrier de Grandmont, traitant avec le chapitre, s'engage à réparer la grande vitre en couleur placée au-dessus du maître autel de l'église Saint-Martial (1). Ainsi, au commencement du xviiᵉ siècle, le bel art de la peinture sur verre fleurit encore en Limousin.

Je glisse sur des détails de médiocre importance, et j'arrive à des faits qui eurent un grand retentissement. Pierre du Verdier, abbé de Saint-Martial, esprit violent et emporté, vivait en mauvaise intelligence avec Jean de La Brousse, prévôt du chapitre. Le 8 janvier 1630, vers la fin de la grand'messe, l'abbé, cherchant querelle au prévôt, l'insulte de la manière la plus grave. Les chanoines prennent parti pour le prévôt, et lui portent secours ; mais, apostés au dehors, près

---

(1) L'abbé Texier, *Bullet. Archéol.*, I, 256.

de la sacristie, les gens de l'abbé se précipitent dans l'église l'épée à la main. Il y eut effusion de sang. Le service divin fut interrompu. Jamais pareil scandale n'avait affligé la conscience publique. Les fidèles se retirèrent consternés; l'église fut considérée comme *pollue;* les cloches cessèrent de sonner. Il semblait que la malédiction de Dieu eût passé sur l'antique abbaye. Le soir du même jour, l'évêque, François de La Fayette, enleva du tabernacle avec respect le très-saint Sacrement, et le transporta solennellement à Saint-Pierre-du-Queyroix. Quatre conseillers du présidial tenaient le dais. Plus de quatre mille personnes, disent les relations du temps, suivaient mornes et affligées. Ce grand scandale fut regardé comme un signe de mauvais augure : le peuple semblait pressentir la fatale peste qui, l'année d'après, allait plonger la ville dans le deuil.

Le 13 janvier, eut lieu la cérémonie de la réconciliation de l'église. Le prélat célébra la messe; mais ce fut une messe basse. L'opinion demandait une réparation : du Verdier et deux de ses frères, dont l'un chanoine, furent arrêtés. Les serviteurs de l'abbé qui avaient tiré l'épée restèrent en prison dix-huit mois. L'affaire donna lieu à de grands procès dont on ne connaît ni l'objet précis ni le résultat. Les chanoines, en haine de l'abbé, avaient déclaré se soumettre à la juridiction de l'évêque : *Depuis*, dit un écrivain du temps, *ces ecclésiastiques se sont bien repentis de leur démarche*. L'évêque en effet n'avait aucune juridiction sur l'abbaye, et pareil déplacement d'autorité, accompli en dehors du souverain pontife, était évidemment irrégulier (1).

Je passe à un autre ordre de faits. Sur la fin de juin 1638, les bailes des Ames du purgatoire de Saint-Martial firent refondre une cloche. La cloche, y compris l'addition de métal, coûta trois cents livres. Elle fut nommée Valérie. Le parrain et la marraine furent *deux pauvres* de l'hôpital Saint-Martial (2). A Limoges, les pauvres sont traités avec bonté, et la piété leur réserve quelquefois la place d'honneur.

Le mardi de Pâques 1638, s'ouvrit l'ostension septennale des reliques de saint Martial et des saints du diocèse. On avait fait imprimer, à cette occasion, un livret de prières spéciales. « Ce recueil, dit l'abbé Nadaud, est le plus ancien que j'aie vu. » A la clôture, qui eut lieu le mardi de la Pentecôte, l'irritable abbé de Saint-Martial suscita à l'évêque, François de La Fayette, une querelle qui amena de nouveaux procès.

Le *Traité de la dévotion des anciens chrétiens à*

(1) *Manuscrit de* 1638, p. 370. — Mesnagier, *Mém.*, 219. — Legros, *Mém. abbay. dioc.*, p. 73.
(2) *Ms de* 1638, p. 380.

saint Martial, apôtre de la Guienne, premier évêque de Limoges, de Jean Bandel, official du diocèse, fut imprimé en 1638, in-16, chez Barbou. « Ce livre, dit l'abbé Legros, renferme en peu de chapitres beaucoup de choses recherchées. » M. l'abbé Texier, qui faisait grand cas de l'ouvrage, l'a réédité en 1858 (1), et y a joint des notes qui en rehaussent le prix. L'auteur, Jean Bandel, se recommandait par sa piété, sa science et l'affabilité de ses manières. Il était docteur en Sorbonne. On trouva, après lui, dans ses papiers, beaucoup de notes et de mémoires sur le Limousin qui malheureusement ont disparu. Né à Fondanèche, paroisse de Saint-Sylvestre, de pauvres laboureurs, l'humble prêtre, en mourant, voulut reposer avec ses ancêtres (2). Son épitaphe, retrouvée de nos jours par M. l'abbé Bandel, curé de Saint-Sulpice-les-Feuilles, était ainsi conçue :

CI-GÎT VÉNÉRABLE M. JEAN BANDEL
VIVANT DOCTEUR EN SORBONNE, CHA-
NOINE OFFICIAL ET VIC. GÉNÉRAL DE LYMO-
GES, LEQUEL DÉCÉDA LE 1ᵉʳ JUIN 1639.
REQUIESCAT IN PACE.
AMEN (3)

(1) Limoges, Ducourtieux, in-18, 334 pages.
(2) Legros, *Dictionn. des grands hommes du Lim.*, inédit.
(3) Bandel, *Dév. à saint Martial*, édit. de 1858 : introd., p. 12.

En 1645, pendant les fêtes de l'Ostension, deux aveugles, l'un de Nedde, l'autre de l'hospice Saint-Gérald, avaient recouvré la vue par l'intercession de saint Martial. Ce double miracle, vérifié par une enquête, ranima la piété publique. L'ancienne châsse tombait de vétusté : il fut question de la remplacer par une châsse en vermeil. A cet effet, fut nommée, par acte capitulaire de Saint-Martial du 7 juin 1645, une commission ainsi composée : Jacques Petiot, Martial de Malden, Jacques Dupeyrat, Pierre de L'Hort, Jacques David et Jean Londey. Les commissaires recueillirent à diverses sources une somme de........ 7,207 l. 11 s.
La dépense devait être de.... 8,207   11

Différence en moins... 1,000   »

Ainsi il manquait mille livres.

Les commissaires, à bout d'expédients, imaginèrent d'échanger contre de menues aumônes les fragments de l'ancienne châsse, qu'ils brisèrent. Ces fragments furent recherchés. Chaque famille apporta ainsi son obole, et les servantes ne furent pas les moins empressées à recueillir des parcelles de la châsse de *leur Saint* (1).

(1) 47 marcs d'argent de l'ancienne châsse, vendus à Léonard Guibert, orfèvre de Limoges, sur le pied de 27 livres le marc, produisirent 1,290 livres 10 sols; la vente

La nouvelle châsse, émaillée, dorée et magnifiquement ornée, représentait en relief plusieurs traits de la vie de saint Martial. Les dessins étaient de Poirier, l'un de nos émailleurs. Ce beau travail fut exécuté à Paris par les orfèvres Claude de Villiers et Pierre Célière, originaire de Limoges (1). Déjà, au mois de mai précédent, ces artistes avaient fourni à Saint-Michel-des-Lions la châsse de saint Loup au prix de 2,500 livres. Ainsi nos artistes honoraient le pays, et le pays continuait de se montrer sympathique aux artistes qui portaient à Paris la gloire de son nom.

En 1652, le 21 octobre, mourut, dans son château de Beauvais, Pierre du Verdier, ce remuant abbé de Saint-Martial dont la vie ne fut qu'une longue querelle, et qui, à force d'avoir tort dans la forme, finit par compromettre les droits de son abbaye. Suivant son désir, il fut inhumé dans la chapelle des Récollets de Saint-Léonard, fondée par un de ses frères.

Charles François de La Vieuville, fils du surintendant général des finances de ce nom, nommé

---

des croix, bagues, *Agnus Dei* et autres orfèvreries pendant l'Ostension avait produit 500 livres 9 sols; il s'ensuit que les aumônes des fidèles s'élevèrent à 6,416 livres 12 sols.

(1) Bandel, *Dévot. à saint Martial*, p. 190. — L'abbé Texier, *Essai sur les émaill.* — M. l'abbé Arbellot, *Bullet. archéol.*, V., 228.

abbé et pourvu de ses bulles le 10 novembre 1652, s'attacha à faire oublier les torts de son prédécesseur. Suivant les écrivains du temps, cet abbé, *savant et exemplaire, aimoit fort ses tres-nobles et tres-religieux chanoines, et remplit le Limousin de la bonne odeur de ses vertus* (1). Collin lui dédia, en 1657, la Vie de saint Amand et de saint Junien. — En 1660, La Vieuville avait échangé l'abbaye de Saint-Martial et le prieuré de Montdidier en Picardie contre l'évêché de Rennes : il mourut à Paris en 1676.

Henri de La Mothe-Houdancourt, son successeur, fut nommé abbé de Saint-Martial en 1660, et archevêque d'Auch en 1662. Il mourut le 24 février 1684, âgé de quatre-vingt-deux ans. Son testament attribuait à l'église Saint-Martial une somme de quatre mille livres, applicable en bonnes œuvres. Launoy lui avait dédié une dissertation contre la tradition qui fixe au premier siècle l'époque de l'apostolat de Saint-Martial (2). L'abbé dut être médiocrement flatté de cette dédicace. Jacques de Courtavel de Pesé, successeur de La Motte-Houdancourt, obtint ses bulles le 30 mars 1684, et mourut en février 1701, âgé de soixante-quinze ans.

(1) M. l'abbé Roy-Pierrefitte, *Hist. de l'abb. de Saint-Mart.* — Collin, *Saints du Lim.* — Legros, *Mém. év. Lim.*, p. 76.
(2) Legros, *Mém. év. Lim.*, p. 77.

VI.

Fin de Saint-Martial de Limoges.

Le dimanche 8 septembre 1790, fête de la Nativité de la sainte Vierge, vers huit heures du matin, un incendie terrible ayant déjà consumé à Limoges deux cent sept maisons, la châsse de saint Martial fut portée processionnellement sur le théâtre du sinistre, et le feu, près d'atteindre le quartier de la Boucherie, s'arrêta comme par miracle. Un peu plus tard, c'est-à-dire au mois de décembre 1790, l'abbaye de Saint-Martial, décrétée propriété nationale, allait être mise en vente, et l'autorité révolutionnaire se présentait à l'église, avec le cortége bruyant de la garde nationale, pour en prendre possession. C'était pendant la grand'messe. Les fidèles écoutaient les paroles du prône : le prédicateur, l'abbé Laire, déconcerta les envoyés de la commune par une apostrophe hardie, et les contraignit de suspendre leur odieuse mission jusqu'après la célébration des saints mystères. Après la messe, l'autorité s'empara de l'église, et apposa les scellés. Le lieu saint fut transformé en corps de garde. Les autels servirent de tables de jeux. Les ornements furent pillés et lacérés. Plus tard, les cloches furent brisées : *Ce fut le jour de Saint-Martial*, dit l'abbé Bullat, *que retentirent au loin les plaintes plutôt que les sons que formaient, en les brisant, les marteaux révolutionnaires.*

Trois semaines après, en exécution d'un arrêté du département, la châsse de saint Martial devait être transférée à Saint-Michel-des-Lions. Le régiment de Royal-Navarre cavalerie, appelé à protéger la translation, ne prêta qu'à regret son concours. La veille, le commandant avait eu soin de couper les cordes des cloches; car on craignait un soulèvement.

La démolition de l'église, commencée en 1791, se prolongea jusqu'en 1807. Les matériaux furent vendus. La spéculation fit pâture des richesses de l'art catholique. Tout périt, même cette châsse fameuse que le XVIIIe siècle regardait comme un chef-d'œuvre. Ainsi finissait l'abbaye de Saint-Martial, ce berceau de la foi et de la civilisation dans notre province (1).

A deux exceptions près, le clergé tout entier

---

(1) A Limoges, les valeurs métalliques provenant de la spoliation des églises produisirent, savoir :

Or, 21 marcs 1 once 2 gros;
Argent, 3,265 marcs 5 onces 5 gros;
Vermeil, 126 marcs 7 onces 6 gros;
Cuivre et cloches, 47,073 livres.

(Bandel, *Dév. à saint Martial*, note, p. 231.)

de la collégiale refusa le serment constitutionnel. Les chanoines s'expatrièrent ou périrent sur les pontons, martyrs de cette liberté sainte que le christianisme a apportée au monde, et dont la ruine allait entraîner l'ébranlement de l'ordre social.

XVI.

LE CONSULAT

I.

Les libertés locales sont la racine des libertés publiques. Comment parler de Limoges, et ne rien dire de l'organisation municipale de la plus libre peut-être des villes françaises du moyen âge? Un écrivain de notre pays, ravi à la science par une mort prématurée, M. Achille Leymarie, mettant en œuvre les inappréciables richesses de nos archives consulaires, a raconté l'histoire de la bourgeoisie de Limoges pour une période qui s'étend du XIIe au XVIIIe siècle. Sans partager toutes les opinions de cet écrivain, c'est cependant à l'aide de son beau travail que, à mon tour, et à un autre point de vue, j'essaierai de dire quelles furent à Limoges, au moyen âge, ces libertés municipales dont nos aïeux furent fiers, et à juste titre ; car, si la servitude est quelquefois un châtiment, la liberté est toujours une récompense.

Pour rencontrer les premières origines communales de notre patrie, il faut remonter jusqu'à la période gauloise. Soumise à la domination de Rome par Jules-César, la ville de Limoges fut, du vivant même de ce conquérant, érigée en municipe romain, put avoir une curie, un sénat et des consuls, et fut ainsi assimilée aux centres les plus favorisés de l'empire. En échange de l'indépendance qu'elle leur ôtait, Rome octroyait aux peuples conquis les formes de la liberté municipale. Du temps de Jules-César, ces formes politiques pouvaient avoir quelque valeur; mais le municipe allait participer du déclin des mœurs publiques. L'institution tendit chaque jour à dégénérer. L'instrument de la liberté fut peu à peu transformé en un instrument de tyrannie, et, sous la main des Césars, la curie ne servit bientôt qu'à opprimer et à pressurer les peuples. Rendus responsables du recouvrement de l'impôt, et appelés ainsi à exercer un ministère odieux, les décurions essayèrent de décliner le dangereux honneur des dignités municipales. Contre toute justice, le despotisme les contraignit d'en assumer le fardeau, et, comme il arrive à toutes les époques de décadence, la loi consentit à se faire la complice du pouvoir. Tel apparaît le municipe gallo-romain sur les déclivités du Bas-Empire. Là, se dérobant aux regards, l'institution se perd et s'enfonce dans l'ombre. Elle subsiste néanmoins : l'éclipse ne sera que momentanée, et, vers le XII° siècle, le municipe reparaîtra dans l'éclat d'une vie nouvelle. A ce moment, affranchi des antiques servitudes, le municipe s'appelle LA COMMUNE, et porte au front le signe de la liberté. Nos pères s'étaient faits chrétiens : le christianisme les fit libres.

II.

Omnipotent dans le municipe gallo-romain, le pouvoir central n'exerce dans la commune catholique qu'une autorité restreinte et pour ainsi dire nominale. La commune catholique est devenue, comme il convient, maîtresse chez elle : personne ne lui demande compte de ses actes ; son autonomie est incontestée. Des magistrats désignés sous l'ancienne dénomination romaine de *consuls* exercent *en son nom*, dans une certaine mesure du moins, le pouvoir législatif, judiciaire et administratif, c'est-à-dire le triple attribut de la souveraineté : condition politique étrange, toute nouvelle, inconnue à Rome, impossible dans le paganisme; condition dont l'existence atteste, dans la société moderne, l'action prépondérante d'une influence *apparemment propice à la liberté!*

Les consuls, au nombre de douze, sont nommés tous les ans par le suffrage des habitants ayant droit de bourgeoisie (1). Investis du pouvoir législatif, ces magistrats décrètent la loi : il serait plus vrai de dire qu'ils la constatent ; car, dans la plupart des cas, leur action se borne à libeller et à enregistrer la coutume. *Cosduma es en esta villa; cosduma es en lo Chasteu de Litmoges :* c'est la coutume dans cette ville, la coutume dans le Château de Limoges : telle est assez ordinairement la formule employée par l'auteur de la loi du moyen âge. Examinées dans leur origine, les coutumes de Limoges se présentent comme un mélange de droit romain et de droit germanique : on y reconnaît l'élément féodal, et l'on y sent la pénétration lente et continue, tous les jours plus sensible, de l'esprit chrétien dans les mœurs et dans les institutions. Les lois stables ne sont, à proprement parler, que les aperçus de la raison, confirmés par l'expérience. Celles dont je parle ont ce caractère : elles procèdent des mœurs ; la société les a produites comme l'arbre son fruit ; elles sont nées toutes faites : c'est pourquoi elles échappent à l'instabilité

---

(1) Ce droit s'obtenait à de certaines conditions ; la principale était de justifier de la possession d'un immeuble dans la commune.

des lois *a priori*, lois de révolutions, éphémères comme la passion, fragiles comme les systèmes. La plus lointaine copie des coutumes de Limoges remonte à l'an 1212, et se voit dans le plus ancien, dans le plus précieux de nos registres consulaires. Le texte de 1212 reparaît, mais modifié et complété, dans le recueil des coutumes de Limoges confirmées, en 1260, par Henri II, roi d'Angleterre, sous la domination duquel était alors la province du Limousin.

Le premier article du code dont il s'agit consacre, dans les termes les plus formels, les plus explicites, le droit politique de la commune. « La *coutume veut* que la communauté du Château de Limoges puisse *élire et créer* des consuls : *eylegissan e crean cossols en dich Chastel* (1). » Aux consuls est attribué le droit de rédiger et de promulguer la loi. Les consuls, dit la coutume, « ont pouvoir de faire ordonnances et règlements, et de publier leurs bans et ordonnances dans le Château par leurs propres crieurs : *los establimens e bans fan publicare credar en dich Chasteu per lors propres huchadors* (2). » Enfin les consuls ont droit de recevoir publiquement, chaque année, le *serment d'obéissance* de la communauté, qui promet de reconnaître leur juridiction.

(1) Leym., *Lim. hist.* I, 580.
(2) *Id.*, *ib.*, I, 586.

La coutume de Limoges serait sans doute très-curieuse à étudier dans ses rapports avec le droit civil ; mais une étude de ce genre excèderait évidemment le cadre modeste dans lequel j'ai dû me renfermer. Je me bornerai donc à dire d'une manière générale que, par toutes ses dispositions, le code consulaire tend à donner à la famille et à la propriété une constitution puissante. Ce code est d'ailleurs conçu dans des vues toujours libérales. S'agit-il du commerce, à Limoges le commerce est libre : tout homme du Château en général, même les étrangers, peuvent exercer le métier qu'il leur plaît. Il ne doit se faire ni convention ni serment entre gens de même métier (1). Tous marchands peuvent vendre leurs draps à coudée et à aune, en gros et en détail, comme il leur convient, et ainsi de toutes leurs autres marchandises : *e eyci de totas autras lors merchanderias* (2). Sous l'empire de ces lois intelligentes, se développera sans obstacle le commerce, source du bien-être et de la prospérité d'une ville à laquelle le sol refuse les richesses agricoles. Quelquefois la prévoyance du magistrat participe de la sollicitude du père de famille : la loi s'ingère dans les habitudes privées, cherche à prévenir les abus de table, le luxe des ajuste-

---

(1) Ceci doit s'entendre en ce sens que la loi prohibe les coalitions de nature à entraver la liberté du commerce.
(2) Leym., *Lim. hist.*, I, 630.

ments, et se préoccupe ainsi de la conservation des mœurs, qui sont la sauvegarde des lois et des institutions.

Outre le pouvoir législatif, les consuls exercent le pouvoir judiciaire. Ces magistrats ont droit de haute, moyenne et basse justice. Ils ont un juge civil, un prévôt ou juge criminel, un procureur, un greffier, un avocat et des sergents. Ils connaissent de toutes les causes civiles sans exception, et, dans l'ordre criminel, appliquent toutes les peines, même la peine capitale. Les litiges donnant ouverture à des reprises de moins de soixante sous sont jugés sommairement et sans écritures. Leur police connaît des fausses mesures : ils *mulctent* et punissent comme ils l'arbitrent, selon la qualité du délit. Les consuls, dit la loi, en leur nom et au nom de la communauté, arrêtent les meurtriers, larrons, incendiaires et autres malfaiteurs (1). Les consuls infligent la peine, et font donner la punition aux criminels condamnés à mort (2). Les consuls s'enquièrent d'office des méfaits secrets, punissent et font punir les coupables selon la qualité du crime (3). Les consuls ont fourches et prison en leur nom et au nom de la communauté :

---

(1) Leym. *Lim. hist.*, 1., 582.
(2) *Id., ib.,* 584.
(3) *Id., ib.,* 584.

li cossols han carcer en nom de lor e de la communitat, e forchas (1).

Enfin les consuls sont chargés du pouvoir exécutif. Comme tout pouvoir régulier, le leur est limité, mais absolu dans la sphère de son action. Les consuls ont un sceau ; ce qui, au moyen âge, est regardé comme un des signes de la souveraineté. La garde du Château et de ses habitants et le gouvernement de la forteresse leur appartiennent. Ils convoquent et licencient les milices, peuvent ouvrir et fermer à leur gré les portes de la ville, ont des armes et un arsenal et des officiers chargés de l'exécution de leurs ordres. Ils font punir ceux qui transgressent leurs ordonnances ou insultent leurs officiers. Ils peuvent imposer des tailles quand ils le jugent convenable. Leur juridiction s'étend sur toutes les choses pécuniaires. Ils taxent le blé et le vin, et placent des gardes afin qu'on ne vende rien qui soit corrompu. Ils président à l'édilité publique, peuvent faire planter des arbres dans la ville, font entretenir les étangs et les fontaines, réparer les murs et les pavés. Des bancs spéciaux leur sont réservés dans les lieux publics. Du poisson et du gibier sont entretenus pour eux dans les fossés du Château. Leurs ordres sont obéis de tous. Leurs décisions sont

(1) Leym., *Lim. hist.*, I, 584.

sans appel. Une compagnie de cavalerie, composée des cent cinquante principaux bourgeois, forme leur garde. On les appelle *seigneur*, et, en parlant de leurs administrés, ils disent *nos sujets*.

Dans la société que le christianisme a formée, *celui qui commande doit être comme celui qui sert*. Ainsi, au XIII° siècle, le comprenait saint Louis; ainsi, dans leur modeste sphère, le comprenaient les magistrats du moyen âge. Avant d'entrer en fonctions, ces mandataires, ces serviteurs, ces princes du peuple, prêtent serment sur les saints Évangiles de procurer *de tout leur pouvoir le bien et avancement* de la communauté, qui leur a confié pour un an ses destinées. Ils exerceront d'ailleurs leur magistrature gratuitement, ne recevront ni salaire ni indemnité, ne pourront rien acheter ni rien vendre à la commune; ils n'intenteront, en tant que citoyens, aucune action personnelle contre aucun habitant pendant la durée de leurs fonctions, et ne recevront aucun présent, *pas même du roi*, si ce n'est par l'intermédiaire du corps consulaire. Leurs ordonnances, rédigées en langue limousine ou langue romane jusqu'au commencement du XVI° siècle, témoignent à chaque ligne d'un respect religieux pour tous les droits, d'une paternelle sollicitude pour tous les intérêts.

Telle fut la commune catholique du moyen âge. Ce régime, si différent du régime gallo-romain, a duré à Limoges environ quatre cents ans, et, chose digne de remarque! pendant ces quatre siècles, l'histoire, si accessible à tous les mauvais bruits, si avide de scandale, n'enregistre pas une plainte, ne signale à Limoges ni révolte ni désordre grave (1).

III.

La liberté suit le sort du dogme catholique : nous avons vu les libertés communales de Limoges grandir et se développer avec l'idée chrétienne ; il nous reste à voir ces mêmes libertés décroître en proportion de la diminution des croyances. Le parallélisme est frappant, et sera certainement remar-

(1) Les communes en France n'eurent ni même origine, ni mêmes droits, ni mêmes libertés, ni même forme d'administration. Les magistrats municipaux, désignés chez nous sous le nom de *consuls*, portèrent ailleurs les titres de *maire*, d'*échevins* et de *jurats*. Des causes très-diverses déterminèrent une extrême variété de régime. A Limoges, par une exception remarquable, les institutions municipales se développèrent librement, et cette ville peut être regardée comme l'un des types les plus complets de la commune du moyen âge.

Si j'écrivais une histoire générale, je devrais montrer comment en France la féodalité fit souvent obstacle aux libertés légitimes dont le christianisme avait posé les principes ; mais les questions qui se rattacheraient à cet ordre d'idées sortent évidemment de mon sujet.

qué des esprits sérieux. C'est au xv⁰ siècle que l'édifice catholique commence d'être miné par l'infiltration persistante et progressive de l'idée païenne dans la société chrétienne. Jusque là la commune avait résisté aux assauts qui purent lui être livrés par la féodalité; mais, à cette époque, toute vigueur semble l'abandonner; toute attaque la trouve sans défense, et aboutit pour elle à une nouvelle défaite. La royauté du xvᵉ siècle fait de toutes parts brèche dans la commune. Je citerai quelques faits et quelques dates. En 1470, sous prétexte de brigue dans l'élection des consuls, Louis XI change arbitrairement le mode d'élection directe, et le remplace par un système d'élection à deux degrés. En 1476, les consuls sont supprimés, et remplacés par un maire et sept échevins, et ne sont rétablis qu'en 1484. En 1537, ces magistrats, par arrêt du parlement de Paris, sont dépouillés du droit de justice au profit d'Henri d'Albret, roi de Navarre, vicomte de Limoges. Le droit des consuls en matière de levée de taxes est tout aussi peu respecté : en 1558, sous le titre de *généralité*, Limoges devient le siége de trente-six officiers de finance, dits trésoriers généraux de France, qui connaîtront en première instance de toutes les causes relatives à l'impôt. Ainsi vont tombant une à une ces antiques libertés communales que l'État, ébranlé par le schisme, ne veut plus tolérer, et que la commune, menacée dans l'unité de sa foi, ne sait plus défendre.

Il resterait à retracer l'histoire de la commune de Limoges pendant le xvıı^e siècle; mais, à cette époque, le consulat, dans lequel se personnifierait cette histoire, n'est plus qu'une ombre de lui-même : la commune est morte à la liberté politique. L'institution tombe en ruines. Si j'allais au-delà, le lecteur n'aurait peut-être pas la patience de me suivre.

En résumé, le christianisme c'est l'unité dans la vérité, et l'UNITÉ DANS LA VÉRITÉ C'EST LA LIBERTÉ !

LIVRE DEUXIÈME

ÉTUDES BIOGRAPHIQUES

I.

SUSANNE DE LA POMÉLIE

(1571-1616).

Sous le titre d'*Études historiques*, la première partie de cet ouvrage a été consacrée au développement des faits généraux. La deuxième se composera d'une série d'*Études biographiques*. Une noble et héroïque jeune femme se rencontrera la première sur la route nouvelle que nous allons parcourir.

Susanne de La Pomélie, née en 1571, au château de La Pomélie, de parents calvinistes, fut élevée dans le schisme. Lorsqu'elle eut vingt ans, ses parents la marièrent à noble Jehan de La Tour, seigneur de Neuvillars, l'un des principaux chefs de la prétendue réforme en Limousin. Pour la noblesse du xvie siècle, la question religieuse cache une question politique. Cette aristocratie que Louis XI a abattue espère, à la faveur des déchirements religieux, ressaisir son indépendance. En attaquant l'Église, c'est surtout la royauté que la noblesse voulait atteindre, et, en paraissant préconiser la démocratie, c'est sa propre autorité qu'elle entendait affermir. Tactique aveugle, qui, mettant en question toutes les croyances, ébranlant toutes les institutions, ira à la ruine de l'État et de l'aristocratie elle-même!

Susanne de La Pomélie avait donc respiré dès le berceau les influences calvinistes. Quelquefois, après son mariage, la jeune femme voyait la mère du Verdier d'Orfeuilhe, sa tante, Bénédictine à l'abbaye de la Règle de Limoges. L'entretien roulait assez ordinairement sur la question religieuse, et les dogmes controversés au XVIIe siècle étaient naturellement ceux qui occupaient le plus de place dans la conversation. Sous des semblants de vérité, le protestantisme cache des abîmes d'inconséquences : c'est ce que la tante essayait de démontrer, et Susanne le comprenait. Son cœur, dont aucune passion mauvaise n'avait altéré les nobles instincts, allait comme de lui-même au-devant de la vérité. Ses yeux se reposaient avec complaisance sur les splendeurs du dogme catholique. Peu à peu l'adhésion de sa pensée à la foi romaine était devenue complète; mais la crainte de s'aliéner le cœur de son mari la rattachait encore, au moins extérieurement et en apparence, au parti de l'erreur. L'appréhension des orages qu'allait immanquablement susciter la manifestation de sa croyance la glaçait d'effroi. Elle dissimulait donc, et se soumettait en gémissant à des pratiques contre lesquelles protestaient à la fois sa raison et sa conscience. Cette fausse situation, cette lutte sans dignité, la rendirent long-temps très-malheureuse.

Les épanchements de l'intimité eussent allégé les peines de la jeune femme; l'amitié eût apporté quelque soulagement à ses maux ; mais, reléguée dans les solitudes du Limousin, enfermée et comme murée dans le cercle du calvinisme, Susanne ne rencontrait, au château de Neuvillars, aucune créature à qui elle pût ouvrir son cœur. « Je trouve en ses mémoires, dit son premier et principal biographe (1), qu'en ce temps-là une de ses grandes consolations étoit de passer les matinées des dimanches et des fêtes à une haute fenêtre du château, et de contempler de là tout à son aise les populations catholiques se rendant file à file à l'église du hameau. Elle les suivoit de l'œil si loin que sa vue se pouvoit étendre ; et, lorsque sonnoit la cloche rustique, elle s'agenouilloit et prioit. » Susanne de La Pomélie enviait à ces pauvres paysans la sainte liberté qu'ils avaient d'aller à Dieu : *Que sert la naissance*, disait-elle, *si la noblesse de la*

---

(1) Le P. du Sault, *Œuvres : Vie de Susanne de Neuvillars*, p. 686.

terre nous fait perdre la noblesse du ciel? Quelquefois elle pleurait, et de jour en jour appelait avec plus d'ardeur la source d'eau vive, l'ombre et le repos. Privée de la consolation d'adorer Notre-Seigneur dans ses sanctuaires, Susanne chercha à l'honorer dans les pauvres. Les malheureux lui devinrent sacrés : son cœur se plut à les aimer ; ses mains apprirent à les servir. Les malades la virent à leur chevet : elle pansait leurs plaies, et plus d'une fois ses lèvres s'approchèrent avec respect du bandage qu'elle venait d'appliquer à leurs blessures.

La fréquence des bonnes œuvres agrandit le cœur : Susanne de Neuvillars, à qui j'emprunte cette belle maxime, et qui la répétait souvent, avait en effet senti son cœur *s'agrandir* par la pratique du bien. La force morale lui était venue. Aux timidités du premier moment succédait chez elle l'intrépidité sereine de la foi. Résolue de tout perdre plutôt que de perdre Dieu, il lui tardait de briser l'odieuse chaîne qui la retenait captive ; elle fit un dernier effort, et sous sa main courageuse tombèrent les obstacles qui l'avaient long-temps arrêtée. Un religieux de l'ordre de Saint-François, le P. Florent, Récollet, exerçait alors à Limoges cette espèce particulière d'influence que Dieu a attachée à la pratique des grandes vertus. Il passait pour l'un des plus habiles maîtres de la vie spirituelle.

C'est entre les mains de ce saint religieux, dans l'église Saint-Gérald, le dimanche des Rameaux de l'an 1594, que Susanne de La Pomélié de Neuvillars fit son abjuration. Le même jour, pour la première fois, agenouillée au pied des autels, Susanne participait au banquet eucharistique. Elle avait alors vingt-trois ans.

L'évènement fit beaucoup de bruit. L'abjuration d'une femme de ce rang et de ce caractère était pour le parti calviniste un échec considérable. La famille s'émut ; les esprits s'irritèrent. Humilié dans son orgueil de chef de parti, Jehan de La Tour de Neuvillars éclatait en reproches sanglants ; les orages se succédaient ; les persécutions domestiques durèrent plusieurs années. Mais Dieu, à qui Susanne avait donné la foi, la soutint dans le combat. Un jour que son beau-père la fatiguait de ses remontrances, émue et offensée : *Monsieur*, répondit-elle avec fermeté, *c'est assez dit : ma résolution est irrévocable. Prenez mes biens : mon âme est à moi. J'entends vivre et mourir catholique : telle est ma résolution : telle sera, j'espère, ma dernière volonté!* La dignité unie à la patience, la douceur, le dévoûment, l'action d'un esprit supérieur, l'irrésistible ascendant de la vertu, finirent par triompher de toutes les colères : c'est à force de mériter le respect que la jeune femme reconquit la tendresse de son mari.

Le P. Aubery, recteur du collége de Limoges, et le P. Rigon-Sales, l'un et l'autre entourés d'une vénération justement méritée, furent les instruments dont Dieu se servit pour diriger Susanne de La Pomélie, l'encourager et la soutenir tant que durèrent les jours d'épreuves.

L'espace manque pour dire ici quelle fut cette femme si vénérée des contemporains, si grande, si humble, si magnanime dans les obscures obligations de la vie. Chargée du gouvernement d'une maison opulente, elle pourvoit à tout, règle tout, dirige les serviteurs, répartit les emplois, perçoit les rentes, surveille l'application des revenus. Lorsqu'ils honorent de leur présence le château de Neuvillars, les amis de son mari, quoique protestants, sont accueillis avec une grâce toujours nouvelle. Si des différends éclatent dans les ménages, les parties viennent à Susanne de Neuvillars comme à la médiatrice obligée de toutes les réconciliations. Les serviteurs ont ordre de n'écarter de la porte du château aucun pauvre : *Que savez-vous*, dit-elle, *si, sous la personne de l'indigent, ce n'est pas Notre-Seigneur lui-même qui nous vient éprouver?* Par égard pour M. de Neuvillars, elle dissimule et cache ses bonnes œuvres, et ne prie qu'à la dérobée. « Souvent, après le soleil couché ou avant le lever du soleil, dit son biographe, elle montoit sur l'une des tours du château : là, sous un ciel étoilé ou illuminé des splendeurs de l'aube, elle prioit, et, l'œil baigné de larmes, demandoit à Dieu la conversion du cher compagnon de son pèlerinage. » Dans ce ménage où les âmes étaient si profondément divisées, la paix d'un seul devenait la paix de tous. *Je vis doucement avec mon mari*, écrit à un ami madame de Neuvillars : *Dieu le permet, Dieu l'ordonne : voudriez-vous que je fisse un enfer de ma maison?* Que de mansuétude! que de bonté dans ces mots! Les préjugés de Jehan de Neuvillars, autrefois furieux, maintenant dominés et contenus par je ne sais quelle force supérieure, ressembloient au flot qui expire sur le rivage. Susanne de Neuvillars sentait de jour en jour sa domination s'affermir. Elle avait obtenu de son mari que leurs enfants fussent élevés dans la religion catholique. La famille se composait de deux garçons et de plusieurs filles. Tous par la suite se montrèrent dignes de leur mère. Les garçons étaient alors fort jeunes. On les mit à Limoges, afin qu'ils pussent suivre les cours du collége. Ce fut leur mère qui les accompagna. En les présentant au père recteur : *Mon père*, dit-elle, *l'héritage que je leur veux laisser c'est un peu de science et beaucoup de vertu*. Elle mit près d'eux un gouverneur, leur donna un valet de chambre, et se plut à parer leur intérieur de quelques-unes de ces élégances de la vie qui sont comme l'auréole du jeune âge. La condescendance maternelle ne connaissait chez elle d'autre limite que celle du devoir. Son principe était d'accorder à la jeunesse tout ce qui tend à la détourner des plaisirs coupables : *Trop d'économie*, disait-elle, *coûte quelquefois bien cher aux familles!* Après le bonheur d'aimer Dieu, son bonheur était de le faire aimer. Par ses soins, deux de ses jeunes belles-sœurs abjurèrent le calvinisme. M. de Luchat, son frère du côté maternel, fut aussi converti par elle. Sa sollicitude s'étendait à tous, même aux subalternes. Elle regardait les serviteurs comme des âmes dont la divine Providence lui avait confié le soin : *Mes enfants*, disait-elle à ses domestiques, *le cœur de notre bon Maître est ouvert à tous, surtout aux simples et aux petits. La cuisinière, si elle est plus charitable que la reine, passera avant la reine dans le ciel* (1). Égalité des âmes dans l'inégalité des conditions! Ainsi le principe catholique implique l'idée d'un redressement ultérieur, de l'ordre actuel, redressement équitable et nécessaire, désiré et attendu; mystère consolant et doux, qui seul peut réconcilier la raison avec les anomalies quelquefois si étonnantes des hiérarchies humaines! Susanne se plaisait à répéter le mot de saint Paul : *Qui n'a pas soin des siens, et particu-*

---

(1) Le P. du Sault : *Œuvres*, p. 735.

lièrement de ceux de sa maison est pire qu'un infidèle (1).

Remarquons, puisque l'occasion s'en présente, de quelle manière le xvii⁰ siècle comprend les rapports de maître à domestique. La mère de famille ne croit pas avoir satisfait à toutes ses obligations si elle n'a pris soin de son serviteur, si elle ne l'a assisté en ses besoins, servi dans ses maladies, et consolé dans ses afflictions. Elle se croit chargée de préparer son intelligence à la lumière, d'assouplir son âme à la vérité, d'asseoir et d'affermir ses pas dans le bien. Le serviteur fait partie du petit monde que protége sa sollicitude, et dont la divine Providence lui a confié le gouvernement. Le serviteur est l'une des pièces essentielles de la paix et du bonheur domestique. Il y concourt et il en jouit. Il participe aux joies et aux peines, aux prospérités et aux vicissitudes, à tous les sourires et à tous les deuils. La dignité de son ministère l'autorise à *tutoyer* ses jeunes maîtres, et lui méritera l'honneur d'être un jour tutoyé par eux. Lorsque le serviteur parle de la famille, il dit *nous*, et, lorsque la famille dit *nous*, il se rend la justice de croire que c'est aussi de lui qu'il s'agit. Rela-

(1) Si quis autem suorum et maxime domesticorum curam non habet, fidem negavit, et est infideli deterior. (I. Tim., v. 8).

tions sublimes, fondées de part et d'autre sur le sentiment du devoir, cimentées de respect et d'amour, entretenues par la communauté de foi et de prière! Qui de nous, sous son propre toit, n'a connu, qui de nous n'a aimé et peut-être vénéré le serviteur d'autrefois, ce type de fidélité dont le christianisme avait doté la famille?

Suivant un écrivain dont je me plais à invoquer le témoignage (1), les domestiques de notre pays se faisaient remarquer par leur attachement pour leurs maîtres. Ils changeaient peu de condition. Ils se montraient assidus, laborieux et sobres. Ils étaient si naturellement économes que la plupart faisaient des réserves sur des gages dont aujourd'hui la modicité nous étonnerait. Ces épargnes avaient presque toujours une noble destination. Le pécule du serviteur allait à sa pauvre famille, substantait la veuve, ou dotait l'orpheline. Quelquefois survivant à tous les siens, resté seul au monde, le domestique léguait aux enfants de sa bonne maîtresse ses humbles épargnes, et sa dernière pensée était un dernier témoignage de respect et d'amour. Ainsi se réfléchissaient dans ces âmes simples et droites les vertus de la famille. Le serviteur aimait parce qu'il se

(1) J.-J. Juge, *Changem. surv. dans les mœurs des habitants de Limoges*, p. 20., in-8, Limoges, 1817.

sentait aimé; il croyait en Dieu parce que ses maîtres croyaient en Dieu; il inclinait au bien parce qu'il en trouvait partout l'exemple autour de lui. Les égards dont il était l'objet l'avertissaient d'ailleurs de ne s'écarter point de ceux qu'il devait à ses maîtres. Il était d'usage, dit l'écrivain que je citais tout à l'heure, de n'exiger des serviteurs pendant leur repas aucun service : cet usage, comme tous les autres, se perpétuait dans un proverbe : *Quand César avait dîné*, disait-on, *il laissait dîner ses gens*. Le maître, dans son testament, se souvenait des serviteurs : au domestique qui l'avait bien servi il léguait en mourant un logement, une pension viagère, une rente en argent, en blé, etc.

Je me résume : au XVIIe siècle, le serviteur fait partie intégrante de la famille; de nos jours, il en est comme exclu : le lien religieux qu'il y rattachait a été brisé. Cette révolution qui atteint la famille dans l'un de ses éléments constitutifs se fait sentir partout, et a déjà pris les proportions d'un malheur social. Étranges générations que les nôtres! Leurs rapides soleils n'éclairent, dans l'ordre moral, que des ruines : rien ne les décourage, et, satisfaites d'elles-mêmes, ces heureuses générations chantent l'hymne du progrès sur les débris de leurs institutions anéanties.

Ainsi, aux yeux de Susanne de La Pomélie, le

soin des serviteurs était une des obligations essentielles de la mère de famille. Cette femme si dévouée à tous les siens, si tendre, si aimante, si douce envers ceux qui l'entouraient, était envers elle-même d'une rigueur inexorable. Elle se consumait d'abstinences et de jeûnes secrets, dit son biographe, portait un cilice, et se soumettait à des macérations sanglantes. Plus d'une fois, au cœur de l'hiver, accompagnée seulement de ses femmes, elle se rendit à Saint-Léonard ou à Limoges à pied, franchissant une distance de quatre à cinq lieues, pour acquitter un vœu ou suivre quelque pieuse cérémonie. Plus d'une fois les neiges dont ses pieds avaient effleuré la blanche surface trahirent le mystère de ses infatigables charités. Depuis sa conversion, elle s'interdisait les vêtements de prix : *Ces sortes de vêtements*, disait-elle, *ne sont plus pour moi!* Elle embrassait la croix, et Notre-Seigneur en revanche la comblait de ses plus précieuses faveurs. Il daignait se communiquer à elle dans l'oraison, et l'élever aux plus hautes régions de la vie contemplative.

Les directeurs de Susanne de Neuvillars, la voyant si avancée dans les voies de la vie surnaturelle, lui imposèrent l'obligation d'écrire ce qui se passait en elle dans l'oraison. Elle obéit. Cette histoire d'une âme, ces pages intimes qui ne seraient peut-être pas aujourd'hui sans intérêt ont péri; mais le P. du Sault a connu le travail, et les passages qu'il en cite contiennent des pensées élevées. *Celui qui prend son âme en vain,* disait Susanne de Neuvillars, *ne verra pas Dieu.* Suivant elle, *Dieu donne des commissions : il faut obéir, et ne s'inquiéter de rien.* Suivant elle encore, *notre cœur a deux portes : l'une vers la terre, l'autre vers le ciel.* A son avis, *les passions et les affections sont comme des entraves aux pieds du voyageur.* Elle avertit l'âme fidèle de *chercher Dieu au-dessus de tout ce qui n'est pas Dieu.*

Son temps se partageait entre les obligations de la vie extérieure et la méditation. Les plus longs entretiens de Susanne de Neuvillars, dit son biographe, étaient avec Dieu. Quelquefois Notre-Seigneur se manifestait à elle sous une forme extérieure et sensible. D'autres fois le divin Maître, lui parlant sans aucun signe, sans aucune représentation sensible, agissait en elle dans la suprême région de l'esprit (1). C'est sans-doute dans une de ces communications intimes que Susanne de La Pomélie fut avertie par une révélation de sa fin prochaine. Cette communication la laissa calme et courageuse. Un redoublement de ferveur

---

(1) Le P. du Sault, *Œuvres*, p. 769. Voir, au sujet de ces deux modes de communication de Dieu avec l'âme, la *Vie de sainte Térèse écrite par elle-même.*

et des communions plus fréquentes la préparèrent au dernier passage. Elle distribua aux églises ses plus riches vêtements, fonda dans sa paroisse une lampe perpétuelle, et fit à diverses communautés de Saint-Léonard et de Limoges des aumônes considérables.

Cette grande servante de Dieu tomba malade au château de Neuvillars le 20 mars 1616. M. de Neuvillars, toujours l'un des affidés de la prétendue réforme, était alors à Loudun, à l'assemblée générale des calvinistes. Instruit de la maladie de sa femme, il se hâta de revenir en Limousin, mais n'arriva chez lui que le 7 avril, vers une heure du matin. Susanne n'avait plus que quelques heures à vivre. La vue de son époux parut un instant la ranimer. Elle lui prit la main, et, d'une voix défaillante, le conjura de songer à son salut et au salut de leurs enfants. Le dernier vœu de l'épouse chrétienne fut pour le bonheur éternel de ceux qu'elle avait aimés sur la terre. Quelques instants après, Susanne de La Pomélie, dame de Neuvillars, s'endormait dans la paix de Notre-Seigneur. Elle s'éteignit le 7 avril 1616, entre trois et quatre heures du matin. C'est dans l'humble église de Saint-Bonnet, canton de Pierre-Buffière, que la noble châtelaine attend le dernier réveil.

Jehan de La Tour de Neuvillars comprit l'étendue de la perte qu'il venait de faire. Il fut inconsolable, et ne survécut à sa femme que six mois. Pendant sa dernière maladie, la conscience chez lui recouvra ses droits : il demanda à plusieurs reprises un prêtre catholique ; mais deux gentilshommes huguenots, tout-puissants dans la maison, fermèrent les portes, et le prêtre fut écarté. Dans cette situation, Jehan de Neuvillars prit à témoin de ses véritables sentiments le médecin qui le soignait. Il protesta à plusieurs reprises de son retour à la vraie foi, déclara vouloir mourir dans le giron de l'église catholique, et c'est en pressant le crucifix sur ses lèvres que le bon gentilhomme rendit le dernier soupir. Instruit de ce qui s'était passé, le curé de la paroisse revendiqua le corps du défunt, le fit transporter à l'église, et, au grand déplaisir des calvinistes, procéda à l'inhumation selon les rites catholiques (1).

Le château qu'habita Susanne de La Pomélie de Neuvillars n'existe plus. Une maison à la moderne remplace l'antique manoir, et le pèlerin chercherait en vain la tour du haut de laquelle Susanne suivait de l'œil les paysans *qui se rendoient file à file à l'église du hameau.*

(1) Le P. du Sault, *Vie de madamoiselle de Neuvillars*, Paris, Sébastien Cramoisy, 1649, in-12, 310 pages, avec portrait ; rare. Cette Vie se trouve reproduite dans les œuvres complètes du P. Nicolas du Sault, in-4. — Voir Collin, *Vies des Saints du Lim.*, p. 101.

Un de nos amis, désireux comme nous de sauver de l'oubli les traditions éparses de notre pays, a recueilli sur les lèvres des paysans de la contrée qu'habita Susanne de Neuvillars une ancienne ballade que la noble dame aura murmurée quelquefois peut-être sur le berceau de ses enfants. Le lecteur que ne rebuterait pas la forme un peu fruste du dialecte local sourira sans doute à l'une des plus gracieuses, des plus touchantes compositions du moyen âge :

LOU SOUDARD.

Quand lou soudard ve de lo guerro,
Se cregio tout dret nâ châ i (1).

Ne troubo mâ lo chambriero :
« Ent'ei lo maîtresso d'eici ?

— Lo nei morto mai enterrado,
Soudard, deupei ahier mandi ! »

Mâ lou soudard n'au vau pâ creire :
Sur lou toumbeu o sen anei.

O n'y restei pas un quart d'houro
Que lou toumbeu se renversei.

---

(1) Chez eux, *châ i*, le foyer, le toit conjugal. Cet idiotisme n'a pas d'équivalent en français : c'est le *chez nous* employé à la troisième personne.

Alein o veû sa douç'amio,
Qu'ei tant blancho coumo lou jour.

« Relevo-te, ma douç'amio,
Que nous nous embrassan tous dous.

— Coumo vouei-tu que io t'embrasse?
Notrâ bouchâ s'accordein pâ :

Lâ miâ paubrâ seintein a terra ;
Lâ touâ, galant, ros'e muguei.

Lous aneus que tu me chateirei
Sount tous qui à moun pitit de.

Lous balio pâ a jaunâ fillâ
Que lâ se mouquarian de me.

Balio-lous à 'no paubro vevo,
Que prejoro bien Diau per me.

LE SOLDAT.

Quand le soldat vint de la guerre,
Il crut tout droit aller *chez eux*.

Il ne trouve que la chambrière :
« Où est la maîtresse d'ici?

— Elle est morte, elle est enterrée,
Soldat, depuis hier matin ! »

Mais le soldat n'en veut rien croire :
Vers la tombe il porte ses pas.

A peine y fut-il un quart d'heure
Que le tombeau se renversa.

Au fond, il voit sa douce amie
Qui est blanche comme le jour.

« Relève-toi, ma douce amie,
Que nous nous embrassions tous deux.

— Comment veux-tu que je t'embrasse ?
Nos lèvres ne s'accordent plus :

Les miennes, pauvres, sentent la terre ;
Les tiennes, galant, la rose et le lilas.

Les anneaux que pour moi tu achetais
Sont encore à mon petit doigt.

Ne les donne pas à de jeunes filles :
Elles se moqueraient de moi.

Donne-les à quelque pauvre veuve :
Pour moi une veuve priera. »

Le lecteur remarquera combien, par la naïveté du sentiment et la pureté de la touche chrétienne, la cantilène rustique du moyen âge est supérieure aux compositions analogues d'un âge plus récent. Le poète reste dans le cercle des affections légitimes. Sa poésie respecte les lois de la morale, et satisfait ainsi à l'une des principales conditions de la beauté dans les arts. Le chant d'ailleurs est en harmonie avec le poème. Ces quelques notes gémissent comme la brise d'automne sur la cime de nos châtaigneraies. M. Gabriel d'Aigueperse, qui, le premier, édita cette ballade, en 1857, dans *le Chroniqueur du Périgord et du Limousin* (1), y joignit une autre pièce, qui, aujourd'hui encore, se chante en chœur avec beaucoup d'entrain par nos paysans la veille du jour de l'an. Le *Guilaneu* se rencontre, avec des variantes, en Bretagne, en Languedoc et dans plusieurs autres provinces de France. La popularité du morceau le signalait à l'attention des savants. Quelques-uns, dans le mot *guilaneu*, ont cru retrouver le fameux *au gui l'an neuf* des Druides, et leur opinion n'est peut-être pas sans fondement. La pièce, dans tous les cas, remonterait à un âge reculé, et se présenterait comme le plus antique peut-être de nos chants nationaux. Ce qui est dit ici des paroles doit s'entendre aussi de la mélodie; mais il ne m'appartient pas de traiter la question musicale : une autorité compétente a bien voulu prendre ce soin. Grâce à M. Charreire, le lecteur qu'intéresserait la question trouvera sur ce point toute satisfaction dans les pièces justificatives.

(1) P. 272.

LOU GUILANEU.

Riba, riba, sount arriba !
Lou guilaneu lour faut dounâ,
    Gentil seignour !
Lou guilaneu lour faut dounâ
    Aux coumpagnous !

De lâ poumâ, de lâ perâ :
Lou guilaneu lour faut dounâ !

Dau jaquei, de lâ boursadâ :
Lou guilaneu lour faut dounâ !

Dau calau, de lâ nausillâ :
Lou guilaneu lour faut dounâ !

De l'argein blan, de lâ sônâ :
Lou guilaneu lour faut dounâ !

Diau mantegne votre bouyer,
Qu'entrete lou blad au granier :
Lou guilaneu lour faut dounâ !

Levo-te, vieillo, dau fouger
Per coupâ de lard un quartier :
Lou guilaneu lour faut dounâ !

LE GUILANEU.

Arrivés, arrivés, sont arrivés !
Le guilaneu leur faut donner,
    Gentil seigneur !
Le guilaneu leur faut donner
    Aux compagnons.

Des pommes, des poires :
Le guilaneu leur faut donner !

Des châtaignes vertes ou sèches :
Le guilaneu leur faut donner !

Des noix et des noisettes :
Le guilaneu leur faut donner !

De l'argent blanc et des sous :
Le guilaneu leur faut donner !

Que Dieu garde votre bouvier,
Qui fournit de blé le grenier !
Le guilaneu leur faut donner !

Lève-toi, vieille du foyer,
Et coupe de lard un quartier :
Le guilaneu leur faut donner !

Recueillir dans nos campagnes les monuments d'un dialecte qui bientôt peut-être aura disparu c'est rendre un vrai service à l'histoire de la langue. M. Gabriel d'Aigueperse a transcrit deux autres chants limousins *inédits*. Les deux pièces me paraissent mériter d'être conservées. Sauf les dernières stances, que déparent des détails vulgaires et que j'ai supprimées, la ballade de *Marguerite* est remarquable :

MARGARITO.

Sous lou pount d'Allioun
Margarito l'y lavo :
Chanto, roussignoulet!
Margarito l'y lavo.

Lo l'y lavo tant tard!
Lo luno l'écliairavo :
Chanto, roussignoulet!
Lo luno l'écliairavo.

Per aqui van passâ
Trei cavaliers de guerro :
Chanto, roussignoulet!
Trei cavaliers de guerro.

Se dit lou pû dovant :
Moun Diau! lo gento fenno!
Chanto, roussignoulet!
Moun Diau, lo gento fenno!

Se dit l'autre d'aprei :
Fuguei-lo mi'epousado!
Chanto, roussignoulet!
Fugeei-lo mi'epousado!

Mâ, disse lou dorei,
Beleu l'ei maridado :
Chanto, roussignoulet!
Beleu l'ei maridado.

Auvo, moun fî, auvo
Que disein de to fenno :
Chanto, roussignoulet !
Que disein de to fenno.

Que disein-t-î, mo mai ?
Disein-t-î que l'ei gento ?
Chanto, roussignoulet !
Disein-t-î que l'ei gento ?

Disein pâ co, moun fî :
Disein qu'ei bandounado :
Chanto, roussignoulet !
Disein qu'ei bandounado !

MARGUERITE.

Sous le pont d'Alléon
Marguerite va laver :
Chante, rossignol !
Marguerite va laver.

Elle y lava bien tard !
La lune l'éclairait :
Chante, rossignol !
La lune l'éclairait.

D'aventure passèrent
Trois cavaliers de guerre :
Chante, rossignol !
Trois cavaliers de guerre.

Le premier des trois dit :
Mon Dieu ! la belle femme !
Chante, rossignol !
Mon Dieu, la belle femme !

Ah! dit celui d'après,
Fût-elle ma fiancée!
Chante, rossignol!
Fût-elle ma fiancée!

Mais, dit le dernier,
Peut-être est-elle mariée :
Chante, rossignol!
Peut-être est-elle mariée!

Écoute, mon fils, écoute
Ce qu'ils disent de ta femme :
Chante, rossignol!
Ce qu'ils disent de ta femme.

— Que disent-ils, ma mère?
Disent-ils qu'elle est belle?
Chante, rossignol!
Disent-ils qu'elle est belle?

— Ils ne disent pas cela, mon fils ;
Ils disent que c'est une abandonnée!
Chante, rossignol!
Ils disent que c'est une abandonnée!

Le mari, transporté de jalousie, frappe sa femme d'un coup mortel. Marguerite, en tombant, maudit sa belle-mère : « *Qu'elle soit*, dit-elle, *brûlée sous tes yeux, et sa cendre jetée à tous les vents de France!* » Mais, avant d'expirer, Marguerite a demandé un prêtre, et sans doute en mourant elle aura pardonné.

L'autre pièce est intitulée *l'Arnaud l'infant*. *Arnaud* veut dire *Arnold*, et *infant*, en langue romane, signifie l'héritier de la race. Le héros du poème est donc un chevalier, l'héritier d'une noble maison. La Bretagne possède comme nous la légende d'*Arnold*. La version limousine est remarquable par la naïveté de la diction et l'agencement des diverses parties du récit. C'est toute une scène ; c'est un drame qui laisse voir une foule de personnages. Il est remarquable que des souvenirs de chevalerie perdus ailleurs se soient conservés dans nos chaumières.

L'ARNAUD L'INFANT.

L'Arnaud l'infant tourno dau camp
O n'ei tant triste, tant doulent !
Quand so mai lou veu revenir,
De plosei se po pas tenir.

LA MÈRE.

Rejauvi-te, l'Arnaud l'infant :
To fenno ho gu un bel efant.

ARNOLD.

Per mo fenno ni per moun fî
Ne pode pas me rejauvî :
I'ai trei balâ dedin moun corps :
Lo mindro me meno a lo mort.
Ah ! mo mai, fazei-me moun lie,
Que mo fenno n'entende re.
Mettei-l'y-me dau linceu blans,
Que n'y restarei pas loung-temps.

Mettei-l'y-me dau linceu fî :
Sirai mort avant lou mandi.

⁂

Qand lou mieine fuguei riba,
L'Arnaud l'infant ogue choba.

LA FEMME.

Ah ! mo mai, qu'arriba-t-eici
Que vautrei purâ tant aqui,
Que lous valei n'en credein tant,
Et lâ pauchâ vant surpurant ?

LA MÈRE.

Mo fillo, qu'ei lou chovau gris
Que s'ei étranlia din l'écuri.

LA FEMME.

Ni per chovau ni per jumein
Ne menei pas tant de turmein :
L'Arnaud l'infant tourno dau camp :
N'en menoro de gris, de blans.
Ah ! mo mai, qu'arriba-t-eici
Que se martello tant aqui ?

LA MÈRE.

Mo fillo, qu'ei lou charpentier
Que tourno doubâ l'escolier.

LA FEMME.

Ah! mo mai, qu'arriba-t-eici
Que se perchanto tant aqui ?

LA MÈRE.

Mo fillo, qu'ei lo proucessi :
Segno-te, prejo lou boun Dî.

—⁂—

Quand vengue lou dimar mandi :

LA FEMME.

Ah! mo mai, boliâ mou habî.

LA MÈRE.

Quitto lous gris, quitto lous vers,
Que lous negrei accordein mier.

LA FEMME.

Ah! mo mai, qu'arriba-t-eici
Que faut que io changne d'habî?

LA MÈRE.

Touto fenno qu'ho gut un fî
Merito bien changnâ d'habî :
Lo fenno qu'ho gut un efant
Deu bien pourtâ lou dau un an!

LES DOMESTIQUES.

L'Arnaud l'infant ei enterra ;
Mâ so vevo lo n'au so pâ !

LA FEMME.

Ecoutâ, écoutâ, mo mai !
Ce que disein notrei valei.

LA MÈRE.

I disein de nous vite nâ
Que lo messo vai tôt sounâ.

—⁂—

Quand sigue lâ landâ passa,
Lâ bargierâ l'han rencountra.

LES BERGÈRES.

L'Arnaud l'infant ei enterra :
Mâ so vevo lo n'au so pâ !

LA FEMME.

Ecoutâ, ecoutâ, mo mai !
Ce que lâ bargerâ disein.

LA MÈRE.

Las disein de nou avançâ
Que lo messo vai coummençâ.

—⁂—

Au cementeri arriba :

SUSANNE DE LA POMÉLIE. 299

LA FEMME.

Ah ! mo mai , mo mai , regardâ !
Lou brave toumbeu qu'han fa fâ !
Dijâ-me per qui, s'il vous plâ.

LA MÈRE.

Ah ! ne t'au pode pû cachâ !
L'Arnaud l'infant l'y ei enterra.

LA FEMME.

Ah ! mo mai, vou avia bien tort
De l'î me vei cacha so mort.
Si lou toumbeu se poudio'ebrî ,
Irio embrassâ moun mari.
Vequi lâ cliau de moun argein ;
De moun ménage prenei suein.
Si terro et çiau s'assemblavan ,
Restorio coumo moun aman !

De beu credâ, de beu purâ ,
Lou toumbeu s'en ei en meita,
Et l'o l'y veu l'Arnaud l'infant,
Que parei denguerâ vivant.
I disein que lo purei tant
Que de lo mai e de l'efant,
Putôt de lou laissâ doulent,
Lou bon Dî chabei lou turment !

ARNOLD L'INFANT.

Arnold l'infant revient du camp :
Il est si triste, si dolent!
Sa mère, qui le voit venir,
De plaisir ne se peut tenir.

La mère.

Réjouis-toi, Arnold l'infant :
Ta femme a eu un bel enfant!

Arnold.

Pour ma femme ni pour mon fils
Je ne me puis plus réjouir,
J'ai trois balles dans mon corps :
La moindre me mène à la mort.
Ah! mère, faites-moi mon lit :
Que ma femme n'entende rien!
Mettez au lit des draps bien blancs :
Je n'y resterai pas long-temps!
Mettez au lit des draps bien fins :
Je serai mort avant demain!

A peine minuit a sonné,
Arnold l'infant a trépassé.

La femme.

Mère, qu'arrive-t-il ici,
Que vous vous désoliez ainsi,
Que les valets poussent des cris,
Que les servantes pleurent tant?

La mère.

Ma fille, c'est le cheval gris
Qui s'est étranglé dans l'écurie.

La femme.

Ni pour cheval ni pour jument
Ne prenez pas tant de tourment :
Arnold l'infant rentré du camp
En mènera de gris, de blancs.
Mère, qu'arrive-t-il ici ?
Pourquoi martelle-t-on ainsi ?

La mère.

Ma fille, c'est le charpentier
Qui raccommode l'escalier.

La femme.

Ma mère, qu'arrive-t-il ici ?
Pourquoi donc chante-t-on ainsi ?

La mère.

Ma fille, c'est la procession :
Signe-toi, et prie le bon Dieu.

Quand vint le mardi matin :

La fille.

Ma mère, donnez mes habits.

La mère.

Quitte les gris, quitte les verts :
Les noirs, ma fille, parent mieux.

La fille.

Mère, qu'arrive-t-il ici
Qu'il faut que je change d'habits?

La mère.

Toute femme qui a eu un fils,
Doit, ma fille, changer d'habits;
Toute femme qui a eu un enfant
Peut bien porter le deuil un an!

Les valets.

Arnold l'infant est enterré,
Et sa veuve ne le sait pas!

La femme.

Écoutez, écoutez, ma mère:
Que disent donc là nos valets?

La mère.

Ils disent de nous en aller,
Que la messe va tôt sonner.

⁂

Quand furent les landes passées,
Les bergères l'ont rencontrée.

Les bergères.

Arnold l'infant est enterré,
Et sa veuve ne le sait pas!

La fille.

Écoutez, écoutez, ma mère :
Que disent donc là les bergères?

La mère.

Elles disent de nous hâter,
Que la messe va commencer.

~ ⚜ ~

Arrivées près du cimetière :

La fille.

Ah! maman, maman, regardez :
Quel beau tombeau ils ont fait là!
Mais pour qui, pour qui, s'il vous plaît?

La mère.

Je ne te le puis plus cacher :
Arnold l'infant y est enterré.

La fille.

Ah ! mère, vous aviez bien tort
De me cacher ainsi sa mort :
Si le tombeau se pouvait ouvrir,
J'irais embrasser mon mari.
Voilà les clefs de mon argent :
Vous prendrez soin de mon enfant.
Si terre et cieux ne faisaient qu'un,
Je serais avec mon amant.

~ ⚜ ~

Ses pleurs et ses cris firent tant
Qu'en deux le tombeau se fendit,

> Et elle y vit Arnold l'infant,
> Qui paraissait encor vivant.
> On dit qu'elle pleura long-temps ;
> Mais de la mère et de l'enfant,
> Lorsqu'il les vit ainsi dolents,
> Le bon Dieu finit le tourment.

Cette digression dans le domaine de la poésie nous a écarté de notre sujet : revenons aux mœurs austères du XVIIe siècle.

II.

JEANNE DE VERTHAMOND

(1620-1675).

Suivant une tradition respectable, long-temps incontestée, saint Martial, au premier siècle de l'Église, construisit, sur l'emplacement qu'occupe aujourd'hui le séminaire, une chapelle dite Sainte-Marie de Limoges, *Sancta Maria in Lemovicas.* Ainsi la ville de Limoges, qui, la première en France, érigea une église à saint Augustin, aurait, aussi la première, *inauguré dans les Gaules le culte extérieur et public de la très-sainte Vierge.* Ce n'est là qu'une tradition; mais un jour peut-être la science vérifiera par les monuments ce qui aujourd'hui n'est écrit que dans la mémoire des peuples. Au IX⁰ siècle, Louis le Débonnaire rebâtit le sanctuaire de *Sainte-Marie de Limoges*, et, à partir de cette époque, une maison conventuelle qui en dépendait prit le titre de *Notre-Dame-de-la-Règle*, sans doute en signe de la fidélité des religieuses à observer la règle de saint Benoît. En 1095, le pape Urbain II, qui prêchait la croisade à Limoges, bénit la chapelle récemment reconstruite, et y célébra la messe de minuit. Le monastère de la Règle, long-temps florissant, qualifié par les anciens auteurs d'*antique*, d'*insigne*, de *vénérable* (1), subit, au XVI° siècle, le régime de la commende. La communauté avait déjà beaucoup souffert lorsque, au XVII° siècle, un évènement dont je parlerai tout à l'heure faillit précipiter sa ruine.

Placé sur les pentes orientales de la Cité, dans un site ravissant, l'édifice dominait le cours de la Vienne et les gracieux coteaux qui bordent ses rives. Les biens de la communauté avaient quelque importance. L'abbesse commendataire, qui portait le titre de *Madame*, jouissait de quatorze mille livres de revenus et de droits considérables. Un grand nombre de bénéfices étaient à sa nomination. Elle ne relevait que du saint-siége, et portait au chœur la crosse abbatiale. De tels avantages excitaient l'ambition des grandes familles. Les d'Aubusson, les Comborn, les Beaupoil, les Maumont, les Bourbon-Lavedan, les Bourbon-

(1) Mabillon, *Annal.*, lib. XXVIII, n° 14, 64. — Legros, *Abbay.*, 157.

Montpensier et les Rohan étaient depuis un siècle en posession de donner des abbesses à la Règle, lorsque, en 1613, sous je ne sais quelle influence, la reine régente, Marie de Médicis, pourvut de cette abbaye Virgile de Pont-Jarno, d'une famille inconnue en Limousin. La nouvelle abbesse n'était âgée que de vingt-quatre ans. Malheureusement aucune qualité sérieuse ne compensait chez elle l'insuffisance de l'âge. Ses premières démarches ne furent peut-être qu'imprudentes ; mais l'imprudence amena des fautes graves, et le caractère sacré dont la personne était revêtue donna au désordre beaucoup d'éclat. En 1619, le promoteur de l'official, chargé d'informer, concluait à l'arrestation de Virgile de Pont-Jarno. Le procès de l'abbesse eût entraîné celui du sieur de B***, complice de ses désordres. L'affaire agitait les esprits, et passionnait l'opinion, lorsque, accablée de chagrins, Virgile de Pont-Jarno succomba à une courte maladie. Cette mort soudaine fut comme un allégement à la conscience publique : les poursuites cessèrent.

Jeanne de Verthamond, d'une des premières familles de Limoges, fut appelée à succéder à Virgile de Pont-Jarno. Les lettres-patentes de sa nomination sont du 31 octobre 1619. A peine âgée de dix-neuf ans, Jeanne achevait à l'abbaye des Allois son noviciat. Elle était donc fort jeune ; mais chez elle du moins se faisaient déjà remarquer des qualités d'un ordre supérieur. Ses bulles ayant été signées en janvier 1620, elle prit possession et prononça ses vœux le 5 juillet suivant. L'abbesse, au moment de la cérémonie, avait dû jurer fidélité au saint-siége, et s'engager par serment à n'aliéner aucun des droits de l'abbaye. Nous verrons ailleurs qu'elle sut garder ses serments.

Au moment où Jeanne en prit le gouvernement, le monastère de la Règle n'offrait que confusion. Les édifices menaçaient ruine. Les statuts étaient tombés en désuétude. Toute idée de subordination et de discipline avait péri. Les cloîtres étaient déserts. Les religieuses, au nombre de onze, réduites à sept par des absences irrégulières, vivaient à leur guise, sans piété, sans loi, sans obéissance, sans clôture. A voir la famille bénédictine, on eût dit une de ces races abâtardies de qui la vie s'est retirée. Appelée de Dieu à souffler sur ces *ossements arides* pour les faire revivre, la jeune abbesse répondit comme le prophète : *Me voici !*

Rien de grand dans le catholicisme ne s'accomplit que par l'humilité. Le premier usage que fit Jeanne de Verthamond de son autorité fut d'en abdiquer momentanément les prérogatives, et de courber son front sous le joug. Françoise de La Rochefoucauld, abbesse de Notre-Dame de Saintes, passait pour l'une des plus pieuses âmes de son temps. Au mois de septembre 1622, Jeanne de Verthamond se rendit près de Françoise de La Rochefoucauld, et, se plaçant sous sa direction, demanda à être traitée comme la plus humble de ses filles. C'est par la pratique de l'obéissance que l'abbesse de La Règle entendait se former à la pratique du commandement. L'apprentissage dura un peu plus d'une année. Au mois d'octobre 1623, Jeanne rentrait dans son monastère pour n'en plus sortir.

A dater de ce moment, tous ses soins appartiennent à la famille dont la divine Providence lui a confié la destinée. Les sentiers de la vie religieuse se sont couverts de ronces; les diamants du sanctuaire ont roulé dans la poussière. Le premier soin de la réformatrice sera de rallier les cœurs : l'autorité sur ses lèvres prendra les accents de la persuasion. Sa voix ne descend dans le tumulte des consciences que pour y déposer des germes de paix. Les misères de la fausse liberté ont fait regretter à plus d'un cœur les consolations de l'obéissance volontaire. Dans ces âmes flottantes et irrésolues, malheureuses au fond, car *tout dérèglement est à lui-même sa peine* (1), Jeanne réussit à faire pénétrer le courage des généreuses résolutions. Elle ne se contente pas d'indiquer le

(1) Saint Augustin.

chemin : elle y entre d'un pas courageux, et, avant de donner le conseil, elle veut être la première à le pratiquer. Le succès couronnait ses efforts : chaque jour marquait un progrès nouveau. Peu à peu l'ordre et la discipline se rétablirent. L'esprit de pauvreté rouvrit la source des richesses spirituelles; la clôture fut observée, la piété refleurit, et le service divin reprit sa splendeur. De fâcheuses mésintelligences s'étaient produites parmi les religieuses : les dissentiments s'assoupirent; le faisceau de la famille tendit à se renouer : le titre de sœur avait cessé d'être un vain mot aussitôt que les pauvres orphelines s'étaient senties réchauffées par les affections d'une mère.

La religion c'est l'ordre dans la vie morale, l'ordre dans la vie matérielle. Au gaspillage des ressources et des deniers communs succédait une gestion régulière. Avec la piété reparurent tous les biens; l'aisance se rétablit. Sous le régime de la commende, le titulaire d'une abbaye ressemblait à l'usufruitier, qui vit aux dépens du propriétaire. Jeanne de Verthamond comprit autrement ses obligations. Elle ne toucha les revenus d'une main que pour les rendre de l'autre à leur naturelle destination. Sa sollicitude embrassait tous les intérêts de la communauté. Après avoir pourvu comme il convenait aux besoins de ses filles, elle songea à relever les bâtiments, qui tombaient en ruines.

Mais où trouver pour tant de réparations urgentes les ressources nécessaires? La charité a des richesses cachées; Dieu est la force des faibles qui ne cherchent leur force qu'en lui. L'abbesse se mit à l'œuvre. Les chambres, les dortoirs, les réfectoires, l'église, les chapelles, les fontaines, les murs de clôture, furent reconstruits ou réparés. Les biens de l'abbaye, pendant les guerres civiles, avaient été en partie aliénés, usurpés, détournés de leurs légitimes usages : il convenait d'en poursuivre la réintégration. Les détenteurs étaient puissants; le sentiment de leur force les rendait intraitables : ils se prévalaient du fait accompli. Secondée de quelques gens de cœur, la jeune abbesse les contraignit d'accepter la lutte devant les tribunaux, et justice fut faite.

Le public sut gré à Jeanne de Verthamond de son activité et de son courage. On applaudissait aux résultats obtenus, et l'on commençait à bien augurer de l'avenir. Les préventions nées de la mauvaise administration de la précédente abbesse allaient s'affaiblissant de jour en jour. Le passé se faisait oublier. Les familles reprenaient confiance. Beaucoup de jeunes filles de la noblesse et de la haute bourgeoisie, Françoise de Rochechouard, Marguerite de Pavie, Olive de Montausier, Anne de Lambertie, Françoise de Douhet, Péronne de Malden, Anne de Jumilhac et d'autres sujets de familles distinguées recevaient le voile des mains de Jeanne de Verthamond, et confiaient à la nef bénédictine leur jeunesse et leur avenir. On sera peut-être curieux de savoir quels sacrifices pécuniaires imposaient aux familles les vocations religieuses. L'acte suivant donnera au lecteur satisfaction sur ce point :

CONSTITUTION DOTALE.

« François, marquis de Jumilhac, baron d'Arfeuille, Saint-Jean et autres places, et dame Marie d'Affix, son épouse, s'engagent à constituer, pour la dotation religieuse de leur fille Anne de Jumilhac, une somme de deux mille sept cents livres, avec les habits, ameublements de noviciat et de profession accoutumés, et la somme de cent livres pour la pension de l'an de noviciat. L'abbesse, Jeanne de Verthamond, accepte, etc. Témoin, maistre Chaptard, prestre et aumosnier.

» Le 22 avril 1663.

» Signé : Yrieix Teytut, advocat (1). »

La mère Jeanne de Verthamond avait rédigé, en 1622, pour sa communauté, des constitutions qui, soumises plus tard au saint-siége, furent approuvées par Innocent X le 1ᵉʳ janvier 1645. L'esprit de la réformatrice se révèle dans ces constitutions : lever à trois heures trois quarts ; coucher à huit

(1) Archiv. dép., *A*, 2852.

heures et demie. A quatre heures du matin, matines et laudes. Aucune religieuse ne s'absentera de la récréation commune. Maigre et jeûne tous les lundis et mercredis de l'année. Pendant l'avent et le carême, le parloir sera interdit. Défense aux sœurs de se tutoyer, et de s'appeler par leurs noms de famille. Elles ne prendront le titre de Mère qu'après cinq ans de profession. En cas de décès d'une religieuse, sa portion du réfectoire sera donnée aux pauvres pendant trente jours. Au premier chapitre d'après le décès, l'infirmière accusera à haute voix, d'une manière générale et sans en spécifier aucune, les fautes de la religieuse décédée, et fera pour la défunte la pénitence qui sera imposée (1).

Aux termes des ordonnances des souverains pontifes, l'abbaye de la Règle était exempte de la juridiction de l'ordinaire, et ne relevait que du saint-siége. François de La Fayette, nommé évêque de Limoges en 1627, voyait avec déplaisir ces sortes d'exemptions, et refusait assez généralement de les reconnaître. Déjà le prélat avait eu, à ce sujet, de sérieux démêlés avec le chapitre de la cathédrale d'une part, et, de l'autre, avec l'abbé de Saint-Martial et le prieur des Feuillants,

---

(1) Legros, *Mélang.*, I, 143.

lorsque, le 12 juin 1646, il fit signifier à Jeanne de Verthamond qu'il entendait soumettre à sa visite pastorale l'abbaye de la Règle. On lui opposa un bref d'exemption du 21 janvier 1644, qui rappelait et confirmait l'indépendance immémoriale de l'abbaye à l'égard de l'ordinaire, et des lettres royales de 1645 dont le sens paraissait assez clair : « *Au lieu de quatre ou cinq religieuses, qui ne gardoient pas la clôture*, est-il dit dans l'acte royal, *le monastère de la Règle compte aujourd'hui* SOIXANTE-DIX *religieuses, qui, Dieu merci, observent exactement la règle de saint Benoît, et qui ont employé plus de* CENT MILLE LIVRES *à la réparation des bâtiments. Il ne reste donc plus qu'à veiller à la conservation des droits et priviléges de l'abbaye* (1) ». En conséquence, le roi ordonne à tous ses parlements d'enregistrer les bulles du pape Innocent X du 12 des calendes de février 1644, par lesquelles l'indépendance des religieuses de l'ordinaire est confirmée. Le droit ainsi établi paraissait incontestable. Mais l'évêque repoussa le bref comme subreptice. L'abbesse, obligée par son serment de défendre les droits de l'abbaye, en appela comme d'abus devant le parlement de Bordeaux. A l'acte d'appel fut opposée une sentence d'excommunication, que, en sa qualité de visiteur apostolique, le doyen du

(1) Archiv. départ., *A*, 3158.

chapitre de la cathédrale déclara n'avoir aucune valeur.

Les procès se succédèrent. En 1649, Jeanne de Verthamond crut mettre terme à la lutte en adressant, sous la date du 11 novembre, au prince de Conty, supérieur général de l'ordre de Cluny, une demande de réagrégation de l'abbaye de la Règle à cet ordre, dont le droit d'exemption était généralement reconnu (1). Les lettres sollicitées, accordées au commencement de l'année 1650, furent confirmées par arrêt du grand conseil du 30 mars de la même année. Mais le prélat passa outre. Les procès continuèrent donc, et, de juridiction en juridiction, le conflit arriva devant le parlement de Paris. C'était en 1653. Le procureur général Bignon portait la parole. Ce magistrat commence par donner les plus grands éloges à madame de Verthamond. L'abbesse, dit-il, est digne de *beaucoup de considération* : chacun rend témoignage à sa vertu. On peut la considérer *comme fondatrice* : elle a *rétabli* le monastère, reconstitué ses droits, récupéré ses biens, multiplié les religieuses, introduit *une réformation très-*

---

(1) Les signatures, au nombre de 58, rappellent plusieurs noms appartenant à des familles bien connues en Limousin : Catherine David, Marie Roulhac, Louise de Lavergne, Claude de Petiot, Catherine Lamy, Marie Cognasse, Catherine Faulte, Anne du Garreau, Geneviève Romanet, Françoise de Brettes, etc.

louable ; en un mot, les mérites de l'abbesse seraient accomplis si, au lieu de se prétendre indépendante de la *puissance ecclésiastique ordinaire et légitime*, elle fût demeurée dans l'esprit de soumission *à la hiérarchie*. A son insu, ou de propos délibéré, le magistrat catholique oublie ou nie les droits du souverain pontife, et sape ainsi, au lieu de le défendre, le principe d'autorité. Par arrêt du 6 mars 1653, l'abbesse et les religieuses furent déclarées sujettes à la visite et à toute autre juridiction et supériorité *appartenant* à l'évêque de Limoges (1). La condamnation fut prononcée sans dépens. J'expose les faits : je laisse aux canonistes l'examen des graves questions qui semblent s'y rattacher.

Jeanne de Verthamond agrandit à ses frais, en 1671, l'église Saint-Domnolet, qui relevait de l'abbaye de la Règle, et fit exécuter, pour les reliques du saint, une châsse d'argent. Cette châsse parut pour la première fois à la procession du mardi de Pâques 1671 (2).

En 1672, Jean Collin, chanoine théologal de Saint-Junien, dédiait à Jeanne de Verthamond, alors arrivée au terme de sa carrière, son *Histoire*

---

(1) *Mém. du clergé de Fr.*, 1716, tom. IV, col. 1722.
(2) *Manuscrit de* 1638, p. 308.

de la vie des Saints du Limousin (1). Les éloges donnés à la pieuse abbesse, autrefois si active, maintenant infirme et septuagénaire, ont quelque chose de touchant : « Vous n'étiez, dit l'auteur, presque qu'une enfant lorsque, avec tant d'ardeur, vous allâtes chercher des semences de vertu en une des plus florissantes abbayes du royaume pour les transporter en un terroir d'où les dernières désolations les avoient arrachées. Là vous étiez la première dans les plus rudes exercices de la mortification, qui est l'âme de la religion; la première dans les humiliations; la première dans les pratiques de charité; la première à l'église; la première dans la retraite, dans le silence, dans l'observance de la règle. Les monastères les mieux réglés de notre Guienne tiennent à honneur de marcher sur vos pas. »

L'illustre abbesse rendit son âme à Dieu le 12 mars 1675. Elle avait gouverné l'abbaye de la Règle environ cinquante-cinq ans. Elle fut inhumée dans le chapitre, en la partie supérieure du chœur des religieuses (2). Une longue inscription, destinée à perpétuer le souvenir de ses vertus, était suivie de ces belles paroles de saint Paul : « *Abundate in opere Domini semper, scientes quod labor vester non*

(1) Un volume in 12 de plus de 700 pages : Martial Barbou, 1672.
(2) *Gallia christ.*, col 613. — Bonav., II, 242.

est inanis in Domino : abondez dans l'œuvre du Seigneur toujours, sachant que votre labeur n'est pas vain dans le Seigneur (1) ».

Une nièce de Jeanne de Verthamond lui succéda, et mourut après trois ans de charge. L'abbaye passa ensuite à Élisabeth d'Aubusson de La Feuillade, sœur du maréchal de France de ce nom, qui en fut pourvue par bulles du 26 mai 1679. Cette abbesse, à qui Nadaud reproche son luxe et la hauteur de ses manières, était née le 10 mai 1625. Elle décéda le 13 mars 1704, âgée de soixante-dix-neuf ans. Son oraison funèbre, prononcée par le P. Perrière, de la compagnie de Jésus, fut imprimée à Limoges. Le P. Laval, de la même compagnie, lui avait dédié, en 1682, *le Chrétien sanctifié dans la retraite*, et Siméon Poilevé, avocat, lui dédia, en 1687, la traduction française d'une prose latine en l'honneur de saint Martial. Le nom de cette abbesse se lit sur l'une des pierres fondamentales des bâtiments de la Règle.

Les *dames* de la Règle, car ainsi les appelait le peuple, se consacraient à l'éducation des filles de la bourgeoisie et de la noblesse, *et prenoient des pensionnaires*. Pendant les troubles du xvie siècle, le pensionnat avait beaucoup perdu de son importance; mais il se releva sous la pieuse et intelligente direction de Jeanne de Verthamond.

(1) I. Cor., xv.

Il existe dans les archives du département, fonds de la Règle, un registre petit in-folio, parchemin, intitulé *Livre de Madame*, sur lequel se trouvent inscrits, pour plusieurs années du xviiie siècle, les noms des nouvelles pensionnaires. Je transcris au hasard quelques-unes de ces nomenclatures. Qui de nous, à Limoges, parcourra sans attendrissement cette page nécrologique? Les noms qui s'y lisent, ces noms qui résumèrent tant de chères espérances, hélas! ont fui de nos souvenirs!

NOUVELLES PENSIONNAIRES.

1760.

Mesdemoiselles Ardant, Ceintura, Chalucet, d'Ambrugeac, de Cosnac, Dauriac et sa femme de chambre, Destresse, Dufaure, de Griffolet, de Juniac, de Joffrénie, Laforest, de La Garde, de Lagérac, de La Jourdanie, La Salle, de La Roncha, de Miremont, de Neuvic, Nicolas, de Peyzac, de Touron, Romanet, Saleys, Sansaux, Thevenin, de Villier, plus les trois nièces de madame l'abbesse. — Et en note, dans la marge : *Madame de Saint-Julien a payé à la décharge de notre ancien évêque, pour le quart de la pension de douze demoiselles, 200 livres* (1).

---

(1) Ce chiffre ne représentant que 75 livres par pensionnaire et par an, il s'ensuit que le mérite de l'œuvre de charité se partageait entre l'évêque et l'abbaye.

1761.

Mesdemoiselles de Cieux, Colon, Duprat, Farne, Francillon, de Griffolet, de La Planche, Lansade, de Laurière, de Lisle, Martin, de Miremont, *la petite* Petiniaud, Pierrelevé, de Pontarion, de Sauviat, de Segonzac, Tessenac, Valette, Saint-Yriès.

1764.

Mesdemoiselles d'Aubusson, de Bellefond, de Bonsecours, Boutot, Boyer, de Cieux, Coquart, de Voyon, Dumont, Duprac, Guérin, Joussineaux, de La Fayolle, Lafon, de La Rochemont, Malherbaud, Navières, Noiret, de Puyrichard, de Roussillon, de Saint-Pardoux, du Soulier, Thevenin du Genéty; *plus, quelques demoiselles d'Amérique, dont l'une du nom de Uston* (1).

Les élèves payaient pour prix de leur pension *cent trente-huit* livres par an ; *trois cents* livres si elles amenaient leur femme de chambre. Quelquefois un rabais était accordé ; d'autres fois les

(1) Les listes des années subséquentes donnent une foule de noms bien connus : d'Alesme, d'Argentré, Benoist, de Béon, Boisse, de Bonneval, Bourdeaux, Brisset, de Cosnac, de Coux, des Courrières, Delor, Donzenac, Dubos, Grellet, Guérin, de La Bastide, de La Borderie, de La Celle, de La Coste, La Couture, de L'Eychoisier, Leymarie, de Lhermite. de Loménie, de Lompre, de Marcy, du Maneuf, du Monteil, de Montréal, de Nexon, Peyroche, Poncet, de Puynége, Régnier, Ribière, Ruben, de Saint-Exupéri, Sanzillon, du Saillant, du Solier, de Tarnac, de Verdillac, etc.

familles payaient un prix plus élevé. C'est ainsi que l'évêque Charles d'Argentré avait fixé le prix de la pension de sa nièce à *cent livres par mois.*

Le registre précité indique, jour par jour, certaines menues dépenses de l'abbaye. D'après ce registre, une livre d'huile d'olive se payait, en 1759, onze sous; un dinde, vingt-sept sous; un agneau, vingt et un sous; une livre de café, vingt-cinq sous; une livre de beurre, six sous; une livre de chandelle, neuf sous six deniers; une livre de morue, huit sous; une paire de souliers pour domestiques, trois livres; une barrique de vin, trente-quatre livres; un millier de briques, douze livres.

On voit par les chiffres ci-dessus que le prix de certaines denrées a triplé depuis cent ans. Les économistes du xviiie siècle promettaient la vie à bon marché. L'évènement a démenti leurs promesses. La science actuelle réuissira-t-elle mieux? Le temps nous le dira.

Les locaux de l'abbaye de la Règle, vendus pendant la révolution, et rachetés depuis par l'État, sont aujourd'hui occupés par le séminaire du diocèse.

III.

BERNARD BARDON DE BRUN

(1564-1625).

Le monde glorifie dans l'homme la noblesse du sang, la force, la richesse, les dignités, l'intelligence. Sur ce point, comme sur beaucoup d'autres, l'Évangile brise avec le monde, et ne glorifie dans l'homme que ce qui appartient à l'homme, la direction soumise de sa volonté à la loi de Dieu.

Bernard Bardon de Brun naquit à Limoges, en 1564, d'Antoine Bardon, avocat du roi, et de Marie Lascure, d'une famille honorable. Un intérieur où ne manquaient ni le bien-être ni les élégances de la vie abrita les premières années de l'enfant. Il était l'unique héritier du nom : *spes ultima domus!* Sur sa tête reposait l'avenir de la famille : son éducation fut l'objet des plus tendres soins. Une mère intelligente s'appliqua à féconder en lui ces germes d'honneur et de vertu que Dieu a déposés au cœur de tous les hommes, et qui, faute de culture, demeurent si souvent improductifs. Aussitôt que l'âge de l'enfant le permit, on lui ouvrit la carrière des études. Limoges, comme on l'a vu ailleurs, ne possédait, au XVI° siècle, aucun centre d'enseignement régulier et solidement constitué. Le collége des Jésuites de Paris, avec ses trois ou quatre mille écoliers, passait pour l'établissement scolaire le plus florissant peut-être de l'Europe. C'est dans ce collége que le jeune Bernard commença ses humanités. Les élèves n'étant pas internés comme de nos jours, l'enfant vivait à Paris sous l'égide d'un précepteur, et profitait ainsi des bénéfices de l'enseignement public, sans être privé des avantages de l'éducation particulière. Doué d'un esprit facile et d'une mémoire prompte, l'élève franchit sans trop de peine les premières difficultés, et prit tout de suite un rang honorable parmi ses égaux. Il fit des progrès rapides, et se rendit si familières la langue latine et la langue grecque qu'il en vint à parler les deux langues avec facilité. Il voulut connaître aussi l'hébreu, et aborda courageusement l'étude des mathématiques et de la philosophie. Le programme actuel de l'enseignement secondaire, plus riche en apparence, est-il au fond plus solide? Combien chaque année, dans nos écoles, de sujets capables de parler et de manier les deux principaux idiômes de l'antiquité? Lorsqu'il eut ainsi parcouru le cercle des études secondaires, le jeune humaniste se rendit à l'université de Toulouse, afin d'y suivre les cours de jurisprudence, car ses parents le destinaient à la magistrature.

Au moment où Bardon de Brun vint y résider, la capitale du Languedoc était comme divisée en deux camps par les déchirements politiques et religieux du XVIe siècle. La jeunesse prenait part à la lutte, et y apportait les bouillonnements de son âge et de ses passions. Le démon de la discorde avait pénétré jusque dans le sanctuaire des études. Des discussions irritantes, se substituant aux pacifiques argumentations de la science, excitaient et passionnaient les esprits; et trop souvent les controverses se vidaient à la pointe de l'épée. *L'école*, pour employer l'expression d'un contemporain, *ressembloit à un conseil de guerre*. Bernard Bardon de Brun avait mesuré la portée des fausses doctrines de son temps. Les principes controversés étaient de ceux qui engagent l'avenir de la civilisation : il le comprenait, et n'était pas de tempérament à affecter sur de pareilles questions une neutralité peu honorable. Le cachet particulier de son caractère c'était la résolution. Il se déclara ouvertement catholique.

Les hésitations de conscience sont peut-être le pire des maux en temps de révolution. On sut gré à Bardon de Brun de la netteté de ses principes. Sa nature toute bienveillante lui concilia d'ailleurs de nombreuses sympathies. En général, sa foi se manifestait par des actes plus que par des paroles. Aux controverses, qui aigrissent les esprits, il préférait les bonnes œuvres, qui gagnent et persuadent les consciences. Cette conduite lui réussit. Beaucoup de jeunes gens se groupaient autour de sa personne, et s'inspiraient de ses avis. L'ascendant qu'il exerçait sur ses camarades s'étendant de jour en jour, il résolut de donner à la jeunesse catholique des écoles un centre commun. A cet effet, de concert avec saint François de Sales et le vénérable César de Bus, il fonda, à Toulouse, la congrégation des *pénitents noirs*. Sa coopération à l'œuvre de saint François de Sales est constatée par les écrivains de l'époque. Dans la préface de son livre du *Mystère de la Croix*, publié à Toulouse en 1636, Étienne Molinier rappelle avec complaisance que Bardon de Brun, *glorifié depuis par des miracles*, fut l'un des principaux fondateurs des pénitents noirs *lorsqu'il demeuroit à Tolose en qualité d'escolier de la jurisprudence*.

Ses études étant terminées, Bernard revint à Limoges. Ses parents le destinaient à la carrière des charges publiques et des magistratures ; mais, incertain de sa vocation, et attiré par de secrets désirs de vie religieuse, Bernard résistait. Son père se disposant à traiter pour lui de la charge de procureur du roi, le jeune avocat l'en dissuada : *Je ne saurois*, dit-il, *vendre la justice, et ne la veux point acheter!* Protestation énergique contre la vénalité des charges et la vénalité des consciences! Un conseiller du présidial offrait de lui céder sa charge à des conditions avantageuses, ayant, disait-il, besoin de se reposer : *Monsieur*, répondit Bernard Bardon de Brun, *vous demandez de la paix pour vos vieux ans; je demande du repos pour ma conscience : nous ne nous entendrions jamais.* Le jeune avocat parut cependant au barreau. Ses débuts eurent de l'éclat, et lui gagnèrent la confiance de la classe alors nombreuse des plaideurs. Les clients venaient à lui : il les congédia, et ne garda que les insolvables. L'idée de trafiquer de sa parole lui était insupportable : *Le talent qu'il avoit reçu gratuitement*, disait-il, *il vouloit le donner gratuitement.* Les plaideurs indigents trouvaient en lui un défenseur infatigable. C'est le témoignage que lui rendent les biographes, et que confirmerait au besoin l'inscription placée après sa mort au bas de ses portraits : *Pauperum causas agit in foro :* il plaide au barreau la cause des pauvres.

Le désintéressement du jeune avocat, son dévoûment, ses vertus, l'auréole d'honneur qui entourait son front, éveillèrent la jalousie, et des libelles diffamatoires attentèrent à sa réputation. Ses amis, indignés, ayant réussi à savoir d'où partait le coup, pressaient l'avocat de poursuivre le calomniateur devant les tribunaux. Bardon, qui avait promis de s'occuper de l'affaire, se rendit en effet chez l'auteur des libelles, et, l'abordant affectueusement, l'invita à accepter pour le lendemain un dîner que devaient, dit-il, partager tous ses amis. La jalousie se sentit désarmée : les libelles cessèrent.

Long-temps indécis sur sa vocation, Bernard, cédant aux instances de sa famille, venait d'épouser Mlle Desmaisons, d'une riche et ancienne famille de robe, aujourd'hui éteinte. A des qualités peu ordinaires la jeune femme joignait quelques-uns des défauts de son âge, l'amour du luxe et de la parure. Dans sa nouvelle position, elle ne vit d'abord qu'un moyen de donner cours à des inclinations qui n'avaient au fond rien de sérieusement répréhensible. Mais le contact de la sainteté la prédisposa à devenir sainte. Du respect que lui inspirait le caractère de son mari elle passa au désir de l'imiter. Beaucoup d'obligations jusqu'alors étouffées sous les égoïsmes d'une vie molle demandèrent à prendre rang dans ses habitudes. La vue des innombrables indigences morales et matérielles dont le monde est couvert la fit rougir du luxe de sa maison.

Elle quitta les *cordons de perles*, *les chaînes*, *les ceintures d'or*, les bracelets, les riches parures. Les indigents eurent une part de son or, les malades une part de ses veilles. Après avoir quelque temps servi les pauvres, elle aspira à leur devenir semblable, et, renonçant aux habits somptueux, elle osa paraître en public couverte d'une simple bure. A dater de ce moment, la vie des deux époux ne fut qu'un enchaînement de bonnes œuvres.

Bernard Bardon de Brun participe à tout le bien qui se fait à Limoges de son temps. Son zèle est infatigable. En 1597, on le voit s'employer activement à la fondation du collége. En 1599, par la création de la compagnie des *pénitents noirs*, il jette à Limoges le fondement de ces vastes congrégations dont nous ne voyons aujourd'hui que les ruines. En 1614, il concourt à la fondation du petit hospice de Saint-François, c'est-à-dire d'un couvent de Récollets, destiné à assister, dans l'intérieur de la ville, les pauvres malades. En 1616, il érige, sous l'invocation de Saint-Martial, une association de prêtres, qui, se réunissant une fois par semaine pour conférer entre eux sur les matières de piété, s'entr'aidaient, et s'encourageaient au bien (1). En 1618, il seconde

(1) Le pape Paul V accorda, en 1616, à l'association de nombreuses indulgences. Les confrères firent imprimer

à Limoges la fondation du couvent des Carmélites réformées de Sainte-Térèse. En 1624, un an avant sa mort, il attirait à Limoges les Feuillants de Toulouse, c'est-à-dire l'une des congrégations cisterciennes les plus régulières de France. Inspirée de la même foi, animée du même esprit, sa jeune femme l'aidait, le secondait, et, comme lui, ne cherchait en tout que la gloire de Dieu. Pour les pauvres, elle s'était autrefois défaite de ses colliers et de ses joyaux ; pour les pauvres, elle donna sa vie : c'est chez eux et au milieu d'eux, à l'hôpital et près du chevet des malades, qu'elle contracta le germe de la maladie qui, jeune encore, l'enleva aux respects de ses contemporains.

Demeuré seul sur la terre, Bernard Bardon de Brun se retira de toute relation profane, se couvrit de cilices, et ne mit plus de bornes à ses austérités. Pendant la semaine sainte, il s'abstenait de nourriture, et passait la nuit du vendredi tout entière à genoux, les bras en croix, devant le Saint-Sacrement, dans l'église Saint-Michel-de-Pistorie, dite aussi des Pénitents-Noirs. Aux époques de calamités publiques, ses mortifications devenaient plus rigoureuses. La nuit, en plein

---

leurs statuts à Limoges en 1641 chez Michel Voyzin. J'ignore à quelle époque finit cette association, qui avait pour but la réforme du clergé et la conversion des pécheurs.

hiver, par la neige et par la glace, à genoux devant la porte des églises Saint-Michel ou Saint-Pierre, il demandait à Dieu la cessation des fléaux.

Une vénération profonde s'attachait à la personne du serviteur de Dieu. Cette vénération, dont il se jugeait indigne, troublait et fatiguait sa conscience : il en vint à se croire obligé de désabuser l'opinion. Mais comment y réussir? C'était en 1605, au mois de juillet. Des pluies torrentielles et continues ayant mis les récoltes en péril, les paroisses de la ville faisaient à tour de rôle une procession. Le jour où Saint-Michel-des-Lions dut faire la sienne, Bardon de Brun se couvrit du plus pauvre, du plus humiliant des costumes, et, à demi vêtu, drapé dans les haillons de la misère, alla s'agenouiller publiquement à l'autel Saint-Jean-Baptiste. Le sentiment qu'excita parmi les spectateurs un acte si étrange tenait de la dérision et de la pitié. On crut à un dérangement d'esprit. Les parents, avertis, s'étaient empressés d'intervenir : n'ayant rien gagné sur Bardon de Brun, ils obtinrent, vu le scandale, que la procession n'aurait pas lieu. Mais Bardon de Brun, inébranlable dans sa résolution, ainsi vêtu, traversa la ville, visita quatre ou cinq églises, et ne rentra dans son logis qu'après avoir bu jusqu'à la lie le calice de l'humiliation. Ses serviteurs, consternés, osaient à peine, à son retour, lui adresser la parole. *Eh bien!* dit-il à l'un d'eux, *que te semble de la journée?* » Le domestique hésitant à répondre : *J'entends!* reprit Bardon de Brun : *le monde nous dit fou : mon enfant*, ajouta-t-il en souriant, *laissons dire le monde.* Suivant les récits contemporains, la pluie qui menaçait les récoltes cessa le même jour.

Une fois, en lisant l'Évangile, Bardon de Brun s'arrêta à ces mots : *Allez, vendez ce que vous avez, et donnez-le aux pauvres* (1). C'était environ quinze mois après la mort de sa femme. Le conseil de Notre-Seigneur fit sur son esprit une impression profonde. Quelque temps après, obéissant au conseil, et s'élevant par la foi au-dessus des préjugés humains, il vendait en effet, pour en appliquer le prix aux pauvres, tous ses biens meubles et immeubles, sans aucune réserve ni aucune exception. Ses livres étaient peut-être ce qu'il avait de plus cher : il s'en défit, et partagea sa bibliothèque entre diverses communautés. Son dessein, après avoir tout quitté, était d'aller servir les malades de l'hôpital. Ses parents l'en ayant empêché, il persista à vouloir ne posséder rien, et c'est à titre d'aumône qu'il accepta l'hospitalité d'un de ses amis, M. Pinot, receveur des impôts, qui depuis, par ses avis, légua aux pauvres de l'hôpital une somme de cinquante mille livres.

(1) « Vade, et vende quæ habes, et da pauperibus ». (*Math.*, XIX, 21.)

Bientôt après, cédant aux conseils du directeur de sa conscience, Bernard Bardon de Brun s'engageait dans les ordres sacrés. La date de son ordination ne nous a pas été conservée ; mais l'église de Saint-François, où il célébra pour la première fois le saint sacrifice, n'ayant été achevée qu'en 1614, et Bernard Bardon de Brun étant déjà prêtre en 1616, puisque à cette époque il fonda, pour les ecclésiastiques l'association dite de Saint-Martial, il s'ensuit qu'il dut être ordonné prêtre vers 1615.

Il y eut affluence à sa première messe : le peuple le regardait comme un saint. Des dignités, des charges, des bénéfices, lui furent proposés à plusieurs reprises : il opposa à toutes les offres des refus inébranlables, et persista à vouloir rester pauvre. Le sentiment d'un grand devoir à remplir put seul l'arracher à cet état d'indigence volontaire : prié par son beau-frère, Petiot de Chavaignac, à son lit de mort, de tenir lieu de père à ses enfants, il accepta la charge qui lui était imposée, et vint résider sous le même toit que ses neveux.

Des infirmités précoces furent le fruit des austérités de l'homme de Dieu. A beaucoup de souffrances Bardon opposa une patience inaltérable. Suivant lui, la justice de Dieu *se devoit accomplir aux dépens de qui que ce fût.* — *Mes forces s'éteignent,* dit-il un jour à un religieux de la compagnie de

Jésus : *j'ignore où je vais ; mais, quoi qu'il arrive, Dieu fera sa volonté : cette pensée me console.* Quelquefois il se reprochait de trop céder aux accablements de la nature : *Ame affolée de l'amour de toi-même*, s'écriait-il, *il te faut relever!* Dans les phrases qui précèdent, la faible nature gémit ; mais, lorsque le disciple fidèle sera comme naturalisé et acclimaté dans la région de la souffrance : *Douleurs, maladies*, s'écriera-t-il, *venez, venez, vous êtes miennes : j'aime mes maux, je les chéris et honore!* La douleur c'est l'expiation, et, dans les consolantes perspectives du christianisme, l'expiation c'est le salut.

La plupart des hommes se couchent pour mourir. Bernard Bardon de Brun *ne mourut pas comme les hommes vulgaires* (1). Il se redressa au moment suprême, et expira, assis sur sa couche, le 19 janvier 1625, vers onze heures du matin, dans une petite maison de la rue du Maupas. A la nouvelle de l'évènement, le peuple se porta au domicile mortuaire. La foule refluait jusque sur la voie publique. Les personnes qui réussissaient à approcher du lit funèbre appliquaient sur le défunt leurs médailles ou leurs chapelets, et recueillaient, comme des reliques, quelques parcelles de ses vêtements.

(1) « Neque ut mori solent ignavi mortuus est. » (II *Reg.*, III, 33.)

Plusieurs communautés religieuses se disputèrent les restes mortels du serviteur de Dieu. Les Jésuites appuyaient leurs prétentions d'une lettre de Bardon de Brun à leur supérieur général ; la lettre nous a été conservée : en voici quelques passages :

« Limoges, le 21 septembre 1619.

» Mon révérend Père,

» Dès que j'ai commencé de converser avec les vôtres, j'ai reçu, comme par leur entremise, des biens très-précieux. Vos Pères m'ont appris de grandes choses, donné de rares exemples de vertu. En m'assurant une place dans les sacrés tombeaux de votre compagnie après que mon âme aura quitté cette vie mortelle, Votre Paternité m'a voulu récompenser. Elle s'est souvenue que, lorsque vos premiers Pères vinrent traiter de la fondation du collége, je leur ouvris de très-grand cœur un très-petit logis. Mon hospitalité ne fut que de quelques mois : la vôtre durera jusqu'à la fin du monde. Je prie Votre Paternité d'agréer tous mes remercîments, etc. (1). »

Les Jésuites, les Dominicains et les Récollets faisaient donc valoir devant l'évêque leurs prétentions respectives ; mais un incident imprévu mit fin

(1) La lettre originale est écrite en latin.

aux contestations. La maison du défunt était située sur le territoire de Saint-Pierre-du-Queyroix. La paroisse, à qui les dépouilles mortelles du serviteur de Dieu semblaient appartenir, s'étonna que ses droits fussent ainsi méconnus. Les habitants s'émeuvent; les esprits s'échauffent; le peuple se porte en masse à la maison mortuaire; il escalade les fenêtres, enfonce les portes, et s'empare du cercueil. Une fois en possession du précieux dépôt, la multitude, passant de l'effervescence au recueillement, accompagne le corps à Saint-Pierre-du-Queyroix, où bientôt afflue toute la ville. Suivant les relations du temps, les boutiques se fermèrent, et, dans les rues, la presse était si grande que la circulation se trouva comme entravée. Le corps, déposé dans le tombeau de la famille, fut, six jours après, enfermé en un cercueil de plomb. Le visage à ce moment parut frais et vermeil. Les yeux et la bouche étaient entr'ouverts, et semblaient pleins de vie. Lafon, docteur médecin, dressa procès-verbal des faits. Taloys, official du diocèse, prononça l'oraison funèbre quarante jours après le décès.

Le 21 avril 1666, le mercredi saint, sur le soir, le cercueil fut transféré en un tombeau spécial en forme d'arcade, pratiqué dans la muraille du clocher de Saint-Pierre-du-Queyroix. L'évêque, François de La Fayette, chargea l'official du diocèse, assisté du greffier de l'évêché, de présider à la translation (1).

Bernard Bardon de Brun était savant. Il adressa, en 1620, au vénérable cardinal Bellarmin une Dissertation en latin, sous forme de lettre, dans laquelle il défendait avec une remarquable vigueur la tradition qui place au premier siècle l'apostolat de saint Martial. Cette Dissertation, qui remplit sept pages in-folio, peut se voir dans les Annales du Père Bonaventure (2). Précédemment il avait composé la *tragédie de Saint-Jacques*. Cette pièce, dont je ne connais aucun exemplaire, a été louée par le poète Jean de Beaubreuil en vers latins et en vers français.

Les autres écrits de Bernard Bardon de Brun consistent en deux opuscules religieux mentionnés en ces termes par Pierre Mesnagier : « En 1624, dit le chroniqueur, se faisoit l'ostension du chef de monsieur saint Martial. Il y eut affluence d'étrangers. M. Bardon, qui vivoit pour lors en grande austérité de vie, composa les vers qui sont sur le tombeau, et une prose en latin, en vers sizains, chaque sizain commençant par les mots *Gaude, sancte Martialis!* » Cette prose, qui contient trente-

---

(1) *Manusc.* de 1638, 367.
(2) Bonav., I, 25.

quatre strophes, se lit dans le manuscrit de 1638, page 366 (1).

Dix ans après la mort du serviteur de Dieu, de nombreuses guérisons miraculeuses s'opérant à son tombeau, l'évêque François de La Fayette ordonna une enquête. J'ignore si les pièces ont été transmises à la sacrée congrégation des Rites.

Le chef du vénérable Bardon de Brun se conserve dans une urne à Saint-Pierre-du-Queyroix. Ses portraits sont nombreux : il en existe sur toile, sur émail, sur cuivre et sur bois. Un émail de 1597, attribué à Jehan Limosin, le représente âgé de trente-trois ans, de face, barbu, en pourpoint de velours noir. Sur un autre émail, appartenant à M. René Ruben, Bardon est vu à genoux devant un crucifix. Autour du cadre se lit l'inscription suivante : *Venerabilis presbiter Bernardvs Bardonvs de Brvn. Obiit Lemovicæ* XIX *Janv. an.* 1625, *ætatis suæ* 61 (2). Les sœurs hospitalières de Saint-Alexis de Limoges conservent un petit crucifix de cuivre qui lui a appartenu. Avant la révolution, les écoliers avaient coutume de frotter de la poussière de son tombeau le papier qui servait à leurs compositions.

(1) Biblioth. publ.
(2) V. M. Maurice Ardant, *Bullet. Archéol.* IX, 105 : *Hist. de Saint-Pierre-du-Queyroix*, 68.

Le P. Estienne Petiot, de la compagnie de Jésus, publia à Limoges, en 1653, *la Vie admirable et exemplaire de Monsieur Bardon de Brun*. L'ouvrage fut réimprimé, en 1668, par Martial Chapoulaud, 1 vol. in-8, 116 pages. L'auteur ignore l'art de présenter et de développer les faits ; il manque d'imagination et de style. L'œuvre est au-dessous du médiocre.

IV.

JEANNE DE LESTONAC

(1556-1640).

I.

Le 19 septembre 1834, le pape Grégoire XVI décernait à Jeanne de Lestonac, fondatrice de la congrégation des *Filles-de-Notre-Dame*, le titre de vénérable, et autorisait la congrégation des Rites à instruire le procès de béatification de cette grande servante de Dieu. Depuis, des informations, commencées à Bordeaux, se sont étendues partout où la tradition a pu être utilement interrogée. C'est ainsi que, en 1861, par les soins d'un protonotaire apostolique délégué à cet effet, s'ouvraient à Limoges des enquêtes qui, je crois, n'ont été closes qu'au mois de février 1862.

Jeanne de Lestonac, à qui l'Église décernera peut-être un jour les honneurs de la sainteté, naquit à Bordeaux en 1556. Une aux époques de foi, la

famille, aux temps de schisme, se divise. Le père
de l'enfant, Richard de Lestonac, conseiller au parlement de Bordeaux, professait la foi catholique; sa
mère, Jeanne d'Eyquem de Montaigne, avait embrassé avec ardeur le calvinisme, et son oncle, le
frère de sa mère, le célèbre auteur des *Essais*,
Michel de Montaigne, laissant son grand esprit
flotter sur les abîmes du doute philosophique, appartenait, dans la vie pratique, à ce tiers-parti de
toutes les époques de révolution qui fait consister
la sagesse à dégager l'intérêt personnel du naufrage
des principes. De bonne heure l'enfant fut frappée
des maux qui résultaient autour d'elle et pour elle
du déchirement des esprits. Pendant que son père
la faisait élever dans la religion catholique, sa
mère, en secret, employait tous les genres de
séductions pour la gagner à ses propres erreurs.
Jeanne combattit les influences maternelles. Elle
résista, et les moyens destinés à ébranler sa
croyance ne firent que l'y affermir davantage.
A l'esprit de résolution qui sait vouloir la jeune fille
joignait l'esprit de droiture qui sait choisir. Une
raison précoce réglait ses jugements. L'idée du
devoir dominait sa vie; et déjà Dieu occupait
dans son cœur la première place. Ses inclinations
l'eussent portée à la vie religieuse; mais les
germes de schisme qui existaient alors dans beaucoup de communautés l'effrayèrent. Le monde lui

parut encore moins à craindre qu'une solitude où l'erreur eût fait pénétrer ses poisons. Elle y demeura donc, et, lorsqu'elle eut dix-sept ans, consentit à épouser Gaston, marquis de Montferrand, fils du gouverneur de Bordeaux.

De cette union, qui dura vingt-quatre ans, naquirent sept enfants, dont trois moururent en bas âge. En 1597, au moment où elle perdit son mari, Jeanne de Lestonac était âgée de quarante et un ans. Elle consacra les premières années de son veuvage à l'établissement de son fils et de ses trois filles.

Après qu'elle eut satisfait comme mère à toutes ses obligations, Jeanne de Lestonac, qu'aucun grand devoir ne retenait plus dans le monde, tourna de nouveau ses regards vers les pacifiques solitudes de la vie religieuse, qu'elle avait autrefois désirées. A Toulouse, florissait dans une grande ferveur la communauté cistercienne des Feuillantines. La marquise de Montferrand se présenta dans cette maison, et y prit l'habit le 11 juin 1603. Pour accomplir la mission qu'à son insu lui réservait la divine Providence, il fallait qu'elle eût fait l'apprentissage de la vie religieuse. Elle entra donc chez les Filles de Saint-Bernard; mais une maladie née de la rigueur du régime la ramenait, six mois après, dans son château de La Mothe, où elle résida deux ans. C'est dans cette solitude qu'elle eut pour la première fois conscience des grands desseins de Dieu sur elle.

Montaigne a caractérisé d'un mot les mœurs du xvi⁰ siècle : *Qui n'est*, dit-il, *que parricide en nos jours et sacrilége, il est homme de bien* (1). L'auteur des *Essais* stygmatise les corruptions de son temps ; il signale le mal : il n'a nul souci d'y porter remède : le scepticisme philosophique envenime plus de plaies qu'il n'en guérit. Frappée, comme son oncle, du spectacle des désordres publics, Jeanne de Lestonac ne se borne pas à de vaines paroles, elle remonte aux causes des dépravations : elle en trouve la source dans la licence des doctrines, et arrive à cette conclusion que de la bonne ou de la mauvaise éducation de la jeunesse dépend le salut ou la ruine des sociétés humaines. Les Jésuites sous ses yeux travaillaient à la réforme de l'éducation publique. Elle seconde l'entreprise, s'y rallie dans la mesure de ses forces, et jette les fondements de la congrégation des *Filles-de-Notre-Dame*, destinée à l'enseignement de l'enfance.

Susanne de Briançon de Verteillac, autrefois calviniste, ramenée à la vérité par la marquise de Montferrand, s'associa au dessein de son amie. C'était une femme dévouée, courageuse, capable de grandes choses : elle fut l'une des colonnes de

---

(1) *Le Chroniq. du Périg. et du Lim.*, p. 90.

la naissante congrégation. De leur côté, les Jésuites de Bordeaux prêtèrent à Jeanne de Lestonac un concours empressé, et l'un d'eux, le P. de Bordes, présida à la rédaction du règlement. Cette pièce fondamentale reçut l'approbation du cardinal de Sourdis, archevêque de Bordeaux, le 25 mars 1606. Saint Ignace avait placé son institut sous l'invocation du nom de *Jésus* ; Jeanne de Lestonac plaça le sien sous le patronage de la Mère de Dieu, et adopta pour sa congrégation, en signe sans doute de parenté spirituelle avec la compagnie de Jésus, la célèbre devise *Ad majorem Dei gloriam!* A la demande des cardinaux Bellarmin et Baronius, le pape Paul V confirma, par un bref du 7 avril 1607, le nouvel institut, qui fut agrégé à l'ordre de Saint-Benoît.

Tout étant ainsi disposé, Jeanne de Lestonac et ses filles prirent le voile le 1er mai 1608, et, environ deux ans après, c'est-à-dire le jour de la fête de la Conception de la sainte Vierge, en 1610, prononcèrent solennellement leurs vœux. La fondatrice avait alors cinquante-sept ans. La congrégation de Notre-Dame prit de rapides accroissements. Jeanne de Lestonac avait vu s'élever plus de trente maisons de son institut lorsqu'elle décéda à Bordeaux, en odeur de sainteté, le 2 février 1640, âgée de quatre-vingt-quatre ans : heureuse, en mourant, d'avoir marqué son passage sur cette terre par une de ces grandes œuvres qui profitent à plusieurs générations.

II.

C'est en 1634, six ans avant sa mort, que Jeanne de Lestonac fonda la maison de Limoges (1) par les mains de Susanne de Briançon de Verteillac, la plus chère peut-être de ses disciples. Cette Mère arriva à Limoges avec une de ses nièces et cinq autres religieuses, savoir : les sœurs du But, de Ferrière, Ardillier, de Chaudru et Mallet. Les Filles-de-Notre-Dame s'établirent, le 20 décembre 1634, dans les vastes locaux qu'avaient précédemment occupés les Carmélites, au-dessous du portail Imbert. Leur premier soin fut de bâtir des classes et un pensionnat. Hardy, trésorier général de France, et Ardillier, frère de la religieuse de ce nom, secondèrent et facilitèrent les travaux. La marquise de Linars, pieuse femme, qui acheva ses jours dans la communauté en qualité de pensionnaire, subvint généreusement à une partie des frais. Le P. Martel, recteur du collége, prêtait aussi le concours de son influence. Les sympathies

(1) Bonav., III, 840.

publiques se manifestaient d'ailleurs par l'affluence des élèves et le nombre des postulantes. A son départ de Limoges, où elle ne résida que cinq ans, la mère Susanne de Briançon de Verteillac laissa dans la maison vingt-deux religieuses. La communauté, après elle, continua de prospérer. En 1647, treize ans après la fondation, la maison de Limoges, regardée apparemment comme l'une des mieux réglées de France, fut priée par la communauté de Saintes de céder un de ses sujets pour présider une fondation nouvelle : la demande donna lieu à un acte capitulaire que je crois devoir reproduire ici :

ACTE CAPITULAIRE.

« Ce matin 28 juin 1647, nous, soussignée, supérieure des Filles-de-Notre-Dame de Limoges, avons assemblé les Mères de la communauté pour leur faire entendre certaine proposition qui nous est parvenue. Nos révérendes Mères de Saintes, voulant établir une maison des nôtres en la ville de Richelieu, désirent que nous leur donnions la M. Avoie-Dufresne, religieuse professe de Limoges depuis le 21 juin 1638, pour aider au nouvel établissement. La chose ayant été mûrement considérée, nous sommes demeurées d'accord que, pour la gloire de Dieu et l'augmentation de notre compagnie, la M. Avoie-Dufresne sorte de cette maison, et que les quatre cents écus de sa dotation lui soient rendus, moyennant toutefois l'approbation de monseigneur l'évêque, notre supérieur.

» Signé de notre propre main :

» Marguerite CHAUDRU (1). »

La première religieuse professe de la maison de Limoges appartenait à une famille du Périgord : elle se nommait Catherine de La Valade. Cette religieuse fournit une existence presque séculaire. Elle touchait à sa centième année lorsqu'elle périt victime d'un incendie qui éclata le 3 décembre 1697, et consuma une partie des bâtiments (2).

La communauté de Notre-Dame de Limoges fonda deux maisons dans le diocèse : l'une, en 1652, à Saint-Léonard ; l'autre, à Saint-Junien, en 1660, sous les auspices de dame Gédéon de Brettes née Claudine de Dreux. Supprimé par la révolution, le couvent de Saint-Léonard a été rétabli, en 1837, par les soins du curé de la paroisse, M. Dépéret, dont le nom est aujourd'hui encore en vénération dans le pays Le couvent de Saint-Junien ne s'est pas relevé.

---

(1) Arch. départ., fonds des congr. relig.
(2) *Hist. de l'ordre des Filles-de-Notre-Dame*, sans nom d'auteur, Poitiers, J.-B. Braud, 1700, in-4, tom. II, p. 176. L'abbé Legros place cet incendie au 2 décembre. (*Contin. des annal.*, p. 19, inédit.)

Pour compléter l'aperçu qui précède, il me reste à parler de la coopération de la maison de Limoges au service des missions étrangères. Cette coopération nous est révélée par des pièces originales inédites très-intéressantes ; mais, avant de reproduire les pièces, je dois au lecteur quelques éclaircissements sur les circonstances qui ouvrirent aux Filles de Jeanne de Lestonac les voies de l'apostolat.

Les Français, au XVIIe siècle, avaient fondé, sur la côte occidentale de l'île Saint-Domingue, une colonie qui déjà, au commencement du XVIIIe siècle, était florissante. Le *Cap-Français*, ainsi se nommait la capitale, occupait le fond d'un golfe : des montagnes couvertes d'une admirable végétation servaient à la ville de couronnement. Sur les pentes et dans la plaine se développaient d'immenses cultures de cannes à sucre et d'indigo ; des forêts d'orangers et de citronniers ombrageaient le paysage. Sans être remarquables, les maisons avaient un aspect riant, et dominaient la rade, qui pouvait avoir de trois à quatre lieues de circuit. Le port, l'un des plus commodes de l'île, recevait au moins cinq cents navires par an. La ville comptait douze mille âmes, et la paroisse, qui s'étendait à plus d'une lieue, environ quatre mille nègres. Le gouverneur et le conseil supérieur représentaient l'autorité royale. A demi-lieue de la ville, l'hôpital, doté de quatre-vingt mille livres de revenu, recevait les pauvres et les marins ou soldats malades. Les Jésuites, établis au Cap-Français depuis 1704, logeaient dans le quartier haut. On arrivait chez eux par une allée de grands arbres, appelés à cause de leur feuillage, poiriers de la Martinique. Dix-huit religieux se consacraient au service de l'île; mais quatre seulement résidaient dans la paroisse, et l'un d'eux y exerçait les fonctions de curé. Dans ce pays, en apparence si favorisé de la nature, les chaleurs étaient excessives, et les ouragans fréquents et terribles. Les insalubrités de l'air engendraient des fièvres pernicieuses et des maladies mortelles. Hélas! de quelque côté qu'il tourne ses pas, l'homme trouve écrit partout le fatal arrêt *Morte morieris*.

Le P. Pierre-Louis Boutin, de la compagnie de Jésus, arrivé dans l'île en 1705, s'y était déjà signalé par d'héroïques vertus, et y était entouré d'une vénération profonde, lorsque, vers 1714, ses supérieurs le chargèrent de la cure du Cap-Français. La paroisse, sous ses auspices, prit une face nouvelle. Il rebâtit l'église, et étendit son zèle à tous les besoins du troupeau. Les nègres trouvaient en lui un consolateur et un ami, quelquefois un intercesseur puissant. Les marins de tous les pays le regardaient comme un père, et avaient popularisé son nom dans les ports de l'Europe. Entre autres établissements de charité, le saint missionnaire avait fondé au Cap-Français un asile pour les orphelines : deux personnes dévotes dirigeaient l'orphelinat, et tenaient une école gratuite de jeunes filles. Mais ce n'était là qu'une organisation provisoire : le fondateur songeait à faire venir des religieuses d'Europe pour l'éducation des jeunes créoles.

Né à La Tour-Blanche dans le Périgord, le P. Boutin s'était trouvé de bonne heure en relation avec les Filles de Jeanne de Lestonac. C'est de ces saintes Filles qu'il crut devoir solliciter le concours. La réponse qu'il en reçut étant selon ses vœux, il souscrivit immédiatement, devant le conseil supérieur de l'île, un acte de donation à la congrégation de Notre-Dame de tout ce qu'il possédait en fonds de terre, maisons ou autres choses, et, sur la communication de l'acte, la cour de France accorda les lettres-patentes d'autorisation.

Les religieuses, long-temps désirées, arrivèrent au Cap. La plupart étaient de condition distinguée. La ville leur fit l'accueil le plus empressé. On admirait leur courage, et de toutes parts on envoyait des pensionnaires : il fallut, faute de place, refuser des élèves, et construire à la hâte des logements provisoires, que remplaça, un peu après 1743, un édifice nouveau, plus régulier, plus spacieux, approprié aux besoins d'une vaste communauté. Au moment où fut posée la première pierre du nouvel édifice, le P. Boutin avait cessé d'exister. Ce grand serviteur de Dieu était décédé au Cap-Français, en odeur de sainteté, le 21 novembre 1742 (1).

Les premières Mères de la maison du Cap sortaient de la communauté de Périgueux. Elles appelèrent à elles des sujets de bonne volonté. La maison de Limoges ne fut pas des dernières à répondre à cet appel. Le nom des religieuses qui partirent les premières pour Saint-Domingue ne nous a pas été conservé ; mais nous voyons par la lettre suivante que, en 1769, la maison du Cap-Français avait pour supérieure une ancienne professe du couvent de Limoges : ainsi la coopération remontait à une époque déjà ancienne.

A Monsieur ***, à Limoges (2).

« Du Cap-Français, ce 5 juin 1769.

» Monsieur,

» Permettez que j'aie l'honneur de me renouveler moi-même dans votre pensée. La traversée que je

(1) *Panthéon litt.* — *Lett. édif. et cur.*, T, I, p. 800-817.
(2) Arch. du dép., fonds de l'évêch. A, 2064. La suscription manque. Le destinataire a écrit en marge : *Répondu le 14 septembre* 1769.

viens de faire s'est terminée le plus heureusement du monde. La divine Providence a veillé sur moi.

» A Bordeaux, MM. Vignes, correspondants de notre maison du Cap, me firent toutes sortes de politesses. Leur navire est très-bon. Le capitaine me parut réunir toutes les qualités de l'homme de bien. L'armateur m'avait fortement recommandée. A l'exemple du chef, les sous-officiers se sont comportés avec la plus grande décence. Pour vous donner une juste idée de ce navire, nommé *Le Courageux*, et de son capitaine, M. Saint-Cric, il faudrait le comparer à une communauté bien réglée : aussi m'y suis-je trouvée à bien des égards comme dans ma cellule. Mais, comme il n'est guère de satisfaction complète, le cruel mal de mer vint troubler ma félicité, et me réduire en la plus triste situation. Des pensées lugubres s'emparèrent de mon esprit. L'idée d'être dévorée par les poissons me causait beaucoup d'effroi. Je tâchais de m'encourager : je me disais que la cause du bon Dieu avait seule pu me déterminer à ce voyage, et que Notre-Seigneur saurait bien me protéger. Ma confiance m'a servi.

» J'eus le bonheur de débarquer au Cap le lendemain de Noël de l'an 1768. De jour en jour ma santé devient meilleure. Je trouve dans cette communauté, où je suis bien accoutumée, les mêmes exemples de vertu qu'en France : même ferveur, même zèle, même charité : tout y respire la bonne odeur de Jésus-Christ. La supérieure est digne de la charge qu'elle remplit : *c'est un sujet sorti de la maison de Limoges*, et qui certainement fait honneur à cette maison. Il est à Limoges d'autres sujets qui se disposent à venir partager nos travaux. Je les féliciterais, Monsieur, de vous avoir pour examinateur. Je rapporte à vous les bénédictions dont Dieu a couvert le voyage que vous avez autorisé. Quelle satisfaction pour moi d'avoir sacrifié à Dieu ce que j'ai de plus cher au monde ! J'ai résolu de contribuer de tous mes efforts à la prospérité de la maison où je suis. Notre communauté est si nécessaire à cette colonie ! les habitants le comprennent bien. Ils profitent de nous, et nous envoient leurs enfants. Nos élèves font l'édification et la consolation des familles.

» Je suis avec tout le respect possible, Monsieur, etc.

» Sœur RECOUDER,
» Fille de Notre-Dame ».

Ainsi que le lecteur a pu le remarquer, sœur Recouder, dans sa lettre, parle de plusieurs religieuses de Limoges qui se disposaient à aller la rejoindre au Cap. Des obstacles insurmontables paraissent avoir contrarié ce dessein ; mais, à la fin de 1785, trois religieuses du couvent de Limoges, sœurs Borderie, Goursaud et de Bonnefont et une novice de Périgueux partaient pour la mission de Saint-Domingue. L'abbé Legros, désigné pour accompagner les religieuses à Bordeaux, a consigné dans ses *Mélanges* inédits (1) deux relations par lesquelles les religieuses arrivées au Cap rendaient compte de la traversée. L'une de ces relations est

(1) *Mél.*, I, 673, 682.

de la Mère de Bonnefont : obligé de me restreindre, je ne reproduirai que celle-ci. Elle est adressée à sœur Goursaud, religieuse de la congrégation des Filles-de-Notre-Dame de Limoges.

« Du Cap, le 24 février 1786.

» Chère sœur,

» Nous avons été favorisées de la plus heureuse et la plus souhaitable navigation. Notre confiance en Dieu nous a fait passer sur tout. Le capitaine du navire étoit protestant, mais le plus honnête homme du monde : sa conversation fut tout édifiante. Un comédien et sa femme voyageoient sur le bâtiment : Ils ont montré la plus grande retenue. Les autres passagers étoient des jeunes gens que nous avons à peine vus, excepté un qui mangeoit à la table du capitaine : celui-ci, d'une éducation admirable, avoit toute sorte d'attentions pour nous. Il ne s'est attrapé, pendant la traversée, qu'un seul poisson, une dorade. Les mariniers en étoient désolés à cause de nous et du maigre que nous faisions. La dorade est un poisson de trois à cinq pieds de long : il est beau à voir dans l'eau avec ses écailles émaillées de toutes couleurs; mais hors de l'eau les couleurs s'effacent en deux minutes. Le souffleur, dit aussi petite baleine, se prend difficilement, et ne se mange pas. Un jour nous en vîmes passer une douzaine de trente à quarante pieds de long. C'est un poisson jaune et vert; il lui sort des narines une fumée comme celle d'une fournaise. Les poissons volants sont tout blancs. On les voit paroître à la surface, puis plonger.

» L'ordre étoit parfait sur le bâtiment. Je plains néanmoins ceux qui professent l'état de marin. La profession est pernicieuse pour l'âme et pour le corps. C'est une vie dure, inquiétante, exposée au risque des saisons. Il est dommage que M. Goursaud l'ait embrassée. Je n'ai pas entendu parler de lui. S'il se fût trouvé ici, il nous fût venu voir. Le port étoit cependant encombré de vaisseaux à notre arrivée : c'étoit comme une forêt de mâts. Depuis trois semaines, les religieuses envoyoient tous les jours leur homme d'affaires s'enquérir de nous sur les navires qui entrent dans le port. Nous n'eûmes pas la peine de tirer la cloche du couvent : les sœurs nous attendoient à la porte. D'exprimer l'allégresse réciproque seroit impossible. Après mille démonstrations de joie, ces dames, en signe de satisfaction, condamnèrent à mort un jeune veau, et la sentence fut exécutée. Qui n'admireroit la bonté de Dieu à notre endroit! Abandonner, comme Abraham, pays, parents, amis, pour un peuple inconnu, c'étoit de quoi ébranler des cœurs déjà trop timides; mais, nous le savons aujourd'hui par expérience, là où l'épreuve abonde, la grâce abonde. Les personnes à qui, sans les connoître, nous avons confié nos jours les veulent rendre heureux et saints.

» La Mère Recouder n'a pas vieilli et épaissi comme on le disoit. Elle est maigre, et a pris un teint cuivré. On l'aime, on la chérit : elle le mérite. Les négresses de la maison lui sont extraordinairement attachées, et l'attachement s'est reporté sur moi lorsqu'elles ont su que j'étois sa cousine. Sœur Recouder n'a point oublié la communauté : elle parle avec affection de toutes les sœurs qu'elle a autrefois connues.

» Il y a ici du bien-être en tout. Le climat est doux, et la communauté aisée. On garde la règle de la modération par esprit religieux : pain meilleur que le vôtre, vin de qualité supérieure, soupe excellente, bon bœuf, volaille, salade, haricots, petits pois, artichauts, asperges. Ce que vous n'avez qu'au printemps, nous l'avons ici en toute saison. Les fèves rouges et blanches ne nous sont point inconnues : tu sais que je les aime. Il y a grand nombre de fruits, tous insipides, excepté l'orange, la grenadine, qui ressemble un peu au melon, et la sapote, qui a du rapport avec le brignon. Le réfectoire est fort joli, surtout la chaire pour lire. Il y a à l'infirmerie trois grands lustres de verre, et autant dans la salle. On est obligé de multiplier les lumières à cause du vent, qui est ici très-violent. Il y a dans la maison plus de cent fenêtres afin que l'air y pénètre bien. Les croisées sont sans vitres, parce qu'on redoute les tremblements de terre, qui arrivent quelquefois. Ce qui m'étonne c'est que les religieuses soient servies en faïence : pas une assiette d'étain ! Le chœur a du rapport avec celui de Bordeaux. La statue de la sainte Vierge est de toute beauté. Huit cierges brûlent devant : c'est la dévotion des nègres. Les blancs ne vont pas de pair : quelle confusion ils en recevront un jour ! Il ne manque à ces pauvres nègres que l'instruction. L'église est laide : il y a deux autels trèsantiques : on compte rebâtir l'édifice. Onze négresses sont au service de la maison, et aident beaucoup dans les emplois. Lorsqu'on leur commande, elles volent. Elles sont nu-pieds, vêtues d'ailleurs décemment. La modestie des demoiselles est admirable. Toutes ont de grands mouchoirs; la plupart, un bonnet rond de mousseline. On les instruit fort bien.

» Que le bon Dieu daigne répandre sa grâce sur nos œuvres et sur les tiennes! Chère sœur, ta vie est bien laborieuse : viendra le temps du repos. Puissions-nous jouir de ce repos ensemble! notre séparation n'a eu d'autre objet que cette fin heureuse et éternelle. C'est dans ces sentiments et ceux de la plus tendre affection que je me dis, chère sœur Goursaud, ta sœur.

» Sœur Bonnefont. »

Le couvent de Notre-Dame du Cap-Français était situé en face de la maison des Jésuites. Tout le monde sait comment finit la colonie de Saint-Domingue. Les aventuriers espagnols qui les premiers s'étaient établis dans l'île, plus sauvages que les sauvages mêmes, avaient exterminé la population indigène, et détruit la race des Caraïbes. A la place de cette infortunée nation, les Espagnols, par une violation de toutes les lois de l'humanité, amenèrent dans l'île, captifs et enchaînés, des esclaves noirs arrachés aux côtes de la Guinée et de la Sénégambie ; et des êtres créés à l'image de Dieu furent traités comme des bêtes de somme. Le tocsin de la révolution française ayant éveillé dans les colonies des ressentiments excités par deux siècles d'oppression, les noirs se levèrent au cri de liberté. Les premières révoltes éclatèrent à Saint-Domingue en 1791, et continuèrent les années suivantes. Les blancs furent massacrés ; les propriétés furent brûlées et spoliées, et l'émancipation victorieuse planta son drapeau sur les ruines de la plus florissante peut-être de nos colonies. Que devint, dans ce grand désastre, la congrégation de Notre-Dame? Que devinrent les saintes filles de la maison de Limoges? Je l'ignore. Peut-être ces généreuses filles auront-elles péri martyres de leur charité ; mais, en tombant sous le glaive, elles entendirent la voix de Celui qui a dit et seul a pu dire : *Mes égorgés ressusciteront* (1).

Un peu avant la révolution, les Filles-de-Notre-Dame de Limoges étaient nombreuses ; leur pensionnat de demoiselles *jouissait d'une réputation méritée*. La communauté avait une école gratuite pour les pauvres (2).

Sous l'empire, les Filles-de-Notre-Dame

---

(1) « Interfecti mei resurgent. » Is., XXVI, 19.
(2) L'abbé Bullat, *Tableau de Limoges*, inédit.

essayèrent de se reconstituer, et formèrent d'abord deux agrégations distinctes ayant pour supérieure, l'une, la Mère Juge-Saint-Martin, et l'autre, la Mère Petiniaud. Les deux agrégations n'en forment aujourd'hui qu'une seule, et occupent le vaste établissement que les religieuses construisirent, il y a quelques années, dans la rue des Quatre-Chemins.

V.

LA MÈRE ISABELLE DES ANGES

(1565-1644).

I.

En 1604, Pierre de Bérulle, honoré depuis de la pourpre romaine, avait amené d'Espagne en France six religieuses carmélites de la réforme de sainte Térèse. Ces religieuses, par qui fut érigé le célèbre couvent du faubourg Saint-Jacques, à Paris, avaient déjà réalisé plusieurs fondations en France lorsque Limoges voulut avoir aussi son Carmel. Trois notables habitants, Martial Benoist, seigneur du Mas-de-l'Age et de Compreignac, trésorier général de France, Antoine de La Charlonie et Jean Mouret, acquirent sous leur nom, en vue de la fondation projetée, une maison située un peu au-dessous du portail Imbert. Cette maison, qui avait une issue sur la rue des Combes, fut achetée, de Pierre Descordes de Balézis, cinq mille cinq cents livres, suivant acte dressé par Isac Juge, procureur, le 9 septembre 1617 (1).

A la fin de l'automne de l'année suivante, tout étant prêt, même la chapelle, les religieuses partirent de Toulouse le 3 décembre, au nombre de six, sous la conduite de la Mère Isabelle des Anges, l'une des six religieuses espagnoles, et arrivèrent à Limoges le 15, après treize jours de marche. Jeanne de Douhet, dame Benoist du Mas-de-l'Age, dont le mari remplissait les fonctions de trésorier général de France, et que, par ce motif, on nommait *madame la générale*, était allée en carrosse au-devant des saintes filles. Elle les embrassa, les fit monter en voiture, et les conduisit à la cathédrale, où l'évêque, Raymond de La Martonie, leur donna sa bénédiction. Jeanne Benoist les conduisit ensuite à son hôtel, et, le jour même, ce qu'il y avait à Limoges de plus considérable les vint visiter. La Mère Isabelle des Anges ne parlait qu'espagnol; mais elle entendait le français, et pouvait ainsi prendre part aux conversations. Parmi les personnes qui eurent l'honneur de lui être présentées, elle distingua une des filles de madame Benoist, d'une rare

(1) *Arch. dép.*

beauté, âgée de dix-neuf ans, mariée et déjà veuve, étendit sur elle son voile, et, comme inspirée : *Celle-ci sera nôtre*, dit-elle en espagnol : *Dieu la veut pour lui!* La jeune femme, qui aimait le monde, et que le monde entourait de beaucoup d'hommages, fit un signe de tête négatif. L'horoscope lui parut faux : elle se trompait. Dieu l'appela à lui d'une voix souveraine, et, au mois de mars de l'année suivante, elle entrait en qualité de fondatrice dans le Carmel de Limoges. Elle prit l'habit le 21 avril 1619 sous le nom de sœur Françoise de Jésus, fit profession le 25 avril 1620, et mourut le 21 janvier 1643, âgée de quarante-trois ans.

La première professe de la maison de Limoges fut sœur Térèse de Verthamond, qui fit profession le 19 mars 1620.

La cérémonie de l'installation des Carmélites eut lieu le dimanche 16 décembre 1618. Les religieuses furent conduites processionnellement de la cathédrale à leur maison, située, comme je l'ai dit, au-dessous du portail Imbert. Toutes les magistratures voulurent faire partie du cortége. Les consuls, couverts de leurs insignes, portaient le dais du Saint-Sacrement. Les Filles du Carmel marchaient à la suite, voilées et pieds nus.

II.

La Mère Isabelle des Anges, de qui il vient d'être parlé, était née en Espagne, au diocèse de Ségovie, le 5 février 1565. Son père, Marquez Messia, avait rempli les fonctions d'ambassadeur d'Espagne à Florence. Une particularité en apparence insignifiante décida peut-être de la vocation de la jeune fille. Un jour, dans sa première enfance, une servante lui montra sur la voie publique la Mère Térèse de Jésus entourée de quelques religieuses. L'image de la sainte ne s'effaça plus de son souvenir. Lorsqu'elle eut vingt ans, elle refusa les partis qui lui étaient proposés, et résolut de se donner à Dieu. Un peu plus tard, elle entra chez les Carmélites de Salamanque, et prononça ses vœux le 31 août 1590. Isabelle avait alors vingt-cinq ans. Ses qualités la firent tout de suite remarquer. Elle était sous-prieure à Salamanque lorsque, en 1604, les supérieurs la désignèrent pour aller, en la même qualité, avec cinq autres religieuses, concourir à la fondation de la maison de Paris. En 1605, la Mère Isabelle fut désignée pour accompagner à Dijon la célèbre Mère Anne de Jésus, et participer sous ses ordres à l'établissement du Carmel de cette ville. Quelques années après, nous la voyons présider seule diverses fondations : Amiens, en 1606 ; Rouen, en 1609 ; Bordeaux, en 1610, et Toulouse, en 1616. A l'exemple de sainte Térèse, elle se confiait en Dieu, et Dieu lui donnait les moyens d'agir. La charité centuplait ses forces. Appelée par la divine Providence à jeter aussi les fondements de la maison de Limoges, elle était arrivée dans cette ville, ainsi que nous l'avons dit, le 15 décembre 1618, accompagnée de cinq de ses sœurs. De ces religieuses deux étaient les filles de M. de Rességuier, conseiller au parlement de Toulouse. Une partie de la noblesse de robe donnait ses enfants à l'Église, et protestait ainsi contre les fausses doctrines qui déjà frappaient à la porte des parlements.

Les frais d'achat de local et de réparations s'élevèrent à 28 ou 30,000 livres. Martial Benoist du Mas-de-l'Age, trésorier général de France, et sa femme *madame la générale* contribuèrent à la dépense pour une somme de DIX-NEUF MILLE QUATRE CENTS livres. La somme équivalait à plus de cinquante mille francs de notre monnaie ! A cette époque, il était de principe dans les familles chrétiennes de ne dépenser qu'une portion de ses revenus, et de faire à l'aumône sa part : prise ainsi sur les plaisirs, prélevée sur les satisfactions égoïstes, l'aumône ne ruinait personne. *Qui se réduit à rien pour donner à Dieu*, a dit admirablement saint Jean-de-la-Croix, *reçoit tout de*

Dieu, et ne manque de rien. Avec des revenus moindres, nos pères donnaient plus que nous, et étaient en réalité plus riches. De nos jours, l'oreille se lasse à recueillir les gémissements des riches qui se plaignent de leur pauvreté. Nous tirons l'or de la terre, nous le tirons de la science; nous le demandons à l'électricité et à la vapeur; il nous arrive par le trafic des industries, quelquefois par le trafic des consciences. Nous roulons sur l'or, et l'or ne nous rassasie point. Les appétits vont plus vite que les moyens destinés à les assouvir, et, affamée au milieu de ses milliards, la société, si cela continue, en viendra à demander un certificat d'indigence.

Aux dix-neuf mille quatre cents livres déjà données pour la fondation du Carmel Martial Benoist du Mas-de-l'Age et sa femme ajoutèrent depuis d'autres dons. La famille que nous voyons concourir si libéralement à l'une de nos principales fondations du XVIIe siècle ne faisait en cela que rester fidèle aux traditions de sa race. De siècle en siècle les Benoist se montraient en tête de toutes les nobles entreprises, sur le chemin de toutes les idées généreuses. En 1421, une Paule Benoist, en langue romane *Beneicho*, petite-fille de Pierre Audier d'Angleterre, sénéchal de la Marche et du Limousin, concevait le hardi projet d'exécuter le pèlerinage de la Terre-Sainte. Ni les frais, ni les difficultés, ni les périls de l'entreprise ne l'arrêtèrent. Sa foi l'élevait au-dessus des calculs pusillanimes. Elle partit donc, et se rendit à Venise : là elle s'embarqua sur les galères du Levant, fit heureusement la traversée, et, après avoir visité les lieux saints, se réembarqua pour l'Europe. Pendant son séjour en Palestine, Paule Benoist avait conçu une noble pensée : c'était de doter sa ville natale d'une copie du sépulcre de Notre-Seigneur. Les artistes vénitiens étaient en grande réputation : elle se mit en relation avec un maître sculpteur. *Ce maître tailla et apporta le dessin du monument de Notre-Seigneur à la ressemblance de son sépulcre de Jérusalem, et le posa dans l'église de Saint-Pierre de Limoges, au côté droit de la chapelle des Benoist* (1). De plus, la noble femme fit ériger, probablement par le même artiste, non loin de l'église Saint-Maurice, une chapelle dite du *Calvaire* (2). Du sépulcre et de l'édifice il ne reste aujourd'hui aucun vestige; mais deux monuments de l'art vénitien décoraient autrefois la ville de Limoges, et ces monuments c'est à une femme chrétienne que notre ville les devait. Je reviens à mon sujet.

Établies d'abord près du portail Imbert, les

---

(1) Bonav., III, 694.
(2) La chapelle du Calvaire était située sur l'emplacement qu'occupe aujourd'hui la maison Nenert, près du Bon-Pasteur.

Carmélites, qu'incommodaient les bruits de la ville, cherchèrent, en 1634, un local plus retiré, et s'installèrent près de la place des Jacobins. Cette translation de domicile entraîna une nouvelle dépense de vingt-cinq à trente mille livres. Le couvent nourrissait vingt religieuses; il était fort pauvre. La Mère Isabelle des Anges s'en réjouissait : *Dieu*, disait-elle en souriant, *traite les Carmélites de Limoges comme de mauvaises ménagères : il les pourvoit au jour le jour.*

L'esprit de sacrifice animait toutes les actions de la pieuse supérieure. Elle jeûnait au pain et à l'eau, portait des chaînes et des cilices, et passait en adoration devant le Saint-Sacrement les nuits qui précédaient les fêtes solennelles. Sa cellule, pour tout ameublement, contenait quelques images communes, un banc et une chaise de paille. Elle voulait que l'office se célébrât avec dignité. Rien ne lui paraissait indifférent lorsqu'il s'agissait du service divin. Elle tenait à la régularité du rhythme dans la psalmodie, et exigeait que le latin fût prononcé correctement. Les séculiers disaient : *Allons aux Carmélites ouïr chanter la bonne Mère espagnole;* car c'est ainsi que tout le monde la nommait. Les écrits de sainte Térèse et de saint Jean de la Croix formaient ses lectures les plus habituelles. La tradition a recueilli certaines phrases qui lui étaient familières. Elle répétait souvent : *Brièveté de travail, éternité de repos!* Quelquefois elle disait : *Mes sœurs, la vie a deux issues : une qui mène à la gloire, une qui mène à la peine : prenons garde!* Lorsque la vénérable Mère commença de plier sous le poids des ans, ses filles prenaient plaisir à lui offrir des fruits et des fleurs : elle recevait avec plaisir le fruit ou la fleur, et disait en les baisant : *O fruit, ô fleur, béni soit celui par qui tu fus créé!*

Quelques lettres de la Mère Isabelle des Anges nous ont été conservées. Les phrases suivantes, détachées de cette correspondance, suffisent pour en indiquer l'esprit. C'est à des religieuses que les lettres sont écrites :

« Peines ou consolations, ma fille, ne cherchons rien que sur la croix. De cet arbre sacré se cueillent les fruits qui se gardent pour la vie éternelle.

» *O état non connu jusqu'à cette heure!* s'écrioit en mourant une de nos sœurs. Cette sœur n'avoit que vingt-deux ans : elle avoit laissé le monde, et ce que le monde estime, richesses, grandeurs. Mes filles, n'attendons pas cette heure-là !

» Ma fille, souffrir en cette vie est le moyen que Dieu nous donne pour gagner le ciel.

» Ma fille que j'aime comme mon âme, qui veut goûter les vrais biens dans l'éternité doit les gagner ici, et les chercher sur l'arbre de la croix. Un poids de fer m'arrête, et pourtant je devrois aller vite, puisque j'arrive au terme de la journée.

» Demandez, ma fille, à sa divine Majesté qu'elle me donne une bonne mort. C'est à la mort que tous les comptes seront balancés : là sera jugé ce qui doit l'être pour l'éternité. »

Trois ans avant sa mort, la mère Isabelle des Anges se démit de la charge de supérieure, et voulut occuper le dernier rang parmi ses filles. Elle expira dans la nuit du vendredi au samedi 14 octobre 1644, la veille précisément du jour de la fête de sainte Térèse. Elle avait vécu soixante-dix-neuf ans, dont vingt-quatre passés à Limoges.

On la regardait comme une sainte. L'évêque, François de La Fayette, se dirigeait par ses avis, et racontait avoir plusieurs fois respiré près d'elle une odeur miraculeuse : cette odeur, disait-il, était si forte qu'il lui était arrivé de demander s'il n'existait point de parfums dans le parloir. Il garda de l'humble fille du Carmel un ineffaçable souvenir, et voulut posséder une médaille de son chapelet.

Après la mort de son mari, Jeanne Benoist du Mas-de-l'Age, dont il a été parlé plus haut, obtint, par acte du 25 mars 1626, signé Mouret, notaire royal, la faveur de partager avec sa fille le titre de fondatrice du Carmel de Limoges. Aux termes de l'acte, Jeanne Benoist pourra, en qualité de fondatrice, résider dans la maison du Carmel trente jours par an, savoir : dix jours à Pâques, six à Noël, cinq à la Pentecôte, trois à Notre-Dame d'août, trois pour la fête de saint Joseph, et trois pour la fête de sainte Térèse (1). Cette dame, décédée sous le saint habit du Carmel en 1643, fut inhumée sous le cloître, à côté de sa fille, qui l'avait précédée d'une année dans la tombe (2).

Françoise Nicolas de Tralage, parente de l'illustre La Reynie, entrée chez les Carmélites sous le titre de sœur Françoise de Sainte-Térèse, avait vingt ans de profession lorsqu'elle fut appelée à succéder en qualité de supérieure à la Mère Isabelle des Anges. C'était une femme d'un esprit supérieur. Nous lui devons la *Vie de la vénérable Mère Isabelle des Anges, religieuse Carmélite déchaussée*, Paris, 1658, in-12, 448 pages, belle impression, sans nom d'auteur. Le livre n'a malheureusement pas été publié tel qu'il sortit des mains de la Mère Françoise de Sainte-Térèse : les éditeurs y ont ajouté et retranché, au gré de je ne sais quelles obscures passions. A un tort déjà si grave ils ont joint celui de substituer leur rhétorique aux naïfs récits de l'humble Carmélite. Sous prétexte de rectifier l'ouvrage, ils l'ont défiguré.

(1) *Arch. départ.*
(2) Bonav., III, 844.

VI.

MARCELLE GERMAIN

(1599-1661).

I.

En face et un peu au-dessous de l'église Saint-Maurice, aujourd'hui église des Carmélites, se voyait, à la fin du XVIe siècle, une hôtellerie très-achalandée dite le *logis de la Trappe :* c'est sous cet humble toit que naquit, le 28 septembre 1599, Marcelle Chambon, future fondatrice de la congrégation de *la Providence.* Son père, Mathieu Chambon, hôtelier et *marchand de la Cité de Limoges,* et sa mère, Antoinette Las Villetas, gens simples et droits, lui inspirèrent de bonne heure des sentiments chrétiens. L'enfant touchait à sa septième année lorsque, suivant un usage alors assez général dans nos provinces, un marchand d'Angoulême proposa aux parents de Marcelle de prendre leur fille s'ils voulaient se charger de son fils, et lui faire suivre les cours du collége. A tort ou à raison, les familles, à cette époque, croyaient que l'enfance gagnait à être ainsi dépaysée. Les enfants furent en effet échangés; mais Marcelle, malade à Angoulême, dut rentrer sous le toit paternel, et, peu après, fut confiée aux soins d'une de ses sœurs, mariée à Grand-Mont. La jeune fille passa deux années à l'ombre de l'abbaye fondée par saint Étienne de Muret : cette halte près de l'antique sanctuaire ne s'effaça jamais de son souvenir.

De retour à Limoges, Marcelle s'y fit remarquer par une piété extraordinaire. On la mit sous la direction d'une institutrice ; mais, pour acquérir la science *seule nécessaire*, un livre suffit, le livre de l'apôtre, *Jésus crucifié*. La jeune fille épelait déjà dans ce divin livre. A dix ans, par esprit de dévotion, elle s'abstenait d'aliments gras les mercredis; à quatorze, elle pratiquait en toute rigueur les carêmes et les jeûnes de l'Église. Plus tard, lorsque ses confesseurs lui auront ordonné d'écrire sa vie, elle nous mettra dans la confidence des premières aspirations de son cœur. « Ce que j'avois alors de bon, dit-elle, c'est que je désirois n'offenser Dieu en rien. Mes oreilles ne vouloient entendre que des paroles de sainteté ; ma langue eût voulu toujours prier. Parfois je récitois mes heures au clair de lune. La lecture occupoit les après-soupées ; je ne pouvois me rassasier de la lecture des bons livres. *Je voulois* être sainte (1). » *Je voulois!* Sous la plume de la future fondatrice, le mot est caractéristique.

Les inclinations de Marcelle l'eussent portée à la vie religieuse ; mais Dieu la destinait à vivre dans le monde. Flattés des belles qualités de l'enfant, les parents songèrent à la marier, et hâtèrent l'époque de son établissement. *Suivant la mauvaise coutume des habitants de Limoges, qui engagent leurs enfants trop tôt dans les liens du mariage*, dit le P. Bonaventure, ils la fiancèrent, à peine âgée de douze ans, à Jean Germain. Quelques actes du temps donnent au mari le titre de maître imprimeur :

(1) *La Conduite d'une âme, ou les Vertus admirables de madame Germain*, manuscrit des Filles de la Providence : ce manuscrit forme la seconde partie d'une *Vie de madame Germain*, écrite par le P. Bernardin de Tous-les-Saints, Carme déchaussé de la maison de Limoges. La première partie a disparu pendant la révolution. Les manuscrits de la fondatrice ont également disparu ; mais le P. Bernardin de Tous-les-Saints en a reproduit, dans son travail, de nombreux passages. Un prêtre du diocèse de Limoges, François Roby, ancien membre, je crois, de la compagnie de Jésus, mort en 1774, a publié en 1770 la *Vie de la vénérable servante de Dieu Marcelle Chambon dite madame Germain*, in-12, 129 pages, chez Pierre Chapoulaud, place des Bancs. L'opuscule est médiocre, et ne remplace pas la partie manquante de l'œuvre du premier biographe. Le P. Bernardin de Tous-les-Saints a écrit une Vie de saint Léonard, qui fut imprimée chez Martial Bargeas en 1761.

il peut avoir eu le titre ; mais il ne paraît pas avoir levé d'imprimerie : aucun monument typographique de l'époque ne porte son nom, du moins à ma connaissance. Germain exerçait, dans la rue et presque en face de la porte du collége, la profession de libraire. Il se sera probablement borné à cette profession, que rendaient alors assez lucrative les mille ou douze cents écoliers des Jésuites. C'était un homme intelligent, doué de qualités estimables, mais dur, exigeant dans son ménage, et d'une humeur sombre qu'assombrissaient encore certaines dispositions maladives. Une attaque de paralysie, dont il fut frappé dans la fleur de l'âge, l'enleva vers 1620, après environ neuf ans de mariage.

II.

Avant et pendant la maladie de son mari, Marcelle Germain s'était montrée admirable de patience et de dévoûment. Le coup qui la frappait fut terrible. Sa foi et son courage la soutinrent, et le sentiment du devoir maternel la rendit supérieure aux difficultés de la situation. Elle avait trois enfants en bas âge : deux filles et un garçon. Le commerce formait l'unique ressource de la famille. La jeune mère se mit en tête du négoce : par ses soins, par son intelligente activité, la maison fut arrachée à un naufrage presque inévitable. Elle donnait au commerce presque tout son temps ; mais, au milieu de beaucoup d'affaires, un intérêt supérieur dominait sa vie. Le commerce était le moyen ; la sanctification de la famille était le but. Cette veuve de vingt et un ans, sacrifiant à Dieu toutes les affections humaines, avait fait vœu de chasteté. Elle portait un cilice, et s'imposait des jeûnes rigoureux. Suivant ses propres expressions, *elle frappoit le moi à grands coups de mortifications, afin de soustraire son âme à la tyrannie et au détraquement des passions.*

« Depuis, dit-elle, que Notre-Seigneur m'eut donné le parfait usage de ma raison, ce qui n'arriva qu'à l'âge de vingt-cinq ans, je commençai à mortifier mon esprit au point de n'y laisser rien entrer de superflu. Ce retranchement de toute connoissance inutile me laissa une inexprimable faim de connoître, d'aimer, d'adorer et de servir Dieu (1). » Quelquefois, dans l'âpre chemin qu'elle s'était tracé, ses forces semblèrent la trahir : « Mon Père, écrit-elle à son confesseur, il semble que je ne connoisse plus Dieu ni la vertu : les souffrances m'ennuient ; le Seigneur se cache ; les douleurs de l'âme ne me laissent plus de trêve (2) ». Ces désolations durèrent cinq années.

(1) Mss. des Dames de la Provid.
(2) *Ibid.*

Dans un âge plus avancé, Marcelle frémissait des obstacles qu'elle avait dû vaincre : « Je meurs, dit-elle, au souvenir de la lutte; mais je me relève lorsque je pense que Dieu est resté le maître ».

La pieuse femme avait donné pour précepteur à son fils un ecclésiastique. Elle ne voulut confier qu'à elle seule l'éducation de ses filles. Le soin si doux de cultiver et de former leurs jeunes cœurs lui parut le plus beau fleuron de la couronne maternelle. Elle s'occupait du négoce avec activité, mais avec un parfait dégagement de cœur. Suivant l'expression de son principal biographe, elle fit le commerce *comme qui ne vend ni n'achète*, et posséda les biens temporels comme ne les possédant pas. Les honneurs et les richesses du monde lui paraissaient chose peu désirable pour ses enfants. Elle leur souhaitait d'autres honneurs et d'autres richesses : « Seigneur, disait-elle, si vous leur faites ce bien que de les appeler à vous en religion, je promets de finir mes jours en tel emploi que me marquera votre Providence. Faites que ni eux ni moi ne nous perdions par notre faute (1). »

Le vœu maternel fut exaucé. Sous le nom de frère Elisée-Sainte-Térése, le fils servit Notre-Seigneur chez les Carmes déchaussés de la maison de

---

(1) Mss. des Dames de la Provid.

Limoges, où il mourut en odeur de sainteté. Les deux filles prirent le voile au couvent des Filles-de-Notre-Dame, et, selon l'intention de leur mère, portèrent en religion les noms de Saint-Ignace et de Saint-François-Xavier.

III.

Une fois ses enfants pourvus, Marcelle Germain régla et liquida les affaires de sa maison, se chargea généreusement de payer les dettes d'un de ses beaux-frères, qui s'était livré à de folles entreprises, et, abandonnant ensuite les affaires avec une petite fortune de trente mille livres gagnée dans le commerce, ne songea plus qu'à se consacrer à Dieu tout entière. Elle voulait entrer chez les Carmélites : M. Sage, official du diocèse, l'en empêcha. Suivant lui, la gloire de Dieu et l'intérêt des âmes commandaient à Marcelle de rester dans le monde. Elle obéit à regret; mais elle obéit.

Cette femme admirable nous est représentée comme exerçant parmi ses contemporains une sorte d'apostolat. Elle semblait avoir reçu du Ciel le talent de bien dire et de bien faire. Le Saint-Esprit mettait sur ses lèvres de ces paroles puissantes qui gagnent et entraînent les consciences. Elle affermissait les justes dans leurs voies, et tirait les pécheurs de leurs égarements. Les ecclésiastiques eux-mêmes gagnaient quelque chose à l'entendre. Plus d'un prêtre fut par elle soutenu et affermi dans sa vocation.

Jacques Dupeyrat de Masjambeau et sa femme Jeanne Malden de Fontjaudran, jeunes tous deux, tous deux considérés, et entourés des faveurs de la fortune, conçurent, en l'écoutant, un tel désir des choses du Ciel qu'ils quittèrent le monde, et se consacrèrent à Dieu d'un commun accord, l'un chez les Carmes déchaussés de Limoges, l'autre chez les Carmélites : heureux, en embrassant la sainte pauvreté, d'enrichir de leur opulence les pauvres de Jésus-Christ (1)!

L'ascendant de Marcelle Germain sur les âmes prenait sa racine dans la pratique des plus difficiles vertus. L'esprit d'humilité éclate dans chaque ligne de ses écrits : « Mon Père, dit-elle à son confesseur, humiliez cette misérable créature : je voudrois qu'il ne fût parlé de la pauvre Marcelle ni morte ni vive ». Le sentiment qu'elle a de la pureté de

---

(1) Jeanne de Malden, âgée de vingt-trois ans, prit l'habit du Carmel le 11 juin 1647, et fut appelée en religion sœur Térèse-Saint-Joseph. Son mari, que la nécessité de se défaire de la charge de receveur général du taillon retint quelque temps dans le monde, n'entra chez les Carmes déchaussés que le 28 mars 1653. On ignore la date de leur mort. (Bonav., III., 851. — Nadaud, *Nobil.*, p. 2208.)

l'essence divine lui communique une inexprimable horreur du péché : « Si par malheur, dit-elle, j'offensois Dieu de propos délibéré, je mourrois, je crois, sur-le-champ! » Obligée par sa condition de fréquenter le monde, elle s'en séparait par la pensée, et traversait la vallée des larmes comme l'exilé la terre de l'exil : « Je suis obligée, dit-elle, d'aller souvent au marché pour acheter : je n'y vais qu'avec répugnance. Ce m'est une peine de paroître en public. Un moment avec Dieu vaut mieux qu'une éternité avec les créatures (1). »

La dévotion de Marcelle Germain n'était pas oisive et stérile. Cette âme généreuse s'employait à toutes sortes de bonnes œuvres. Les pauvres n'avaient pas de servante plus dévouée : « Je répandrois, disait-elle, jusqu'à la dernière goutte de mon sang pour donner tant soit peu de soulagement à la moindre des créatures ». Elle servait les malheureux dans les hôpitaux, et les visitait dans les prisons. Sa charité pénétrait partout où la très-sainte humanité de Notre-Seigneur expie les péchés du monde. Les détenus, privés avant elle du bonheur d'entendre la sainte messe, durent à sa sollicitude l'érection d'une chapelle où ils purent assister, le dimanche, à la célébration des saints mystères. Cette chapelle, arrosée de tant de larmes

(1) Mss. des Dames de la Provid.

amères, fut, pendant un siècle et demi, l'une des stations que nos aieux visitèrent, le jeudi saint, avec le plus de recueillement. Dix générations ont vécu de la piété de cette humble femme.

La châsse de saint Martial tombait de vétusté : c'est Marcelle Germain qui, la première, à l'occasion de deux guérisons miraculeuses dues à l'intercession du saint, proposa de la remplacer. Sa voix trouva de l'écho : une commission se forma ; des souscriptions furent recueillies, et les reliques de l'apôtre de l'Aquitaine reposèrent dans cette châsse fameuse que la révolution a détruite, et qui autrefois fut avec raison regardée comme un des chefs-d'œuvre de l'orfèvrerie française.

IV.

C'est la conduite ordinaire de Notre-Seigneur de soumettre aux grandes épreuves les âmes qu'il appelle aux grandes choses. « Un jour de Pâques, dit Marcelle Germain, il me fut montré trois croix. Je demandai à Notre-Seigneur ce que ces croix signifioient. Il me fut donné de comprendre que je serois extrêmement persécutée du monde, du démon et de moi-même. » La suite du récit va nous dire quelle fut cette persécution.

Marie Delpech de L'Estang, l'une des plus saintes âmes du XVIIᵉ siècle, avait fondé à Bordeaux, dans sa ville natale, en 1638, un orphelinat de jeunes filles. L'établissement ayant réussi au-delà de ses espérances, la fondatrice, qui disposait d'une fortune considérable, dota la capitale d'un établissement du même genre. La maison de Paris réunissait déjà deux cent soixante-douze jeunes orphelines, sans compter leurs maîtresses, lorsque Marie de L'Estang, qui connaissait les grandes qualités de Marcelle Germain, lui proposa d'en prendre la direction. L'humble femme hésita d'abord; mais, par le conseil de ses supérieurs et la volonté de son évêque, elle accéda aux désirs de la fondatrice, et se rendit à Paris.

A peine à la tête de l'orphelinat de Paris, Marcelle Germain vit se former autour d'elle deux partis: les personnes qui ne cherchaient dans l'œuvre que la gloire de Dieu secondaient la nouvelle directrice, et lui prêtaient un loyal concours; celles qu'animait un zèle moins pur, et qui peut-être profitaient des abus, se firent ses ennemis. On eût pardonné à Marcelle Germain certains défauts : on ne lui pardonna pas certaines qualités. L'intrigue prit le caractère d'une persécution. Calomniée dans sa foi, accusée d'illusion, et dénoncée à l'autorité supérieure, la servante de Dieu eut à répondre de sa méthode d'oraison devant une espèce de tribunal.

Des docteurs aveugles et prévenus la condamnèrent sans motif, et lui interdirent la table sainte. Sous prétexte de s'éclairer et de prendre des informations, les ennemis de Marcelle Germain la diffamèrent jusque dans sa ville natale : le bruit courut à Limoges qu'elle avait été condamnée au feu par le parlement de Paris.

Le retour de Marcelle au milieu des siens dissipa ces odieuses rumeurs; mais la calomnie avait produit son effet ordinaire. Dépouillée du prestige qui autrefois l'avait entourée, Marcelle n'était plus cette femme que protégeait la vénération publique. La solitude se fit autour de sa personne. Ce fut à qui déclinerait des relations devenues compromettantes. Les directeurs de sa conscience se montrèrent à son égard froids et circonspects. Tout lui fut humiliation. Dans ce délaissement absolu des créatures, la sainte femme s'attache plus que jamais à Notre-Seigneur. Les lignes suivantes semblent se rapporter à cette douloureuse époque de sa vie : « Pauvre chétive créature, dit-elle, pauvre ver de terre qui seras un jour la pâture des vers, rentre en toi-même, et laisse ton Dieu faire de toi ce qu'il voudra ». Et ailleurs : « Il plaît au Seigneur de me présenter le calice des calomnies. Le calice est amer ; mais il est juste qu'une créature telle que moi le reçoive de la main des créatures, et le boive sans se plaindre :

je pardonne à mes ennemis (1). » L'âme qui, sous le coup de la calomnie, fait entendre de pareils accents de charité est évidemment morte au monde, et ne vit plus qu'avec Jésus.

« On ne sauroit croire, dit le biographe de la servante de Dieu, combien elle fut humiliée, rebutée et maltraitée par les bons et par les méchants, par les amis et les ennemis, les séculiers et les religieux, les prédicateurs et les confesseurs, les supérieurs et les inférieurs, en tout temps, en tout lieu, à Paris et à Limoges (2) ». Ainsi le permettait Notre-Seigneur. L'épreuve dura huit années; mais plus la persécution se faisait cruelle, plus Marcelle se faisait magnanime. C'est pendant cette période de sa vie qu'elle forma l'héroïque vœu de pratiquer en toute circonstance ce qu'elle saurait être le plus agréable à Dieu.

C'est aussi vers la fin de la même période que cette âme si cruellement exclue de la table sainte par les docteurs de Paris sollicita et obtint de son confesseur la permission de communier à Limoges tous les jours. Son exemple ayant trouvé des imitateurs, quelques âmes fidèles se pressaient chaque matin autour du banquet eucharistique, et semblaient ainsi protester contre les funestes doctrines à l'aide desquelles le jansénisme tendait

(1) Mss. des Dames de la Provid.
(2) *Ibid.*

alors à ruiner dans L'Église l'usage de la communion fréquente. L'évêque, François de La Fayette, craignant qu'il n'y eût en effet quelque chose d'abusif dans l'usage journalier de la sainte communion, rendit une ordonnance qui défendait aux confesseurs du diocèse de permettre la communion quotidienne à moins d'une autorisation épiscopale. La servante de Dieu, contre qui la mesure paraissait principalement dirigée, se soumit avec respect; mais le sacrifice qu'on imposait à sa foi faillit lui coûter la vie. Sa santé s'altéra. Les jours qu'elle ne communiait pas, Marcelle éprouvait des crises terribles, qui cessaient les jours de communion. Des alternatives de santé si soudaines, si peu naturelles, attirèrent l'attention de l'évêque. Le prélat se rendit près de la malade, l'interrogea, la fit interroger par deux théologiens, et, sur leur rapport, autorisa la servante de Dieu à communier de nouveau tous les jours : cette mesure lui rendit la vie.

V.

Lorsque l'âme n'attend sa consolation que de Dieu seul, dit saint Jean de la Croix, *Dieu est tout près de la consoler.* C'est ce qui eut lieu pour Marcelle Germain. A tant de douloureuses épreuves elle voyait enfin succéder des jours meilleurs. Les préventions commençaient à se dissiper. Par la sainte communion tous les biens lui étaient rendus. Persécutée sur la terre, elle s'était comme réfugiée dans le cœur de Jésus. La sérénité, la paix, une sorte de sainte joie éclate à cette époque dans ses écrits : « Mon très-doux et intime ami, dit-elle à Notre-Seigneur, vous savez bien que mon unique contentement c'est vous. Vous êtes le seul objet de mes sollicitudes, de mes attentes, de mes intentions et de mes desseins (1)! »

A dater de ce moment, les grâces de Dieu allaient se succéder éclatantes et nombreuses. La première de ces grâces fut le soin que sembla prendre Notre-Seigneur de donner à Marcelle Germain un confesseur capable de la diriger dans la voie nouvelle où il la voulait faire entrer. Un jeune prédicateur, docteur en Sorbonne, chanoine de la collégiale d'Eymoutiers, prieur de La Villeneuve, Gabriel Ruben, avait paru avec éclat dans les chaires de Limoges. Il paraissait se complaire aux applaudissements. Marcelle l'en reprit : « Monsieur le prieur, lui dit-elle un jour, c'est l'orateur qu'on applaudit en vous : moi, c'est l'apôtre que je voudrois admirer. Aux périodes qui flattent l'oreille, je préfèrerois les paroles qui gagnent les cœurs. » Une

(1) Mss. des Dames de la Provid.

critique à peu près pareille faite à saint Jean-Chrysostôme par une vendeuse de légumes de Constantinople avait autrefois touché l'illustre évêque. Le jeune prédicateur s'en souvint, et l'humilité eut sur lui plus d'empire que l'amour-propre. Le séminaire de Saint-Sulpice de Paris perpétuait les traditions de son illustre fondateur : Gabriel Ruben se retira pendant quelques mois dans cette maison, et alla demander aux maîtres les leçons dont il croyait avoir besoin. Lorsqu'il revint, ce n'était plus l'orateur aux phrases sonores et vides : c'était le missionnaire apostolique embrasé de l'amour des âmes. Sa parole, greffée sur l'humilité, commença à produire des fruits abondants. La première condition pour sauver les autres c'est de se sauver soi-même. En travaillant à sa sanctification, le saint prêtre préparait la sanctification d'autrui. Plus tard l'esprit de sacrifice le conduisit dans l'Oratoire de Limoges : il y fut le disciple de prédilection du P. Lejeune ; mais Gabriel Ruben appartenait encore à la vie séculière lorsqu'il fut appelé à diriger Marcelle Germain dans la conjoncture la plus importante peut-être de sa vie.

Le 16 août 1646, pendant que Marcelle priait devant le Saint-Sacrement, Notre-Seigneur lui avait ordonné d'ériger à Limoges un orphelinat sur le modèle de celui de Paris. L'ordre paraissant inexécutable, Gabriel Ruben fut d'avis d'en référer à l'évêque, François de La Fayette. Le prélat, à qui il ne fut pas démontré que l'ordre vînt de Dieu, signala les impossibilités de l'entreprise, et refusa son approbation. Diverses personnes avaient promis leur concours : au premier signe de non-réussite, ces personnes se retirèrent. Tel est le monde : chacun veut une part dans le succès; nul ne veut de la responsabilité d'un échec. « Je compris, dit Marcelle Germain, que les hommes savent faire de magnifiques promesses, mais qu'ils n'en gardent aucune : vous seul, mon Dieu, ne trompez jamais! » Plusieurs années s'écoulèrent : la future fondatrice attendit humble et résignée, pleine de foi et de confiance, s'élevant par le désir au but que sa faiblesse ne pouvait atteindre, mais dont Notre-Seigneur saurait bien, quand il le voudrait, lui faciliter l'accès.

Un jour qu'elle sortait de l'église des Carmélites, Marcelle Germain se trouva en face de M. Sage, l'official du diocèse qui autrefois l'avait empêchée de quitter le monde. Cet ecclésiastique l'aborde en souriant, et, faisant allusion au lieu d'où elle sortait : « Eh bien! lui dit-il, le Carmel occupera donc éternellement votre pensée? — Hélas! répondit Marcelle, le Carmel n'est pas fait pour moi : on me juge indigne de l'office de Marie : on a raison; mais Marthe ne fut pas exclue du service de Notre-Seigneur! — Allons! allons! répliqua l'official avec bonté, Dieu est le maître, et ses desseins s'accompliront. » Tout en parlant ainsi, il mena la pieuse femme à l'évêché, et l'introduisit devant l'évêque. Là l'official, traitant à fond la question de l'orphelinat, démontra si péremptoirement la convenance, l'utilité, la nécessité de l'œuvre, que le prélat, passant sur les objections qui l'avaient autrefois arrêté, donna son approbation verbale.

Forte de l'approbation de l'évêque, Marcelle Germain, sans perdre un moment, recueillit à son foyer quelques orphelines, et fit ainsi de sa maison de la rue du Collége le premier asile de ces pauvres enfants. L'inauguration de la croix sur la façade principale eut lieu quelques jours après. Gabriel Ruben présidait la cérémonie. Marcelle prit une croix de bois, la baisa, et la fit attacher au-dessus de l'entrée principale. C'était en 1651. Ainsi commençait la congrégation de la Providence. La fondatrice avait placé son œuvre sous la protection de saint Joseph. Les premières coopératrices furent Catherine Lagrange de Pierre-Buffière, Léonarde Felletin d'Eymoutiers, Jeanne Besse de Saint-Germain et Anne Boulestey de Las Tours. Ces quatre premières Mères furent comme les colonnes de la naissante congrégation.

Les ressources étaient petites ; mais la divine Providence ne laissait la communauté manquer de rien. L'assistance arrivait au fur et à mesure des besoins. Le chiffre des aumônes semblait augmenter en proportion de l'accroissement du nombre des orphelines. Les familles s'associaient par des largesses volontaires à l'œuvre des Filles de la Providence. Cette œuvre réputée si long-temps impossible, la foi l'avait réalisée. Le succès comblait de joie le cœur du bon évêque. Il n'hésita plus à reconnaître officiellement la communauté. L'ordonnance est du 9 mai 1654. Dans cette pièce, le prélat mentionne un contrat du 2 du même mois par lequel Marcelle Chambon veuve Germain, dont il loue *la vertu, la piété, la charité, le zèle et la prudence*, donne au couvent de la Providence une somme de quatre mille livres (1). La somme donnée était sans doute le reste de cette petite fortune de trente mille livres, fruit de son travail, dont apparemment Marcelle avait déjà versé la plus grande partie dans le sein des pauvres.

Munie d'une permission si ample, la fondatrice songea sérieusement à donner à l'institut sa forme définitive. La maison de la rue du Collége était trop petite, et ne suffisait plus au nombre incessamment accrû des orphelines. Il fallait un vaste local, une maison spacieuse, des écoles, des

---

(1) Le bon évêque avait coutume d'appeler Marcelle Germain l'*ange visible*.

dortoirs, un jardin, une chapelle. Des personnes influentes interposèrent leurs bons offices afin de procurer un emplacement convenable. On tenta diverses combinaisons ; mais les négociations n'aboutirent point, et les négociateurs, découragés, songeaient à se retirer lorsque la divine Providence offrit des facilités inespérées.

L'hôtellerie de *la Trappe*, où Marcelle Germain était née en 1599, appartenait à un de ses neveux. Ce neveu consentit à céder la maison. Le local offrait toutes les conditions désirables. Le marché fut conclu à la grande satisfaction de la vénérable Mère et de ses Filles. Il restait à se procurer une chapelle. La divine Providence y pourvut aussi. A côté du logis de *la Trappe*, se trouvait le prieuré de l'antique et vénérée chapelle de Notre-Dame-du-Puy. Le grand-chantre de la cathédrale, titulaire du prieuré, consentit à céder le sanctuaire à la communauté. La fondatrice prit possession de la maison le 13 décembre 1659, et s'y installa le jour même avec une de ses Filles afin de diriger les travaux d'appropriation. Au commencement de l'année 1660, tout étant prêt, l'inauguration de la chapelle eut lieu le dimanche dans l'octave de la fête des Rois. Gabriel Ruben fit le sermon. La congrégation a depuis célébré tous les ans avec joie ce mémorable anniversaire.

VI.

Marcelle Germain, si long-temps éprouvée, avait enfin vaincu le monde. A cette époque de sa vie, son amour pour Notre-Seigneur revêt une expression plus vive. « Je n'ose, dit-elle, exprimer les choses comme je les sens : je suis toute perdue en Dieu, sans me pouvoir arrêter en rien qu'en lui seul. J'ai faim d'aimer, de goûter, de voir, de jouir et de me rassasier. » Et ailleurs : « Silence au ciel et sur la terre! Plus de monde pour moi! j'ai mon Dieu; j'ai tout! Je l'ai tant cherché! je l'ai trouvé, je le garderai, je ne le perdrai plus! Je suis en paix : quittons ce bas monde; laissez-moi mourir (1)! »

La servante de Dieu avait, sans le vouloir, reconquis la vénération publique. On la regardait comme une sainte. Des personnes de tout rang et de toute condition la consultaient sur les affaires de Dieu et de leur conscience. Le célèbre Père Lejeune, retiré à l'Oratoire de Limoges, prenait plaisir à entendre discourir cette femme, qui, sans lettres et sans étude, sous l'inspiration immédiate de l'Esprit-Saint, traitait et éclaircissait les plus

(1) Mss. des Dames de la Provid.

difficiles problèmes de la théologie. Ce n'était, dit un de ses biographes, qu'une simple et pauvre femme de condition médiocre, sachant à peine lire et écrire. D'où pouvaient lui venir les connaissances supérieures qu'elle avait de l'essence de Dieu, de la trinité des Personnes, de la génération éternelle du Verbe par voie d'entendement, et de la procession du Saint-Esprit par l'amour?

Les femmes du premier rang s'effaçaient devant cette humble femme. Le Père Lejeune ayant institué à Limoges une confrérie de dames de charité, c'est à Marcelle Germain, à la veuve du pauvre libraire, que fut déférée la présidence. Mesdames de Rigolène et de Petiot, deux des premières dames de la ville, s'honorèrent de lui être adjointes en qualité, l'une d'assistante, et l'autre de trésorière (1).

La renommée portait au loin le nom de Marcelle Germain. M. de Quériolet, ce magistrat du parlement de Rennes dont les désordres et la vie pénitente furent un des étonnements du XVII° siècle, fit de nombreux voyages à Limoges pour l'entendre et la consulter. Les évêques de Causerans et de Condom, qui l'avaient vue à Limoges, lui écri-

---

(1) Cette confrérie des dames de charité de Limoges tint ses premières assemblées dans la maison de madame Marcelle Germain, en face du collége.

vaient. De Caulet, évêque de Pamiers., prenait goût à sa conversation, et plût à Dieu que ce prélat, inféodé depuis au jansénisme, n'eût jamais connu d'autres influences que celles de la servante de Dieu! De divers points du royaume, des séculiers de distinction se dirigeaient par ses avis. Le saint évêque de Cahors Alain de Solminiac, voulant établir dans sa ville épiscopale un orphelinat sur le modèle de la maison de Limoges, pria Marcelle Germain de venir présider la fondation. Elle se rendit aux vœux du prélat, et organisa ce vaste établissement, destiné à recevoir deux cents orphelines. A son retour, sur l'invitation des Ursulines d'Eymoutiers, Marcelle Germain alla passer quelques jours avec ces saintes filles, qui puisèrent dans sa conversation de nouveaux élans de ferveur et de perfection.

Les Dames de la Providence ne s'étaient d'abord liées que par des vœux simples. Pour faire plus il fallait l'autorisation du souverain pontife. C'est donc de Rome que l'œuvre attendait sa dernière consécration; mais, diverses circonstances ayant fait obstacle aux désirs de la communauté, les bulles d'institution ne furent obtenues que seize ans après la mort de la fondatrice, en 1677, sous le pontificat d'Innocent XI.

Marcelle Germain avait achevé sa tâche sur la terre. Sa santé s'affaiblissait. Les médecins lui firent changer d'air. Elle alla passer quelques jours à Bujaleuf, et de Bujaleuf se rendit chez les Ursulines d'Eymoutiers; mais, à Eymoutiers, le mal n'ayant fait qu'empirer, elle revint à Limoges afin de mourir parmi ses Filles. Avertie par une révélation de sa fin prochaine, Marcelle Germain reçut avec ferveur les sacrements de l'eucharistie et de l'extrême-onction. Quelqu'un lui ayant demandé ses commissions pour son fils : « Dites-lui qu'il aime Dieu, répondit l'héroïque mère, et qu'il soit fidèle à sa sainte vocation ! » Elle s'endormit dans le Seigneur le 14 septembre 1661, jour de la fête de l'Exaltation de la sainte Croix, âgée de soixante-deux ans. Le corps resta exposé pendant deux jours. Le concours des fidèles fut considérable. Les obsèques furent célébrées avec une grande solennité.

Marcelle Germain fut l'une des femmes distinguées de son temps. Appelée à traiter avec des gens de tout rang et de toute condition, dans son pays et ailleurs, partout elle se conduisit avec sagesse. Cette belle intelligence se mouvait à l'aise dans le milieu qu'elle embrassait. L'activité de son esprit suffisait à tout. Sa parole était rapide comme la pensée : « Je prends la plume, dit-elle quelque part, et il ne me faut qu'un mot pour commencer. Je remplirois autant de papier que l'on m'en fourniroit. Si quatre plumes pouvoient écrire à la fois, je les emploierois Je ne sais rien préméditer (1). »

Ce grand caractère emprunte une partie de sa puissance de la grandeur de sa foi. Elle écrit à son confesseur : « Je perdrois mille vies pour confesser un seul des articles du symbole ». Et ailleurs : « Je n'ai jamais douté, par la grâce de Dieu, ni de l'Écriture sainte, ni des conciles, ni des souverains pontifes, ni de notre mère sainte Église, ni de rien de ce que l'Église enseigne. Toutes mes puissances sont soumises avec simplicité. Je consens à tout ; je crois tout (2). »

Un jour, dans une violente maladie, assurée que Dieu *fait la volonté de ceux qui le craignent* (3), Marcelle prie Notre-Seigneur de la guérir : « Prenant un crucifix, je dis à mon Dieu : *Je ne bougerai d'ici que je ne sois guérie : guérissez-moi, s'il vous plaît, et qu'il ne soit plus question de cette maladie, mais seulement de votre bonté* ». Le soir même, elle fut guérie. Chez elle, suivant la belle expression de sainte Catherine de Sienne, *l'âme resplendit de ce qu'elle croit.*

Le bon usage qu'elle fit des grâces communes lui avait fait mériter les grâces extraordinaires. Beaucoup de malades lui durent leur guérison :

(1) Mss. des Dames de la Provid.
(2) *Ibid.*.
(3) « Voluntatem timentium se faciet ». (Ps CXLIV, 19.)

« Mon Dieu, dit-elle, des mains que vous m'avez données vous m'avez fait la grâce de panser beaucoup de malades qui guérissoient miraculeusement. Je faisois un signe de croix ; je levois les yeux au ciel ; les malades recouvroient la santé. J'administrois toutefois quelques remèdes afin de cacher le don de Dieu » (1).

Les Dames de la Providence possèdent un document précieux intitulé : *Registre des décès des religieuses à partir du mois de janvier* 1661, *époque où les premieres Meres firent profession.* Je reproduis ici la page touchante que les premières Filles de Marcelle Germain consacrèrent à leur vénérable Mère.

« Le 14 septembre 1661, dit le registre, est décédée nostre bonne et chere Mere madame Germain, fondatrice des Filles de la Providence de Saint-Joseph de la ville de Lymoges, laquelle a vescu en odeur de sainteté dans la parfaite pratique de toutes sortes de vertus. Elle consacra ses soins et ses biens aux pauvres. Dieu lui étoit toujours présent : son oraison étoit continuelle ; elle y apprenoit les secrets de Dieu, et voyoit tout en Dieu d'une maniere non commune. Elle discernoit dans les consciences les choses les plus secretes. Ceux qui l'abordoient ressentoient une participation de l'onction dont l'Esprit saint inondoit son âme. Elle étoit pleine de consolations pour les affligés, pleine de zèle pour les âmes qui s'égaroient

(1) Mss. des Dames de la Provid.

du chemin de la vérité. Indifférente aux évenements, elle accueilloit d'un même cœur les infortunes et les prospérités, parloit du ciel comme un ange, *sans savoir bien souvent ce qu'elle disoit*, tant son cœur et son esprit étoient transportés en Celui qui ravissoit toutes ses pensées! Elle aimoit les croix et les souffrances, et faisoit un particulier bien à ceux qui les lui procuroient. »

En 1664, les Dames de la Providence de Limoges agrégèrent leur maison à la maison de Paris. L'acte d'union, en date du 7 mars de cette année, porte la signature de la fondatrice, Marie Delpech de L'Estang. En 1665, les constitutions données par l'évêque Louis Lascaris d'Urfé furent imprimées sous ce titre : *La Règle de Saint-Augustin et les Constitutions faites pour les religieuses de la Providence*, chez Martial Barbou, in-32. En 1779, les religieuses, dont la chapelle tombait en ruines, bâtirent une église en face du local actuel des Carmélites. Cette église, dont la première pierre fut posée le 24 février 1779 par M. de Montesquiou, abbé de Saint-Martial, vicaire général du diocèse, était d'une architecture simple et régulière.

VII.

L'œuvre des orphelines ne put trouver grâce devant la révolution : un arrêté du département du mois de juin 1791 avait ordonné la fermeture de l'église et de la communauté. Jeanne Boutinaud, en religion sœur de la Vierge, ne voulut quitter la maison qu'à la dernière extrémité (1). C'est de la bouche même de cette religieuse que nous allons apprendre les circonstances et les suites de l'expulsion des Dames de la Providence :

« Le 4 octobre 1791, dit-elle, je vis arriver les délégués du comité, suivis de mon frère : ils m'ordonnèrent de sortir. Mon frère, qui m'aimait beaucoup, feignit un air menaçant, et me ramena dans la famille. Bientôt, sur mon refus de prêter le serment constitutionnel, on me conduisit en prison à Solignac. Je trouvai à l'abbaye plusieurs de mes bonnes sœurs et grand nombre de filles de divers ordres, en tout cinquante-huit religieuses. Nous étions mal logées et mal nourries. On ne nous donnait pour tout aliment qu'une soupe de pain d'orge; la faim se faisait sentir ; mais *l'homme ne vit pas seulement de pain*. Nos consciences étaient calmes; et, parmi beaucoup de privations, nous sûmes retrouver la joie et la gaîté de nos jours heureux. Le travail et le chant charmaient les heures de notre captivité. L'office se récitait en commun. Nous tâchions d'ac-

(1) Jeanne Boutinaud, fille de Pierre Boutinaud et de Marie Ventenat, née à Limoges en 1755, n'était que novice lorsqu'on lui confia l'emploi si important de première maîtresse des orphelines. C'est elle qui la première a utilisé le travail des orphelines par l'établissement d'un atelier dans la communauté.

complir les principaux points de nos saintes règles. Les interrogatoires se renouvelaient fréquemment. Un jour, on interpelle une de nos sœurs : « Citoyenne, avec qui as-tu communiqué aujourd'hui ? — Avec mon crucifix, répond froidement la sœur. — Citoyen greffier, répliqua brutalement le municipal, tu entends ! » Et la réponse fut mise au procès-verbal. Une autre fois, j'étois à la cuisine. Le geôlier causait avec sa femme : il s'exprimait en patois, et déplorait le sort qui nous était réservé : on allait, disait-il, nous conduire à la guillotine. Ces paroles, que je m'empressai de transmettre à mes compagnes, les comblèrent de joie. Nous nous réjouissions de toucher au terme d'un si triste pèlerinage : *ce n'était qu'une agréable illusion*, qui s'évanouit bientôt.

» Après huit mois de détention à Solignac, les fusiliers vinrent nous chercher, et nous conduisirent prisonnières à Limoges, les unes au séminaire (1), les autres à la Visitation. La mort de Robespierre, qui eut lieu en 1794, nous sauva la vie. Des représentants du peuple se rendirent immédiatement à Limoges, et firent élargir les détenus des deux sexes. Pour les religieuses, on les réunit au séminaire. Bientôt on laissa sortir celles qui le désiraient. Il y eut peu de demandes : *nous étions si heureuses d'être ensemble !* Un peu plus tard, la nourriture fut supprimée : nous trouvâmes alors dans notre travail des ressources suffisantes : la révolution nous avait appris à nous contenter de peu. Enfin la persécution parut se calmer :

(1) Aujourd'hui la caserne de cavalerie.

une chapelle nous fut accordée. La sainte messe s'y célébrait tous les jours par l'abbé Raby. M. d'Alesme, ancien chanoine de Saint-Martial, nous venait confesser tous les huit jours. Cela dura environ dix mois. Les autorités se lassant de nous garder, on nous ordonna de sortir : nous n'en fîmes rien ; mais la ville eut besoin du local du séminaire pour les vétérans : la sommation fut renouvelée : il fallut obéir, et se séparer (1) ».

Sœur de la Vierge rentra dans sa famille avec le secret désir de relever la congrégation des Filles de la Providence; mais la grandeur du dessein, le malheur des temps et l'insuffisance des ressources l'effrayaient. C'était sous le Directoire. Un jour, à la porte de l'église, un ecclésiastique l'aborde : « Sœur de la Vierge, dit-il, il est temps de relever la maison de Dieu. Vous êtes un peu âgée : si vous attendez, il sera trop tard ». Encouragée par ces paroles, sœur de la Vierge s'adjoignit quelques-unes de ses anciennes compagnes, et loua, sur le boulevard de la Corderie, un appartement où elle ouvrit une école de petites filles.

A cette époque, le clergé était encore sous le coup de la persécution. Un prêtre vénérable, M. Labiche de Reignefort, venait de nuit dans la communauté célébrer le saint sacrifice.

---

(1) Mss des Dames de la Provid.

« Un jour, dit sœur de la Vierge, je fus avertie que des perquisitions devaient être faites dans notre domicile. En effet, la nuit suivante, des gens armés se présentent, et me somment de leur livrer M. Labiche, qui heureusement n'était pas chez nous. Ces hommes, ayant envahi la maison, enfonçaient çà et là leurs épées nues : ils ne trouvèrent personne, et se retirèrent pleins de confusion. — Une autre fois, ajoute la sœur, nous fûmes moins heureuses. Un prêtre était venu nous dire la sainte messe. L'apparition subite des municipaux nous glaça d'effroi. Ces messieurs *eurent la bonté* de laisser achever le saint sacrifice; mais, après la messe, ils se saisirent de la décoration de l'autel et des vases sacrés, brisèrent une partie des objets, et nous conduisirent en prison, où nous demeurâmes six mois. Au bout de ce temps, il nous fut permis de regagner notre maison (1). »

De bonnes âmes secondaient le projet de restauration de la communauté. Un jour, au parloir, sœur de la Vierge reçoit une somme considérable d'une dame qui disparaît aussitôt, refusant de faire connaître son nom. Un autre jour, dans l'église Saint-Michel-des-Lions, la bonne Mère est abordée par une demoiselle qui dépose en ses mains une somme de trois mille francs. Les ressources augmentaient; mais l'accroissement du nombre des orphelines allait encore plus vite que l'accroissement des ressources.

(1) Mss. des Dames de la Provid.

Cet état de choses précaire et provisoire dura bien des années. Les circonstances permirent enfin de rasseoir l'institut sur ses anciennes bases. Le 28 avril 1820, après vingt-huit ans de vicissitudes, les religieuses, au nombre de huit, y compris une novice, reprenaient l'observance de la règle et la clôture, sous le gouvernement de la Mère de la Vierge, que l'unanime suffrage de ses sœurs venait d'élever à la dignité de supérieure. Le nécrologe de la communauté mentionne l'évènement en ces termes :

« Nous sommes sorties de nos maisons *par force et malgré nous*, au nombre de quarante et une, y compris une sainte fille séculière. Chassées par la violence de la révolution, la plupart d'entre nous se réfugièrent chez leurs parents. La dispersion dura vingt-huit ans! Pendant ces vingt-huit ans, nous avons perdu vingt-cinq de nos pauvres sœurs. »

Les sujets de l'ancienne Providence qui les premiers se rallièrent à la sainte Mère furent au nombre de quatre : Léonarde Bardinet, sœur Sainte-Anne, digne religieuse, exerça long-temps la charge de maîtresse des novices ; Valérie Martin, sœur du Saint-Sacrement, femme d'esprit et de sens, fut chargée de la direction du pensionnat; Elisabeth Breuil, sœur du Cœur-de-Jésus, que Dieu rappela bientôt de l'exil, apporta à l'œuvre le concours d'un dévoûment à toute épreuve et d'une foi courageuse. Le quatrième sujet fut la Mère Saint-Martial, dans le monde Catherine Boutinaud. C'était la propre sœur de la supérieure, sa disciple, son émule, une autre elle-même. Les deux sœurs se donnaient la main, et marchaient d'un pas égal dans la pratique des vertus! Catherine étant morte la première, la Mère de la Vierge voulut sonner de ses propres mains l'agonie ou plutôt le réveil de la bien-aimée compagne de sa vie. Ordonnatrice du triomphe, elle aspirait à en devenir l'héroïne. Il tardait à la voyageuse fatiguée de dresser sa tente au-dessus des orages. Les maux de la vie, plus lourds que les années, pesaient sur sa tête : elle avait tant et si généreusement souffert! Notre bonne Mère, disent les actes de la communauté, mourut *dans le baiser du Seigneur*, le 14 septembre 1834, jour de la fête de l'Exaltation de la sainte Croix. C'est précisément à pareil jour qu'en 1661 Marcelle Germain avait quitté l'exil : ces deux âmes semblaient s'être donné rendez-vous au pied de la croix, de la croix glorifiée, de la croix étincelante des clartés du jour éternel.

En 1837, sous le pontificat de monseigneur de Tournefort, trois religieuses de la communauté de Limoges, Françoise Vinade, Marie Marbouty et Catherine Marsais, furent chargées par les supérieurs de présider à la fondation de la maison de

Guéret : cette maison est en voie de progrès et de prosperité.

La Providence de Limoges, située sur le boulevard de la Corderie, compte, en 1861, deux siècles après la mort de la fondatrice, quarante religieuses, trente pensionnaires payantes, et une soixantaine d'orphelines élevées gratuitement. C'est environ cent trente personnes. L'église de l'ancien couvent sert aujourd'hui de caserne d'infanterie (1). Le monde s'est rendu justice : il a pris pour lui le bois et les pierres; il a laissé aux saintes Filles de Marcelle Germain la foi, la charité et l'espérance.

(1) M. Joseph-Yrieix Lamy de Luret fut, après le vénérable chanoine Labiche de Reignefort, l'un des principaux bienfaiteurs de la nouvelle communauté : « Le 27 juin 1852, dit le nécrologe déjà cité, Notre-Seigneur a appelé à lui M. Lamy de Luret, âgé de quatre-vingt-un ans. Un dévoûment admirable porta M. Lamy de Luret à procurer en toute rencontre l'affermissement de la maison. Nous recourûmes à lui comme à un père. Sa solitude de Gain s'ouvrait à nos chères orphelines; il leur procurait des délassements, et prenait à leur sort le plus tendre intérêt. Sa mémoire sera en bénédiction parmi nous. »

VII.

MARIE DE PETIOT

(1612-1667).

I.

Les biographies contenues dans la seconde partie de cet ouvrage paraîtront peut-être affecter une couleur trop exclusivement religieuse. Le biographe, comme le peintre, est tenu de s'asservir aux réalités du modèle. Sa mission est de copier avec exactitude. Il n'a le droit de rien modifier. Altérer ou dissimuler le caractère des faits et des personnages, ce ne serait plus écrire l'histoire : ce serait la dénaturer.

Marie de Petiot, fondatrice de la congrégation des sœurs hospitalières de Saint-Alexis de Limoges, naquit à Limoges, en 1612, d'une famille honorée et alors florissante. Son père, messire de Petiot, remplissait une charge dans les finances. L'un de ses oncles maternels fut le célèbre Jean Descordes, ce chanoine de la cathédrale de Limoges studieux, érudit, sceptique, paradoxal, grand collectionneur de manuscrits et de livres rares, dont le trésor bibliographique devint, après sa mort, l'un des éléments de la bibliothèque Mazarine (1).

(1) Jean Descordes, né à Limoges en 1570, prieur de Chervix en 1624, et plus tard chanoine de la cathédrale de Limoges, fut un des plus célèbres bibliophiles de son temps. En 1632, Descordes, résignant à Manent, son neveu, le canonicat dont il était titulaire, alla résider à Paris parmi les savants. Divers ouvrages sortirent de sa plume : leurs titres ne donnent pas une haute idée de l'orthodoxie de l'auteur. Son mémoire contre les traditions relatives à l'apostolat de saint Martial le classe parmi ces critiques du XVIIe siècle qui, sous prétexte de rectifier l'histoire de l'Église, en ébranlèrent perfidement les bases. Il traduisit l'*Histoire des démêlés entre le pape Paul V et la république de Venise* de fra Paolo. Fra Paolo Sarpi, personnage à physionomie équivoque, s'arrangea de manière à être tantôt dans l'Église, tantôt dans le schisme, et plus souvent dans le schisme que dans l'Église. Le chanoine qui s'employait à traduire et à vulgariser les écrits du publiciste de Venise aurait pu faire de son temps un meilleur usage. On attribue à Jean Descordes une traduction du discours de Mariana sur les Défauts du gouvernement des Jésuites. Le seul, l'incontestable mérite de notre chanoine, c'est d'avoir formé à grands frais cette belle collection de livres qui, cataloguée après sa mort par Gabriel Naudé, fut achetée par le cardinal Mazarin. La bibliothèque de Jean Descordes serait, dit-on, la première dont le catalogue aurait été rendu public par la voie de l'impression : je rapporte le fait sans en garantir l'exactitude.

De bonne heure, Marie de Petiot laissa voir en elle les signes d'une piété extraordinaire, et l'on put comprendre que servir Dieu serait la principale affaire de sa vie. Son cœur était droit ; ses affections tendaient au bien. Le christianisme lui apparaissait comme le foyer de toute vérité, de toute sagesse, et déjà elle en embrassait les pratiques avec amour. Un jour, dans sa première enfance, conduite par un mystérieux instinct de commisération pour les malheureux, elle s'était échappée de la maison paternelle, afin, disait-elle, d'*aller servir les pauvres*. Rencontrée seule sur la voie publique, l'enfant fut ramenée à ses parents. Ce renversement de son dessein est comme le symbole d'une vie où chaque bon désir devait se heurter contre un obstacle.

Aussitôt que son âge le permit, ses parents la confièrent aux soins des Ursulines de Limoges. Sous la direction de ces pieuses et habiles maîtresses, Marie de Petiot, s'avançant d'un pas rapide dans les voies de la perfection, résolut de se consacrer à Dieu, et d'embrasser la vie religieuse. La résolution eut le sort du flot que le récif fait voler en écume sur le rivage : le jour de la cérémonie de la prise d'habit était déjà fixé ; la jeune postulante comptait les heures avec impatience, lorsqu'elle fut frappée d'une violente et soudaine attaque de paralysie. Cette maladie cruelle, dont elle ne guérit jamais complètement, la ramena sous le toit paternel, terrassée, semblait-il, avant même d'avoir combattu.

Par quelle fatalité l'innocence est-elle ainsi frappée au seuil même de la vie? *O sagesse, qui croira à votre justice? Pourquoi cet accablant fardeau? Pourquoi aux justes la souffrance* (1)? Question sans réponse; énigme sans mot; mystère dont le sens ne se laisse pénétrer que dans les perspectives de la foi. Élevée sur le Calvaire à la dignité d'un sacrement réparateur, à la puissance d'un sacrifice offert par quelques-uns au profit de tous, la souffrance volontaire, avec ses merveilleuses compensations, c'est à proprement parler tout le christianisme. A sa Mère, à ses apôtres, à ses amis les plus chers, Notre-Seigneur n'a légué ici-bas qu'une part dans son calice. Ainsi s'expliquent les renoncements, les austérités, les jeûnes, les veilles, les macérations de la vie religieuse. Sur la foi du Maître, victimes volontaires, les saints expient pour le monde! Malheur à la terre le jour où, proscrits sur le globe, les saints auront cessé de mettre leurs mérites dans les balances de la justice divine! A ce moment les jours de l'humanité seront comptés. La souffrance volontaire est donc une fonction répa-

---

(1) Saint Grégoire de Nazianze.

ratrice. Marie de Petiot le savait. Appelée à cette fonction divine, elle en accepta généreusement les charges. Au lieu de repousser le calice, ses lèvres semblèrent en respirer avec amour les salutaires amertumes. Elle eût voulu, disait-elle, *se charger de toutes les souffrances du monde, assumer seule le poids des douleurs humaines, et acquitter ainsi la dette commune.* C'était une âme généreuse et forte : l'épreuve lui fut mesurée à la grandeur de sa foi. Pendant que les compagnes du premier âge de sa vie ceignaient le diadème des fiancées, une main invisible affermissait sur son front la couronne du martyre. Chaque jour apportait à la malade une affliction nouvelle. Les soins de sa pieuse mère avaient été jusqu'alors un allégement à ses maux. Cette consolation lui fut retirée ; les appuis humains furent brisés : la jeune paralytique perdit coup sur coup son père et sa mère. Les êtres qu'elle avait le plus aimés allèrent prendre possession de la *maison de leur éternité*, et la mort entoura de ses abîmes cette existence de vingt ans.

Dans ses afflictions, l'enfant du siècle a ses dieux auxquels il se confie. Il dit au bois, à la pierre, au métal, aux éléments, à l'idole de ses mains : Protégez-moi ! Le chrétien connaît des protecteurs plus dignes ; il porte ses supplications plus haut. L'orpheline se jeta dans les bras de Dieu, et n'attendit secours que de lui seul.

II.

A Limoges existait alors un religieux de grande vertu : le P. Nicolas du Sault, de la compagnie de Jésus, professeur et depuis recteur du collége de Limoges, joignait aux lumières qui naissent d'une vie sainte les connaissances théologiques qui s'acquièrent par l'étude. Dans les désolations où la jetait le décès de son père et de sa mère, Marie de Petiot se sentit comme inspirée de faire appeler l'homme de Dieu, et de le prendre pour guide de sa conscience. Le P. Nicolas du Sault était doué de cette espèce particulière d'intuition qui pénètre et lit dans les cœurs. Frappé des grandes qualités de sa pénitente, et jugeant inutile d'employer à son égard les ménagements vulgaires, il la conduisit dès le principe par les âpres chemins du renoncement et du sacrifice. Telle fut depuis sa sollicitude pour la conduite de cette grande âme qu'il s'imposa l'obligation de transcrire jour par jour les conseils qu'il lui donnait. Ces transcriptions, complétées par la suite, produisirent le livre de *la Confiance en Dieu*, qui se lit dans les œuvres du Père.

Sous la direction d'un guide si ferme et si éclairé,

les progrès de la pénitente furent rapides. Dans le commerce de l'âme avec Dieu, l'âme donne, l'âme reçoit. Chaque jour Marie de Petiot recevait de Dieu quelque chose. Ses lumières intérieures s'accrurent; son regard pénétra plus avant dans la profondeur de nos mystères. Elle eut notamment une vue plus nette de l'efficacité et de la sublimité des œuvres de miséricorde corporelles et spirituelles. Jadis un instinct mystérieux avait dirigé ses pensées vers les pauvres. Notre-Seigneur fit revivre en elle cet ancien attrait. Être la servante des membres souffrants de Jésus-Christ! ce rêve de son jeune âge allait devenir l'idée dominante de sa vie.

C'est en 1634 que Marie de Petiot parla au P. Nicolas du Sault de l'inspiration qui la portait à se consacrer au service des pauvres dans les hôpitaux de Limoges. Si elle comptait sur une approbation, la déception fut complète. Le P. du Sault ne vit là qu'une illusion. C'était, lui semblait-il, un plan chimérique : le dessein blessait la raison : les impossibilités étaient flagrantes. Quelle apparence qu'une fille du monde de vingt-trois ans, infirme, paralytique, fût appelée de Dieu à servir, dans des hôpitaux mal tenus, mal approvisionnés, les pauvres et les malades des deux sexes, foule grossière et indisciplinée! Le confesseur ordonnait à la pénitente de renoncer à cette idée, ou tout au moins d'en ajourner l'exécution jusqu'après un rétablissement que les médecins croyaient impossible; dont l'heure, dans tous les cas, était le secret de la divine Providence. Deux fois, dans le cours de sa vie, Marie de Petiot s'était offerte au service des pauvres, deux fois ses démarches n'avaient abouti qu'à une humiliation.

La pieuse fille posa sur ses yeux le bandeau de la sainte obéissance, et chercha à donner à ses desseins une autre direction. Mais une puissance supérieure semblait ramener incessamment l'idée qu'elle voulait écarter. Les pauvres lui étaient toujours présents : elle les voyait couverts de haillons, délaissés, abandonnés, privés des biens du corps, privés aussi et surtout des biens spirituels. Le souvenir de ces pauvres âmes la poursuivait de jour et de nuit. Quelquefois elle croyait entendre une voix lui dire : *J'ai eu faim, vous ne m'avez par nourri ; j'étais nu, vous ne m'avez pas vêtu.* Le reproche pénétrait son cœur; une inexprimable tristesse pesait sur cet âme ardente. Deux années s'écoulèrent ainsi.

Dans l'intervalle, le P. Nicolas du Sault avait quitté Limoges. De jour en jour plus inquiète et plus tourmentée, Marie de Petiot prit le parti de lui écrire. Elle lui fit connaître la persistance des mouvements de l'esprit de Dieu en elle, et le supplia de trouver bon qu'elle obéît à la voix qui l'appelait. Sans admettre ni rejeter tout à fait le vœu de sa pénitente, l'habile directeur lui permit, mais à titre d'essai seulement, d'aller passer quelques jours parmi les pauvres des hôpitaux. Les infirmités de Marie de Petiot la mettant hors d'état de marcher, elle se fit transporter à l'hospice Saint-Gérald d'abord, et, quelques jours après, à l'hospice Saint-Martial, situé, comme nous l'avons dit ailleurs, tout près de l'abbaye de ce nom, sur l'emplacement qu'occupe aujourd'hui l'ancien hôtel des monnaies. Dans cet hospice Saint-Martial, où elle résida quelques jours, la servante de Dieu eut une vision : il lui fut montré un vaste édifice; dans l'édifice, une foule, et parmi la foule, un personnage vénérable, qu'elle ne reconnut point alors. Ce personnage, ainsi qu'elle le comprit depuis, était Martial de Malden de Savignac, futur fondateur de l'hôpital général Saint-Alexis. Le P. Nicolas du Sault fut instruit de cette vision ; mais il ne put se persuader qu'elle vînt de Notre-Seigneur. Opposant à sa pénitente les impossibilités morales et matérielles, évidentes et absolues, que rencontraient pour le moment ses désirs, il lui commanda d'attendre que la volonté de Dieu se manifestât plus clairement. L'attente dura onze années. Ces onze années furent pour Marie de Petiot comme un siècle de souffrances. Aux misères d'une espérance toujours déçue se joignirent pour la malade les contradictions du monde. Ses projets ébruités et divulgués, tombés dans le domaine des conversations particulières, y servaient de pâture à la critique. Tout ce qui va contre l'ordre naturel paraît à la raison un désordre, et excite sur les lèvres de la plupart des hommes le dédain. Les projets de Marie de Petiot blessaient de trop de côtés la prudence humaine pour échapper à la censure. Ses parents étaient les premiers à la blâmer : à leurs yeux, de pareils desseins n'étaient que le rêve d'une imagination surexcitée par la maladie. Si la malade tenait tant à quitter le monde, disaient-ils, que ne choisissait-elle une maison où, au lieu de prétendre servir les autres, ce qui était impossible, elle trouvât les soins que réclamaient ses propres infirmités ! Ainsi parlaient les sages du monde, et leur sagesse prévalut.

Obsédée d'une lutte inégale, fatiguée et comme vaincue, la pauvre malade avait fini par se laisser persuader d'entrer au couvent de la Visitation-Sainte-Marie. Dieu ne destinait pas Marie de Petiot à cette communauté : on le vit bien par la suite ; mais la divine Providence, qui fait servir l'obstacle même à l'accomplissement de ses desseins, permit que la future fondatrice des hospitalières de Saint-Alexis résidât un moment dans cette sainte maison, afin qu'elle y apprît des Filles de Sainte-Jeanne-Françoise de Chantal la science du gouvernement des âmes, qui devait lui être un jour si nécessaire.

Une année s'était écoulée : le jour de la cérémonie de la prise d'habit était déjà fixé lorsque, par une révélation intérieure, Notre-Seigneur commanda à la postulante de quitter la maison de la Visitation. L'ordre venait de Dieu : Marie de Petiot n'hésita pas. Ni les prières ni les remontrances de ses compagnes ne purent la retenir. Elle sortit, au grand scandale des siens, qui ne lui épargnèrent aucun genre de reproche. Rappelé à Limoges pour y exercer les fonctions de recteur du collége, le P. Nicolas du Sault lui-même ne put s'empêcher de désapprouver sa pénitente. Il la blâmait d'être entrée à la Visitation, et encore plus d'en être sortie. Ainsi tout se réunissait contre la servante de Dieu. Une circonstance particulière aggravait singulièrement ses torts aux yeux du monde. Un jour, il y avait de cela plusieurs années, Marie de Petiot, pendant qu'elle priait, avait entendu une voix lui dire : *Tu seras délivrée des derniers empêchements d'une façon extraordinaire*. La prédiction, alors incomprise, venait de recevoir son accomplissement. Infirme comme elle l'était, la postulante n'avait pu être admise à la Visitation qu'en qualité de bienfaitrice. L'abandon de ses biens à la communauté avait dû précéder son admission, et les clauses du contrat rendaient la donation irrévocable. Entrée à la Visitation riche, elle en sortait indigente. Ainsi venait de disparaître le *dernier empêchement* à l'œuvre divine. Dieu, qui a créé le monde de rien, exige des instruments dont il daigne se servir qu'ils se réduisent à rien. Sur le chantier de sa toute-puissance la matière première c'est le néant. Mais le monde juge de la valeur des hommes par la valeur de leurs richesses, et pardonne plus aisément un acte mauvais qu'un mauvais calcul. Marie de Petiot fut donc universellement blâmée. Afin que rien ne parût manquer à son humiliation devant les hommes, ses infirmités, à cette époque, se compliquèrent d'une hydropisie. Ses besoins augmentaient ainsi en proportion de la diminution de ses ressources, et l'évènement sembla donner raison à ceux qui l'accusaient d'imprudence. Un invisible consolateur soutenait celle qu'aucune créature ne soutenait plus. Sous le coup d'une maladie réputée mortelle, la servante de Dieu parut ne concevoir aucun doute de son rétablissement : sa foi fut inébranlable ; sa confiance étonnait les médecins.

Le P. Nicolas du Sault l'étant venu voir : *Mon Père*, dit-elle, *si, comme je l'espère, Dieu me guérit demain, après-demain j'entre à l'hôpital pour servir les pauvres !* Le lendemain, contre toute attente, les symptômes d'hydropisie avaient disparu. Le doigt de Dieu devenait si visible que le Père n'osa résister : il ne s'opposa plus à la vocation de sa pénitente ; mais, les délicatesses inséparables de la charge de recteur du collége lui commandant la plus grande réserve, il crut devoir s'effacer, et laisser à un autre le soin de diriger et de terminer l'affaire.

Depuis quelques années, une pieuse fille de Limoges, Hélène Mercier, et son frère Pierre Mercier, prêtre d'une insigne vertu, animés du même esprit que Marie de Petiot, étaient venus s'installer à l'hospice Saint-Gérald. Ils y consacraient au service des pauvres et des malades tout leur temps, tous leurs biens, toutes leurs facultés. Le frère et la sœur virent avec joie leur sainte amie se disposer à venir les rejoindre. Pierre Mercier (1) s'employa avec empressement à lui en faciliter les moyens. Il s'entendit avec elle, aplanit les obstacles, et présida aux arrangements. Lorsque tout fut prêt, Marie de Petiot, qui ne pouvait marcher, se fit transporter à l'hôpital.

Ce fut, dans la vie de la servante de Dieu, un jour solennel que celui où, franchissant le seuil de l'hospice Saint-Gérald, elle put dire : *Voici mon*

(1) Les Mercier figurent sur les listes consulaires de 1514, 1516, 1556. Cette famille était l'une des plus anciennes et des plus honorables de Limoges. Pierre Mercier dont il s'agit fut l'un des exécuteurs testamentaires de l'évêque François de La Fayette. Le saint évêque Lascaris d'Urfé le nomma son grand-vicaire. On le voit mêlé à toutes les œuvres importantes de l'époque : à la formation de l'hôpital général, à l'établissement de la congrégation des hospitalières de Saint-Alexis, et à la formation si importante du

repos (1)! Soucis, fatigues, sollicitudes, asservissements, longues heures passées au chevet des mourants, vous étiez le repos, la paix, la quiétude, de cette âme altérée de Dieu, impatiente de le servir dans la peine, dans l'abjection, dans les pleurs, dans le sacrifice, dans l'ingratitude peut-être de ceux à qui elle allait consacrer sa vie! Marie de Petiot prit avec joie possession du champ de ses travaux, du sillon que la divine Providence semblait confier à ses soins. On se demandera sans doute comment cette malade qui n'avait pu se rendre à l'hospice à pied réussit à y utiliser ses services. Par une disposition divine, que les écrivains de l'époque signalent comme miraculeuse, la servante de Dieu, à peine installée dans la maison des pauvres, parut sortir de son état de paralysie. Les membres avaient repris quelque souplesse : les mouvements du corps

---

couvent réformé de Sainte-Claire. Ce saint prêtre paraît avoir excellé dans la conduite des âmes. Il fut le directeur spirituel de la Mère Anne-Marie du Calvaire, dont il sera parlé plus loin, et qui mourut en odeur de sainteté. C'est lui qui imposa à la servante de Dieu l'obligation de rendre compte par écrit de son intérieur. Les mémoires de Pierre Mercier, conservés avec soin par les religieuses réformées de Sainte-Claire de Limoges, renferment des documents précieux sur la vie de la Mère Anne-Marie du Calvaire. La rédaction, malheureusement insuffisante et très-diffuse, de ces mémoires les exclut de la publicité; mais une main intelligente tirerait des richesses de cette mine.

(1) « *Hæc est requies mea.* » (Is. XXVIII, 12.)

devenaient plus libres ; et, dès le premier jour, elle put s'employer au service des malades. L'art du serviteur c'est de rendre ses soins agréables à ceux qui daignent l'employer. Lorsque les pauvres, devenus ses maîtres, imposaient à Marie de Petiot quelque obligation nouvelle, ils la trouvaient obéissante et douce. Son attitude était calme ; son front rayonnait de sérénité ; sa patience était inaltérable. Elle passait avec empressement d'un soin à un autre, se chargeait sans hésiter des offices les plus rebutants. Jamais auprès des malades aucun signe ne trahit chez elle les répugnances de la nature. Suivant le pieux auteur de l'*Imitation*, rien ne coûte à qui aime. Elle faisait plus que servir les pauvres : elle les aimait.

Il semblait que, installée enfin près des malades, Marie de Petiot fût arrivée au terme des longues épreuves dont sa vie avait été semée. Il n'en fut rien. Une nouvelle humiliation l'attendait dans les salles de l'hôpital. De celle-ci je ne dirai qu'un seul mot. Sous l'empire de je ne sais quelle prévention, un vicaire général, prenant en déplaisir la coopération de la servante de Dieu, représenta à l'évêque, François de La Fayette, qu'une fille impotente et infirme, loin de faciliter le service, ne serait au contraire qu'un embarras, et obtint une ordonnance épiscopale aux termes de laquelle Marie de Petiot était nominativement et personnellement exclue de l'hôpital. Instruit de ce qui se passait, le P. Nicolas du Sault s'empressa d'interposer ses bons offices; mais le vicaire général persista, et l'ordonnance fut maintenue.

Un prêtre d'une insigne piété, dont la vie formera l'un des principaux chapitres de cet ouvrage, Martial de Malden de Savignac, avait à Marie de Petiot, sa cousine, de grandes obligations. C'est à ses prières qu'il attribuait, du moins en partie, sa vocation sacerdotale. Cet ecclésiastique prit ouvertement et courageusement en main la cause de l'opprimée. De concert avec le baron Morel de Fromental, son beau-frère, il vit le commandeur de La Fayette, frère de l'évêque, l'intéressa à Marie de Petiot, et tous les trois parlèrent au prélat. Les intentions de l'évêque étaient droites : sa religion avait été surprise : l'ordonnance fut rapportée.

L'orage qui avait un moment grondé sur la tête de Marie de Petiot fut suivi d'une sérénité inespérée. Instruit des grandes qualités et des vertus de la servante des pauvres, le pontife, passant à son égard de la prévention à la bienveillance, lui accorda les plus précieux encouragements. En sa considération, le pontife permit que le Saint-Sacrement fût conservé dans le tabernacle de la chapelle de l'hôpital. Il permit aussi, conformément au vœu de la servante de Dieu, que la chapelle fût dédiée à saint Alexis. Saint Alexis, le célèbre pauvre de Rome, devint ainsi le patron spécial de la chapelle et des pauvres de l'hospice. Solennisée pour la première fois dans la chapelle de l'hôpital en 1648, la fête du saint s'est célébrée depuis tous les ans sans aucune interruption, si ce n'est peut-être aux plus mauvais jours de la révolution.

L'Eglise militante a, comme les milices de la terre, ses lois d'avancement. Suivant une belle parole de sainte Térèse (1), *l'âme fidèle n'ira pas seule au ciel : Dieu lui donnera, comme à un vaillant capitaine, des soldats qui marcheront sous sa conduite.* Marie de Petiot avait mérité ses grades : le moment approchait où, tirée des rangs obscurs, elle allait être appelée aux charges du commandement. Depuis dix ans, l'infatigable paralytique s'occupait gratuitement des pauvres, les servait à la sueur de son front et de son visage, lorsque Notre-Seigneur lui inspira la pensée de s'enchaîner à cette sublime servitude par des vœux perpétuels. Hélène Mercier, confidente habituelle des plus secrètes dispositions

---

(1) J'ai suivi, dans cet ouvrage, pour l'orthographe du nom de sainte Térèse le redressement indiqué par le savant traducteur des œuvres de la sainte. Voir le R. P. Marcel Bouix, de la compagnie de Jésus : *Œuvr. de sainte Térèse*, T. I, *Avertissement*, p. 1.

de son cœur, fit plus que d'approuver le projet : elle désira s'y associer. En conséquence, le 26 octobre 1657, les deux servantes des pauvres prirent ensemble l'habit religieux, et commencèrent ainsi une sorte de noviciat, laissant à Dieu le soin d'envoyer des ouvrières s'il le jugeait convenable. Leur foi fut bénie. Obéissant aux appels de Notre-Seigneur, une jeune et riche veuve, madame de La Planche née Anne Descordes de Gry, cousine de Marie de Petiot, apporta au pied de l'autel de Saint-Alexis sa fortune, sa jeunesse, ses espérances (1). Ainsi commençaient les sœurs Hospitalières de Saint-Alexis de Limoges.

(1) Anne Descordes de Gry, née en 1634, fut mariée, à quinze ans, à M. de La Planche. Jeune, riche, belle, spirituelle, aimée et recherchée dans le monde, elle vivait heureuse, lorsqu'en un moment tout ce bonheur fut brisé. *Son mari fut tué :* tué en duel, par accident, par le fer d'un assassin ? les mémoires de l'époque ne le disent point. Il fut tué : fidèle à l'unique attachement de sa vie, sa jeune femme résolut de n'appartenir qu'à Dieu seul. Marie de Petiot, sa cousine, songeait à établir la congrégation des sœurs Hospitalières. Par son conseil, Anne Descordes résolut de se donner à la future congrégation; mais, avant de s'engager, elle attendit qu'elle eût vingt-cinq ans. Elle prononça ses vœux le 1er novembre 1659. « Notre bonne sœur, disent les mémoires de la communauté, avait embrassé sa sainte vocation sans attrait sensible : la vie religieuse fut pour elle une immolation continuelle; mais, à l'empressement qu'elle apportait près des malades, on eût dit qu'elle prenait plaisir à les servir. » La Mère de Petiot, qui l'aimait tendrement, secondait les desseins de Dieu, affectait à l'égard de cette chère fille une

L'année suivante, se produisait dans la ville un évènement qui fit beaucoup de bruit, et qui, sans intéresser directement les sœurs de Saint-Alexis, eut toutefois pour la communauté un résultat de grande importance. Martial de Malden de Savignac avait coutume de célébrer la messe à l'hôpital. Le 2 février 1658, jour de la *Chandeleur*, comme il montait à l'autel, il apprend que, à l'heure même, par un attentat inouï, sa nièce, jeune fille de quatorze ans, pensionnaire à Sainte-Claire, vient d'être enlevée du couvent (1). S'adresser à Dieu, l'invoquer, le supplier, fut le premier mouvement du saint prêtre. Se tournant ensuite du côté de Marie de Petiot, qui était dans la chapelle, il l'instruit à la hâte de l'évènement qui l'oblige de

---

apparente rigueur, afin de faire mourir en elle toutes les inclinations naturelles. La Mère Anne Descordes tomba, jeune encore, en un état de langueur qui la conduisit rapidement au tombeau. Elle expira dans la nuit du 31 mai au 1er juin 1666, à l'âge de trente-deux ans. Elle avait servi les pauvres pendant sept ans. Au moment où elle rendait le dernier soupir, la Mère Anne-Marie du Calvaire, fondatrice du couvent des Filles réformées de Sainte Claire, entendit tout près d'elle dans sa cellule une voix qui disait : « *Ma sœur, adieu!* » Une étoile au même moment brilla dans la cellule, et elle vit, au-dessus d'une légère nuée, une flamme qui s'élevait vers le ciel. Cette vision se trouve consignée dans les mémoires inédits de Pierre Mercier, qui fut, pendant quinze ans, le confesseur de la Mère Anne-Marie du Calvaire.

(1) Voir plus loin le récit de l'évènement, *Vie de la Mère Anne-Marie du Calvaire.*

descendre de l'autel ; il la charge de prier pour la préservation de sa nièce, et s'engage, si sa nièce lui est rendue, à acquitter tel vœu que la servante de Dieu aura cru devoir faire à Notre-Seigneur en son nom.

L'année suivante, fidèle à sa promesse, lié par le vœu de Marie de Petiot, le généreux prêtre construisait à ses frais, en acquittement de ce vœu, l'église de l'hôpital. Depuis, les auteurs du rapt ayant été condamnés en cinquante mille livres d'amende et en cinq mille livres de dommages et intérêts, Martial de Malden voulut que la somme fût affectée à la construction de l'église : l'édifice prit ainsi le caractère d'un monument expiatoire. Cette église est celle qui subsiste encore. On ne sait dans cette circonstance qui admirer le plus de Martial de Malden ou de Marie de Petiot : magnifiques de confiance tous deux, l'un dans ce qu'il promet, l'autre dans ce qu'elle exige. Rien de mesquin dans ces âmes agrandies par la charité de Jésus-Christ !

Je n'ai encore rien dit de la maison conventuelle. Il fallait à la naissante famille un abri. Beaucoup de bons-vouloirs se cotisèrent pour l'œuvre. La fondatrice fournit pour sa part cinq ou six mille livres : cette somme était le dernier débris de sa fortune. Madame Anne de La Planche, qui était riche, se montra probablement généreuse.

L'évêque, François de La Fayette, donna aussi, et Martial de Malden de Savignac, l'homme de toutes les bonnes œuvres, ne fut pas des derniers à offrir sa part de concours.

C'est en 1656 que fut posée la première pierre, et c'est le 5 février 1659 que Marie de Petiot et ses Filles prirent possession de l'édifice. La façade extérieure n'a de remarquable que sa surprenante modestie : les rares et inégales fenêtres ouvertes sur la voie publique ne sont pas même placées symétriquement. Cette violation hardie des plus simples règles de l'art n'est probablement qu'une satisfaction donnée à regret par l'architecte à l'humilité des servantes des pauvres. A l'intérieur, sans être somptueuse, la maison présente toutes les convenances, toutes les appropriations désirables.

Pendant que Marie de Petiot pourvoyait au logement de ses Filles, une sorte de révolution dans le régime des hôpitaux de Limoges s'était opérée sous les auspices et par les soins de Martial de Malden de Savignac. L'hôpital Saint-Gérald, élevé par la suppression des autres hôpitaux à la fonction d'hôpital général, renouvelait ses édifices, et se préparait à pouvoir loger cinq cents pauvres. Ainsi toutes choses marchaient de front.

L'action de Marie de Petiot et de ses Filles dans

les salles de l'hôpital n'avait eu dans le principe qu'un caractère officieux : il importait de régler la position des sœurs à l'égard du corps de ville et de l'administration. Une assemblée de ville du 15 mai 1659 décida que l'offre faite par la Mère Marie de Petiot et ses Filles de servir gratuitement les pauvres serait acceptée. La congrégation fut ainsi officiellement reconnue.

Il restait à obtenir la consécration ecclésiastique. Par ordonnance du 10 août 1659, l'évêque, François de La Fayette, érigea l'œuvre sous le titre de *Congrégation des sœurs hospitalières de Saint-Alexis*. Une autre ordonnance du 24 août de la même année approuva les constitutions rédigées par la Mère Marie de Petiot, de concert sans doute avec Martial de Malden de Savignac et Pierre Mercier. Cette règle, dit l'évêque, lui a été présentée par mademoiselle Marie de Petiot, supérieure des sœurs de Saint-Alexis. Le prélat l'a approuvée et l'approuve pour être gardée à perpétuité, *à quoi les sœurs sont exhortées en Notre-Seigneur*. Louis Lascaris d'Urfé, successeur de François de La Fayette, et, de nos jours, après la révolution, Mgr Jean-Marie-Philippe du Bourg, ont cru devoir modifier la règle en quelques détails. A ces légères modifications près, les constitutions primitives sont aujourd'hui encore le code de nos bonnes Hospitalières.

Toutes choses étant ainsi réglées, Marie de Petiot, Hélène Mercier et Anne Descordes de Gry, dame de La Planche, se présentèrent au pied de l'autel de Saint-Alexis le 1ᵉʳ novembre 1659, et firent les vœux d'obéissance, de chasteté et de stabilité entre les mains de Maillard, official du diocèse.

A cette époque, sans être guérie de sa paralysie, Marie de Petiot parut cependant plus valide. Sa santé s'était améliorée : elle marchait. Son active intelligence embrassait tous les détails d'un gouvernement difficile et compliqué. La conduite de la communauté d'une part, de l'autre, la conduite des pauvres et des malades occupait tout son temps. Lorsque les ressources manquaient à l'hôpital, et cela arrivait souvent, l'humble religieuse s'imposait la dure obligation d'aller elle-même, appuyée sur le bras d'une de ses Filles, solliciter de maison en maison la charité publique. Les aumônes abondaient; mais les humiliations abondaient aussi. *Ce qu'elle éprouva de rebuts*, dit un biographe (1), *celui-là seul le sait qui lui donnoit la force de les affronter*. Ces rebuts étaient à ses yeux les gains de la charité. Elle souriait aux mépris du monde. Au milieu d'embarras et de contradictions sans nombre, sa sérénité fut

---

(1) Labiche de Reignefort, *Vie de la Mère Marie de Petiot*, inédite. Le ms. appartient aux sœurs de Saint-Alexis.

inaltérable. La foi la soutenait. Elle se sentait marcher sur les flots ; mais elle croyait fermement qu'elle ne serait point submergée. Cette confiance lui venait d'un grand amour. Notre-Seigneur était le principe, le but, le centre, le mobile de toutes ses affections. C'est Notre-Seigneur qu'elle servait dans les pauvres, et les pauvres ne lui étaient si chers que parce qu'ils étaient à ses yeux l'image de la très-sainte humanité de Celui qu'elle entendait aimer et servir uniquement.

III.

Ainsi que le lecteur a pu s'en convaincre, cette paralytique de *trente-huit ans* n'était pas toujours demeurée couchée *au bord de la piscine* : elle avait porté *son lit* et le *lit* d'autrui ; elle avait *marché*, et étonné les contemporains des prodiges de son impossible activité. Par ses soins, la congrégation des sœurs Hospitalières de Saint-Alexis de Limoges existait. A meilleur titre que le poète romain, la fondatrice eût pu dire : *Exegi monumentum!* Elle avait donné une forme à sa pensée, créé une famille, opposé à la perpétuité du malheur la perpétuité du dévoûment. Mais la fatigue était venue : l'ouvrière succombait à la tâche. Marie de Petiot ressemblait au moissonneur qui attend sur le sillon *la fin désirée de ses travaux.* Ce fut au printemps de 1667, vers la fin d'avril, dans la saison des fleurs, que brillèrent à ses regards les crépuscules du jour sans déclin. Plus fatiguée que de coutume, la pieuse Mère essayait, mais en vain, de lutter contre la souffrance : elle dut s'aliter. Les symptômes prirent un caractère alarmant, et aucune espérance ne fut bientôt plus permise.

La maladie dura dix-huit jours. Pendant cette longue agonie, la servante de Dieu fut admirable de foi et de confiance en Dieu. Elle demanda à recevoir la très-sainte eucharistie. Cette grâce lui fut deux fois accordée, et deux fois ses traits, un instant ranimés, rayonnèrent d'une joie céleste. Dans ce corps usé par la souffrance, exténué, et pour ainsi dire anéanti, l'âme conservait sa dignité et sa vigueur. La sollicitude de Marie de Petiot s'étendait à chacune de ses Filles. Son cœur s'épanchait en effusions de tendresse. Elle ressemblait à la mère qui n'a jamais dit à ses enfants le dernier mot. La veille ou l'avant-veille de sa mort, elle rassembla les chers gages de son amour, et voulut leur parler encore une fois. Dans ce suprême entretien, elle rappela ses Filles à la sublimité de leur sainte vocation, et les adjura de demeurer jusqu'à la fin dévouées aux pauvres et fidèles à Notre-Seigneur. Les mots manquaient à ses lèvres défaillantes ; mais la parole inachevée se complétait dans l'expression de son regard. L'humble Fille de Saint-Alexis voulut mourir dans l'acte de l'humilité. Ses dernières paroles furent pour s'accuser publiquement des mauvais exemples qu'elle avait, disait-elle, donnés : elle pria ses filles de lui pardonner, et de la bénir en signe de miséricorde. Debout, assises, agenouillées, groupées autour de leur Mère, les religieuses pleuraient : *Heureux ceux qui pleurent* auprès des saints, car *leur tristesse se changera en joie!* C'est le 14 mai 1667 que Marie de Petiot rendit à Dieu sa grande âme.

Les obsèques se célébrèrent dans l'église de l'hôpital, dite aussi église de la Mission. L'empressement de toutes les classes de la population témoignait de la vénération publique. Les pauvres étaient autrefois venus à Marie de Petiot *comme les abeilles viennent à leur ruche* (1). Elle les avait aimés; elle les avait vêtus et nourris, assistés et consolés. Ils venaient aujourd'hui, respectueux et tristes, jeter une goutte d'eau bénite sur le cercueil de celle que tant de services rendus recommandaient à leur amour.

Quelquefois, à la vue de l'antique basilique de notre cité, j'ai salué l'artiste inconnu qui commanda à ces pierres de raconter aux siècles futurs les gloires du Très-Haut. Avec plus de respect,

(1) « Multitudo pauperum, velut apes ad alvearium, confluebat ad eum. » Bolland., *Aredii Vita prolixior.*

ô sainte femme, je m'inclinerai devant le séculaire monument de votre piété. Qu'une fille paralytique érige avec des pierres vivantes l'impossible édifice de la charité, ce n'est plus œuvre humaine : c'est œuvre divine. *Le doigt de Dieu est là :* il faut blasphémer ou bénir.

Les restes de l'insigne bienfaitrice de la ville de Limoges furent déposés dans la chapelle du caveau, en l'église de la Mission, à droite en entrant.

Aucun des écrits de la Mère Marie de Petiot ne nous a été conservé. Les sœurs Hospitalières de Saint-Alexis possèdent deux portraits de leur fondatrice, représentée à genoux, aux pieds de l'évêque François de La Fayette. Les toiles sont médiocres, et trahissent une main inexpérimentée.

IV.

Dans une assemblée capitulaire du 28 juin 1667, un mois environ après le décès de la Mère Marie de Petiot, la plus ancienne et la plus dévouée de ses compagnes, Hélène Mercier, en religion sœur Hélène de la Croix, fut appelée à lui succéder. Cette Mère gouverna la communauté pendant douze ans, jusqu'en 1679, époque de sa mort. En 1669, sous prétexte que les Hospitalières de Saint-Alexis ne logeaient pas dans l'enceinte de l'hospice, les agents du fisc contestèrent aux sœurs le bénéfice des immunités que les ordonnances attribuaient aux habitants de l'hôpital général. Portée devant le conseil du roi, la question fut résolue en faveur des sœurs par sentence du mois de février 1672 : « Il ne serait pas raisonnable, dit l'arrêt, que des Filles *si utiles, si nécessaires au grand nombre des pauvres qu'elles servent à leurs propres coûts et dépens*, se trouvassent privées des priviléges de l'hôpital, dont elles sont un membre considérable. » Cet arrêt mit fin aux taquineries du fisc (1).

A la Mère Hélène de la Croix succédèrent en qualité de supérieures, pendant le xvii° siècle, savoir : en juin 1679, Madeleine David, sœur de Jésus; en juillet 1668, Catherine de Flottes, sœur de la Passion, et, en 1700, Jeanne de La Saigne, sœur du Saint-Sacrement.

Les statuts de la Mère Marie de Petiot se distinguent des règles de la plupart des congrégations religieuses par certaines clauses spéciales caractéristiques. Ainsi la fondatrice n'admet pas de sœurs converses : elle veut que les sœurs se considèrent comme servantes les unes des autres. De plus elle entend que les services rendus aux pauvres

(1) Les priviléges des sœurs de Saint-Alexis furent confirmés par lettres-patentes de Louis XIV en 1676 et de Louis XV en 1754.

soient gratuits, et que la communauté ne reçoive aucune rémunération de l'hospice ni de la commune. *Les pauvres ne paient pas : Dieu paie pour eux*, disait le célèbre Boerhaave ; c'est aussi le mot de Marie de Petiot. Les constitutions n'imposent pas aux Hospitalières le vœu de pauvreté. La tolérance de la règle sur ce point a probablement pour objet de faciliter à la communauté le moyen de se suffire, et de sauvegarder ainsi son indépendance. Les religieuses du reste sont tenues de se contenter de la vie commune : ainsi les sommes dont elles disposent ne peuvent être appliquées qu'aux besoins généraux de la congrégation ou à des œuvres de charité, mais avec la permission de la Mère supérieure. L'esprit de la règle se résume dans ces mots du premier chapitre : *Honorer Jésus-Christ dans sa vie cachée et dans l'exercice de la charité envers les pauvres* (1).

Constituée à l'état d'œuvre locale, et par cela même limitée dans ses développements, la congrégation de Saint-Alexis avait pourtant érigé dans le diocèse quatre maisons : Limoges, La Souterraine (2), Saint-Junien et Saint-Léonard. Les

---

(1) *Constitutions de la congrég. des sœurs hospital. de Saint-Alexis de la ville et du diocèse de Lim.*, p. 9, in-16, Limoges, 1804, sans nom d'imprimeur.

(2) La maison de La Souterraine fut fondée en 1732. (Legros, *Lim. eccl.*)

maisons de Limoges et de Saint-Léonard se sont seules relevées après la révolution.

Louis-Charles Duplessis d'Argentré, évêque de Limoges, né en 1723, sacré en 1759, mort en exil à Munster le 28 mars 1808, avait donné aux sœurs Hospitalières de Saint-Alexis, pendant son épiscopat, une somme de dix mille livres pour agrandir la maison conventuelle. Du fond de son exil, le prélat, en mourant, se souvint des sœurs de Saint-Alexis, et légua à leurs pauvres deux mille livres (1).

V.

Au commencement de la révolution, la Mère Marie d'Alesme de Saint-Joseph, alors supérieure, fit vœu, si la congrégation était maintenue, de sanctifier à perpétuité la fête de saint Joseph par une neuvaine et un jour spécial de recueillement et de prière. La foi de la pieuse Mère fut

---

(1) Un journal du temps indique ainsi les legs constitués par Louis-Charles d'Argentré : à l'hôpital, 2,000 livres ; aux pauvres de Limoges, 1,000 livres ; aux sœurs de la Charité établies à Limoges en 1783, 2,000 livres, et 3,000 livres pour réparations intérieures de la cathédrale. (*Mélang. philosoph.*, IV, 336.) — Ces legs paraîtront considérables si l'on tient compte de la situation du prélat, qui avait été ruiné par la révolution.

récompensée. *Par une exception dont il n'existe peut-être pas en France d'autre exemple*, la congrégation des Hospitalières de Saint-Alexis de Limoges réussit à échapper au décret de suppression des communautés. Des filles salariées à quatre cents francs par an furent, il est vrai, momentanément substituées aux religieuses ; mais ces mercenaires ne satisfirent point : les sœurs, qui tenaient dans leur domicile, furent presque aussitôt redemandées, et rendues aux malades de l'hospice. Pendant toute la révolution, les religieuses eurent le bonheur de pouvoir assister à la sainte messe. Cette messe se célébrait immédiatement après minuit, dans la salle d'assemblée de la communauté, à un autel qui subsiste encore. Le prêtre qui avait accepté ce périlleux ministère se nommait Buisson ou Busson. On chercha plusieurs fois à s'emparer de sa personne ; mais le saint prêtre échappa à toutes les perquisitions. Lorsque l'émeute roulait ses vagues furieuses aux portes de l'hôpital, les religieuses se déguisaient sous les habits de leurs pauvres, et, se cachant comme elles pouvaient, ne reparaissaient qu'après l'orage. La Mère d'Alesme soutenait ses Filles. Son intrépidité ne se démentit jamais. Dans une émeute, un homme à figure sinistre l'interpellant brutalement devant la foule : « Citoyenne religieuse, dit-il, que penses-tu de notre révolution ? — Mon ami, répond froidement la supérieure, Dieu conduit les évènements du monde, et rien n'arrive que par sa volonté sainte. » L'héroïque supérieure mourut sur la fin de 1791, heureuse d'échapper au spectacle de tant de désordres et de tant de crimes (1). Ses Filles, après elle, continuèrent de marcher sur ses traces : l'une d'elles, dénoncée au club comme ayant manqué de respect à la nation, fut conduite en prison dans cette abbaye de Solignac où nous avons déjà rencontré sœur de la Vierge de la Providence. Laissons les Hospitalières de Saint-Alexis raconter elles-mêmes l'évènement :

« Pendant le voyage, disent les mémoires manuscrits de la communauté, sœur Augustine Filiâtre, en religion sœur Saint-Augustin, fut, suivant ce qu'elle nous a raconté, assistée par son bon ange. L'ange, sous une forme sensible, se montra à elle sur la place de la Mairie, et ne disparut qu'à Solignac, après l'avoir consolée, fortifiée et préservée de tout mauvais traitement. Sœur Augustine Filiâtre fut plus éprouvée que ses compagnes, et ce ne fut peut-être pas sans un dessein particulier de Dieu, car Notre-Seigneur la destinait à réparer un jour les ruines de ces temps désastreux. C'est à cette vénérable Mère, à ses soins, à son courage, à la continuité et à la persévérance de ses efforts, que nous devons l'ordre et la régularité

---

(1) Mss. des sœurs Hospitalières de Saint-Alexis. — Les sœurs conservent le portrait de leur généreuse Mère.

dont, grâce à Dieu, notre communauté jouit présentement. L'hôpital, pendant la révolution, avait subi les mauvaises influences de l'époque : l'esprit de révolte et d'insubordination avait gagné les pauvres eux-mêmes. Lorsque, après la tourmente, la Mère Saint-Augustin entreprit de rétablir la discipline, les têtes s'exaltèrent et se mutinèrent. Il y eut de secrets conciliabules ; il se forma des ligues et des complots. L'obligation imposée aux pauvres de reprendre le costume de la maison ayant achevé de les exaspérer, leurs emportements n'eurent plus de bornes. La Mère Saint-Augustin fut injuriée et insultée, et quelquefois assaillie à coups de pierres. Sa confiance en Dieu la rendait supérieure à la crainte. Elle opposa à la violence un calme imperturbable, tint tête aux foules désordonnées, et, par le seul ascendant de son caractère, sans recourir à aucun moyen de coercition, réussit à soumettre les rebelles. Par ses soins l'ordre se rétablit. Le nom de cette vénérable Mère et celui de Geneviève Gilbert, Mère Pauline, qui la seconda en tout, seront à jamais en vénération dans nos maisons. »

Le récit continue, et fait connaître que les sœurs, dépouillées de leurs biens, se trouvèrent réduites, après la révolution, à un absolu dénûment :

« Nos sœurs, dit le manuscrit, se virent sans ressources. La communauté manquait de tout, même de pain : il fallut songer à vivre. Pour subvenir aux besoins du moment, on résolut d'ouvrir une école, et de recevoir des pensionnaires. Dieu bénit l'entreprise.

Le pensionnat fut tout de suite florissant : l'école se recrutait parmi les familles les plus distinguées; les élèves se présentaient de toutes parts. Le succès de l'établissement procura des ressources suffisantes, et permit de traverser les jours les plus difficiles. Mais le but de notre institut n'est pas l'éducation de l'enfance : nous appartenons aux pauvres. Une nécessité impérieuse avait seule pu motiver et légitimer la dérogation. Aussitôt qu'il fut rigoureusement possible de se passer des produits de l'enseignement, l'école fut fermée. Elle avait duré huit ans. Jusqu'alors, conformément au décret du 28 août 1791, nos sœurs avaient dû se résigner à porter l'habit séculier. C'est le 30 décembre 1804 qu'elles eurent le bonheur de reprendre solennellement le saint habit de religion. La cérémonie, présidée par Mgr Marie-Jean-Philippe du Bourg, fut des plus touchantes. »

Le saint évêque dont je viens de prononcer le nom, et dont la mémoire est restée en bénédiction dans le diocèse, n'oubliera pas dans son testament nos chères Hospitalières. Réunissant dans une commune bénédiction les Filles de la Mère Marie de Petiot et celles de Saint-Vincent-de-Paul :

« Adieu, s'écrie-t-il, adieu, sœurs de Saint-Alexis ! adieu, respectables Filles de Saint-Vincent-de-Paul ! Conservez-vous dans la pratique de vos devoirs; aimez les pauvres; rappelez-vous que s'occuper de la seule santé des corps ne serait pas remplir les intentions de la Providence. Les épouses du Seigneur doivent concourir avec le Seigneur à la sanctification des âmes plus encore qu'à la guérison des maladies corporelles. Adieu, épouses de Jésus-Christ, religieuses à la sanctification desquelles j'ai mis tant d'intérêt! Ranimez votre ferveur; regardez-vous comme les fondatrices des ordres rétablis de votre temps, et travaillez sans relâche à les faire prospérer (1). »

Je glisse sur beaucoup de détails ; mais je me reprocherais de passer sous silence la mémorable fondation de l'asile de Nazareth, dû aux sœurs de Saint-Alexis. D'après les règlements de l'hospice, les orphelines quittent l'hospice à vingt et un ans, et sont ainsi jetées au milieu du monde sans guide, sans appui, sans secours, exposées à la séduction et à la misère. La Mère supérieure Rose-Félicité Rullier, en religion sœur Saint-Martin, touchée du sort de ces pauvres enfants, se décida, en 1852, à former, à La Croix-Mandonnaud, sous le titre de *Nazareth*, un asile spécial pour les orphelines illégitimes. Cet établissement, qui forme un annexe de la congrégation de Saint-Alexis, distinct et indépendant de l'hôpital, appartient en toute propriété à la Mère Saint-Martin, qui l'a fondé en grande partie de ses deniers, sans aucun secours

---

(1) *Testament de Marie-Jean-Philippe du Bourg, évêque de Lim.*, in-4, Limoges, P. et H. Barbou frères, février 1822. Le vénéré prélat mourut à Limoges le 31 janvier 1822. Il avait occupé vingt ans le siége de saint Martial.

de l'hospice. La première installation des orphelines fut faite par M. Martial Hervy, vicaire général du diocèse, supérieur des sœurs de Saint-Alexis. La chapelle a été placée sous l'invocation de sainte Anne, patronne de la maison.

Les orphelines, réunies d'abord au nombre de quinze, sont aujourd'hui soixante-cinq. Quatre sœurs détachées de la communauté les dirigent. On leur enseigne la lecture, l'écriture et le catéchisme. On leur montre à coudre, à tricoter, à repasser. On les emploie à la cuisine, au jardin, à la buanderie, au service de l'étable. Elles confectionnent leurs robes et la lingerie de la maison. Le costume est uniforme : ce costume est celui qui convient à des filles de service.

Lorsque les orphelines ont vingt et un ans, on étudie leur vocation, et on leur laisse le libre choix d'un état. Si les jeunes filles inclinent à la vie religieuse, on facilite leur admission comme sœurs converses dans une communauté, et l'on subvient pour elles à tous les frais nécessaires. Si elles désirent s'établir dans le monde, on les pourvoit d'une petite dot. Si elles veulent se placer comme servantes, on les facilite aussi; et si enfin elles préfèrent se fixer à Nazareth, elles sont libres d'y rester indéfiniment. En résumé, Nazareth donne à l'orpheline un abri, des affections, une famille. L'assistance qui protégea les premiers ans de l'orpheline accompagnera sa jeunesse, et s'étendra sur son âge mûr. La maison continuera d'être la sienne, lui offrira en tout temps une hospitalité généreuse, à condition toutefois qu'elle en porte le costume; car, d'après le règlement, abandonner le costume de la famille c'est en renier les principes, c'est abdiquer le titre de FILLE DE NAZARETH.

La communauté des sœurs de Saint-Alexis, faute de ressources suffisantes, manquait d'une chapelle convenable. L'autel et le tabernacle dans lequel repose le très-saint Sacrement étaient placés en une simple salle. Les sœurs de Saint-Alexis ont pu enfin réaliser le plus cher de leurs vœux. Le 1er juin 1861, troisième jour de l'octave du très-saint Sacrement, Monseigneur Félix-Pierre Fruchaud, évêque de Limoges, posait, au milieu d'une vaste assistance, la première pierre de la chapelle, qui, aujourd'hui (mars 1862), est extérieurement terminée (1). Cette chapelle, dédiée au Cœur agonisant de Jésus, rappellera aux fidèles que chaque jour quatre-vingt mille personnes, expirant sur la surface du globe, se recommandent aux prières de la grande famille chrétienne. Une inscription scellée dans le granit, et placée sous la

---

(1) L'édifice a été construit sur les dessins de M. Fayette, architecte du département.

base de l'édifice, constate la date de la fondation et le nom des fondateurs.

Au moment où j'écris ces lignes, la communauté des Hospitalières de Saint-Alexis de Limoges réunit cinquante religieuses.

VIII.

MARTIAL DE MALDEN DE SAVIGNAC.

(1616-1670).

I.

Les de Malden.

Les lignes suivantes, extraites des archives de la maison de Malden, indiquent les origines de cette maison :

« Suivant une tradition transmise de génération en génération, disent les archives, nous sommes originaires de la Grande-Bretagne. A la racine d'un ancien arbre généalogique de notre maison, on lit que, en 1362, Barthélemy Audier, originaire d'Angleterre, grand sénéchal de la Marche et du Limousin, nomma pour son exécuteur testamentaire son beau-père, sir Pierre Malden, aussi d'origine anglaise. D'après le Journal de Bouillon, mai 1780, page 60, Pierre Malden n'eut que deux enfants : un garçon et une fille. La fille épousa Barthélemy Audier, dont il est ici question. Pierre Malden avait pour armoiries trois lions d'or lampassés sur champ d'azur (1). Nos armoiries, enregistrées à l'Armorial général de France, se voyaient autrefois, et se voient peut-être encore sur le portail de Saint-Michel-des-Lions, du côté de la place Saint-Michel, aujourd'hui de la Préfecture (2). »

Les Malden étaient donc originaires de la Grande-Bretagne. Venus dans notre province du temps de la domination anglaise, ils se mêlèrent à cette bourgeoisie de Limoges industrieuse, active, intelligente, admirablement chrétienne, dont les origines se perdent dans la nuit des temps. A partir du xiv⁰ siècle, leur nom se lit à toutes les pages de nos annales. On les rencontre au barreau, dans la magistrature et dans les finances. Ils donnent à la ville des consuls; à la science, des savants; à

---

(1) Armoiries parlantes de *mala dens*.
(2) Le narrateur ajoute quelques autres particularités : « Il existe, dit-il, dans le comté d'Essex une ville de Malden. Madame Napier, dame d'atours de la reine d'Angleterre sœur de Louis XIII, déclarait à un de mes aïeux connaître à Londres des particuliers de notre nom. Lord Macartney, gouverneur de l'île de Grenade, interné à Limoges comme prisonnier en 1779, voulut bien, à ma prière, faire en Angleterre des recherches sur notre famille, et je reçus de lui, en 1781, des notes d'où il résultait que divers personnages de notre nom avaient rempli en Angleterre des missions secrètes et politiques importantes. » (*Généalog. des Malden*, un vol. in f⁰ manuscrit.)

l'Église, des défenseurs; à l'État, des soldats. En 1420, un Jean de Malden, avocat du roi à Limoges, professeur de droit à Toulouse, passait pour l'un des habiles jurisconsultes de son temps (1). Au XVIII° siècle, les de Malden produisent les certificats de noblesse exigés par l'édit du 21 mai 1681 pour l'admission aux écoles militaires. Au retour du fatal voyage de Varennes, un de Malden, garde du corps, placé sur le siége de la voiture du roi, n'échappe aux fureurs de la populace que par l'intervention des commissaires délégués par l'Assemblée législative. Enfin, de nos jours, Louis de Malden, lieutenant-colonel de cavalerie, signalait, l'un des premiers après la révolution, la nécessité d'améliorer en France nos races chevalines, et publiait à ce sujet un volume intitulé *Réflexions sur l'organisation des haras*, in-8, Paris, 1803-1805.

C'est à cette généreuse famille qu'appartient Martial de Malden de Savignac, l'un des hommes qui ont le plus honoré l'humanité et la religion dans notre province (2). Il naquit à Limoges, au

(1) De Lurbe, *Homm. illust. de l'Aquit.*

(2) Tallemant des Réaux a rencontré dans les salons de l'hôtel de Rambouillet *un Savignac, gentilhomme limousin, qui a six pieds de haut.* (Histor., V, 95, in-8, 1ʳᵉ édition.) Il ne faut pas confondre la noble famille de ce nom avec les de Malden qui, au XVII° siècle, possédaient le fief noble de Savignac.

mois d'avril 1616, de Mathieu de Malden, seigneur de Meilhac et de Savignac, trésorier général de France, et de Péronne Benoît. Son aïeule fut cette madame Benoît, baronne de Compreignac, que les contemporains appellent *madame la générale*, dont ils ne prononcent le nom qu'avec respect, et que nous avons vue s'employer si activement à la fondation des Carmélites de Limoges.

Après avoir fait ses humanités au collége de La Flèche sous les Jésuites, et suivi à Bourges les cours de jurisprudence, Martial de Malden de Savignac revint à Limoges, incertain de sa vocation. Il menait dans cette ville une vie régulière, mais agréable; le plaisir et l'étude partageaient ses loisirs; il fréquentait le monde, et échappait aux monotonies de l'habitude par de fréquents séjours à Bordeaux, où son frère aîné, Pierre de Malden de Meilhac, conseiller au parlement de Guienne, allié par sa femme à la famille Montaigne, illustrée par l'auteur des *Essais*, occupait une position considérable. Sous les auspices de ce frère, recherché et accueilli, admis à tous les plaisirs, à toutes les fêtes, Martial de Malden s'abandonnait à une vie dont aucun chagrin véritable n'avait encore altéré le cours.

Mais la perte imprévue et soudaine d'une sœur tendrement aimée atteignit le jeune homme dans ses affections, et le frappa au plus intime de l'être.

Cette sœur, Térèse de Morel, baronne de Fromental, était morte à Limoges, presque dans ses bras, le 6 décembre 1647. Des cuisantes douleurs de l'âme procèdent les idées sérieuses. Martial de Malden fit d'amers retours sur lui-même.

Jugeant frivoles et puérils les passe-temps qui jusqu'alors ont occupé sa vie, il songe à résoudre une fois le problème de sa destinée. Marie de Petiot, sa cousine, venait, par une résolution sublime, de se faire transporter à l'hôpital pour s'y consacrer, perclue et paralytique, au service des malades. L'héroïque exemple de cette parente, sa parole, ses conseils, touchent le cœur du jeune homme. Son éducation avait été toute chrétienne : l'idée de se consacrer à Dieu s'affermit peu à peu dans sa pensée, et bientôt y prit le caractère d'une résolution irrévocable. Le diocèse ne possédait point alors de séminaire. L'ordinand s'était présenté aux examinateurs, et ayant justifié devant eux des connaissances théologiques nécessaires, franchit d'un pas rapide les degrés ecclésiastiques, et fut promu au sacerdoce.

A peine prêtre, Martial de Malden, déjà si affecté de la mort de sa sœur, fut de nouveau frappé dans ses affections domestiques. Son frère, Pierre de Malden de Meilhac, conseiller au parlement de Bordeaux, mourut à Limoges, à la fleur de l'âge, en 1649, lui laissant la tutelle de trois jeunes filles, dont l'aînée n'avait que sept ans. L'année suivante, Martial de Savignac fermait les yeux à son vieux père. Il apprenait ainsi à ses dépens qu'ici-bas les affections les plus chères ne sont qu'une préparation aux déchirements les plus douloureux. S'attacher à Dieu, ne chercher, n'aimer, ne servir, ne désirer que Dieu seul, telle fut la conclusion pratique que Martial de Malden de Savignac tira de ces évènements.

L'une des œuvres les plus importantes de ce grand serviteur de Dieu fut la fondation de l'hôpital général de Limoges : arrêtons-nous d'abord à cette fondation.

II.

Fondation de l'hôpital général.

Les pauvres sont de tous les lieux et de tous les temps. Si elle réussissait à se défendre de la pauvreté, *l'Humanité*, pour me servir du mot de saint François de Sales, *aurait gagné son procès contre Dieu*. A Rome, le farouche César Galerius osa bien tenter ce procès : le tyran réunit les pauvres qui ne pouvaient payer le tribut, et les fit jeter dans la mer (1). Le despote immonde

---

(1) Longueval, *Hist. Egl. gallic.*, I, 161.

traitait la pauvreté comme il traitait le christianisme : il ne se débarrassa ni des chrétiens ni des pauvres. Aux temps héroïques de la prétendue réforme, l'Angleterre imita Galerius : elle entreprit d'exterminer les mendiants et les catholiques. Je craindrais de paraître calomnier cette nation si je substituais mon témoignage à celui de ses propres historiens : « Le jeune saint Édouard, dit Cobbett, commença son règne de protestante mémoire par une loi en vertu de laquelle les mendiants *étaient marqués d'un fer rouge, et ensuite réduits à un esclavage de deux ans sous un maître qui avait droit de les nourrir au pain et à l'eau, et de leur mettre un collier de fer* (1). — « Ce décret insensé, dit César Cantù, resta en vigueur pendant deux ans. Les schismes, à leur origine, tiennent de la monomanie furieuse : il est remarquable que, en Angleterre aussi bien qu'à Rome, les violences contre les membres souffrants de Jésus-Christ furent contemporaines des violences dirigées contre les catholiques (2) : cela devait être. Entre les attaques dirigées contre l'Église et les sévérités exercées contre les pauvres ou contre les serviteurs des pauvres, il y a un rapport nécessaire, fatal et inévitable : la persécution réjaillit de la tête sur les

---

(1) *Hist. univ.*, XV, 259.
(2) Cobett, *Lett. sur la Réforme*, p. 379.

membres. Le Christ mendiant (1) n'est guère mieux venu dans le monde que le Christ Roi. Le phénomène que j'indique ici est très-curieux, très-digne d'être étudié; mais, les développements n'appartenant pas au cadre de cet ouvrage, je laisse aux penseurs le soin d'approfondir et d'examiner. En ce qui touche l'Angleterre, il est constant que, au XVI⁰ siècle, elle enveloppa dans les mêmes violences sauvages les catholiques et les mendiants. On a dit, pour la justification de cette nation, qu'elle cesse d'être inhumaine aussitôt qu'elle n'a plus d'intérêt à l'être. Le correctif est curieux! Et je me reprocherais de contester à nos voisins le bénéfice d'une excuse si considérable (2)! Pendant que, de l'autre côté du détroit, les mendiants étaient *marqués d'un fer rouge*, voyons comment,

---

(1) « Ego autem mendicus sum et pauper. » Ps. XXXIX, 18.
(2) L'Angleterre pouvait être mieux défendue. De généreuses indignations ont depuis long-temps flétri, dans ce pays, les lois auxquelles je fais allusion, et c'est un signe dont il faut tenir compte. Mais enfin ces lois ont existé : à la honte de la civilisation, quelques-unes, dit-on, subsistent encore; et, si celles-ci paraissent tombées en désuétude, c'est qu'en Angleterre, par une anomalie dont il est difficile de faire honneur au législateur, l'opinion publique, à de certains moments, vaut mieux que la loi. En résumé, l'Angleterre, depuis trois siècles, s'est rencontrée dans presque tous les mauvais chemins de l'humanité : c'est un malheur pour elle, et les malheurs de l'Angleterre sont un malheur pour le monde.

à l'égard des pauvres, les choses se passaient dans une province qui, autrefois soumise aux Anglais, en était maintenant séparée par toute la distance qui sépare les ténèbres de la lumière, l'erreur de la vérité. C'était en 1563 ; les subsistances manquaient en Limousin.

« Chose admirable et autrefois non entendue dans la ville de Lymoges, disent nos annales, le seigle monta à quatre livres le setier, et le froment à cinq livres! L'éminal de son valut trente sols et plus! Sans l'aide des gens de bien, et aussi *de quelques bonnes dames, qui donnerent une grande part de leurs bagues, joyaux et autres choses*, plusieurs malheureux fussent morts de faim, comme en mourut en beaucoup d'autres lieux de France. Le roi de chaque frairie, au lieu de faire le banquet, *sans toutefois laisser le service divin*, fut taxé à certaine somme. Ce qui se bailla en sept ou huit mois pour l'amour et l'honneur de Dieu aux pauvres, selon la commune opinion, montoit à plus de *vingt-cinq ou trente mille livres* (2). »

La cherté dura jusqu'à la Saint-Jean, que le seigle baissa à deux livres dix sols environ.

Cinquante ans plus tard, en 1614, chassés de

---

(1) Les victimes de l'intolérance britannique vinrent plus d'une fois chercher abri sous le ciel hospitalier de notre province. Je lis sur un *Compte du chapitre de la cathédrale* pour l'année 1661 : *Baillé à deux pauvres damoiselles anglaises, quinze livres.* (*Bullet. Archéol.*, II, 1519.)

(2) Quatre-vingts ou cent mille francs de notre monnaie.

chez eux par la famine, des multitudes de pauvres s'étaient abattus sur Limoges. Il en était venu de la Marche et du Périgord. Des hôtes si nombreux pouvaient paraître embarrassants. Les habitants se les partagèrent. Chaque famille eut les siens. Deux mille malheureux furent ainsi hébergés et nourris pendant trois mois consécutifs. Le setier de blé valait alors à Limoges six livres, le double du prix ordinaire, et les consuls, vu la pénurie, durent envoyer chercher à Bordeaux des blés de provenance allemande amenés dans nos ports par la marine anglaise (1).

Il ne s'agit ici, Dieu merci! ni de *noyades* ni de *fer rouge*. On respire; on est en pays catholique : on se sent en pleine civilisation.

En 1632, la question des pauvres se reproduisit à Limoges. Les consuls, réunis à l'hôtel de ville, avaient à délibérer sur le sort des mendiants. C'était le 8 décembre. Le prévôt des consuls Jacques Martin expose qu'il est nécessaire de pourvoir à grand nombre de pauvres, tant naturels du pays qu'étrangers, qui vont mendiant par la ville. Le conseil délibère, et décide que tous les pauvres recevront chaque semaine une quantité de pain suffisante à leur nourriture; que les malades seront mis dans les hôpitaux, et que les mendiants

(1) Bonav., III, 824.

étrangers obtiendront un subside pour retourner chez eux (1).

La délibération du 8 décembre 1632 est remarquable en ce qu'elle laisse apercevoir pour la première fois l'intention de règlementer le service de l'assistance publique. C'est le système à l'état de germe : nous allons voir l'idée grandir, se développer et se compléter.

La ville de Limoges, au XVIIe siècle, possédait huit hôpitaux : l'hôpital Saint-Gérald, près l'église de ce nom ; l'hôpital Saint-Martial, dans la rue des Combes ; l'aumônerie de Notre-Dame-des-Arènes ; la maladrerie de la Maison-Dieu ; la léproserie Saint-Jacques, et enfin les hospices de Saint-Maurice, d'Aigoulène et de la Vieille-Monnaie (2).

Ces établissements étaient des fondations des XIIe et XIIIe siècles. Quatre cents ans de vicissitudes, les troubles du schisme, les guerres civiles, avaient, sans les détruire, ébranlé les monuments de la charité, épuisé leurs ressources, altéré leurs revenus, et affaibli le zèle des syndics et des administrateurs. Les édifices menaçaient ruine, les salles étaient dégradées, et les malades que la misère conduisait dans ces masures n'y trouvaient aucune des conditions d'assistance et de salubrité

---

(1) Reg. cons. C., 162.
(2) Legros, *Mélang.*, 1.

nécessaires. De cet état de pénurie et de délabrement des hôpitaux résultait l'agglomération des pauvres sur la voie publique. Cette agglomération, fâcheuse en soi, se compliquait de l'immixtion d'une foule d'aventuriers, de vagabonds, de gens sans aveu, de fainéants de la pire espèce, qui exploitaient la charité bien connue des habitants : la mendicité avait pris le caractère de l'escroquerie.

L'insuffisance du service des hôpitaux et les scandales qui s'ensuivaient affligeaient tous les bons esprits. Les censeurs signalaient le mal : personne n'indiquait le remède. En 1638, une pieuse fille, Hélène Mercier, prenant une généreuse initiative, était allée s'installer dans l'hospice Saint-Gérald, et s'y consacrer au service des pauvres. Son frère, Pierre Mercier, un saint prêtre, était venu l'y rejoindre, et, pendant qu'elle veillait aux besoins temporels des pauvres, s'occupait, lui, de leurs besoins spirituels. Quelques années plus tard, en 1648, obéissant à une inspiration sublime, une fille paralytique, Marie de Petiot (1), puisant dans la grandeur de sa foi, l'assurance de pouvoir servir les pauvres, se fit aussi transporter à l'hospice Saint-Gérald. Enfin, un peu plus tard, Martial de Malden de Savignac, nommé administrateur de cet hospice, et destiné,

---

(1) Voir ci-dessus la vie de cette héroïque femme.

à son insu, à en être un jour le restaurateur, apportait aux pauvres sa part de concours. Afin d'être plus près de la nouvelle famille dont la divine Providence lui confiait le soin, il fit bâtir pour lui, à côté de l'hospice, une petite maison : admirable sollicitude du serviteur des pauvres! C'était en 1657.

Précisément à l'époque dont nous parlons, la question des pauvres était en France à l'ordre du jour. Cette grave question occupait au plus haut degré la sollicitude de Colbert. Une nuée de bohémiens et d'aventuriers, un ramassis de filous et d'escrocs, de gens perdus d'immoralité et de débauche, rassemblés et retranchés dans la cour des Miracles comme dans une forteresse, se répandaient de là dans Paris. Ces audacieux mendiants, ou plutôt ces bandits déguisés en mendiants, exploitaient effrontément la capitale, pratiquaient sur une grande échelle le vol et le meurtre, vivaient de rapine et de brigandage, et, cachés dans leurs repaires, réussissaient assez ordinairement à se dérober aux recherches de la justice. La conscience publique, indignée de pareils excès, protestait, et demandait que les rues de Paris fussent purgées de cette population immonde, qui, la nuit, disséminée dans les divers quartiers, faisait de la capitale un coupe-gorge (1).

(1) L'abus de la mendicité était devenu presque général.

Une grande et énergique mesure vint enfin rassurer l'opinion, et donner satisfaction à la morale publique. Par édit de 1656, la mendicité dans Paris fut interdite. C'était trancher dans le vif, et attaquer le mal dans sa racine. Le Gouvernement, en même temps qu'il prohibait la mendicité, créait un hôpital général, destiné à recevoir tous les pauvres, et à donner aux pauvres valides du travail.

Suivant la judicieuse remarque de César Cantù, c'est une justice à rendre à l'édit de 1656 que ses dispositions sont profondément empreintes de l'esprit chrétien. La loi se souvient de son baptême. Les pauvres, dit l'historien piémontais, seront reçus à l'hôpital général, *non pas comme des membres inutiles à l'État, mais comme des membres souffrants de Jésus-Christ*. Le législateur s'arme, il est vrai, d'une pénalité sévère : le carcan, la prison, les galères même, peuvent quelquefois être infligés; mais les méfaits de la cour des Miracles justifient les rigueurs d'une législation qui, du reste, appliquée avec modération, sut rester humaine et miséricordieuse dans la pratique. Le seul tort peut-être de l'édit, c'est de confondre en un même local,

---

Voir M. Pierre Clément, *Colbert et son siècle*. Voir, du même auteur : *Administration de Louis XIV*. Voir aussi : *Discours chrétien sur l'établissement du bureau des pauvres de Beauvais*, Paris, 1655; Rouen, 1675.

sans toutefois les confondre dans sa pensée, la mendicité *innocente* et la mendicité *coupable* (1). Mais il faut tenir compte au Gouvernement des difficultés de l'œuvre et de l'incontestable pureté de ses vues (2). Quoi qu'il en soit, la sanction de l'opinion ne manqua pas à cette grande mesure, et la loi fut accueillie aux applaudissements de tout Paris (3).

Il est remarquable que la ville de Limoges fut l'une des premières à s'associer à la pensée du Gouvernement, et à suivre l'exemple de la capitale. C'est de Martial de Malden de Savignac que vint

---

(1) La mendicité, c'est à dire vivre, est de droit naturel : la mendicité calculée, paresseuse, débauchée et malfaisante, ce n'est pas la mendicité, c'est l'escroquerie : nous verrons avec quelle religieuse sollicitude la loi du XVIIe siècle maintient cette distinction, qui, tout en donnant satisfaction aux intérêts, sauvegarde les principes.

(2) Saint Vincent de Paul, on le sait, prit une part active à la fondation de l'hôpital général de Paris. L'édit de 1656 est calqué, du moins en partie, sur le règlement que le saint avait donné, vers 1623, à la confrérie de charité de Macon (Voir Abelly, *Vie de saint Vincent de Paul*, I, 94) : « On fera un catalogue des pauvres ; on leur donnera l'aumône à certains jours, et, s'ils sont trouvés mendier, ils seront punis, etc. ».

(3) L'édit de 1656 est l'œuvre de Colbert : à Colbert seul en revient le mérite ; mais c'est un de nos compatriotes qui en dirigea l'application, et qui, par la fermeté de son caractère, réussit à purger la capitale des bandits qui la déshonoraient.

Gabriel NICOLAS DE LA REYNIE (on écrit quelquefois

l'impulsion. Frappé des grands avantages qui paraissaient devoir résulter de l'édit, il conçut tout de suite la pensée de réaliser à Limoges, sur une échelle restreinte, un établissement analogue à celui que la capitale venait d'exécuter sur des dimensions considérables. L'affaire pouvait n'être pas sans difficulté; mais l'auteur du projet se sentait assez de dévoûment pour lutter contre les obstacles, et assez de fermeté pour en triompher. Son premier soin fut de rallier à lui, dans les rangs élevés de la société, des influences droites et charitables. L'étude des questions élémentaires

Gabriel-Nicolas DE LA REYNIE, ce qui est évidemment une erreur), né à Limoges en 1625, président du présidial de Bordeaux à vingt-deux ans, nommé, en 1662, maître des requêtes, fut placé par Colbert et Louvois à la tête de la police de la capitale le 20 mars 1667. Une de ses premières opérations fut d'établir des lanternes dans Paris. Il interdit aux gens de livrée le droit de porter des épées et des lances, mit le guet sur un pied respectable, supprima les maisons de jeu de bassette et de lansquenet, réprima les filous et les vagabonds, et chassa de la cour des Miracles les bandits qui y trouvaient un refuge. L'illustre magistrat sortit des affaires après avoir dirigé trente ans la police de la capitale. Il mourut à Paris le 14 juin 1709. Quelques années avant sa mort, La Reynie avait hérité d'un de ses neveux la terre de Tralage en Limousin, qui appartient aujourd'hui à M. le marquis François de Calignon. Le propriétaire actuel a bien voulu me communiquer une copie du testament de La Reynie trouvée dans les archives du château. Le lecteur rencontrera parmi les pièces justificatives cette pièce, qui, je crois, n'a jamais été imprimée, du moins intégralement.

l'occupa ensuite. Il rechercha quelle serait , parmi plusieurs combinaisons, celle qui concilierait le mieux les intérêts divergents. Ce travail préparatoire étant terminé, Martial de Malden de Savignac en fit connaître le résultat à ses amis, s'éclaira de leurs lumières, et, de concert avec eux, provoqua une assemblée de ville. La réunion eut lieu le 4 novembre 1657. L'assistance était nombreuse. Martial de Malden prit la parole : il fit ressortir avec force les vices et les inconvénients du régime actuel de l'assistance publique. « C'étoit, dit-il, une iniquité de laisser la fainéantise et le vice dévorer la substance des pauvres. Des aventuriers que l'on ne connoissoit pas et des désordres que l'on ne connoissoit que trop affligeoient la conscience publique. La répression du scandale seroit l'honneur de la génération présente. » L'orateur développa ses vues et ses plans, parla avec éloge de l'édit de 1656. Il proposa d'en appliquer les principes à Limoges, d'interdire la mendicité, et d'interner les mendiants dans un hôpital qui serait chargé de fournir aux pauvres valides du travail. En ce qui touche les moyens d'exécution, l'orateur était d'avis de transformer l'hôpital Saint-Gérald en hôpital général, et de lui attribuer les revenus de tous les autres hospices, qui seraient ainsi supprimés. La mesure pouvait n'être pas à l'abri de toute objection ; mais l'assemblée, entraînée par les considérations développées devant elle, donna au projet son suffrage, et décida qu'une quête à domicile aurait lieu immédiatement dans l'intérêt de la fondation projetée.

Contre toute prévision, la quête manqua, et ne produisit que *soixante-quatorze* livres. Le P. Peneré, de la compagnie de Jésus, auteur d'une *Vie de Martial de Malden de Savignac*, se récrie à ce sujet. Il blâme les habitants, et s'étonne que *la ville de Limoges, l'une*, dit-il, *des plus peuplées et des plus opulentes du royaume*, se soit montrée, en cette occasion, si peu généreuse (1). Le mauvais vouloir apparent de la population s'explique cependant si l'on considère que le projet sacrifiait, en vue d'un futur hôpital général, huit hôpitaux qui, à défaut de titres meilleurs, avaient tout au moins le mérite d'exister depuis trois ou quatre cents ans. Mis en demeure d'abandonner le certain pour l'incertain, les habitants purent balancer, et l'hésitation était certes légitime. Remarquons en passant qu'ici, comme en plusieurs occasions déjà citées, tout se décide par le suffrage du corps entier des citoyens. La bourgeoisie, déjà dépouillée d'une partie de ses libertés, garde avec soin ce qui

---

Le P. Peneré, *Vie de Martial de Malden de Savignac*, inédite. Les sœurs Hospitalières de Saint-Alexis possèdent une copie de cette biographie, qui aurait pu être rendue aisément plus instructive et plus intéressante.

lui reste d'indépendance. Les esprits, en cette occasion, voulaient et exigeaient des explications. Martial de Malden le comprit. C'était un noble cœur : aux hésitations de l'opinion il répondit par un don personnel de quatre mille livres ; de plus, il offrit ses biens, qui étaient considérables, en garantie des sommes dont le dépôt serait effectué ; tous les éclaircissements désirables furent en même temps donnés au public. Peu à peu il se fit un revirement dans l'opinion. Une nouvelle quête fut tentée : celle-ci produisit quatorze mille livres, soit environ quarante mille francs de notre monnaie. L'élan d'un seul avait fini par se communiquer à la multitude. On envoyait de toutes parts des objets en nature : linge, lits, vêtements, bois de chauffage, meubles, denrées de toute espèce.

Je ne voudrais pas louer sans restriction les mesures dont il vient d'être parlé. L'idée de supprimer certains hôpitaux pouvait être bonne ; mais de huit hôpitaux n'en conserver qu'un seul fut, ce me semble, un excès. Les futurs accroissements de la population auraient dû entrer dans les prévisions de l'administration. L'évènement a prouvé que c'est trop peu d'un hôpital à Limoges ; et, sous ce rapport, l'acte de 1657, dont la ville subit aujourd'hui les conséquences, n'est peut être pas à l'abri de toute critique.

Martial de Malden ne perdit pas un moment, et fit aussitôt commencer les travaux d'appropriation. L'hospice Saint-Gérald, destiné à être transformé en hôpital général, tombait en ruines. Les bâtiments furent relevés. On bâtit deux vastes corps de logis, l'un pour les malades, l'autre pour les pauvres de la ville (1). A l'ancien édifice s'ajoutèrent ainsi de nouvelles constructions commodes et spacieuses. Rien ne fut négligé. Une active sollicitude présida aux dispositions intérieures. Les salles affectées aux malades des deux sexes furent comme reliées par une chapelle intermédiaire qui permettait à tous les malades de participer en même temps au saint sacrifice de la messe. Les travaux principaux étaient déjà avancés au printemps de 1659; mais, à cette époque, l'œuvre avait pris, dans la pensée du fondateur, des proportions plus vastes, et, sur sa demande, une assemblée de ville fut convoquée pour recevoir communication du projet nouveau. La réunion se fit le 15 mai 1659. Je place sous les yeux du lecteur le texte de la délibération. Cette pièce, qui mérite, je crois, d'être remarquée, expose clairement les vues du fondateur et les résolutions de l'assemblée.

(1) Legros, *Supplément aux Vies des Pères*, p. 1319, in-12. *Mss. du séminaire.*

DÉLIBÉRATION

DES HABITANTS DE LA VILLE DE LIMOGES.

« Aujourd'hui 15 mai 1659, dans la grande salle de la maison commune (rue du Consulat), où étoient assemblés MM. Jean d'Argenteau, prévôt consul, et Pierre Crouzeil, consul, pour délibérer des affaires publiques, en présence de maître Jean Nicolas de Tralage (1), conseiller du roy en ses conseils d'État et privé, lieutenant général en la sénéchaussée du siége présidial de Limoges, en présence aussi de François Paignon de Brie, conseiller du roy et son procureur audit siége, et enfin en présence de la plus grande et notable partie des bourgeois et habitants, a été exposé par le sieur d'Argenteau que, par délibération du 14 novembre 1656, il avait été arrêté par la meilleure partie des principaux bourgeois et habitants d'ériger un hôpital général afin de renfermer les pauvres mendiants, et de leur procurer de l'occupation et la nourriture, et aussi afin de faire cesser l'oisiveté et l'ignorance, sources de tous les désordres qu'on a reconnus en leur vie. Cette délibération, autorisée par tous les ordres de la ville a été exécutée avec diligence par MM. les administrateurs, et le concours favorable des bons habitants, lesquels, apres avoir conçu ce pieux dessein, ont donné moyen de l'exécuter par leurs charités; de telle sorte qu'on voit un grand et beau corps de logis proche de sa perfection,

(1) Ce Jean Nicolas, seigneur de Tralage, paraît être le frère de Gabriel Nicolas de La Reynie, intendant de la police de Paris, dont il a été parlé plus haut.

composé de cinq grandes salles, capables de loger commodément deux cent cinquante pauvres, outre l'ancien bâtiment, qui peut en loger autant environ.

» Ce grand ouvrage ne pouvant avoir ses progrès et parvenir à sa fin s'il n'est soutenu par la protection du roy, et gratifié des priviléges accordés aux autres hôpitaux généraux du royaume, il est nécessaire de demander humblement à Sa Majesté, au nom des habitants, la permission de renfermer les pauvres mendiants dans l'hôpital bâti par les contributions volontaires des habitants, et de vouloir accorder en faveur d'icelui l'union de tous les hôpitaux qui sont dans la ville ou aux environs, avec tous leurs biens et revenus, sans réserve ni exception.

» Mais, parce qu'il est nécessaire de pourvoir à l'instruction et au service des pauvres en même temps qu'à leur nourriture, la même Providence qui a fourni la nourriture et le logement a inspiré des personnes pour procurer charitablement le bien spirituel des pauvres. Ce sont des ecclésiastiques très-pieux, *de qui le zèle est mieux connu que le nom*, lesquels offrent de s'employer charitablement à instruire les pauvres, pourvu qu'on leur veuille accorder, ainsi qu'il est requis et proposé par M. de Savignac, *premier mobile de ce grand dessein*, la place qui leur pourra être nécessaire près l'hôpital.

» M. de Savignac offre pareillement, pour le service des pauvres, des filles très-bien intentionnées, excitées à ce charitable emploi par le zèle et l'exemple de Mlle de

Petiot, qui s'engagent à bâtir à leurs frais et dépens dans l'étendue qui leur sera accordée près l'hôpital.

» Sur l'affaire mise en délibération, il a été résolu d'une commune voix de poursuivre, aux noms des habitants, les lettres-patentes nécessaires. Sa Majesté sera suppliée d'unir à l'hôpital général les hôpitaux de Saint-Martial, de Saint-Gérald, des Pèlerins-de-Saint-Jacques et de la Madeleine ou Maison-Dieu, ensemble tous leurs biens; d'unir aussi à l'hôpital général les deniers et revenus affectés aux *Pauvres mal vêtus;* les deniers et revenus des confréries déchues de leur ancienne institution, notamment des *Pasteurs*, dont l'emploi s'est rendu abusif, et aussi les deniers des aumônes générales qui se font tous les ans par la maison de ville.

» A été également résolu, sur la demande de M. de Savignac, d'accorder aux ecclésiastiques qui s'offrent pour l'instruction des pauvres une place suffisante pour y bâtir à leurs frais un logement.

» A été aussi arrêté d'accepter le service offert par les filles qui veulent se dévouer aux pauvres, et de leur accorder la place requise en leur nom par Mlle de Petiot, aux fins de bâtir une maison à leurs frais et dépens.

» Signé en l'original : J. Dargenteau, *prévôt consul;* Crouzeil, *consul;* Paignon, *procureur du roy;* Nicolas, *lieutenant général;* Lemoy-Descordes, *scribe commis de la maison de ville de Limoges.* »

Il résulte, comme on voit, de la délibération susrelatée que Martial de Malden de Savignac proposait d'adjoindre à l'hôpital deux corps auxiliaires ; savoir : une congrégation de filles pour servir les malades, et une congrégation de prêtres pour assister les pauvres dans leurs besoins spirituels. Ainsi se complétait l'œuvre dans la pensée du fondateur.

L'évêque, François de La Fayette, et du Verdier, abbé de Saint-Martial, donnèrent à la délibération de ville leur approbation, l'un le 1ᵉʳ juillet 1659, et l'autre le 25 du même mois.

Le Gouvernement voyait avec plaisir une ville de l'importance de Limoges prendre l'initiative d'un établissement de la nature de celui dont il s'agit. Les lettres-patentes du Roi, délivrées sous la date de décembre 1660, sont empreintes d'une remarquable bienveillance.

« L'HÔPITAL GÉNÉRAL SAINT-ALEXIS, disent les lettres-patentes, centralisera les biens et revenus des hôpitaux Saint-Martial et Saint-Jacques, de la maladrerie de la Maison-Dieu, et en général de toutes les aumôneries et maladreries. Appartiendront audit hôpital les aumônes générales et de fondation, nommément l'aumône appelée LE

Chantois (1), plus les aumônes faites par la maison de ville, et les revenus des confréries de charité déchues. A l'hôpital sera unie la bailie des *Pauvres à vestir* et les revenus en dépendant (2). A l'hôpital sont donnés tous les immeubles, locaux et revenus précédemment affectés aux pauvres, notamment la place du Prêche, aujourd'hui vacante. Les écoliers ayant par deux fois démoli le Prêche situé à la Croix-Mandonnaud, le local se trouvait sans emploi.

» Les pauvres mendiants valides et invalides seront enfermés à l'hôpital. On les y emploiera *aux manufactures et autres ouvrages de travail*, selon l'ordre qui sera jugé à propos.

---

(1) Le 31 octobre 1542, Éléonore d'Autriche, sœur de Charles-Quint, reine de France, logea chez le lieutenant criminel *Chantois*, au portail Imbert. L'aumône du Chantois rappelait le nom de cette famille.

(2) Il résulte de l'acte suivant que, au 31 décembre 1656, l'encaisse de la confrérie se composait d'une somme de 1,700 livres 9 sols : «. Le dernier jour du mois de décembre 1656, pardevant le notaire royal soussigné, ont été présents sieur Jehan Michelon aîné et sieur Jehan Malden de Fontjaudran, bourgeois et marchands, bailes et administrateurs des Pauvres à vestir, lesquels ont illec reçu, en louis d'argent et autres bonnes monnoies, du sieur Pierre Benoist, bourgeois et marchand, ci-devant baile et administrateur, la somme de 1,700 livres 9 sols, en présence de MM. Pierre d'Arfeuille et François Deyrignat. » *Signature du notaire illisible.* (Archiv. dép., *Terrier des Pauv. à vestir* de 1570 à 1657, in-f°.)

» Le roi veut être le protecteur et conservateur de l'hôpital. Le gouvernement et la juridiction seront entièrement et absolument confiés à dix notables habitants jugés les plus capables, sans égard à leur condition, dont deux ecclésiastiques.

» Les administrateurs resteront en charge pendant quatre ans, et seront rééligibles.

» L'évêque, s'il assiste aux séances, présidera (1). Le lieutenant général du présidial et le substitut du procureur général pourront assister et prendre part aux délibérations.

(1) Les hôpitaux de Limoges avaient été fondés par nos évêques, sous les auspices de nos évêques, en partie de leurs propres deniers, et, en partie, des deniers de la charité confiés à leur sollicitude. L'hôpital général fut, comme tous les autres, l'œuvre de l'évêque agissant par un de ses prêtres : l'acte de ville en fait foi : un prêtre, dit cet acte, a été *le premier mobile de ce grand dessein*. En attribuant à l'évêque la présidence de l'administration, l'édit règlementaire ne fait donc que reconnaître et consacrer un droit préexistant, certain et incontestable. La maison des pauvres est née de la maison des âmes : elle n'en est, à proprement parler, qu'une succursale. Dans l'une aussi bien que dans l'autre, les laïques ont une grande et légitime part d'action; mais, dans toutes les deux, c'est à l'évêque que la primauté appartient. Tel est le principe. A quelle époque et sous quel gouvernement le droit de l'évêque a-t-il été écarté ? Je ne le sais pas ; mais ce que je tiens à constater c'est que, sous le premier empire, le principe fut religieusement maintenu : Mgr du Bourg, pendant toute la durée de son épiscopat, présida les délibérations de l'hospice, et tout le monde sait à quel point cette fonction fut chère au saint évêque.

» Les pauvres de l'hôpital général auront le monopole du service des pompes funèbres.

» Défense à toutes *personnes valides* de mendier en public et en particulier. Défense aux propriétaires de loger chez eux plus d'une nuit les *mendiants valides*, à peine de cent livres d'amende, et trois cents livres en cas de récidive.

» Les administrateurs auront tout pouvoir de correction et de châtiment : il leur est permis d'avoir poteau et carcan.

» Les *pauvres valides* qui seront trouvés mendier par les rues et les églises pourront être constitués prisonniers ez-prisons de l'hôpital (1).

» Les administrateurs sont autorisés à élire tel nombre d'archers qu'ils jugeront nécessaire pour la capture des *valides mendiants*.

» Les officiers de magistrature, avant d'entrer en charge ; les apprentis, lors de leur chef-d'œuvre ; les marchands et gens de métier, lors de leur établissement, seront tenus à une modique aumône au profit de l'hôpital (2).

» Les pauvres valides qui auront travaillé six ans

---

(1) Cet article ne s'applique qu'au pauvre valide. Ainsi que je l'ai fait remarquer plus haut, la loi ne se montre sévère qu'à l'égard de la mendicité abusive : elle compatit à l'infirme et à l'invalide.
(2) La taxe due à l'hospice était de dix sols pour les marchands qui demandaient à lever boutique. (4e *reg. consul.*)

aux arts et métiers de l'hôpital général seront reçus maîtres, avec dispense du chef-d'œuvre, du banquet et des autres frais.

» L'hôpital général pourra ériger toutes sortes de manufactures, et en faire débiter les produits, recevoir tous dons et legs constitués en sa faveur (1). »

Les hôpitaux généraux eurent par la suite un autre privilége, le monopole du débit de la viande pendant le carême (2).

Jeanne de Verthamond, abbesse de la Règle, de qui dépendait la maladrerie de la Maison-Dieu; les chanoines réguliers de Saint-Augustin de la congrégation de Sainte-Geneviève, qui précédemment desservaient l'hospice Saint-Gérald, et enfin Martial Meslier dit Le Biron et consorts, pauvres lépreux de la Maison-Dieu, firent opposition aux lettres-patentes du roi; mais le parlement de Bordeaux, par arrêt du 26 février 1661, passa outre, et ordonna que les lettres-patentes fussent enregistrées.

---

(1) *Règlement de l'hôpital général Saint-Alexis de Limoges :* Jacques Farne, Limoges, sans date, in-8.
(2) Voir aux pièces justificatives un très-curieux règlement de l'intendant de Limoges concernant l'exercice de ce monopole.

Les travaux de maçonnerie de l'hôpital se poursuivaient avec activité. On y employa cette année les matériaux de démolition d'un des plus anciens monuments de Limoges. Le 13 juillet 1661, du Puymolinier, l'un des consuls, stipulant au nom de la maison de ville, avait vendu à l'architecte Brousseau, sous prétexte qu'elle menaçait ruine, une haute et puissante tour dite *de La Chaufferette*, et autrefois du *Babouy*, dépendant du mur de ville, située dans l'enclos du collége, en face des étangs des Tanneries ou des *chaussiers*, qui ont été supprimés de nos jours. Le 15 juillet, vingt ouvriers furent mis à l'œuvre, et, pendant que les uns démolissaient, d'autres chariaient les matériaux à l'hôpital général, dont les édifices furent en partie construits des débris de la tour. Pierre Mesnagier, dans ses Mémoires, proteste contre la destruction, suivant lui, inopportune du monument : *Chose déplorable!* dit-il : *démolir un tel édifice, un édifice si bien fait, et qui surpassoit en hauteur toutes les autres tours de Limoges* (1)! La tour du Babouy mesurait environ cent pieds de hauteur : elle était comme suspendue sur quatre piliers formant arceau.

Quelques-unes des salles de l'hôpital général déjà terminées ayant été pourvues du mobilier

---

(1) Pierre Mesnagier, *Mém. inédits*, 318.

nécessaire, les pauvres de l'hospice Saint-Martial y furent transférés le 14 août 1661. Le 5 décembre suivant, furent arrêtés et conduits à l'hôpital général tous les pauvres mendiants. « Il y eut, dit Pierre Mesnagier, six personnes gagées pour faire cela. Les archers, couverts de casaques bleues aux armes de la ville, avoient hallebardes. Les petits pauvres furent habillés de neuf, avec des bonnets façon de toque. On ne voyoit plus de mendiants par les rues (1) ».

III.

Les Enfants trouvés.

En fondant l'hôpital général, on s'était préoccupé des vieillards, des infirmes et des malades, et aussi de cette désordonnée multitude de mendiants, de vagabonds et de fainéants, qui encombraient la voie publique. Dans le principe, il n'avait été pris aucun parti à l'égard des enfants trouvés. Martial de Malden crut devoir appeler sur cette grave question l'attention de ses collègues. L'affaire, examinée avec sollicitude, fut résolue, comme il convenait, dans le sens de la charité. Sur le frontispice de la maison des enfants trouvés

(1) Pierre Mesnagier, *Mém. inédits*, 317.

de Paris, la Charité avait gravé les mots : *Pater et mater mea dereliquerunt me : Dominus suscepit me* (1). Cette inscription sublime fut aussi comme le programme de la maison de Limoges. Les pauvres enfants qu'abandonnaient les auteurs de leurs jours trouvèrent dans l'hôpital général un abri. Des soins empressés les y accueillirent. On s'occupa d'abord de l'allaitement : le service des nourrices fut organisé. De jeunes paysannes, saines et robustes, transportaient le nourrisson au village, lui faisaient respirer l'air salubre des champs, et l'élevaient au milieu des splendeurs de cette nature dont le spectacle est une des premières joies que le Créateur ait réservées au cœur de l'homme. Tous les mois, la mère adoptive devait représenter aux administrateurs de l'hospice le dépôt confié à sa sollicitude. Lorsqu'ils revenaient de nourrice, et ce n'était que plusieurs années après le sevrage, les enfants recevaient, avec l'éducation religieuse, une éducation professionnelle accommodée à l'âge et au sexe, aux aptitudes et aux dispositions respectives de chacun. En formant les orphelins au travail et aux bonnes mœurs, en les préparant à la vie morale par une éducation sérieusement chrétienne, on corrigeait dans la mesure du possible le vice de leur naissance. Ce

---

(1) Ps. XXVI, 10. — III, 6.

n'était pas seulement la vie physique, c'était la vie de l'âme que l'on s'attachait à développer chez l'orphelin. La piété *est utile à tout* : elle facilite la solution de beaucoup de problèmes sociaux autrement inextricables. On préparait donc l'enfant à la civilisation; et, si la société se montrait généreuse, l'obligé quelquefois savait aussi se montrer reconnaissant.

D'après un document dont il sera parlé plus loin, l'hôpital général, trente ou quarante ans peut-être après sa fondation, abritait cent vingt enfants trouvés ou orphelins illégitimes; savoir :

Enfants trouvés de six à sept ans	30
Enfants de la manufacture, seize ans	50
Les grands, c'est-à-dire les jeunes gens	40
	120
Mais dans ce chiffre n'étaient pas compris les enfants à la mamelle, dont le nombre peut être évalué à une trentaine; ci	30
TOTAL	150

Les enfants trouvés résidaient à l'hospice jusqu'à vingt et un ans. En divisant le chiffre 150 par 21, on arrive à reconnaître que le nombre des admissions était d'environ quinze par an.

Le tableau suivant présente le mouvement actuel des enfants trouvés de l'hospice, calculé pour une période de six années, 1856-1861 :

TABLEAU DES ENFANTS TROUVÉS DE 1856 A 1861.

ANNÉES.	ENFANTS		Orphelins.	Filles-mères secourues.	TOTAL.
	déposés dans le tour.	abandonnés (1).			
1856	305	9	26	75	415
1857	212	10	28	84	334
1858	148	12	21	162	343
1859	114	15	19	191	339
1860	8	23	30	208	269
1861	0	22	19	207	248

L'hôpital général, qui recevait au XVIIᵉ siècle quatorze ou quinze enfants trouvés par an, en a reçu ou secouru, en 1856, quatre cent quinze, et, en 1861, deux cent quarante-huit. L'accroissement est formidable; mais, pour donner aux chiffres leur légitime signification, il faudrait connaître l'importance respective de la population des deux époques, ce qui est impossible.

Le tableau qui précède comporte une explication :

(1) On entend par *abandonnés* les enfants des parents disparus, détenus, ou malades à l'hospice.

Le nombre des enfants trouvés reçus ou secourus
à l'hôpital s'élève, en 1856, à............ 415
En 1861, le nombre n'est que de........ 248

DIMINUTION.............. 167

Conclure des deux chiffres que les mœurs publiques se sont améliorées serait une erreur. La décroissance apparente tient à une cause bien connue, la suppression des tours. En 1856, avant la suppression, les naissances illégitimes se traduisaient par un chiffre de 415. En 1861, immédiatement après la suppression, le chiffre tombe brusquement à 248. Ces enfants illégitimes, qui ne sont plus protégés par le tour, que deviennent-ils? On peut consulter sur cette importante question du maintien ou de la suppression des tours un rapport à la Commission de l'hospice de Limoges de feu M. Cogniasse-Dubreuil, conseiller à la cour royale, du 13 février 1846; Limoges, Ardillier fils, in-8, 32 pages, 1846. L'honorable magistrat se prononce, dans ce rapport, pour le maintien des tours, et défend une cause qui lui paraît être celle de la morale et de la religion. Les avocats composant le comité consultatif des établissements de bienfaisance, MM. Allègre, A. Jouhanneaud et E. Vouzellaud, signèrent le rapport. Les membres du conseil de l'ordre des avocats, au nombre de huit, le signèrent aussi. Leurs efforts furent inutiles, et l'administration centrale écarta les conclusions du rapport. Supprimé vers 1846, et rouvert en 1848, le tour a été de nouveau fermé en 1860. Quand se rouvrira-t-il? Je l'ignore; mais il est permis de penser qu'il se rouvrira un jour.

IV.

Le Refuge.

A côté de la question des enfants trouvés se présentait la question des filles de mauvaise vie. Convenait-il de réserver à ces filles une place dans l'hospice? Avant d'indiquer de quelle manière fut résolue la question, je crois devoir consigner ici une remarque historique de quelque importance. Les anciennes *Coutumes* de Limoges, si soucieuses de tout ce qui est relatif aux mœurs générales, ne disent rien des filles publiques : du silence de la loi on peut raisonnablement conclure que, inconnue chez nous pendant la période catholique proprement dite, la prostitution ne fut officiellement tolérée et autorisée que plus tard. J'ai constaté ailleurs que les atteintes portées à l'unité religieuse furent fatales chez nous aux libertés locales : chose remarquable ! les premiers signes certains de la corruption publique des mœurs se présentent à Limoges comme contemporains de l'amoindrissement des droits politiques. Il semble que, dans les naufrages de la vie morale, les débris des libertés légitimes soient de plein droit les épaves de la licence. C'est en 1531, au XVIe siècle, au lendemain des grandes révoltes, que la prostitution publique est pour la première fois mentionnée dans nos fastes consulaires. A cette époque, les magistrats font bâtir, aux frais de la ville, *la maison commune* de débauche, *de six chambres, et icelles garnir de filles de joie* (1). La construction de cette maison prouve que le magistrat, obligé de tolérer le mal, a du moins compris la nécessité d'en resserrer le foyer, et d'en prévenir les développements. Les proportions du local semblent d'ailleurs assigner au désordre des limites assez restreintes. Mais, un siècle plus tard, le vice aura fait des progrès, et ses victimes s'imposeront à la charité publique comme un fardeau de plus. Au moment où fut fondé l'hôpital, les filles publiques étaient réduites à Limoges à l'état le plus misérable. Le sentiment de répulsion dont ces malheureuses étaient l'objet les suivait jusqu'au dernier terme de la vie. Dans leur dé-

---

(1) Ach. Leymarie, *Lim. hist.*, II, 52 : *Extrait du 1er reg. consul.*

tresse, le monde, qui les avait perverties, les repoussait avec horreur. Quelquefois l'intérêt de la santé publique exigeait qu'elles fussent séquestrées de la société : la prévoyance administrative ne réservait, dans ce cas, aux pestiférées d'autre oreiller que celui de la geôle, d'autre infirmerie que la prison. Les justices humaines n'admettent guère de tempérament : c'est le propre du monde d'être immiséricordieux dans ses sévérités.

La justice et la miséricorde n'ont pu se *rencontrer* qu'en Notre-Seigneur et, par Notre-Seigneur, dans son Église. Celui par qui le mariage fut élevé à la dignité d'un sacrement a pu seul gracier la femme adultère, et appeler sur une pècheresse publique les respects et les bénédictions de tous les siècles. Pendant que la question d'assistance des filles de mauvaise vie tenait ainsi à Limoges les esprits en suspens, arriva dans la ville un missionnaire alors célèbre, le P. Honoré, de l'ordre des frères mineurs Capucins. Appuyé sur l'Évangile et sur la doctrine de tous les saints, l'éloquent missionnaire prit en main la cause des malheureuses que le vice pouvait avoir réduites au dénûment et à la misère. Cette cause, à demi perdue, fut par lui portée dans la chaire. L'orateur rappela que toute âme humaine, si malade qu'elle puisse paraître, est cependant guérissable, et fit remarquer que, parmi les pauvres créatures dont il s'agissait, plusieurs, pressées par le remords, aspiraient déjà peut-être à sortir de leurs désordres. Le zèle apostolique porta des fruits. La pitié se fit place ; les cœurs s'émurent. De favorables dispositions se manifestaient; mais les bons vouloirs rencontraient des obstacles en apparence insurmontables. L'hôpital pliait sous le poids des misères publiques. On ne s'y était chargé des orphelins qu'à grand'peine. Où trouver pour les victimes de la prostitution un logement et du pain? Sans méconnaître la valeur des objections, le missionnaire insistait. Quelques aumônes déposées entre ses mains le remplissaient de confiance. Il fallait, disait-il, compter moins sur les moyens humains, et davantage sur l'assistance de Notre-Seigneur. Martial de Malden pensait comme lui : à son avis, les portes de la charité devaient s'ouvrir à toute misère sans exception. Peu à peu les autres administrateurs entrèrent dans les mêmes sentiments : l'affaire fut mise en délibération, et, à la grande satisfaction du serviteur de Dieu, les filles de mauvaise vie furent déclarées admissibles à l'hospice.

Il se présenta tout de suite un certain nombre de ces malheureuses créatures. On les logea le moins mal possible, mais en réalité fort mal. Le corps de logis affecté à leur usage avait le très-grave inconvénient d'être accessible aux allants et venants : une incessante surveillance pouvait seule empêcher le désordre. La nécessité d'une telle surveillance était déjà un mal considérable : les administrateurs le comprenaient : ils aspiraient de tous leurs vœux à une combinaison moins défectueuse ; mais il était plus facile de constater le mal que d'y remédier. Ce fâcheux état de choses durait depuis déjà bien des années lorsqu'enfin la divine Providence fit arriver des secours.

Jean Romanet, sieur de Chez-Ribière, avocat à la cour, personnage d'une haute piété, affecta en mourant une somme de six mille livres à la construction d'un refuge dans l'enceinte de l'hôpital général. L'exemple du pieux jurisconsulte trouva des imitateurs. Marguerite de Jumilhac, comtesse de Saint-Priest, consacra à la fondation projetée six mille livres, et Philippe de Jumilhac de Montaigu donna à une somme de cinq mille livres la même destination. Ces aumônes, accrues de plusieurs autres dons, avaient fini par constituer un fonds d'une certaine importance. En 1683, les administrateurs de l'hôpital, en mesure de commencer l'œuvre, obtinrent des lettres-patentes du roi, en date du mois de mars, qui autorisaient la construction d'un refuge dans l'enceinte de l'hôpital (1).

---

(1) L'hôpital général de Paris avait aussi son refuge, autorisé par édit du mois d'avril 1665. Voir cet édit, Archiv. départ. A, 1085, fonds de l'hôpital.

Le Refuge fut donc bâti en vue des existences brisées qui chercheraient à se rattacher à la vie morale par le repentir, et aussi en vue d'opposer un frein au désordre. En principe, l'œuvre devait participer de l'asile et du pénitencier. Dans la pratique, par l'effet de l'immoralité des sujets eux-mêmes, l'établissement tint du pénitencier plus que de l'asile. Cette déviation forcée, cette sévérité étendue à des sujets diversement disposés, quelquefois peut-être désireux de s'amender, affligeait les administrateurs et les religieuses. Les duretés du régime excitaient d'ailleurs la sollicitudeé piscopale. On voit, en 1689, le saint évêque Louis Lascaris d'Urfé demander aux supérieures des Refuges de Lyon et de Paris des renseignements, afin d'améliorer le Refuge de Limoges. Les réponses seront lues avec intérêt.

1.

« LA SUPÉRIEURE DU REFUGE DE LYON.

» Vive Jésus!

» MONSEIGNEUR,

» Puisque Votre Grandeur me l'ordonne, je lui dirai en toute simplicité ce qui regarde la maison des pénitentes établie en ce quartier de Bellecour depuis plus de trente ans que M. l'abbé de Saint-Just nous donna la conduite de ces bonnes filles. Nous y tenons toujours quatre de nos meilleurs sujets.

» C'est la vérité, Monseigneur, que Dieu a répandu d'abondantes bénédictions sur le petit travail de nos sœurs. On peut dire sans exagération qu'il n'y a pas de maison religieuse mieux réglée, où l'on vive avec plus de douceur, et où il se pratique de plus solides vertus. J'envoie à Votre Grandeur les Constitutions.

» Deux choses maintiennent beaucoup ces bonnes filles : la première, c'est qu'elles n'ont de commerce avec les gens du dehors qu'en présence des quatre Mères qui les gouvernent; et la seconde, c'est qu'on a soin de les tenir appliquées par le travail des mains, dont on retire pour elles un gain considérable. Le travail débarrasse leur esprit de toute autre pensée. On ne retient point ici de fille qui n'y reste de bon cœur, et ne se range au train commun. Pour les rebelles, pour les méchantes femmes qui perdent les filles, on a depuis peu fait bâtir, dans le même enclos, au bout du jardin, un appartement garni de cellules, qui les tiennent séparées les unes des autres sous la conduite de quelques pieuses filles, nos religieuses ne s'étant voulu charger d'autre chose que de leur faire chaque mois quelques instructions.

» Pour ce qui est, Monseigneur, de la mère Vauzelle, elle est morte depuis plus de dix ans.

» Nous sommes, Monseigneur, etc.

» Eléonore D'APCHON DE PONSAIN,
» Supérieure de la Visitation-Sainte-Marie.

» De notre premier monastère de Lyon, ce 16 janvier 1690 (1). »

---

(1) Archiv. dép., fonds de l'hôpital A, 1085, inédit.

2.

« La supérieure du Refuge de Paris.

» Paris, ce 2 décembre 1689.

» Monseigneur,

» Les maisons de refuge sont établies pour mettre des bornes au vice, et servir d'asile aux filles qui veulent se retirer des occasions de débauche et se convertir. Ces maisons ôtent les scandales publics par la réclusion des femmes qui professent le vice avec impudence, débauchent les filles, et les prostituent. Les Refuges rompent le commerce de ces prostituées fameuses qui, ayant des correspondances en d'autres villes, donnent des lettres de change afin que les voyageurs trouvent, dans les villes où ils passent, des filles de joie (1). Tous ces désordres se sont pratiqués à Paris.

» Pour rendre plus utiles les Refuges, il a paru nécessaire de séparer les filles paisibles et de bonne volonté d'avec celles qui sont retenues par force.

» Il y a des règlements pour l'heure du lever et du coucher, la prière, la lecture, le travail et le silence. Les exercices se font sous la présidence de la supérieure.

» On profite plus par voie de douceur que par

---

(1) Ce commerce infâme, en même temps qu'il accuse l'immoralité de la capitale, témoigne du peu de progrès de la dépravation des mœurs dans les provinces : la corruption venait de Paris.

rigueur. Ce sexe veut être conduit par la mansuétude. De petites mortifications répétées valent mieux que de sévères châtiments. Il faut une grande patience, et ne point se décourager.

» Pour les sacrements, on les y exhorte seulement. Nous faisons venir des prédicateurs, et ménageons des retraites qui profitent à plusieurs. J'ai donné à votre secrétaire les règlements des Refuges d'Angers, de Dijon et autres.

» Je finis, etc.

» DE PAJOT DE LA CHAPELLE.

» *P. S.* J'oubliais de parler des habits. Nous les vêtissons d'une serge grise. On leur ôte, à l'entrée, les habits de vanité pour les leur rendre à la sortie. Nous en pourvoyons quelques-unes par voie de mariage; d'autres entrent en religion ou sont rendues aux parents. Ces maisons ne sont pas des prisons perpétuelles (1). »

Ainsi, à Paris et à Lyon, les filles *repenties* étaient séparées des filles *incorrigibles*. Dans les deux villes, on avait distingué le Refuge du pénitencier, et satisfait ainsi à la première condition d'une bonne administration. Louis Lascaris d'Urfé eût voulu soumettre le Refuge de Limoges à un semblable régime. Il reconnaissait les avantages de la séparation, il en comprenait la nécessité; mais, pour réaliser cette disposition, il fallait

(1) Arch. dép., fonds de l'hospice A, 1065, inédit.

construire dans l'intérieur de l'hospice un édifice supplémentaire. Le prélat n'eût pas reculé devant la dépense ; mais, obéré par une série d'années de disette, il versa jusqu'à la fin toutes ses ressources dans le sein des pauvres. Le XVIIIᵉ siècle employa autrement les siennes, et ne fit rien pour le Refuge.

Après la révolution, Mgr Marie-Jean-Philippe du Bourg, si attentif aux besoins de son peuple, constata avec douleur l'insuffisance de l'établissement destiné aux filles de mauvaise vie : il voulait en modifier le régime ; mais les malheurs des temps opposèrent à son zèle des obstacles insurmontables.

Les choses en étaient là lorsque, vers 1830, une âme généreuse dont, à regret, je suis obligé de taire le nom, se sentit inspirée par Notre-Seigneur de fonder, en dehors de l'hospice, comme complément du Refuge, un asile spécial en faveur des pécheresses repentantes. Une somme d'environ trente mille francs fut par elle affectée à l'œuvre projetée (1). Il fallait un coopérateur dévoué. Sans se laisser arrêter par l'insuffisance des moyens humains, car les sommes réalisées

(1) La fondatrice fit un premier don de quatorze mille fr., et fournit depuis plusieurs autres sommes. Ces libéralités successives s'élevèrent à la somme totale d'environ trente mille francs.

de divers côtés ne répondaient nullement à la grandeur de l'entreprise, M. André-Prosper Féret, chanoine de la cathédrale, accorda généreusement son concours, et, par ses soins, au milieu de traverses et de difficultés innombrables, fut fondée, à l'extrémité de l'allée des Bénédictins, sur l'emplacement de l'ancienne chapelle des Pénitents-Blancs, la maison du Bon-Pasteur de Limoges. L'inauguration de l'édifice conventuel eut lieu au mois de décembre 1833. Soutenir et faire subsister la communauté n'était pas chose facile. La pénurie des ressources mit plusieurs fois en péril la naissante famille : il y eut de mauvais jours; mais la barque toujours menacée se redressa toujours. Les passages les plus périlleux avaient été franchis lorsque le fondateur fut enlevé par une mort prématurée. M. le chanoine Féret décéda à Limoges le 1er décembre 1849, âgé de cinquante-deux ans. Ce généreux ecclésiastique eut, en mourant, la consolation de penser que son œuvre lui survivrait. Une main vaillante fut en effet suscitée de Dieu, et cette main, qu'ici tout le monde vénère, a consolidé et affermi l'édifice. Les sœurs Hospitalières de Saint-Alexis avaient long-temps supplié Notre-Seigneur d'ouvrir un asile au repentir : la maison du Bon-Pasteur est éclose au souffle de la prière.

V.

Les Sœurs de Saint-Alexis et les Prêtres de la Mission.

Ainsi que nous l'avons dit, Martial de Malden, d'accord avec les consuls et les habitants, avait résolu d'annexer à l'hôpital général deux congrégations auxiliaires : l'une de filles, pour servir les pauvres ; l'autre d'ecclésiastiques, pour les assister en leurs besoins spirituels.

La notice consacrée ci-dessus à la Mère Marie de Petiot contient, au sujet de la congrégation des sœurs Hospitalières de Saint-Alexis, des développements étendus qui me dispensent d'entrer ici dans plus de détails.

En ce qui touche la congrégation de prêtres, ses membres avaient en vue trois objets : catéchiser les pauvres de l'hôpital général ; donner des missions dans le diocèse, et préparer aux ordres sacrés les jeunes sujets qui se destineraient au sacerdoce. Leur communauté fut appelée le *Séminaire de la Mission*.

Il fallait à l'établissement une maison spacieuse. Commencées, en vertu d'une permission de l'évêque François de La Fayette, en 1659, les constructions se firent, en partie, du fonds des aumônes, et, en partie, des deniers de

Martial de Malden de Savignac. Une personne pieuse avait donné huit cents livres. Il y eut d'autres libéralités. Les fonds néanmoins manquèrent, et la pénurie des ressources fit obstacle à la rapidité des travaux, qui ne furent terminés qu'en 1664. Cette maison forme aujourd'hui encore l'un des principaux enclaves de l'hôpital. L'architecture en est régulière; les salles, dont les fenêtres ont en perspective le joli coteau de Saint-Lazare, sont spacieuses. Elles seraient d'un bel effet si les plafonds avaient plus d'élévation.

L'église de la Mission, bâtie sur une ancienne vigne du sieur Talandier, fut construite par Martial de Malden de Savignac en acquittement d'un vœu déjà mentionné dont les circonstances seront indiquées plus au long dans la Vie de la Mère Anne-Marie du Calvaire (1). L'édifice fut terminé au mois de juillet 1664 (2). Le saint sacrifice de la messe y fut célébré pour la première fois le 17 juillet, jour de la fête de saint Alexis,

---

(1) Voir dans ce volume la Vie de la Mère du Calvaire.

(2) Pierre Mercier, dans ses Mémoires concernant la Mère du Calvaire, dit que la première pierre fut posée le 2 avril 1664, et que l'édifice fut terminé au mois de juillet de la même année. L'énoncé est évidemment erroné. Pour que l'édifice ait pu être terminé en 1664, il faut que la première pierre ait été posée un ou deux ans plus tôt. A la page 423, j'ai dit que l'église fut commencée en 1659 : j'aurais été plus près de la vérité en assignant à ce fait la date de 1662.

patron de l'hôpital général (1). Martial de Malden de Savignac, à qui l'église appartenait, la donna au diocèse par acte du 9 novembre 1665 (2).

D'après un registre de la communauté conservé dans les archives du département, le fondateur et premier bienfaiteur du séminaire de la Mission fut messire de Malden de Savignac. L'évêque François de La Fayette donna six mille livres ; Barthélemy Roulhac, prêtre de Saint-Pierre, cinq cents livres ; de Jumilhac de Montaigu, par contrat du 10 août, deux ans avant sa mort, quatre mille livres. Guillaume Firmiger, de Chamberet, prévoyant le cas où ses deux enfants mourraient sans être mariés, leur substitue, en 1669, le séminaire de la Mission pour une somme de vingt mille livres. Le 28 mars 1679, le baron de Saint-Georges donne trois cents livres de rentes à condition d'une mission annuelle sur ses terres, situées près d'Aubusson. Divers autres particuliers ont fait des dons de moindre importance. Enfin Pierre Mercier, official du diocèse, décédé le 9 février 1690, est signalé sur le registre comme ayant

---

(1) Voir Labiche, *Vies des Saints du Lim.*, II, 445.
(2) Archiv. dép., fonds du sémin. A, 305.
« Le retable élégant de cette église a été fait par le sculpteur Bellet, qui s'établit à Limoges au commencement du XVIIIe siècle. » (M. l'abbé Arbellot, *Rev. archéol.*, 35.)

rendu de nombreux services, donné l'encensoir, le soleil, etc. (1).

Les premiers prêtres de la Mission furent François Tardivet, Léonard Garreau, Antoine d'Arche, de Léobardy, de Mesmanges, Montayaud, Segonzac, etc.

VI.

Statistique de la population de l'hospice.

Les constructions de l'hôpital général Saint-Alexis avaient été calculées pour loger cinq cents pauvres. Quels furent dans le principe le nombre effectif des sujets admis, le mouvement des entrées et des sorties, le rapport entre les guérisons et les décès ? C'est ce que j'ignore : les documents font défaut. La seule pièce un peu instructive que j'aie recueillie est un *projet pour le bon ordre et règlement de l'hôpital* (2). A la suite du projet, qui ne porte ni date ni signature, et que je suppose postérieur d'une trentaine d'années à la fondation de l'hospice, se trouve le relevé suivant :

(1) Archiv. dép., *Reg. mss.*, fonds du sémin., n° 147.
(2) Archiv. dép., fonds de l'hôpital A, 1085.

RELEVÉ DES PAUVRES DE L'HÔPITAL GÉNÉRAL.

Enfants trouvés de six à sept ans	30
Enfants de la manufacture, seize ans	50
Les grands	40
Vieillards	20
Femmes ou filles	100
Hommes malades	30
Femmes malades	30
TOTAL	300

Les filles du Refuge semblent n'être pas comprises dans ce relevé. Les orphelins en bas-âge élevés à la campagne n'y figurent pas non plus. Le relevé d'ailleurs ne tient compte que des pauvres internés. Or les indigents domiciliés dans la ville étaient quelquefois admis à recevoir des secours à l'hospice. Ainsi les charges étaient en réalité plus considérables que ne le feraient supposer les chiffres reproduits ci-dessus. Ces charges au surplus n'avaient rien de fixe : elles participaient de la mobilité des causes très-diverses qui de jour en jour tendaient à modifier l'aisance générale ou la santé publique : épidémies, rigueur des hivers, bonnes ou mauvaises récoltes, etc.

Aux années de disette; les pauvres habitants de la campagne, chassés de leurs foyers par la famine, cherchaient dans la ville un refuge. Ces malheureux étaient quelquefois en grand nombre. En 1672, suivant une relation du temps, « il se trouvoit à prendre l'aumône *dix-sept ou dix-huit cents* pauvres. Les bonnes maisons donnoient des six et dix setiers de blé par semaine. Des chariots marchoient par la ville pour amasser le pain. Il falloit six cents tourtes par jour. On distribuoit deux fois par jour du potage et deux fois du pain. Aux tout petits enfants qui ne pouvoient manger on donnoit de la bouillie. L'ordre fut si bien réglé que tout se passa avec décence (1). »

Ainsi, dans les besoins extrêmes, les administrateurs faisaient appel à la charité publique. La religion d'ailleurs parlait incessamment aux riches de leurs frères indigents, et les pauvres de l'hospice, regardés comme membres de la famille, n'étaient guère oubliés dans les testaments. On leur léguait de l'argent, quelquefois du blé ou d'autres denrées. Le 13 mai 1673, les administrateurs de l'hôpital, Rogier, Dupin, Ardillier, de Douhet, Descordes, de La Bénardie, Jayac et Moulinier, assistés de Thoumas, procureur, requièrent le lieutenant général de la sénéchaussée, Jean Mandat de Puydenus, et de Ruaud, procureur du roi, de leur faire délivrer *certaines quantités de blés* léguées aux pauvres par Mgr François de La Fayette, décédé le 3 mai 1673. Ils appuient leur requête sur l'urgence des besoins de l'hôpital, qui, disent-

---

(1) Mesnagier, *Mém.*, 342. — Bonav., III, 869.

ils, fait deux fois par jour une distribution de vivres à dix-huit cents pauvres étrangers (1). Il serait facile de citer plusieurs clauses testamentaires analogues ; mais ces détails me mèneraient trop loin.

VII.

Manufactures

J'ai raconté la fondation de l'hôpital général, et mentionné ses principaux membres : l'Orphelinat, le Refuge, les sœurs Hospitalières de Saint-Alexis, les prêtres de la Mission. Il reste à parler de l'organisation du travail parmi les pauvres.

L'édit organique de 1656, qui instituait l'hôpital général de Paris, imposait à cet hôpital l'obligation d'établir, dans son enceinte, des *manufactures* destinées à procurer aux pauvres valides du travail. La même obligation fut imposée à l'hôpital de Limoges et aux hôpitaux qui, à cette époque, se constituèrent sur le modèle de celui de Paris. Les édits de fondation sont uniformes sur ce point, et semblent n'être que la copie l'un de l'autre. Le législateur ne se borne pas à formuler l'obligation du travail d'une manière vague et générale : il en déter-

(1) Arch. dép., *Procès-verbal de l'apposition des scellés après la mort de Monseigneur François de La Fayette.*

mine la nature. Il veut que chaque hôpital ait des *manufactures*, c'est-à-dire des ateliers et des métiers de tissage. Ainsi le mot *manufacture*, qui cause d'abord quelque étonnement, n'est pas une locution échappée à l'inadvertance des chancelleries : c'est à dessein et de propos délibéré que l'expression a été introduite dans la loi : l'expression traduit un système, et représente une des grandes pensées de Colbert.

Deux faits diversement regrettables, et pour ainsi dire contradictoires, se produisaient au xvii° siècle. D'un côté, la France manquait de manufactures, et, sous ce rapport, laissait prendre à ses voisins une supériorité fâcheuse. D'un autre côté, une multitude de sujets valides et oisifs demandaient à la mendicité abusive et à l'escroquerie des ressources que le travail leur eût légitimement procurées. Les vices semblaient pouvoir se corriger l'un par l'autre. Colbert tenta le remède : il entreprit de rendre à l'industrie nationale cette multitude de bras inoccupés qui fatiguaient le royaume du poids de leur oisiveté. De là l'obligation imposée aux hôpitaux de faire travailler les pauvres. Les manufactures des hospices ne pouvaient prétendre à un grand développement : une foule d'obstacles allaient gêner et contrarier leur action : Colbert le savait, et n'était pas homme à se faire illusion sur ce point;

mais avoir réprimé l'oisiveté serait déjà un bien ; et l'industrie française profiterait d'ailleurs des ouvriers formés dans les hôpitaux. La pensée était digne du grand ministre, et, examinée dans les limites qui lui sont propres, l'entreprise, il faut bien le dire, réussit.

A Limoges, les manufactures de l'hôpital général s'organisèrent avec intelligence, et fonctionnèrent régulièrement. On y filait la laine et le coton, et l'on y fabriquait des tissus de plusieurs espèces. Les statuts des sœurs Hospitalières de Saint-Alexis ont un chapitre spécial consacré à la *filature* et à la *manufacture:* mais ce chapitre est fort court, et ne nous apprend rien touchant l'organisation et la distribution du travail. Le règlement de l'hôpital est un peu plus explicite : l'administrateur chargé de la conduite et de la surveillance des manufactures tiendra la main à ce que tous les pauvres valides de l'un et l'autre sexe soient employés à carder la laine ou à la filer. Il présidera aux achats de laine, vérifiera les quantités, *visitera les boutiques*, et s'assurera que chaque pauvre remplisse sa tâche. Il verra les ouvriers qui font les étoffes, et se fera rendre compte de la destination des produits manufacturés. Lorsqu'il y aura lieu de faire teindre les tissus, *il parlera au maître teinturier, afin que l'on ne soit pas trompé*, et il *éprouvera la teinture.* Les étoffes fabriquées à l'hôpital serviront à habiller les pauvres. Le reste devra être débité au profit de l'hospice. Il sera tenu un registre sur lequel seront marqués les frais et *salaires des ouvriers*, de manière à savoir le profit que l'hôpital aura retiré des manufactures.

Ainsi, d'après le règlement, les pauvres employés dans les ateliers touchaient un salaire : le travail, imposé comme une tâche, était adouci par l'espoir d'une rémunération.

La pièce suivante, qui n'a jamais été imprimée, me paraît offrir quelque intérêt : cette pièce donne le bilan de la situation financière de la manufacture de l'hospice pour l'année 1671.

EXTRAIT

DU LIVRE DES DÉLIBÉRATIONS ET RÉSOLUTIONS DE L'HÔPITAL GÉNÉRAL SAINT-ALEXIS DU MARDI PREMIER JOUR DE SEPTEMBRE 1671, A LIMOGES.

A été rapporté par M. Dorat le compte que la sœur Hélène lui a mis entre les mains touchant le fonds des manufactures que ladite sœur Hélène fait valoir sous la conduite et par l'ordre de messieurs les administrateurs, depuis le treizième du mois de décembre dernier 1670 qu'elle rendit compte jusqu'à aujourd'hui, ledit fonds montant en argent et marchandises à la somme de *seize cent quarante-une* livres, lequel fonds, depuis ledit jour treizième de décembre 1670 jusqu'au présent jour, a produit de revenant bon et profit en total la somme de deux mille sept cent sept livres, sur laquelle somme ont été employées en dépenses 300 liv. d'un côté, 87 liv. d'autre, 150 liv. d'autre, 100 liv. d'autre, 150 liv. d'autre, 450 liv. d'autre, 570 liv. d'autre : partant il est resté de profit, toute dépense et mise faite, la somme de *neuf cents* livres. Cette somme a été mise ez mains du sieur Dorat, outre et par-dessus le fonds capital qui est resté entre les mains de ladite sœur Hélene en argent ou marchandises; en tout, *dix-sept cent soixante-dix-huit livres dix sols*, suivant le compte par elle remis au trésor, signé de sa main, contenant les profits et dépenses pour rendre compte dudit capital, et continuer sous la conduite et direction néanmoins de M. de Puyparlier (1). Fait à Limoges, les jour, mois et an que dessus, par moy soubsigné, scribe dudit hôpital général Saint-Alexis.

Signé François DE LA FAYETTE, *év. de Limoges;* MERCIER, MOUSNIER, MALIGNAUD, DORAT, BLONDEAU, D'ALESME, DUBOYS, ROGER, DE DOUHET, DE VERTHAMOND, *tous administrateurs de l'hôpital général Saint-Alexis.*

DUBOYS,
Scribe de l'hôpital (2).

(1) Malignaud de Puyparlier.
(2) Archiv. des sœurs Hospit. de Saint-Alexis.

D'après le compte ci-dessus, le capital employé dans la manufacture était, au 13 décembre 1670, de 1,641 livres.

Ce capital, pour une période d'environ neuf mois, a produit de bénéfice brut.... 2,707 »
A déduire pour frais divers....... 1,807 »

Net..... 900 »

Mais le capital, qui n'était au 13 décembre 1670 que de................... 1,641 »
figure au bilan de 1671 pour...... 1,778 10

Partant, augmentation...... 137 10

En résumé, le bénéfice s'est élevé pour neuf mois à une somme nette de 1,037 livres 10 sous. Le résultat est minime sans doute; mais, pour apprécier les services que peuvent avoir rendus les manufactures des hospices, il faut évidemment s'élever au-dessus de la question de finance, et se placer dans le point de vue de l'édit de 1656.

Au moment où j'écris ces pages, l'hôpital subit une transformation. Depuis long-temps l'édifice appelait des réparations et des accroissements : les bâtiments menaçaient ruine ; les salles ne suffisaient plus au mouvement des pauvres et des malades. De concert avec le conseil municipal, les administrateurs de l'hospice, MM. Grellet, Vandermarcq, Lageon, Léon Delor et Nogaro, ont entrepris la restauration du monument. Cette restauration désirée aura été accomplie sous l'administration de M. Louis Ardant, maire de Limoges, et sur les projets de M. André Fayette, architecte du département.

VIII.

Fondation du Séminaire diocésain.

L'homme admirable qui venait de procurer à sa ville natale tant d'établissements utiles était, à son insu, destiné par la divine Providence à doter l'Église de Limoges d'un monument immortel.

Le concile de Trente, dans sa vingt-troisième session, avait recommandé à tous les évêques de créer dans leur diocèse et, autant que possible, dans leur ville métropolitaine, une école ecclésiastique spéciale pour les jeunes sujets qui se destineraient au sacerdoce. Chez nous, aussi bien que dans beaucoup d'autres provinces, les tumultes et les guerres civiles du XVIe siècle avaient opposé à la réalisation des vœux du concile d'invincibles obstacles. Les évêques de Limoges n'avaient jamais perdu de vue ce grand objet; mais comment asseoir une œuvre durable sur les sables mouvants d'une époque livrée à toutes les oscillations du schisme et de l'hérésie? Élevé sur le siége de saint Martial en 1627, François de La Fayette gémissait, comme ses prédécesseurs, des lacunes de l'éducation ecclésiastique : ses visites diocésaines ne lui révélaient que trop les vices du temps. Sauf de rares exceptions, le clergé des campagnes croupissait en une ignorance profonde. Le prêtre, dégénéré, ne possédait ni la science qui éclaire ni les vertus qui édifient. Des habitudes toutes profanes avaient amené chez la plupart des ecclésiastiques de la campagne l'affaiblissement des mœurs sacerdotales. Détournés de leur légitime destination, les biens de l'Église alimentaient l'oisiveté et le vice. Quelquefois les titulaires de bénéfices ecclésiastiques ayant charge d'âmes n'étaient pas même prêtres. Des gentilshommes s'impatronisaient dans les cures, les affermaient à des vicaires inamovibles, et en affectaient les revenus en dot à leurs enfants. Telles étaient, dans une province autrefois renommée par sa piété, les misères nées des délires et de l'anarchie intellectuelle du siècle précédent.

Arrivé dans le diocèse avec des intentions droites, La Fayette avait, en plus d'une occasion, opposé au désordre des actes d'une légitime sévérité; mais les abus résistaient et se perpétuaient.

Sur la fin de l'année 1647, le vénérable fondateur de la congrégation de Saint-Sulpice, Jean-Jacques Olier, passant à Limoges au retour d'un voyage à Rodez, vit avec douleur l'état lamentable de la province. Un jour qu'il offrait le saint sacrifice de la messe pour la ville et le diocèse sur le tombeau de l'apôtre de l'Aquitaine, dans la chapelle souterraine de Saint-Martial dite du *Sépulcre*, l'homme de Dieu fut averti par une voix intérieure qu'il serait chargé du soin de l'Église de Limoges. Cette communication l'ayant jeté en un trouble inexprimable, il fut presque aussitôt rassuré, et comprit que l'épiscopat était réservé non à lui, mais à un de ses enfants. La prédiction se vérifia dans la personne de Louis Lascaris d'Urfé, successeur de François de La Fayette, qui sortait en effet de Saint-Sulpice. L'oracle se vérifia d'ailleurs d'une autre manière, en un sens bien plus profond, bien plus étendu : c'est ce que nous verrons par la suite du récit.

De jour en jour François de La Fayette sentait davantage le besoin de satisfaire, dans son diocèse, aux prescriptions du concile de Trente. En 1657, dix ans environ après le passage d'Olier, le prélat obtint de Louis XIV des lettres-patentes qui autorisaient à Limoges la création d'un séminaire diocésain.

Martial de Malden, que l'opinion publique

signalait comme seul capable de faire réussir cette grande affaire, avait à plusieurs reprises refusé de s'en mêler, lorsqu'une circonstance insignifiante en apparence donna à ses idées une autre direction. Un jour, M. de Broa, curé de Saint-Maurice, lui remit une somme de cent écus, affectée par une personne pieuse à la fondation du séminaire *dont il étoit sur le point d'entreprendre la construction*. Martial de Malden ne put s'empêcher de sourire de l'ingénuité du donataire, qui, avec ses cent écus, croyait avancer beaucoup la colossale affaire du séminaire, et qui d'ailleurs lui attribuait comme de science certaine un dessein auquel il n'avait jamais songé. L'incident néanmoins le frappa. Habitué à rapporter toute chose à la divine Providence, il réfléchit, et bientôt, croyant apercevoir dans ce fait un ordre de Dieu, il se disposa à obéir.

On a vu plus haut que, en vertu d'un acte de ville du 15 mai 1659, Martial de Malden était autorisé à bâtir à ses frais sur le territoire de l'hôpital une maison conventuelle pour des prêtres qui, tout en desservant l'hôpital, feraient office de missionnaires diocésains. L'édifice déjà commencé paraissait devoir être assez spacieux pour contenir un certain nombre d'étudiants : les prêtres de la Mission ne demandaient pas mieux que de se charger de l'enseignement du jeune clergé. Martial de Malden proposa à François de La

Fayette leur concours : c'était faciliter la question
financière, qui jusqu'alors avait formé la pierre
d'achoppement. Aucune autre combinaison n'ayant
chance de succès, le prélat agréa avec joie celle-ci.
Afin de donner tout de suite aux prescriptions du
concile de Trente un commencement d'exécution,
La Fayette rendit, en 1660, une ordonnance
portant que nul à l'avenir ne serait promu aux
ordres sacrés s'il n'avait passé une année au
moins au séminaire. Les murailles du futur édifice
sortaient à peine de terre : l'ordonnance pouvait
donc paraître prématurée ; mais le prélat, en im-
posant la condition, avait eu soin d'en rendre
l'exécution possible. Faisant passer le bien de son
Église avant ses convenances particulières, il
s'était généreusement décidé à transformer son
château d'Isle en séminaire provisoire. Pierre
Mesnagier, dans ses Mémoires, raconte avec sa
naïveté accoutumée ce qu'il a pu savoir de cette
grande affaire : « Et commencerent, dit-il, les
jeunes prêtres qui n'avoient pas la messe d'aller au
lieu d'Isle pour étudier sur les ordres sacrés et la
sainte messe ; et furent, pour cette année 1661,
soixante jeunes prêtres en pension (1) ». Le
nombre des séminaristes s'accrut les années
suivantes, et fut bientôt de plus de cent (2). Sui-

---

(1) Pierre Mesnagier, *Mém. inédits*, 318.
(2) Labiche, *Vies des SS.*, II, 448.

vant Louis de Bernage, la moyenne du nombre des ordinands, vers la fin du XVIIe siècle, était de quatre-vingts par an (1).

L'homme vit en hostilité avec lui-même : comment échapperait-il aux contradictions de ses semblables ? L'affaire du séminaire impliquait des questions et des intérêts de plus d'un genre. Les esprits se partagèrent. Les plans adoptés furent soumis à des censures rigoureuses, quelquefois passionnées et injustes. L'organisation hâtive du séminaire d'Isle ne répondait pas à l'attente générale : les directeurs manquaient de lumières et d'expérience : ces maîtres improvisés apportaient à l'œuvre commune des idées, des vues, des méthodes différentes. Contre toute justice, Martial de Malden fut rendu responsable des accidents de la situation. Le clergé, dans le principe, avait souscrit pour la construction de la *Mission* un don de dix mille livres. L'engagement fut rompu. Ainsi désavoué par les siens, Martial de Malden crut devoir décliner toute participation ultérieure à l'œuvre du séminaire. Il se retira, mais avec dignité. On avait cru pouvoir se passer de son concours : on se trompait. Aussitôt qu'il n'en supporta plus le poids, l'entreprise menaça ruine. Les rouages furent comme paralysés, le

---

(1) *Mém. inédit sur le Lim.*, 1698 : travail médiocre où se rencontrent quelques renseignements utiles.

mouvement s'arrêta, et les travaux de construction demeurèrent interrompus. L'œuvre allait à sa perte : bon gré mal gré, il fallut revenir au serviteur de Dieu. Sa générosité rendit faciles les préliminaires de conciliation. Il accueillit ses adversaires avec bonté ; mais, cette fois, éclairé par l'expérience, il fit dépendre sa coopération d'une condition à laquelle il déclara attacher une importance capitale : c'est que le futur séminaire appartiendrait à messieurs de Saint-Sulpice, qui seuls en auraient le gouvernement. Par là il prévenait le retour des désordres qui naguère avaient compromis l'existence de l'œuvre.

En 1662, au moment où ceci se passait, la congrégation de Saint-Sulpice avait déjà perdu son fondateur. Olier était décédé à Paris en 1657 (1), et Le Ragois de Bretonvilliers, son successeur, tenait les rênes. C'est donc à lui que François de La Fayette et Martial de Malden durent adresser les demandes d'agrégation : l'évêque et son généreux coopérateur écrivirent chacun de leur côté.

Le personnel de Saint-Sulpice ne présentait pour le moment aucun sujet disponible ; mais la Providence aida aux besoins de la situation. Dans

(1) Jean-Jacques Olier, né à Paris en 1608, jeta les premiers fondements de sa congrégation à Vaugirard en 1642, et mourut à Paris le 2 avril 1657.

l'intimité de M. de Bretonvilliers vivait un pieux et savant ecclésiastique, docteur en Sorbonne, Jean Bourdon, qui, un moment attaché à la congrégation, était maintenant l'un des confesseurs de Saint-Sulpice (1). C'est à ce disciple, à cet ancien ami d'Olier, que Bretonvilliers confia le soin d'aller, en compagnie de trois autres prêtres, messieurs de Rouen, Gaye et Bardon (2), fonder le séminaire projeté. Jean Bourdon et ses collaborateurs arrivèrent à Limoges, et descendirent au palais épiscopal le 19 mars 1662, jour de Saint-Joseph.

Avant de se rendre à Isle, Jean Bourdon visita les constructions commencées, c'est-à-dire la maison destinée à loger, d'un côté, les prêtres de la Mission, et, de l'autre, le séminaire. Le local lui parut trop étroit. La contiguïté de deux œuvres différentes allait être pour toutes les deux un inconvénient. Les tumultes et les bruits de l'hôpital feraient d'ailleurs obstacle au recueillement des élèves, et la nef de la Mission serait battue de trop de houle pour abriter la méditation et l'étude. Le supérieur n'exprima pas tout de suite son opinion, et voulut apparemment réfléchir ; mais, quelques

---

(1) Gosselin, *Vie de M. Émery*, I, 12.

(2) Legros, *Supp. aux Vies des Pères*, T. VIII, p. 1221, mss. du séminaire. — M. Fermin, *Historiq. du sém.*, ms. in-f°.

jours après, il formulait une série d'objections décisives et sans réplique.

Ainsi se trouvait renversé en un moment le projet dont on avait caressé la pensée. Il fallait de toute nécessité ou abandonner l'entreprise, ou construire un édifice spécial. Mais où trouver l'argent nécessaire ? La question de finance, cet écueil long-temps redouté, se dressait de nouveau formidable et en apparence invincible. L'évêque, dans cette extrémité, voulait attacher le séminaire à l'une des paroisses. On songea d'abord à Saint-Pierre-du-Queyroix, puis à Saint-Maurice dans la Cité : des deux côtés se présentèrent des obstacles insurmontables. Martial de Malden semblait être l'unique espoir de la situation; mais nous l'avons vu appliquer ses ressources à la restauration de l'hôpital : de ses deniers venait d'être construit, en 1661, le couvent de la Réforme de Sainte-Claire, dans le faubourg des Arènes; sa bourse s'était probablement ouverte aux Hospitalières de Saint-Alexis; enfin c'est sur lui que pesait, du moins en partie, le fardeau des constructions inachevées de la Mission. A tant de charges accablantes ajouterait-il celle de la construction du séminaire ? Une jeune religieuse, sa nièce, Anne-Marie de Meilhac, si connue depuis sous le nom de Mère du Calvaire, suivait avec une inquiète sollicitude toutes les péripéties d'une affaire au succès de laquelle se rattachaient les destinées religieuses du diocèse. Témoin des hésitations de son oncle, elle s'efforçait de les combattre : elle le pressait, le conjurait d'achever l'œuvre de Dieu. Que risquait-il ? Notre-Seigneur n'était-il pas là ? La divine Providence manqua-t-elle jamais de secourir les siens? La raison disait de s'abstenir : la foi commandait de passer outre. Aux yeux des saints, l'immolation du sens naturel à la foi c'est le plus sûr. Assumant seul toutes les responsabilités, Martial de Malden va trouver l'évêque, et s'engage à construire, à ses frais, un séminaire de *cent cinquante pieds de façade*. Il ne restait qu'à déterminer le choix du local.

Un jour, l'évêque était venu voir Martial de Malden dans sa petite maison près de l'hospice : le propriétaire conduisit son hôte à une fenêtre d'où le regard s'étendait sur les charmants coteaux qui regardent Saint-Lazare. A quelques jets de pierre, devant eux, entre le prieuré de Saint-Gérald et l'église Sainte-Valérie, s'étendait un de ces pittoresques vignobles qui encadraient alors la cité, et dont les humbles produits suffisaient à la tempérance de nos pères. Malden attire l'attention de l'évêque sur ce vignoble : il en signale l'étendue, l'isolement, l'heureuse exposition, et fait observer qu'il ne serait peut-être pas facile de trouver ailleurs un local si propice pour les séminaristes. L'observation arriva au prélat comme un trait de lumière. Son front se couronna de joie, et sa parole, prenant quelque chose d'inspiré : « *Oui, oui*, s'écria-t-il, *il a semblé bon au Saint-Esprit et à nous que cet espace reçût notre séminaire !* » La vigne dont il s'agit, connue sous le nom de *clos Sainte-Valérie*, appartenait à Aubin Faulte. Le propriétaire, sans savoir l'usage qui en devait être fait, consentit à la céder à Martial de Malden de Savignac pour une somme de cinq mille livres. Le contrat, en date du 26 avril 1662, stipulait au profit du vendeur le paiement des intérêts, car le capital ne fut payé que plus tard. L'acquéreur fit tout de suite creuser dans cette vigne les fondements de l'édifice projeté : on assemblait les matériaux, les bois et les pierres ; on taillait les charpentes, en attendant qu'il fût possible de commencer les maçonneries.

En même temps qu'il s'occupait du séminaire, Martial de Malden pressait l'achèvement de la maison de la Mission, et se mettait d'ailleurs en mesure d'assurer les dépenses par un emprunt de soixante mille livres (1). La maison fut enfin terminée. Les prêtres de la congrégation en prirent

---

(1) Mercier, *Vie de la Mère du Calvaire*, p. 83., ms. des Fill. de Sainte-Claire, in 4.

possession sur la fin de l'année 1663, et les Ordinands, quittant le château d'Isle, s'y établirent sous la conduite de Jean Bourdon, leur vénérable supérieur, le 15 mars 1664.

Les choses étant ainsi réglées de ce côté, Martial de Malden apporta tous ses soins à la construction du séminaire. Les maçonneries furent commencées le 2 juillet 1664. Plus de deux cents ouvriers, pendant dix mois consécutifs, s'y employèrent avec activité (1). Les travaux furent poussés si vivement que, à la Saint-Martin suivante, c'est-à-dire le 11 novembre, les murs s'élevaient déjà à quatorze pieds de terre. On ne termina d'abord qu'une portion de l'édifice. A quelle époque l'autre partie fut-elle achevée? Sous l'épiscopat peut-être de Lascaris d'Urfé; mais je n'affirme rien à ce sujet.

En 1666, tout étant prêt, Le Ragois de Bretonvilliers, supérieur général de Saint-Sulpice, se rendit à Limoges, où il arriva le 3 octobre, et où il résida un peu plus d'un mois. Visiter le tombeau de saint Martial, et se mettre en communication avec la jeune Mère du Calvaire, déjà célèbre par ses communications avec Dieu, tels étaient les motifs qui appelaient à Limoges M. de

---

(1) Labiche, *Vies des SS.*, II, 455.

Bretonvilliers ; mais son voyage avait aussi pour but de prendre possession du séminaire au nom de sa congrégation. En effet, par contrat du 4 no- novembre 1666, Martial de Malden de Savignac donne en toute propriété à la congrégation de Saint-Sulpice l'édifice, dont la construction a coûté quarante-deux mille livres (1). Déjà, par acte du 29 octobre précédent, Martial de Malden avait attribué au séminaire des Ordinands le *clos Sainte-Valérie*, c'est-à-dire le terrain (2). Le contrat du 4 novembre fut dressé au nom du prélat. stipulant pour le diocèse. Les évêques de Tulle et de Causerans signèrent l'acte, et, le lendemain, du haut de la chaire, dans un panégyrique de saint Charles-Borromée, l'évêque de Tulle complimenta en termes magnifiques l'évêque et le diocèse de la conclusion de ce mémorable concordat. La prédiction faite à Olier, en 1647, dans la chapelle souterraine de Saint-Martial dite du Sépulcre, recevait ainsi, en 1666, après dix-neuf années, son strict accomplissement.

Le Ragois de Bretonvilliers, avant de quitter Limoges, confirma Jean Bourdon dans la charge de supérieur, et l'agrégea définitivement à la congré-

---

(1) Cent vingt mille francs au moins de notre monnaie.
(2) Arch. dép., fonds du sém., 147.

gation de Saint-Sulpice. Il partit de Limoges, un peu après le 4 novembre, accompagné de Michel Bourdon, curé du Hâvre, qui était venu voir son frère aîné. Deux ans plus tard, à la persuasion de la Mère du Calvaire, Michel se démettait de la cure du Hâvre, et venait, à la fin de 1668, diriger à Limoges, en qualité de supérieur, la congrégation de la Mission. Ce saint prêtre édifia la ville par trente-cinq ans de vertus, et mourut universellement regretté, le 11 juin 1705, âgé d'environ soixante-dix-huit ans.

J'ai raconté les origines et la fondation du séminaire : il me reste à dire un mot des vicissitudes auxquelles cet important établissement fut soumis à la fin du xviiie siècle.

M. Sicelier gouvernait en qualité de supérieur le séminaire de Limoges lorsque, en 1791, les légitimes propriétaires durent céder l'établissement aux prêtres assermentés. Les ombrages de Laugerie offrirent un asile momentané au vénéré supérieur et à M. Ruben, prêtre de Saint-Sulpice, son collaborateur et son ami; mais la solitude ne fut pas long-temps à l'abri des orages. Les perturbateurs y arrivèrent un jour à flots tumultueux. M. Sicelier était déjà d'un grand âge. Voyant venir la foule, l'intrépide vieillard fait ouvrir les portes :

se présente aux visiteurs, les accueille *avec paix*, et leur fait servir des rafraîchissements. L'émeute, se sentit désarmée : elle se retira protestant de ses bonnes intentions. Ceci se passait en 1792. Peu après, c'est-à-dire le 29 novembre de la même année, la terre de Laugerie, mise en vente par la Nation, était adjugée moyennant cinquante mille livres en assignats. Les paysans, qui cultivaient la propriété depuis quatre-vingts ans, se rangèrent du côté de la justice : ils ne voulurent avoir aucun intérêt dans la vente, et se retirèrent.

Deux sulpiciens, MM. Chudeau et Pradeau, demeurés à Limoges pendant la terreur, purent, en se cachant, rendre de grands services. Le premier fut arrêté et incarcéré; mais on le rendit bientôt à la liberté.

Après la tourmente, Mgr Du Bourg, élu évêque de Limoges, sacré à Paris, le 7 juin 1802, dans l'église des Carmes, par M. de Roquelaure, archevêque de Malines, prit possession le 11 juillet suivant, et fut installé par M. Romanet, ancien doyen de la cathédrale, délégué de l'archevêque de Bourges. L'éducation du jeune clergé excita tout de suite la sollicitude du nouvel évêque. Les premiers ordinands se réunirent dans la maison de Crossas, sous la direction de M. Chudeau, alors chanoine (1). Cette installation provisoire dura environ cinq ans. Le 26 mars 1806, monseigneur acheta pour les ordinands l'abbaye des Allois, rue de la Cité. Ce local ayant été reconnu insuffisant, le Gouvernement, par contrat du 29 octobre 1811, acquit, pour le séminaire, l'abbaye de la Règle. Le vendeur prit en échange les Allois, et reçut 36,000 francs. Deux habitations particulières dominaient le local : l'évêque, par contrat du 18 septembre 1812, les acheta de M. Navières-Laboissière pour une somme de 18,432 fr. Les travaux d'appropriation, montant à 24,000 fr., furent terminés en 1815. C'est au mois d'octobre de cette année que le séminaire fut transféré des Allois à la Règle. Mais les ordinands, qui n'avaient été que sept dans le principe, étaient maintenant si nombreux qu'il fallut agrandir les bâtiments. La première pierre de l'édifice actuel fut posée et bénite par Mgr Du Bourg le 19 mars

---

(1) Ce saint prêtre, né à Doué, dans le diocèse d'Angers, le 21 décembre 1731, avait alors 71 ans. J'ignore la date de sa mort. L'un des ordinands, frappé d'une maladie contagieuse, dut son salut aux soins généreux de madame Léonard de Crossas et de mademoiselle Brousse, sa sœur. Atteintes de la maladie, ces deux dames périrent, victimes de leur charité, à vingt-deux heures d'intervalle l'une de l'autre. Les deux sœurs avaient, dit-on, demandé à Dieu de mourir le même jour : leur vœu fut exaucé.

1820. Deux discours furent prononcés à cette
occasion : l'un par M. le comte de Castéja, préfet
de la Haute-Vienne, et l'autre par le supérieur,
M. Berthelot. Ces discours peuvent se lire dans le
procès-verbal imprimé de la cérémonie (1).

Le 19 mars 1662, Jean Bourdon avait jeté à
Limoges les fondements du séminaire. Le 19 mars
1862, fut célébré avec pompe le deux centième
anniversaire de la fondation. Le matin, dans
la chapelle, ornée d'écussons et de devises, parée
de fleurs et de feuillages, monseigneur Félix-
Pierre Fruchaud, évêque de Limoges, officia pontificalement. A midi, environné de ses grands-
vicaires et de son chapitre, l'évêque présidait,
dans le réfectoire, un banquet auquel s'asseyaient
cinquante ecclésiastiques. A trois heures de
l'après-midi, M. Hippolyte Delor, curé de Saint-
Pierre-du-Queyroix, monta en chaire, et, d'une
voix éloquente, racontant à son auditoire ému
les grandes choses que Dieu avait faites pour la
conservation de la foi dans le diocèse, paya un
solennel tribut de vénération à la mémoire du

(1) M. Fermin, *Historiq. du sémin.*, 1 vol. in f° ms.

fondateur et des premiers directeurs du séminaire de Limoges (1).

IX.

Mort de Martial de Malden.

Martial de Malden avait donné une maison à l'indigence, un asile à l'enfance abandonnée, un refuge au désordre, au vagabondage du travail : les malades étaient servis; les ignorants étaient enseignés; ses mains avaient érigé à Limoges le couvent de la Réforme des Filles de Sainte-Claire; enfin l'homme de Dieu venait de mettre le couronnement à une vie de bonnes œuvres en dotant le diocèse de son premier séminaire. Après avoir si long-temps servi Notre-Seigneur dans la vie active, Martial de Malden désira se consacrer au Maître dans la prière et dans le recueillement. Abandonnant cette petite maison, voisine de l'hospice, où nous l'avons jusqu'à présent rencontré, il se retira, en 1665 ou 1666, au séminaire de la Mission. Là il vécut de la vie commune, obscur et

---

(1) M. Fermin, *Historiq. du sémin.*, p. 142, ms. in f°.

L'ancien séminaire, bâti par Martial de Malden, et regardé autrefois comme l'un des plus beaux de France, a été transformé de nos jours en caserne de cavalerie.

pauvre, ne se distinguant de ses frères que par une humilité plus profonde.

Le ministre de Jésus-Christ n'avait plus rien qui l'attachât à la terre. Les joies de la patrie ne se firent pas long-temps attendre. Dans les premiers jours du mois d'octobre 1670, une fièvre catarrhale continue l'obligea de s'aliter. Le 14 octobre, tout espoir de guérison étant perdu, on lui administra, sur sa demande, le sacrement des mourants. Son grand caractère ne se démentit pas un moment : le malade se montra égal à lui-même, pieux, fervent, modeste, humble et doux ; saintement indifférent à la souffrance, heureux de quitter l'exil, et de se réunir à Celui que de tout temps il avait considéré comme sa dernière fin. C'est dans ces sentiments que, après une douce et courte agonie, expira, le 17 octobre 1670, dans la cinquante-quatrième année de son âge, Martial de Malden de Savignac.

La nouvelle de sa mort fut un deuil public. Tous les prêtres du diocèse s'engagèrent spontanément à offrir pour lui le saint sacrifice de la messe. François de La Fayette voulut officier pontificalement aux funérailles. Les obsèques se firent au milieu d'un vaste concours. Michel Bourdon, supérieur des prêtres de la Mission, prononça l'oraison funèbre. Le corps, enfermé dans un cercueil de plomb, fut déposé au fond du caveau, sous le chœur de l'église de l'hôpital. C'est là que le serviteur de Dieu attend le dernier réveil.

Par son testament du 18 août 1666, Martial de Malden, confirmant la donation qu'il a déjà faite à la congrégation de la Mission de sa terre de Meilhac, dispose du peu qui lui reste en faveur de cette congrégation, à laquelle, entre autres charges, il impose l'obligation de confesser les religieuses du couvent de Sainte-Claire, dont nous parlerons plus loin, et de célébrer tous les jours la messe dans leur chapelle. Le serviteur de Dieu veut que son corps soit enterré, *sans pompe mondaine ni torches*, dans sa chère église de l'hôpital. Enfin le testateur ordonne que, sans délai, mille messes soient dites à son intention (1).

Martial de Malden, versant dans le sein des pauvres une fortune de trois ou quatre cent mille livres, équivalant à un million de francs peut-être de notre monnaie (2), fut parfois exposé aux censures du monde. Les critiques le trouvèrent indifférent : *Il s'employoit*, disait-il en souriant, *à loger les amis de Dieu sur la terre, afin qu'à leur tour les amis de Dieu le logeassent dans le ciel.* Une

---

(1) Archiv. du départem., fonds du sémin. A, 147, 305.
(2) Martial de Malden employa en bonnes œuvres sa fortune et celle de ses nièces, qui toutes les trois se consacrèrent à Dieu dans le couvent de la Réforme de Sainte-Claire.

charge de conseiller-clerc au parlement de Bordeaux lui fut proposée : il la refusa ; un canonicat lui fut attribué : il s'en démit.

Cet homme si prodigue pour autrui se laissait manquer du nécessaire. Il était riche envers les autres, pauvre envers lui-même. Suivant Jean Bourdon, supérieur du séminaire des Ordinands, le mobilier de son humble chambre, au moment de son décès, vaut à peine cent livres (1). Ses vertus prenaient leur racine dans l'humilité. Parmi tant d'édifices dont il dota sa ville natale, pas un seul qui porte les armes de sa maison ! Jamais il ne consentit à se laisser décorer du titre de *bienfaiteur* ou de *fondateur*. Quelqu'un lui parlant un jour de *son* séminaire, il répondit avec vivacité et d'une voix émue *qu'il n'avoit rien à prétendre sur cet établissement*. Nous n'avons de lui aucun portrait : il se sera jugé apparemment indigne de transmettre ses traits à la postérité.

Le pieux évêque François de La Fayette disait de Martial de Malden : *Depuis saint Martial, c'est l'homme qui a fait le plus de bien au diocèse.* La vénération du prélat pour le saint prêtre se laisse voir dans son testament : la pièce est datée du 9 mai 1666, c'est-à-dire de l'année où fut achevé le séminaire :

(1) Archiv. du dép., *Lettre de Jean Bourdon* de 1682.

« Je voudrois bien, dit le prélat, donner à monsieur de Savignac quelque marque de reconnoissance de mon cœur pour tant et de si grands biens qu'il a faits à mon diocese et à mon clergé, et pour les obligations que je lui ai en mon particulier. Je n'ai rien de si précieux, de si cher que la bague que je porte, où il y a du bois de la vraie croix : je la lui donne et mes deux croix pectorales dans lesquelles il y a de saintes reliques, et aussi le crucifix qui est au chevet de mon lit, mon chapelet et ma montre. Je crois que, ayant toujours ces dévotes choses devant les yeux, sur lui ou entre les mains, il aura plus de souvenir de moi dans ses saintes prieres.

» C'est la grâce que je lui demande et la supplication que je lui fais, et de disposer ensuite de tout cela en faveur du séminaire (1). »

Le prélat, ayant survécu à Martial de Malden, demanda, sur son lit de mort, à être inhumé *dans l'église de la Mission aux pieds de son ami* : ce vœu a été rempli.

La vie de Martial de Malden de Savignac fut écrite, au XVIIᵉ siècle, quelques années après sa mort, par le Père Peneré, de la compagnie de Jésus (2). Le travail n'est pas sans quelque mérite ;

---

(1) Voir ce testament aux pièces justificatives.
(2) *Vies et vertus de monsieur de Malden de Savignac et de mademoiselle Anne Marie de Malden de Meilhac*, en religion sœur du Calvaire, 1 vol. in-4 de 215 pages, inédit. Les

mais l'œuvre est trop succincte : l'auteur n'expose les faits que sommairement. L'esprit d'analyse manque aux biographes de l'époque.

J'ai parcouru les rues, les places, les carrefours, les monuments de la ville de Limoges : le nom de Martial de Malden de Savignac n'est inscrit nulle part ; mais un livre m'a été montré, et j'ai lu : *Nomina vestra scripta sunt in cœlis* (1).

sœurs Hospitalières de Saint-Alexis possèdent une copie de cet ouvrage. Je n'ai pas vu le manuscrit original.
(1) « Vos noms sont écrits dans les cieux. » Luc, X, 20.

IX.

LA MÈRE DU CALVAIRE

(1644-1673).

I.

Première enfance.

Mathieu de Malden, seigneur de Meilhac et de Savignac, trésorier général de France en la généralité du Limousin, eut deux fils. Le plus jeune se fit prêtre : c'est celui par qui furent fondés l'hôpital général et le séminaire; l'autre, Pierre de Malden de Meilhac, exerçait les fonctions de conseiller au parlement de Guienne : celui-ci, marié, à Saintes, à Marie Goy de La Bayne, de la famille du célèbre Michel de Montaigne, succomba, jeune encore, à une maladie de poitrine : il expira à Limoges, le 13 mai 1651, dans les bras de son frère, à qui il laissa la tutelle de ses filles, au nombre de trois. L'aînée, Anne-Marie, dont j'écris la Vie, née à Saintes le 12 février 1644, n'avait à la mort de son père que sept ans. Déjà, disent les écrivains du temps, elle était regardée comme une riche héritière, *capable de prendre un jour de grands arrangements avec le monde.* L'enfant s'élevait près de son aïeule maternelle, Anne de Montaigne, dame de La Bayne, dont l'indulgente facilité se prêtait à tous ses caprices. Dans les mémoires qu'elle écrivit depuis par ordre de ses confesseurs, Anne-Marie de Meilhac, se reportant au premier âge de sa vie, parle d'elle-même avec une rare ingénuité :

« Mon enfance, dit-elle, fut peu de chose. Les dix ans que je passai dans le monde furent, en bonne partie, employés à des poupées. J'étois vaine : j'avois le cœur grand. Une personne sage dirigeoit, il est vrai, ma conduite ; mais une autre me perdoit. On m'aimoit ; je ne songeois qu'à me divertir et à m'ajuster, et faisois beaucoup de choses qui n'étoient pas bien. Un jour que l'on vouloit me contraindre de prier Dieu, je m'obstinai, je crois, à ne rien dire. Je donnois, dans l'église, devant tout le monde, un double à un pauvre ; ailleurs, à ce même pauvre, je n'aurois donné peut-être qu'un denier (1). »

---

(1) *Vie de la Mère du Calvaire, écrite par elle-même*, fragments ; archiv. du dép., n° 1077, ms. inédit.

Madame de La Bayne mourut en 1653. Anne-Marie de Meilhac, après la mort de son aïeule, dut quitter Saintes. Elle fut, ainsi que ses deux sœurs, ramenée à Limoges, où elle résida chez son grand-père, Mathieu de Malden.

« A peine arrivée en cette ville, dit-elle, j'y fis une maladie dont je pensai mourir. Revenue en santé, je me livrai à la vanité. Tout mon plaisir étoit de me voir parée. On donna des bals dans la maison où je restois. Ces fêtes me remplirent l'esprit. Je pensois aux robes que j'aurois. J'étois l'aînée de notre maison : je devois être beaucoup avantagée : je rêvois de mariage, et n'attendois que d'avoir l'âge nécessaire pour fixer mon choix. Des discours imprudemment tenus devant moi nourrissoient mon orgueil. Les jours s'écouloient en divertissements. J'avois ces défauts et d'autres que je ne dis pas. Les desseins de Notre-Seigneur étoient bien différents des miens (1). »

Au mois de mars 1654, Anne-Marie de Meilhac et ses sœurs furent mises en pension au couvent de Sainte-Claire de Limoges pour y être élevées sous la conduite de leur tante, sœur Louise de Malden du Saint-Sacrement (2). « *Je fis beaucoup de cris*, dit Anne-Marie ; je me consolai pourtant au bout

---

(1) *Vie écrite par elle-même.*
(2) Les sœurs Hospitalières de Saint-Alexis possèdent un portrait de cette religieuse, qui fut une des premières Mères de la Réforme.

de quelques jours, pensant que cette retraite temporaire seroit pour mon bien. »

L'âme humaine contient des germes assoupis qui n'attendent pour éclore que le contact du rayon divin. La lumière du Verbe, unique vraie vie des intelligences, allait, en se communiquant à la jeune fille, développer chez elle tout un ordre de sentiments nouveaux. Cette soudaine éclosion des dons de Dieu la ravit. La transformation de l'enfant sous l'influence de la grâce divine fut rapide. A peine quelques mois écoulés, déjà son cœur tendait aux résolutions héroïques.

« Au mois d'août de l'année 1653, dit-elle, passerent des religieuses qui quêtoient pour des Filles de Sainte-Claire. Je leur donnai l'aumône afin qu'elles fissent prier pour ma vocation. Dans ce même mois, je songeai pour la premiere fois à me faire religieuse. Je ne parlai pas si tôt de cette pensée ; mais peu apres je la découvris avec grand courage. Je sentois une extrême ferveur. Je méprisois les choses de la terre bien plus que je ne les avois autrefois aimées. J'éprouvai un inexplicable dégagement du côté du monde, et ne me souciai plus de parures. Notre-Seigneur me donna un grand désir d'humilité, et des connoissances de cette vertu qui dépassoient mon âge. Je m'imposois des mortifications, me privois de fruit et souffrois la soif ; je ne pouvois concevoir que les hommes se perdissent pour de l'argent. Un jour, mettant une piece de monnoie dans ma main,

« Est-il possible, m'écriai-je, que les âmes se damnent pour si peu ! » Je pris plus de sérieux : mon cœur étoit une terre fertile. Je désirois la souffrance : je priai Notre-Seigneur qu'il me fît souffrir (1). »

Avant de faire connaître à quel point ce désir de souffrance fut exaucé, disons que, Anne-Marie ayant manisfesté, comme elle vient de le dire, certains désirs de vie religieuse, ses parents, au lieu de l'affermir dans cette pensée, cherchèrent à l'en détourner. Martial de Malden, son oncle et son tuteur, la retira du couvent, et ne négligea rien pour neutraliser les influences qui pouvaient, imprudemment peut-être, avoir dirigé l'esprit de l'enfant de ce côté. Le monde lui fut montré sous les aspects les plus capables de séduire une jeune imagination.

« On me fit, dit-elle, sortir du couvent. Beaucoup de tentatives furent faites pour éprouver ma vocation. On me proposa de grands partis et des biens considérables si je voulois m'engager dans le monde. Je refusai : je voyois clairement que Notre-Seigneur me vouloit religieuse. Je me sentois un courage extraordinaire : je le fis bien paroître par les paroles que je dis (2). »

(1) *Vie écrite par elle-même.*
(2) *Ibid.*

La jeune fille, sur sa demande, fut ramenée au couvent de Sainte-Claire. Le mouvement qui la portoit vers Dieu n'étoit pas tellement impérieux que la nature ne reprît quelquefois le dessus. Ses Mémoires nous font assister à ce combat intérieur, à cette lutte secrète, et la décrivent avec une extrême naïveté :

« La fréquentation de quelques filles qui n'avoient pas l'esprit de dévotion me causa, dit-elle, un grand préjudice. Je me sentis ébranlée dans ma vocation. Les goûts de toilette me revinrent. J'eus soin de mon visage et de mes mains. J'aurois désiré porter le masque ; mais je n'osois le reprendre. Je mangeois peu, afin de devenir déliée. Je m'étudiois à paroître plus méchante que je n'étois, désirant que ma compagnie agréât aux pensionnaires (1). »

Les imperfections se laissent voir ; mais les défauts se balançaient par des qualités déjà remarquables. La jeune fille luttait contre ses penchants.

« J'étois, dit-elle, sérieuse, retenue dans mes paroles. J'aimois la solitude. Je disois quelquefois : *Éternité ! éternité !* et ces mots me fortifioient. En quelque vocation que je fusse, je voulois ne me point perdre, et ne pas ressembler à une pauvre errante qui

(1) *Vie écrite par elle-même.*

ne sait où elle est. Il vint au couvent une damoiselle de la ville qui se disoit vouloir être religieuse. Les sœurs en eurent beaucoup de joie. Cela me fortifia, et ma volonté se tourna de nouveau vers la Religion. J'étois touchée qu'une fille du grand monde eût ainsi méprisé le monde.

» Vous savez, ajoute-t-elle en s'adressant à son confesseur, qui est celle-ci et ce qui advint (1). »

II.

Enlèvement.

La suite du récit va nous dire quelle était cette personne dont l'angélique Fille de Sainte-Claire a eu tant à se plaindre, et à l'égard de laquelle elle ne laissera pas échapper une seule plainte.

C'était le 2 février 1658, jour de la Purification de la sainte Vierge, vers sept heures du matin. Anne-Marie, pendant que les religieuses récitaient l'office, fut attirée par sa compagne dans le jardin, et conduite près du grand portail, en face et un peu au-dessus de l'église Saint-Maurice, aujourd'hui église des Carmélites. La prétendue postulante ayant demandé avec une apparente ingénuité si la traverse en bois qui fermait la porte se pouvait

---

(1) *Vie écrite par elle-même.*

enlever, Anne-Marie répond affirmativement, et, voulant indiquer comment cela se pratiquait, elle avance d'un pas. Mais, à ce moment, elle se sent arrêtée par sa compagne : la porte s'ouvre, et deux hommes, d'un bras vigoureux, la saisissent, et la jettent en un carrosse à quatre chevaux qui s'éloigne avec rapidité. « On me fermoit la bouche avec les mains, dit-elle, afin d'étouffer mes cris. Je disois : « Sainte Vierge ! » Je pleurois, je protestois ! »

Une femme du peuple ayant vu le carrosse et entendu les cris, l'éveil fut donné. Demi-heure après, le carrosse revenait à vide. C'était une voiture à quatre chevaux, celle de Mathieu de Malden, grand-père de la victime : cette circonstance inexplicable ajoutait une perplexité de plus aux perplexités de l'opinion.

Pierre Mouchet dit Champagne, cocher de Mathieu de Malden, fut immédiatement appelé devant la justice. Joseph Descoutures, conseiller au présidial, dirigeait l'instruction. Le matin avant jour, Pierre Mouchet pansait ses chevaux près le cimetière des Arènes. Le valet de chambre de Joseph D***, trésorier général de France, l'est venu trouver, et lui a dit d'atteler. M. de Malden, a-t-il ajouté, avait prêté le carrosse à son maître pour faire visite à un gentilhomme logé près Saint-Maurice. Avant d'atteler, le cocher est allé prendre les ordres de son maître ; puis, revenant, il a conduit en voiture Joseph D*** et son laquais au lieu indiqué. Là le gentilhomme, après avoir fait ranger les chevaux contre la muraille, est entré dans le logis Saint-Laurent. Il en est sorti au bout d'un quart d'heure, et, montant en voiture, a eu soin de tirer les rideaux sur lui. Tout à coup la porte du couvent s'est ouverte : une jeune fille vêtue de jaune s'est précipitée dans le carrosse : le cocher a reconnu celle-là : c'était Marie D***. Au même moment, une autre jeune *damoiselle* à lui inconnue, vêtue de gris, a été jetée dans la voiture par deux cavaliers, dont l'un portant des plumets à son chapeau. Celle-ci poussait des cris, et disait : *Marie, ne me quittez pas!* Les deux jeunes filles étant ainsi dans le carrosse, le cocher, sur l'ordre de Joseph D***, pousse ses chevaux du côté du Crucifix-d'Aigueperse jusqu'à la maison de La Graule, et là seulement il s'aperçoit que le carrosse est escorté d'une troupe de vingt-cinq ou trente jeunes hommes armés et à cheval. Là aussi, dit le témoin, on a fait descendre la damoiselle inconnue ; on l'a assise à cheval, et, sans avoir égard à ses cris, les gentilshommes ont pris tous ensemble la route de La Maison-Rouge.

Déjà, en toute hâte, sur la réquisition de la famille de Malden, le vice-sénéchal rassemblait ses troupes. M. de Champigny, intendant de la généralité, donnait des ordres de son côté, et autorisait la famille à faire sonner le tocsin dans les paroisses voisines du château sur laquelle la jeune fille était dirigée. Pendant que ceci se passait, un jeune homme de vingt-cinq ans commandait d'urgence, pour lui et pour son laquais, des chevaux de poste, et s'élançait à franc étrier sur la route que les auteurs du rapt avaient parcourue. Le maître de poste courait en postillon. Son cheval, épuisé de fatigue, tomba une première, une seconde fois, et resta mort sur la route. Le jeune cavalier qui précipitait ainsi sa course était l'oncle du ravisseur. C'était un prêtre, prêtre indigne de ce nom !

Anne-Marie de Meilhac arriva au château de T*** brisée de lassitude.

« Le cheval, dit-elle, alloit très-vite ; je souffrois beaucoup d'une douleur de côté. Il m'étoit insupportable de me voir ainsi entre plusieurs hommes. Quand nous fûmes arrivés, on me descendit de cheval : je ne pouvois me soutenir. On m'aida à marcher, et je fus conduite en un appartement où je trouvai du feu ; l'on m'y servit des friandises. Il est facile de juger de l'étonnement que j'éprouvai en me voyant ainsi séparée de tous les miens. On fit venir une femme ; mais, au bout d'un moment, elle disparut. Tous ces messieurs se retirèrent aussi : il ne resta dans l'appartement qu'un prêtre et le jeune homme qui prétendoit obtenir ma main (1). »

Instruit des préparatifs qui se faisaient à Limoges, Joseph D*** pensait que le seul moyen de conjurer l'orage c'était de hâter la bénédiction nuptiale. Anne-Marie était assise. Le prêtre, couvert d'une étole, un livre à la main, lui demanda, en désignant son neveu, si elle acceptait ce gentilhomme pour époux : « Non, monsieur, répondit avec fermeté la jeune fille : j'ai résolu d'être religieuse! — C'est donc à moi de parler, reprit vivement le jeune homme. Eh bien ! je me prononce, et je dis *oui* pour tous deux. » Et le prêtre couvrit ce mariage illusoire d'une bénédiction sacrilége.

Anne-Marie de Meilhac n'avait pas tout à fait quatorze ans : elle n'était donc pas en âge d'être mariée. Elle devait être un jour fort riche : c'est à sa fortune que le jeune homme en voulait. Une ambition que rien ne justifiait, car le ravisseur possédait des biens considérables, était l'unique mobile de cette entreprise insensée.

L'attentat avait eu lieu vers sept heures du matin. A une heure après midi, commencèrent à paraître en vue du château les troupes envoyées de Limoges. Il y avait deux cents hommes : le vice-sé-

(1) *Vie écrite par elle-même.*

néchal qui les commandait somma le château de se rendre ; mais les assiégés s'étaient barricadés. Du haut des tourelles et de l'embrasure des fenêtres, ils menaçaient de faire feu sur la troupe. Voulant à tout prix prévenir l'effusion du sang, le vice-sénéchal fit reculer ses troupes, et demanda à Limoges du renfort. Le lendemain dimanche, sur le soir, six cents hommes cernaient la place (1), et, le lundi matin 4 février, toute résistance étant impossible, Joseph D*** demandait à capituler. Lui et son oncle, en rendant la mineure enlevée, s'engagèrent par écrit à se constituer prisonniers si la jeune fille se plaignait d'aucunes violences.

Le même jour, pendant que ceci se passait au château de T***, Simon Descoutures, avocat du roi, lançait à Limoges un mandat d'arrêt contre le gentilhomme et ses complices. La cour présidiale de Limoges, dont la plupart des membres appartenaient à l'une ou à l'autre des familles intéressées, dut se déclarer incompétente, et les parties furent envoyées devant le tribunal de Brive pour y être jugées prévôtalement. Reconnus coupables de rapt d'une mineure, crime prévu par l'article 42 de l'ordonnance de Blois, Joseph D***, son valet de chambre et Pierre D***, chanoine théologal de

---

(1) Ces mouvements de troupes coûtèrent aux de Malden trois mille livres.

Saint-Martial, furent condamnés à la peine de mort par sentence du 19 juillet 1658. Les prévenus étant contumaces, la sentence fut exécutée par effigie le 23 du même mois. Marie D***, déclarée coupable des mêmes crimes, fut condamnée à avoir les cheveux rasés, et à être enfermée en un couvent le reste de sa vie (1). J'ajoute que Joseph D*** et ses complices avaient été condamnés en cinquante mille livres pour la réparation civile, d'un côté ; de l'autre, à une amende de *cinq mille livres* (2) envers la personne offensée, et enfin aux dépens, qui étaient considérables.

III.

Préliminaires de la Réforme.

Anne-Marie de Meilhac revint à Sainte-Claire ; mais ces cloîtres, trouvés autrefois si doux, lui paraissaient maintenant mornes et glacés.

(1) Legros, *Mél.*, III, 389.
(2) Pierre Mercier, dans ses *Mémoires sur la Mère du Calvaire*, dit que les prévenus furent condamnés pour la réparation civile à cinquante mille livres, *à l'amende d'autant* envers l'enlevée, et à de très-gros dépens. Mais je n'ai sous les yeux qu'une copie abrégée des Mémoires de Mercier. Cette copie pouvant être fautive, je m'en tiens au chiffre de cinq mille livres, qui a été donné par d'autres écrivains peut-être mieux renseignés que moi.

« Après ce qui s'étoit passé, dit-elle, je croyois ne pouvoir plus être religieuse. J'étois comme une personne tombée de bien haut. Je quittai Dieu : les grâces que le Seigneur m'avoit faites s'effaçoient de ma mémoire. La sainte vie du cloître me parut un supplice. Quelques amies me blâmoient : j'aurois dû, disoient-elles, demander justice. Comme j'avois le cœur fier, j'étois en une espece de désespoir : « Mon Dieu, m'écriois-je, que deviendrai-je » ? Je versois beaucoup de larmes. J'entendois les discours que l'on faisoit de moi. Rien ne me donnoit de consolation : j'étois comme abandonnée du genre humain. Les démons avec moi n'avoient pas grand'peine : mon cœur étoit ouvert; ils entroient et sortoient comme ils vouloient (1). »

Les mouvements du cœur humain ressemblent au tumulte des mers : les flots émus ne s'apaisent que lentement. Atteinte au plus intime de l'être, cette âme se débattait contre la douleur; mais la foi l'emporta; les orages se calmèrent; la paix resta du côté de l'innocence, et la seule vengeance de la jeune fille contre le monde fut une nouvelle et irrévocable résolution de s'en séparer à jamais. C'est le 6 décembre 1658 qu'elle prit cette grande détermination.

« Le 6 décembre 1658, dit-elle, étant dans ma chambre, assise par terre pres de mon lit, je réflé-

(1) *Vie écrite par elle-même.*

chissois sur le monde et la religion. J'avois ainsi réfléchi quelquefois, mais sans bien comprendre. Ce jour-là mon entendement fut éclairé. La vérité m'apparut comme en un miroir. Je vis le monde, je vis la religion, et, de cœur et de bouche, je m'écriai : « Oui, » mon Dieu, je serai religieuse : adieu le monde, » adieu pour jamais! » En prononçant ces mots, j'étois si émue que je dus, pour me soutenir, m'attacher à la quenouille du lit. J'étois comme suffoquée : il sembloit que Dieu m'eût abandonnée; mais, le 8 décembre, pendant la sainte messe, j'eus un sentiment si vif des douceurs de la vie religieuse que toutes mes peines s'évanouirent (1). »

Cette date du 8 décembre 1658 est mémorable dans la vie de la Mère du Calvaire. C'est ce jour-là qu'elle se sentit inspirée de fonder à Limoges, pour les Filles de Sainte-Claire, un couvent de la Réforme, et de se consacrer à Dieu dans cette Réforme en qualité de simple sœur converse.

« Je crus fermement, dit-elle, que le projet s'exécuteroit nonobstant beaucoup de difficultés, parce que je ne me recherchois pas moi-même. Cette assurance fut intimement gravée au fond de mon cœur. Je ressentis aussi le désir d'être sœur converse (2). J'aspirois au jour où la fumée d'une buanderie me

(1) *Vie écrite par elle-même.*
(2) Pierre Mercier, *Mém. concern. la Mère du Calv.*, in 4, p. 36, ms. des Fill. de Sainte-Claire.

cacheroit à tous les yeux. Le travail d'une pauvre sœur converse, c'est à quoi se terminoient tous mes vœux. Je donnai un coup de pied au monde, le rejetant pour jamais (1). »

Instruit du double dessein de sa nièce, Martial de Malden de Savignac conseilla à Anne-Marie de réfléchir, de ne rien précipiter. Pierre Mercier parlait dans le même sens ; mais, de jour en jour plus ferme et plus résolue, la jeune fille conjurait son oncle d'obtenir l'approbation de l'évêque. Lorsqu'on lui parla de ce dessein, François de La Fayette le jugea chimérique : ce n'était, croyait-il, que rêverie d'enfant : il conseilla de désabuser doucement la jeune fille, et de lui persuader d'entrer soit à la Visitation, soit chez les Carmélites. Martial de Malden, croyant en effet ce parti le plus sage, pria l'évêque d'en parler lui-même à sa nièce ; mais le prélat, lorsqu'il eut entendu la jeune fille, changea de sentiment : le projet lui parut venir de Dieu.

« Le jour de la Saint-Jean, dit Anne-Marie, je parlai à celui de qui dépendoit la permission Il avoit, m'a-t-on dit, grand éloignement pour permettre cette fondation : sitôt que j'eus parlé, il accueillit la demande avec toute l'affection que je désirois. Je m'exprimois avec hardiesse et courage (1). »

(1) *Vie écrite par elle-même* : Arch. du dép.
(2) *Ibid.*

Le dessein étant ainsi approuvé par l'évêque, il ne restait qu'à concerter les moyens d'exécution. On demeura d'accord d'employer à la nouvelle fondation, avec la permission du provincial des cordeliers, quelques religieuses détachées du couvent de Sainte-Claire. On désigna pour gouverner le futur couvent la Mère de Puylaurens, sœur du duc et pair de ce nom. C'était une religieuse douce, sensée, vertueuse, qui avait déjà rempli les fonctions de supérieure. Il fut convenu qu'elle serait accompagnée de trois autres religieuses, dont une devait être la Mère Louise de Malden du Saint-Sacrement, tante d'Anne-Marie de Meilhac. Enfin on passa, sous la date du 3 mai 1659, le contrat de fondation, par lequel Anne-Marie donnait pour l'établissement du couvent projeté cinquante-cinq mille livres (1).

M. de Clary, trésorier de France, beau-frère de Martial de Malden, se chargea d'aller à Brive solliciter du provincial des Cordeliers l'obédience nécessaire pour la sortie des quatre religieuses. Mais les religieuses de Sainte-Claire expédiaient au même moment un exprès chargé de remettre au provincial

---

(1) Pierre Mercier, *Mémoires abrégés*, in-4, p. 39 : ms. des Filles de Sainte-Claire. Ce document dit expressément cinquante-cinq mille livres.

une dépêche par laquelle, d'un commun accord, elles faisaient opposition à la sortie des quatre sujets désignés ci-dessus. Le provincial n'étant pas à Brive, l'exprès revint sans avoir rien fait. M. de Clary au contraire, instruit que le Père était à Condom, se rendit près de lui, et rapporta l'obédience en bonne forme en date du 20 mai 1659.

Blessées du mauvais succès de leurs démarches, les religieuses de l'ancien couvent mettaient à l'expression de leur mécontentement si peu de mesure que Martial de Malden crut devoir retirer ses nièces, et les placer momentanément à la Visitation-Sainte-Marie. Il loua en même temps, dans la rue de la Cité, une maison où l'on exécuta d'urgence toutes les appropriations nécessaires pour la future communauté. En ce qui touche les oppositions formées par les religieuses de l'ancien couvent, on obtint du parlement de Bordeaux un arrêt qui ordonnait à la supérieure de laisser sortir les quatre sujets sous peine de bris des portes du couvent. En même temps des lettres-patentes du roi du mois de juin 1659 autorisaient l'établissement du couvent de la Réforme.

Les religieuses du grand couvent paraissaient craindre qu'on ne les obligeât de rendre les dots des sujets sortants. Martial de Malden les rassura, et s'engagea par acte public à n'exercer aucune répétition de ce genre. Le dernier obstacle étant ainsi levé, il fut convenu que les quatre religieuses sortiraient le 4 août 1659 (1).

IV.

Le Couvent de la Réforme

En effet, le 4 août 1659, l'évêque ayant envoyé son carrosse à la Visitation, Anne-Marie de Meilhac, accompagnée de sœur Anne Descordes, assistante des Hospitalières de Saint-Alexis, se rendit en voiture au parloir de Sainte-Claire, où l'attendaient son oncle Martial de Malden de Savignac, Pierre Mercier et quelques autres personnes. On craignait de la part des anciennes religieuses de nouveaux obstacles : les tintements réitérés de la cloche du chapitre retentissaient dans le parloir comme la cloche d'alarme. L'incertitude fut longue : l'attente dura près de trois heures. Enfin le cloître s'ouvrit, et l'on vit paraître la Mère de Puylaurens entourée de ses trois compagnes. Anne-Marie, se jetant dans leurs bras, les pressa contre son cœur, et, les ayant fait monter en voiture, alla passer avec elles la soirée chez les Carmélites. La journée du 5 fut pour les dames de la Visitation. Le lendemain 6, fête de la Transfiguration, les nouvelles Claires,

---

(1) Mercier, *Mém. concern. la Mère du Calvaire*, p. 44.

après une visite aux Filles de Notre-Dame et aux Ursulines, allèrent dans la maison des Hospitalières de Saint-Alexis, chez qui elles acceptèrent à dîner et à souper (1). Le soir, à huit heures, on se sépara, et les Filles de Sainte-Claire s'installèrent avec joie dans le *Petit-Couvent*, ainsi nommé pour le distinguer de l'ancien.

Le 10 août 1659, la messe fut célébrée pour la première fois dans la chapelle; et, le surlendemain, la fondatrice, sous le titre de sœur du Calvaire, prit l'habit de converse; car elle ne voulut pas être sœur de chœur : sa vocation, disait-elle, était de s'humilier et de servir. C'est en la même qualité qu'elle prononça ses vœux le 16 août de l'année suivante.

L'installation dans la rue de la Cité n'était que provisoire. Déjà Martial de Malden faisait construire au faubourg des Arènes, sur l'emplacement de l'ancien prieuré de Notre-Dame et de l'hôpital Saint-Jacques, un couvent qui, à la Pentecôte de 1661, se trouva presque entièrement terminé (2).

---

(1) En souvenir de cette journée de fraternelle hospitalité, les sœurs de Saint-Alexis, lorsqu'elles célèbrent leur centième anniversaire, envoient quelques mets de leur table à leurs bonnes sœurs de Sainte-Claire, qui, de leur côté, au jour de leur festin séculaire, font à leurs bien-aimées sœurs de Saint-Alexis une part dans leurs magnificences d'un jour.

(2) Mercier, *Mém. concern. la Mère du Calvaire*, p. 61., ms. des Filles de Sainte-Claire.

Avant d'y installer les religieuses, on désirait, pour le bien de la communauté, que la fondatrice prît rang parmi les Mères. On lui en parla : la communication parut lui être douloureuse. Elle tenait à son humble condition : sa résistance fut vive; mais, avertie par M. Maillard, vicaire général, que l'évêque se disposait à la contraindre en vertu de la sainte obéissance, elle se soumit. Au moment où des mains de l'évêque elle reçut le voile noir, ses yeux se remplirent de larmes si le sacrifice fut généreux, la récompense ne se fit pas attendre :

« Ces larmes, dit-elle, furent suivies d'un recueillement profond, qui dura cinq à six heures. Dieu me donna un grand repos de conscience : il me sembla que je n'étois plus la même (1). »

Et ailleurs :

« J'ai, dit-elle, versé beaucoup de larmes en quittant mon premier voile. Aujourd'hui je suis soumise et contente. Je crois avoir laissé le voile de converse par ordre de Dieu : cependant je le regrette (2). »

La translation des religieuses de la maison de la Cité dans celle du faubourg des Arènes eut lieu le 5 septembre 1661. Le 8 du même mois, jour

(1 Mercier, *Mém.* p. 66.
(2) *Ibid.*. p. 70.

de la Nativité de la sainte Vierge, la sœur cadette de la Mère du Calvaire, Térèse de Meilhac, reçut l'habit des mains de l'évêque, François de La Fayette, et prit le titre de sœur Térèse de Saint-Joseph : le Père Vidaud, provincial des Carmes déchaussés, fit le sermon. La troisième sœur, Louise de Meilhac, prit à son tour l'habit le 9 mai 1666, sous le titre de sœur Saint-François (1). A ce moment, la Réforme avait déjà reçu sa dernière consécration par une bulle du pape Alexandre VII du mois d'août 1664.

On demandera peut-être en quoi consistait la réforme. Pour résoudre la question, il faut reprendre les choses de plus haut. La règle donnée par saint François au couvent de Saint-Damien en 1224, nommée vulgairement *la Règle des pauvres dames*, fut approuvée par Innocent IV en 1253, trois jours avant la mort de sainte Claire (2). Mais déjà Innocent IV avait approuvé deux autres règles : l'une, en 1245, plus rigoureuse; l'autre, en 1246, moins austère que la règle primitive, toutes les deux autorisant les communautés à posséder des revenus pour leur subsistance. Vingt ans

---

(1) Mercier, *Mém.*, p. 91-96.
(2) Sainte Claire, née à Assise dans l'Ombrie en 1193, quitta le monde en 1212, et mourut le 11 août 1253, dans la soixantième année de son âge : elle comptait quarante-deux ans de vie religieuse.

environ plus tard, c'est-à-dire en 1264, voulant introduire quelque uniformité dans le régime des diverses communautés, le pape Urbain IV résuma les usages en une nouvelle règle que beaucoup de maisons adoptèrent ; les religieuses qui se soumirent à la règle d'Urbain IV furent, du nom de ce pape, surnommées Urbanistes.

Les Filles de Sainte-Claire qui les premières s'établirent à Limoges, et dont il a été si souvent parlé dans ce chapitre, pratiquaient la règle mitigée d'Innocent IV (1). C'est en vertu de cette mitigation que la communauté, contrairement à la règle primitive, se livrait à l'enseignement de la jeunesse.

Anne-Marie de Meilhac se souvenait du terrible évènement auquel l'avait exposée cette maison : avertie par une cruelle expérience des inconvé-

---

(1) Les Filles de Sainte-Claire s'établirent pour la première fois à Limoges le 18 novembre 1619, dans la Cité, et occupèrent la chapelle, aujourd'hui détruite, de Notre-Dame-du-Puy, dont il faut chercher l'emplacement près du local actuel des Carmélites. En 1637, les religieuses bâtissent un couvent sur la place de la Cité, et construisent, en 1641, leur chapelle sur les ruines de l'antique église de Saint-Genêt. En 1752, huit sujets composaient toute la communauté. A tort ou à raison, c'est ce que je n'ai pas à examiner ici, le Gouvernement s'empara de la maison, la donna aux Bénédictines de Notre-Dame-des-Allois, et assigna aux religieuses évincées une pension alimentaire de deux cent cinquante livres chacune.

nients possibles de la mitigation, elle entendait, en se donnant à Dieu, placer son existence et celle de ses compagnes sous la protection, sans doute plus efficace, de la règle primitive, complétée par Urbain IV. La délicatesse de son tempérament semblait devoir l'éloigner d'une vie austère; mais un sentiment supérieur la portait à chercher les chemins rudes, et à lutter contre les obstacles. Le régime était en effet d'une grande rigueur : vêtement de laine, nudité des pieds, lit de paille, abstinence d'aliments gras, interdiction de certains aliments maigres pendant le carême, huit mois de jeûne par an, célébration de l'office à minuit, etc.

Sur la demande de la Mère du Calvaire, le cardinal de Vendôme, légat *a latere*, autorisa, par lettres du 16 avril 1668, l'évêque de Limoges, François de La Fayette, à rédiger les constitutions, qui, discutées en chapitre par les religieuses, furent acceptées à l'unanimité le 6 octobre 1668 (1). Ces constitutions sont aujourd'hui encore le code de la communauté ; et chaque religieuse, au moment de sa profession, s'engage expressément à renoncer à jamais à toute mitigation.

(1) Mercier, *Mém.*, p. 112, 127.

V.

Vie extatique.

Après avoir donné, ainsi que je l'ai fait, les dates de la fondation, il me resterait à parler de la vie particulière de la fondatrice. Cette vie a été décrite avec beaucoup de détails par Pierre Mercier, l'homme du monde qui connut le mieux la Mère du Calvaire, puisqu'il fut son confesseur pendant quinze ans; mais, les faits touchant de tous côtés à la vie surnaturelle, je me bornerai à quelques indications succinctes et toutes sommaires.

Dieu, dit saint Philippe de Neri, *a composé la vie humaine d'une consolation et d'une souffrance*. La vie des saints, sous ce rapport, ne diffère pas de celle du commun des hommes; mais, chez les saints, les souffrances et les consolations, en tant que procédant de l'ordre surnaturel, atteignent des mesures exceptionnelles, et dépassent les proportions connues. Sainte Catherine de Gênes, sainte Térèse, saint Jean de la Croix et d'autres grands extatiques ont expliqué le phénomène psychologique très-curieux auquel je fais allusion, et qui, à proprement parler, constitue toute la vie de la Mère du Calvaire. Des alternatives de désolation et de joie, dont rien de ce qui se passe dans l'ordre commun ne donne d'idée, forment comme la trame de cette vie. Quelquefois les lignes tombées de la plume de la servante de Dieu respirent une tristesse mortelle : c'est comme la suffocation, comme le sanglot de l'agonie. Au commencement de 1670, elle écrit à M. de Bretonvilliers : *Je vois l'enfer sous mes pieds : demandez à Dieu qu'il ne permette pas que je sois séparée de lui pendant l'éternité* (1). Les maux de l'âme se compliquent chez la pieuse Mère de défaillances corporelles : *J'ai*, dit-elle, *l'esprit et le corps abattus : cela me laisse en une grande foiblesse : le chagrin parfois est allé si avant que j'ai senti comme un désespoir* (2). Ces états d'angoisses lui sont habituels : les tristesses, les perplexités, les obscurités, assiégent et minent sa vie. Peu à peu sa santé s'altère : l'estomac ne fonctionne plus ; la nourriture détermine des vomissements qui se renouvellent *treize ou quatorze fois par jour* (3), et cela pendant cinq années consécutives. Le crucifiement est complet : c'est la *nuit obscure* de la vie spirituelle, c'est le Calvaire ; mais le Calvaire laissera quelquefois apercevoir les lumineuses cimes du Thabor.

(1) Mercier, *Mém.*. p. 123.
(2) *Ibid.*, p. 121.
(3) *Ibid.*, p. 109.

A de certains moments, sous les influences de la vie extatique, la douleur est comme suspendue. Où le martyre abonda, abonde la consolation. Les feux de l'épreuve s'éteignent, et l'âme est enivrée de quelques-unes de ces joies dont une seule, pour employer l'expression de sainte Térèse, *feroit oublier des siecles de souffrance.* C'est ainsi, dit Pierre Mercier, que, en 1666 et 1667, la Mère du Calvaire reçut de Notre-Seigneur *des faveurs qui surpassent tout ce que nous en pourrions écrire. Il semble que Dieu ne puisse se communiquer à une créature d'une maniere plus sublime, plus surprenante, plus divine* (1). Par un phénomène qui semble en contradiction avec les lois de la nature, la sainte Mère éprouve parfois, en un même moment, des afflictions et des joies que le langage humain ne saurait exprimer. La page suivante, détachée des écrits de la fondatrice, constate cette espèce de phénomène, et témoigne d'ailleurs des grandes lumières qui lui étaient communiquées dans l'extase.

« Un soir, dit-elle, ayant ouvert le Nouveau Testament, ces mots *tout homme sera salé de feu* (2) émurent fortement mon cœur. Trois feux me furent montrés : le feu de l'épreuve, qui

(1) Mercier, *Mém.*, p. 106.
(2) « Omnis enim igne salietur. » Marc, IX, 48.

purifie et prépare aux grandes choses ; le feu de l'amour divin, qui purifie et conserve, et enfin le feu de Dieu; Dieu *feu consumant*, par qui sera attirée et consumée toute créature qui n'aura pas opposé à son action une résistance formelle.

» Le spectacle ensuite se renversa. Je vis le Dieu d'amour devenu Dieu de vengeance : de son trône sortoit un fleuve de feu qui dévoroit les méchants. J'étois frappée de crainte : dire ce que j'éprouvois seroit impossible. Je ressentois une douleur qui tenoit de la rage des damnés : je ne trouve point d'autre terme pour me *déclarer* et m'exprimer. En réalité pourtant ce n'étoit que la moindre partie de mon être qui souffroit. La partie de l'être où réside le Saint-Sacrement étoit libre, et le sentiment que j'en avois me faisoit goûter d'ineffables consolations. Chose étrange! je ressentois en un même moment des peines et des consolations indicibles (1) ! »

Je pourrais multiplier les citations de ce genre ; mais le lecteur qu'aucune étude antérieure n'a préparé à l'intelligence de cette sorte de phénomènes me refuserait peut-être une indulgence dont, à chaque ligne de cet ouvrage, j'ai cependant senti le besoin. Revenons donc aux faits de l'ordre naturel, et suivons la Mère du Calvaire

---

(1) Archives du dép., *Vie écrite par elle-même.*

dans le commerce des relations habituelles de la vie. Il existe d'elle trois lettres autographes (1) précieusement conservées au couvent de Sainte-Claire. Deux de ces lettres sont adressées à M. Bourbon, l'un des plus vénérés prêtres de la congrégation de M. Olier : je reproduis celles-ci.

1.

« A MONSIEUR BOURBON, A PARIS.

» Ce 6 juillet.

» MONSIEUR,

» Salut tres-humble en Notre-Seigneur ! Instruite que vous étiez malade, la chere Mere a ordonné à la communauté de prier pour vous. Nous l'avons aussi fait en notre particulier. Ceux qui souffrent bien, qu'ils sont heureux ! Je suis, je l'avoue, bien éloignée de cet esprit de pure souffrance. La moindre petite occasion d'endurer m'est pénible. Quand est-ce, Monsieur, que nous serons tout à Dieu ? Cette vie est bien dure, puisque nous pouvons nous y séparer de Notre-Seigneur. Les saints pleuroient leur exil : ils avoient raison. Je vous supplie de nous dire la sainte

(1) Plusieurs autres lettres de la Mère du Calvaire à M. de Bretonvilliers se conservent, je crois, dans les archives de la congrégation de Saint-Sulpice.

messe sur le tombeau de votre tres-cher Pere M. Olier. Nous communierons pour vous le jour de la fête de notre séraphique Pere saint Bonaventure, afin qu'il embrase votre cœur de l'amour dont le sien étoit rempli. Agréez que nous finissions en vous disant qu'il faut ou aimer ou mourir. Croyez-nous pour jamais, Monsieur, votre tres-humble et obéissante servante.

» Sœur ANNE-MARIE DU CALVAIRE,
» Religieuse de Sainte-Claire déchaussée. »

2.

« AU MÊME.

» *Vive Jésus et Marie !*

» Ce 29 septembre.

» MONSIEUR,

» Salut tres-humble en Notre-Seigneur. Vous aurez bien la bonté d'excuser si j'ai tardé à vous faire réponse. Je loue Notre-Seigneur de l'application qu'il vous donne pour nous, et aussi de la liaison que vous voulez avoir avec notre petite maison, qui est bien dans le désir d'aimer Notre-Seigneur. Je ne vous avois pas mandé que M. de Saint-Clie est le mardi avec nous. Vous l'agréerez bien : c'est un petit-fils de notre Pere saint François et de M. de Bretonvilliers.

» Ah ! Monsieur, la fête de notre Pere séraphique

s'approche ! Il faudra bien se fondre tout dans l'amour. Ce jour-là, seroit-il bien possible que, étant proche de ce grand brasier, nous ne fussions point échauffés ? Aux enfants de sa riche pauvreté ce séraphique Pere a laissé les travaux de la pénitence et les douceurs de l'oraison. Que je me vois éloignée de l'esprit de souffrance et d'anéantissement ! Mes miseres sont en si grand nombre que cela me prendroit bien du temps si j'y voulois songer. *Quand sera-ce que nous serons en la bienheureuse éternité, et que nous aimerons Dieu sans cesse ?* Dans ce monde, un jour l'on est en une grande ferveur, et le jour d'apres en la lâcheté. Il faut nous abandonner au pouvoir du divin amour : pourquoi sommes-nous créés si ce n'est pour glorifier Dieu ? Faisons à qui plus le contentera. Rien n'est capable de satisfaire notre cœur que Dieu seul. J'ai tant passé de jours inutilement ! Je suis dans le désir de réparer ces jours par un renouvellement complet entre les mains de Notre-Seigneur. Aidez-moi, je vous supplie, à obtenir de sa bonté que je puisse mourir à moi-même pour vivre de sa vie divine. Que votre tres-cher fondateur étoit bien rempli de l'esprit de Dieu ! Ce vous est une grande consolation de lire sa Vie (1). J'espère que nous aurons cette Vie dans quelque temps.

» Je vous supplie de me croire, en Jésus et Marie, tant que j'aurai de vie, votre tres-humble et obéissante servante.

» Sœur ANNE-MARIE DU CALVAIRE,
» Religieuse de Sainte-Claire déchaussée. »

---

(1) La première Vie de M. Olier, fondateur du séminaire et de la congrégation de Saint-Sulpice.

Quand sera-ce que nous serons dans la bienheureuse éternité ? Ce vœu de tous les saints, ce vœu qui résumait les aspirations de l'angélique Mère, allait être bientôt satisfait. Dieu commença par imposer à Anne-Marie de Meilhac le sacrifice le plus douloureux. Martial de Malden, cet oncle qui lui avait servi de père, mourut, comme nous l'avons dit ailleurs, le 7 octobre 1670 (1). Le coup fut terrible : dans cette déchirante séparation, la servante de Dieu tomba éplorée aux pieds de Notre-Seigneur, et le Maître daigna la regarder avec bonté : les premières douleurs passées, dit Pierre Mercier, elle fut favorisée de beaucoup de grâces.

VI.

Mort de la Mère du Calvaire.

En 1671, le 29 octobre, la Mère du Calvaire fut, à son grand regret, élevée à la charge de maîtresse des novices. C'était un nouveau sacrifice imposé à son humilité : elle se soumit.

En 1672, sentant ses forces s'affaiblir, et craignant d'être surprise par la mort, la sainte

(1) Anne-Marie de Meilhac avait déjà perdu sa tante Louise de Malden, sœur du Saint-Sacrement : cette religieuse était décédée le 19 juin 1665.

Mère, alors âgée de vingt-huit ans, dressa un formulaire des croyances dans lesquelles elle voulait mourir. Cet acte de dernière volonté, dont je ne citerai que quelques passages, atteste la grandeur de sa foi. La pieuse Mère s'adresse à la très-sainte Trinité :

« Je vous offre, dit-elle, ma mort ; j'agrée de tout mon cœur la destruction de mon être, et ne la voudrois pas différer d'un moment. J'adore par avance le jugement que vous ferez de ma pauvre âme, ô mon Sauveur !

» Je crois tout ce que croit la sainte Église notre Mere ; je meurs sa fille, et, s'il étoit besoin, je donnerois pour elle jusqu'à la derniere goutte de mon sang.

» Je renonce à toutes les inquiétudes que je puis avoir dans mes maux. J'accepte les peines, les privations, les états d'abandon. J'adore votre sainte justice et m'y soumets avec amour, quoique la nature crie. Je vous offre, cher Jésus, mon esprit, mon corps, mon âme, tout ce que je suis! Je me vois nue, abandonnée, destituée de tout bien : je n'ai rien à vous offrir, ô mon Dieu, que la vertu de votre sang et votre miséricorde. Je remets mon âme entre vos mains comme la créature à son créateur. C'est en vous que je veux trouver mon repos dans les siecles des siecles (1)! »

Cette protestation porte la date du **22 mars 1672**. Par un nouvel acte du **25** du même mois,

---

(1) Mercier, *Mém.*, p. 134-135.

la vénérable Mère fait donation à la sainte Vierge de tous ses actes, de tous les mouvements de son cœur, et renouvelle le vœu qu'elle déclare avoir fait précédemment de *chercher en tout la plus grande gloire de la sainte Vierge.* En même temps la Mère du Calvaire demandait que, pendant son agonie, une sœur se tînt devant le Saint-Sacrement, et acceptât en son nom le jugement que bientôt Dieu prononcerait sur sa personne.

Ces préparatifs de mort se rattachaient à une vision qu'elle avait eue le 19 janvier 1672, et qui lui faisait pressentir des épreuves terribles.

En effet, vers le mois d'avril, elle se sentit comme abandonnée de Notre-Seigneur : le vide se fit dans son esprit. Les grâces antérieures furent comme effacées de sa mémoire. Le passé prit à ses yeux le caractère d'une longue illusion. Elle crut s'être trompée et avoir trompé les autres, et sa conscience, un moment obscurcie, lui reprocha des fautes dont auparavant elle n'avait pas même d'idée. A ces désolations, dont j'abrége le récit, et qui durèrent toute la dernière année de sa vie, se joignaient les terreurs de la mort et des jugements de Dieu et une vue persistante des incompréhensibles abîmes de l'éternité. Sans doute, dit son biographe, ces accidents, ces révolutions de l'âme sont très-difficiles à comprendre ; mais *le récit que j'en fais est très-véritable.*

Le 2 février 1673, au jour anniversaire de cet enlèvement qui avait couvert de tant de deuil son adolescence, la Mère du Calvaire eut une nouvelle et douce vision. Cette fois ce fut la sainte Vierge qui daigna la visiter : « *Ma fille*, lui dit avec bonté la reine des Vierges, *il faut t'en venir : viens-t'en, viens-t'en* (1) ! » Ceux qui étaient chargés de sa conduite, dit Pierre Mercier, ne doutèrent pas que le terme de son exil ne fût proche. A dater de ce jour, la situation parut empirer : les médecins perdirent tout espoir, et la servante de Dieu se résigna à entrer à l'infirmerie, d'où, hélas ! elle ne devait plus sortir. A la sérénité de son regard, on eût dit qu'elle n'avait pas même le sentiment de ses maux. Aux personnes qui l'interrogeaient sur sa santé elle répondait avec douceur : *Abandon !*

Le 2 mars 1673, plus fatiguée que de coutume, la malade eut le bonheur de communier, et demanda à Notre-Seigneur trois grâces, qui lui furent accordées ; savoir : d'être délivrée, à ses derniers moments, de toute douleur aiguë ; de mourir dans les mains de la supérieure, et enfin d'expirer un *vendredi*. Sa pauvre jeune sœur, Louise de Malden, s'étant approchée en fondant en larmes, la Mère du Calvaire jeta sur elle un regard de tendresse, et ne

---

(1) Mercier, *Mém.*, p. 141.

dit que ces mots : *Adieu, ma sœur : il faut faire la volonté de Dieu!*

Le 7 avril, c'était un vendredi, tous les symptômes annoncèrent la crise finale. Le Père Mercier apporta à la malade le saint Viatique, et, à deux heures après midi, en présence de M. Maillard, vicaire général, lui administra l'extrême-onction. La sainte Mère se fit ensuite lire l'acte sus-mentionné de ses volontés dernières, et chargea une de ses compagnes d'accepter en son nom, au pied du Saint-Sacrement, le jugement que Dieu allait prononcer sur sa personne. Quelques moments après, sans convulsion, sans violence, sans agonie, *elle baissa la tête*, et rendit son esprit à Dieu à l'heure où précisément le Sauveur était expiré. Ainsi mourut, le vendredi 7 avril 1673, âgée de vingt-neuf ans, Anne-Marie de Malden de Meilhac, Mère du Calvaire, fondatrice du couvent réformé des Filles de Sainte-Claire, qui subsiste encore. A la nouvelle de sa mort, Jean Bourdon, supérieur du séminaire, tomba à genoux, et, au lieu du *De profundis*, récita l'hymne de réjouissance *Laudate Dominum, omnes gentes!*

Le corps fut exposé dans la chapelle des Clairettes. Toute la ville vint s'agenouiller au pied du lit mortuaire. L'évêque, François de La Fayette, assista aux obsèques. Au moment où l'on déposa le corps dans le cercueil de plomb, le visage parut si frais et si vermeil qu'un moment l'assistance parut douter de la réalité du décès.

Le Père Mercier nous a laissé d'Anne-Marie de Meilhac le portrait suivant. La Mère du Calvaire, dit-il, était d'une taille droite et assez élevée. Elle avait le teint brun, la face régulière et un peu allongée, et des yeux très-vifs, qu'elle baissait par humilité. Elle grasseyait légèrement en parlant. Son naturel affectueux, son humeur facile et enjouée, *faisoient un singulier plaisir* à ceux qui l'approchaient. Un esprit droit, un jugement solide, s'ajoutaient à ses autres qualités, qui d'ailleurs n'étaient rien en comparaison de ses vertus (1), dont l'humilité fut comme le principe. Elle s'estimait la dernière des pécheresses, et se disait appelée *au bonheur de la vie méprisée*. Lorsqu'on lui parlait de son titre de fondatrice : *Si je suis la pierre fondamentale*, répondait-elle, *ma place est sous l'édifice*. Elle s'était assise *dans la paix de l'humilité de Notre-Seigneur* : ce sont ses propres expressions. Les biens du monde lui paraissaient un pur néant. Elle exécutait religieusement sa tâche manuelle, *afin*, disait-elle, *de gagner son pain*. L'esprit de pauvreté la détachait de tout, même des consolations intérieures : *Ces sortes de richesses*, disait-elle, *accablent l'âme si elle n'a soin*

---

(1) Mercier, *Mém*, p. 145-146.

de s'en désapproprier. Le *douaire* de cette épouse de Jésus-Christ, dit Pierre Mercier, fut un peu privilégié dans les souffrances de Notre-Seigneur (1). Quelquefois, faisant allusion à son nom : *Si nous sommes montée sur le Calvaire*, disait-elle, *c'est pour y mourir*.

Cette grande servante de Dieu naquit un vendredi, fut baptisée un vendredi, et mourut, comme on l'a vu, un vendredi.

Son portrait, fait après sa mort, se conserve précieusement au couvent de Sainte-Claire. Le front de l'angélique Mère a conservé sa beauté jusque dans la mort : cette figure charmante est bien telle que le bon Père Mercier l'a décrite. La peinture malheureusement ne répond pas à la grâce du modèle.

Les contemporains croyaient que la Mère du Calvaire serait un jour inscrite au rang des saints (2). La pieuse fondatrice peut avoir mérité d'être canonisée : avons-nous mérité qu'elle le fût?

(1) Mercier, *Mém.*, p. 157.
(2) Voir le P. Peneré, *Vie de la Mère du Calvaire*, p. 133, ms. des sœurs Hospitalières de Saint-Alexis.

VII.

Après la Mère du Calvaire.

La Mère Louise de Puylaurens de la Purification continua jusqu'à sa mort de gouverner en qualité de supérieure le *Petit-Couvent*. Le décès de cette sainte religieuse eut lieu le 26 octobre 1685 : elle avait alors environ quatre-vingts ans (1).

Obligé d'abréger ce récit, je franchis un long espace, et j'arrive aux dernières années du XVIII° siècle. Le décret de suppression des communautés, rendu en 1791, chassa les Filles de Sainte-Claire de leur maison : elles en sortirent en 1792, au nombre de vingt-deux, y compris trois converses, et, peu après, le toit de l'innocence fut vendu au plus haut et dernier enchérisseur. Le 1er novembre 1794, les fugitives obtenaient de l'acquéreur qu'il consentît à leur louer *un petit coin* dans leur propre maison, dans cette maison où les rappelaient tant et de si chers souvenirs ! Les sœurs y vécurent humiliées et pauvres, manquant de tout, mais pleines de courage et de confiance en

---

(1) Le portrait de la Mère Louise de Puylaurens se conserve aussi au couvent de Sainte-Claire.

Dieu. Elles reprirent leur costume, et recommencèrent leurs cantiques. La cloche de la prière, sortant de son sommeil, osa de nouveau interrompre les silences de la nuit. Ce tintement nocturne, ce beffroi gémissant dans l'orage, toucha plus d'une âme, et opéra, dit-on, d'admirables conversions. Au péril de sa vie, un vénérable chanoine, M. d'Alesme, alla tous les jours, jusqu'à la fin des troubles, procurer aux Filles de Sainte-Claire le bonheur d'entendre la messe. Peu à peu les agitations politiques se calmèrent; mais, trop pauvres pour racheter une maison, les sœurs durent vivre long-temps encore sous le toit de l'étranger : ce fut comme un long exil. Leur foi les soutint; la Providence d'ailleurs ne les abandonna pas.

« Le bon Dieu, disent les relations de la communauté, veillait sur le petit troupeau; sa bonté pourvoyait aux besoins temporels par des moyens imprévus, quelquefois extraordinaires. Plus d'un inconnu, en ces temps de détresse, a apporté à nos Mères des secours inespérés. Peu à peu se levèrent des jours meilleurs. Avec leurs faibles ressources, leurs privations, leurs dures économies, nos ferventes Mères, aidées de quelques bienfaiteurs, notamment de M. de Voyon, frère de la Mère de Saint-Joseph, et de M. le chanoine d'Alesme, achetèrent, en face de l'évêché, l'humble édifice qui est aujourd'hui le nôtre. Nos sœurs s'y installèrent, au nombre de douze, le 25 mai 1813. Sur vingt-deux religieuses qui avaient eu le bonheur de confesser la foi en 1792, dix-sept, à cette époque, étaient déjà décédées. Notre bonne Mère de Voyon de Saint-Joseph fut la dernière survivante ; elle expira dans nos bras le 31 janvier 1837. »

Une dernière particularité mérite d'être mentionnée. D'après les Mémoires de Pierre Mercier, un jour, dans l'extase, la Mère du Calvaire fut conduite sur une éminence : là Notre-Seigneur, montrant à la pieuse Mère une grille drapée de noir, lui dit : *Ici sera ta seconde maison ; mets-toi à genoux.* Le 19 janvier 1838, par un concours de circonstances en apparence toutes fortuites, les Filles de Sainte-Claire de Limoges étaient appelées à fonder à Périgueux, précisément sur une éminence, une maison de leur ordre. Ainsi se vérifiait, après plus de cent soixante-dix ans, la promesse faite à la servante de Dieu.

X.

LE PÈRE LEJEUNE

(1592-1672).

I.

Origine de l'Oratoire

La congrégation de l'Oratoire de Jésus fut fondée à Paris par Pierre de Bérulle, en 1611 (1), sur le modèle de l'Oratoire de Rome de Saint-Philippe de Néri. Les deux congrégations, quoique animées d'un même esprit, avaient un but différent. La restauration du ministère de la chaire en France fut l'objet propre de la congrégation de Pierre de

(1) Pierre de Bérulle, né au château de Serilly près Troyes le 4 février 1575, ordonné prêtre le 4 juin 1599, introduisit en France, en 1604, les Carmélites réformées de Sainte-Térèse, et fonda à Paris, en 1611, la célèbre congrégation des prêtres de l'Oratoire de Jésus. Le pape Urbain VIII lui imposa, en 1627, l'obligation d'accepter le chapeau de cardinal. Le pieux fondateur expira à l'autel, en récitant les paroles de l'Oblation, le 2 octobre 1659, âgé de cinquante-quatre ans. Les Oratoriens vaquaient à la prédication, et dirigeaient des écoles et des séminaires ; ils ne prononçaient point de vœux, et pouvaient ainsi sortir de la congrégation. La Vie du cardinal de Bérulle a été écrite par notre compatriote feu l'abbé Tabaraud, ancien membre de l'Oratoire : cette Vie est très-recherchée.

Bérulle. Sous l'influence d'une multitude de causes, dont l'appréciation serait longue, le mauvais goût avait envahi chez nous la tribune sacrée. Les prédicateurs à la mode, Besse (1), Valladier et leurs émules, se livraient dans leurs sermons à d'incroyables écarts. Leurs déclamations ampoulées et exagérées, quelquefois inintelligibles, trouvaient de nombreux admirateurs; la foule se pressait à leurs sermons. L'orateur faisait étalage d'esprit et d'érudition, visait aux jeux de mots, et citait à tout propos les auteurs grecs et latins. Prenant l'emphase pour le sublime et la trivialité pour le naturel, il passait d'un excès à l'autre, et ne descendait de sa rhétorique guindée que pour tomber dans le bizarre et le bouffon. Saint François d'Assise avait d'un seul mot formulé jadis la loi de la prédication : *Annoncez simplement la pénitence,* disait-il aux siens, *et confiez-vous au Seigneur, qui a vaincu le monde.* C'est à cette simplicité que Pierre de Bérulle entendait ramener la chaire chrétienne. Sans être orateur, il avait le sentiment de la véritable éloquence; un sens droit

---

(1) Le Père Besse, de Limoges, occupa les premières chaires du royaume, même celles de Paris, fut très-recherché, très-applaudi, et dédia, en 1611, à Henri de La Martonie, évêque de Limoges, *l'Héraclite chrétien.* Je ne connais de cet ouvrage que quelques lignes de l'épître dédicatoire, reproduites par l'abbé Nadaud.

l'avertissait de la déviation des prédicateurs de l'époque. La parole de Dieu porte en soi le principe de sa fécondité, et la sainteté opère plus de conversions que la science. Il le savait, et regrettait que l'Évangile fût comme étouffé sous le clinquant d'une fausse érudition. C'est contre ce mauvais goût que tendit à réagir son institut. De Bérulle proposa à ses disciples la restauration de la chaire par les saintes Écritures, et les prépara à l'éloquence par la pratique des grandes vertus.

L'évènement justifia les vues de Pierre de Bérulle : le succès fut complet. De l'Oratoire de Paris sortirent des sujets dont la parole produisit de grands fruits. C'est à cette école que se formèrent les Desmares, les Senault et les Lejeune. Ces trois missionnaires peuvent être à juste titre regardés comme les restaurateurs de la chaire française. Par eux la prédication fut rendue à des habitudes de décence et de dignité dont saint François de Sales et saint Vincent de Paul, presque seuls en France, possédaient alors le secret. Cette révolution marqua dans les fastes de la tribune chrétienne une ère nouvelle. Les missionnaires dont je viens de parler préparèrent les voies à nos grands orateurs : Fléchier, Bossuet, Bourdaloue et Fénelon, et furent comme les pères de la prédication moderne. Mascaron et Massillon, qui appartenaient à l'Oratoire, s'inspirèrent de leurs travaux.

II.

L'Oratoire de Limoges.

En 1619, huit ans après la fondation de l'Oratoire de Paris, un chanoine de notre collégiale de Saint-Martial, Jacques Sahuguet d'Espagnac, résolut d'établir à Limoges une maison de l'institut de Pierre de Bérulle. L'affaire ayant rencontré des difficultés, Jacques Sahuguet tint à rendre possible après lui l'établissement qui n'aurait pu être exécuté de son vivant : c'est ce qui se voit par son testament, dont je citerai quelques passages (1) :

« Je legue, dit-il, à Mgr l'évêque de Limoges (2) un chapelet ordinaire de médiocre valeur, l'instituant en cela, s'il lui plaît, mon héritier particulier.

» De plus, je legue six mille trois cents livres pour l'établissement en la ville de Limoges des Peres de l'Oratoire de Jésus, à la charge par eux de dire, toutes les semaines, une messe à mon intention, et d'employer deux cents livres pour mon enterrement. S'il n'y a moyen d'établir les Peres de l'Oratoire à

---

(1) Les Sahuguet d'Espagnac étaient une des principales maisons du Bas-Limousin. Au XVIIIe siècle, cette famille fournit un gouverneur à l'hôtel royal des Invalides. — Voir, au sujet de la famille d'Espagnac, une notice intéressante dans *le Chroniqueur du Périgord et du Limousin*.

(2) Raymond de La Martonie.

Limoges trois ans après mon décès, je leur substitue les Peres Jésuites, à la charge de faire, trois fois par semaine, dans leur maison, une leçon de cas de conscience. »

Après avoir légué à chacun de ses serviteurs soixante livres une fois payées, et établi ses frères et un neveu héritiers de tous ses biens, Jacques Sahuguet d'Espagnac désigne pour ses exécuteurs testamentaires messire Bardon de Brun, prêtre licencié en droit, et Pierre du Boys du Boucheyron, bourgeois de Limoges. La pièce est du 24 janvier 1619.

Par un codicille daté de Saumur du 14 juin 1621, Jacques Sahuguet, devenu membre de la congrégation de l'Oratoire, porte le legs à sept mille livres, et demande à être enterré dans l'un des sanctuaires de la congrégation (1).

La fondation n'eut lieu qu'un peu plus tard. L'autorisation de ville est datée du 16 juin 1624 (2). Les Oratoriens célébrèrent leur première messe à Limoges le 21 juillet suivant. La maison Dupeyrat, devant la fontaine du Cloître, rue des Combes, fut leur premier gîte. Ils s'établirent depuis rue de

---

(1) *Cartul. de l'Orat. de Lim.*, p. 6-8 : Archiv. du dép.
(2) Cette pièce est signée des consuls Jacques de Petiot, prévôt; Joseph Descordes, sieur de La Grange; Pierre de Mauple, sieur de Laborie; Jean de Verthamond et Joseph Gallechier. (*Cartul. de l'Orat.*, p. 10-12.)

l'Arbre-Peint, et enfin, le 1ᵉʳ octobre 1637, dans les maisons Bouyol et Benoist, près la croix de l'Andeix-Manigne (1).

III.

Le Père Lejeune.

Les premiers disciples de Pierre de Bérulle en Limousin recherchèrent l'obscurité : leurs travaux n'ont laissé aucune trace dans les souvenirs de la postérité. Pour rencontrer chez ces missionnaires un nom un peu connu, il faut franchir un espace de près de quarante ans. Jean Fauconnier, né à

---

(1) Le 1ᵉʳ octobre 1637, Antoine Bouyol, sieur de Mazeyretas, avocat en la cour du parlement, vendit au P. Gaspar Brueys, supérieur de l'Oratoire, sa maison de la rue Manigne pour une somme de six mille livres. Le marché fut ratifié le 28 du même mois par le P. Charles de Condren, supérieur général de l'Oratoire.

Un peu plus tard, en 1647 je crois, le P. Claude Mitouard, autre supérieur de l'Oratoire de Limoges, acheta de damoiselle Marie Aubusson, veuve de feu noble homme Martin Benoist, sieur du Montet, conseiller du roi, trésorier général et grand-voyer de France au bureau des finances, sa maison de la rue Manigne sur laquelle devait être bâtie l'église de l'Oratoire. Cette maison fut payée trois mille livres.

Le 14 juin 1647, ce même Père achète, aussi dans la rue Manigne, et sans doute pour le même objet, deux petites maisons de la veuve de noble Gaspar Benoît.

(*Cartul. de l'Orat.* : Archiv. du dép.)

Limoges en 1630, entré à l'Oratoire en 1648, et, ordonné prêtre en 1653, publia par la suite un *Traité sur la Grâce* en deux volumes in-folio. Je ne connais pas cet ouvrage; mais l'œuvre obtint les suffrages d'Antoine Arnaud, et pareille approbation dut évidemment la signaler aux censures des docteurs orthodoxes. Pendant que Fauconnier s'égarait dans le jansénisme, un de ses collègues, membre ainsi que lui de l'Oratoire de Limoges, apparaissait aux populations comme une représentation vivante de la piété catholique.

Jean Lejeune naquit à Poligny dans la Franche-Comté, en 1592, d'un conseiller au parlement de Dole. En 1614, il renonça à un canonicat pour se consacrer à Dieu dans la naissante congrégation de l'Oratoire. La prière et l'étude se partagèrent les années de sa jeunesse; il s'était rendu familière la connaissance des saintes Écritures, et son éducation sacerdotale était complète lorsque s'ouvrit pour lui la carrière des missions.

En l'appelant au ministère de la parole, la divine Providence lui avait donné les qualités qui rendent ce ministère fécond. Ses premières prédications le signalèrent à l'attention publique. Son inclination l'eût porté à évangéliser les pauvres et les habitants des campagnes; mais il fut, comme malgré lui, tiré de l'obscurité. Les centres populeux le réclamaient; les évêques l'appelaient dans leurs diocèses. D'après les mémoires du temps, sa parole produisait des fruits extraordinaires : on a vu des villes entières embrasser à sa voix les exercices de la pénitence.

Un accident terrible faillit enlever le Père Lejeune au ministère de la prédication. Pendant qu'il prêchait une station, le missionnaire perdit entièrement la vue. Un autre que lui se fût retiré de la lice; mais le serviteur de Dieu, tout frappé qu'il fût de cécité, puisa dans la grandeur de sa foi le courage de poursuivre la carrière apostolique ; et la France vit avec émotion un prêtre aveugle se rendant de ville en ville, annonçant d'une extrémité du royaume à l'autre les béatitudes évangéliques.

L'illustre missionnaire, surnommé par le peuple le *Père Aveugle*, avait évangélisé presque toutes les provinces de France lorsque la divine Providence le conduisit à Limoges. Cette ville, ainsi que nous avons pu le remarquer, était un centre de généreuse hospitalité. Le serviteur de Dieu avait soixante ans : il était aveugle; il souffrait de la pierre, et pliait sous le poids des austérités. Autour de sa personne, sous les auspices de l'évêque François de La Fayette, se forma comme une sainte ligue pour le retenir à Limoges. Ces instances réitérées et persistantes furent pour le vieillard comme un ordre de Dieu. Déférant au vœu de nos pieuses populations, il fixa sa résidence dans l'Oratoire de la rue Manigne, où il passa les vingt dernières années de sa vie. A Limoges, comme ailleurs, l'oisiveté lui fut inconnue. Son activité, à l'épreuve de l'âge et des infirmités, le portait partout où il y avait des âmes à consoler. Il parcourait les villes et les bourgades, et, jusqu'à la fin, cette voix éloquente qui avait tant ému la France s'employa à évangéliser notre bien-aimée province.

Le P. Lejeune mourut à Limoges, en odeur de sainteté, âgé de quatre-vingts ans, le 19 août 1672, à quatre heures du matin. L'affluence autour du lit funèbre fut si considérable qu'il fallut étayer la salle. Les restes mortels du serviteur de Dieu, déposés dans le caveau de l'Oratoire, se perdirent lors du fatal incendie de 1790. Mais toute trace du serviteur de Dieu n'a pas disparu de la ville de Limoges. Le saint missionnaire s'y est survécu par deux monuments immortels : la vérité qu'il a dite, le bien qu'il a fait.

IV.

L'esprit du Père Lejeune

Gabriel Ruben, le plus habile prédicateur de l'époque, fut chargé de faire l'oraison funèbre. Ce discours (1), qui nous a été conservé, est intéressant en ce qu'il donne la mesure de l'art oratoire à Limoges vers le milieu de la seconde moitié du XVIIe siècle. L'œuvre de Gabriel Ruben n'est pas sans défaut; le style est quelque peu déclamatoire; la phrase manque de sobriété; mais la harangue est semée de réflexions justes, appropriées au sujet, et l'orateur pénètre par l'analyse dans toutes les parties de la vie de son héros.

Suivant Gabriel Ruben, le P. Lejeune était un homme mort au monde, au péché et à lui-même. Il ne vivait qu'en Dieu et pour Dieu, en Jésus-Christ et pour Jésus-Christ. La vertu le prit dans le berceau, lui tint fidèle compagnie, et le suivit à toutes les haltes de son terrestre pèlerinage. Prêcher et prier fut toute sa vie. Sa parole empruntait de ses vertus une efficacité singulière. En pleine campagne, au cœur de l'hiver, on le vit se dépouiller de ses habits en faveur d'un pauvre. Dans une mission à Saint-Junien, en 1654, il céda son lit à un malheureux couvert d'ulcères, disant : *Ce que*

---

(1) *Discours funèbre sur la vie et la mort du R. P. Lejeune, appelé communément le Père Aveugle*, prononcé, par ordre et en présence de Mgr l'évêque de Limoges, dans la principale église du diocèse, par M. G. Ruben, docteur en théologie : Limoges, Martial Barbou, 1674. — L'orateur parla pendant deux heures. L'oraison funèbre d'Anne d'Autriche, prononcée par lui à Brive le 28 avril 1666, lui avait déjà fait grand honneur.

vous avez fait au moindre de mes frères, c'est à moi que vous l'avez fait (1). Les pauvres lui étaient un objet de respect : il les conviait à sa table, rendue en leur faveur un peu moins frugale, et leur donnait la place d'honneur. Avec la permission de ses supérieurs, il leur distribuait les honoraires de tous ses avents et de tous ses carêmes.

Quarante-cinq ans de cécité n'avaient pas lassé sa patience. L'apôtre semblait avoir pris ses maux en affection. Il ne voulait, disait-il, *ni savoir, ni avoir, ni voir les choses du monde.* Dans ses maladies, dans la dernière notamment, l'évêque et l'intendant lui envoyaient à l'envi des mets de leurs tables : ces sortes de soulagements étaient, par son ordre, distribués aux pauvres.

Le P. Lejeune avait fondé à Limoges une confrérie de dames de charité (2) : il institua de pareilles associations dans tout le diocèse. Son zèle était infatigable. Lorsque ses jambes refusaient de marcher, il se faisait porter en chaire. Quelquefois il s'évanouissait en parlant : revenu à lui, il reprenait et poursuivait son discours avec plus de force et d'autorité. La défaillance des sens semblait lui communiquer un surcroît de puissance morale ; et

---

(1) Math., XXV, 40.
(2) L'association tint sa première assemblée dans l'église de l'Oratoire : cette note rectifie celle qui se trouve placée au bas de la page 391.

il pouvait dire comme saint Paul : *Lorsque je suis le plus faible, c'est alors que je suis fort* (1).

Après avoir ainsi rappelé les principaux traits de la vie de son héros, le panégyriste raconte ses derniers moments, et, par un mouvement oratoire dont Bossuet n'avait pas encore donné le modèle, l'orateur chrétien, faisant un retour sur lui-même, demande à finir comme le saint missionnaire : *Mort précieuse!* s'écrie-t-il, *consommation désirable! que mon âme meure de la mort de ce grand serviteur de Dieu, et que ma fin soit semblable à la sienne* (2)! Et ailleurs, prenant le pontife à témoin des vertus de l'homme de Dieu : *Monseigneur*, s'écrie l'orateur, *vous vîntes répandre des larmes sur cet illustre mort, vous donnâtes des témoignages publics de votre vénération pour sa personne en lui baisant les mains et les pieds* (3)!

Le P. Lejeune a laissé douze volumes de sermons qui le placent au premier rang de nos prédicateurs de second ordre. On trouve en tête de ses œuvres un petit écrit intitulé : *Avis aux jeunes prédicateurs* (4). Ces conseils sont remarquables.

---

(1) « Cum enim infirmor, tunc potens sum. » (II, *Cor.* XII, 10.)
(2) *Discours funèb.*, p. 144.
(3) *Ibid.*, 195.
(4) *Sermons du P. Lejeune,* I, 1 : Lyon, 1850, 12 vol. in-8.

LE PÈRE LEJEUNE. 575

« Le premier avis que je vous donne, dit-il, pour bien prêcher, c'est de bien prier Dieu; le second, c'est de bien prier Dieu; le troisième, le quatrième et le dixième, c'est de bien prier Dieu. Saint Vincent-Ferrier et d'autres grands prédicateurs ont plus appris au pied du crucifix que dans les bibliothèques.

» Ayez pour unique fin en vos sermons la gloire de Dieu et le salut des âmes.

» Lisez et relisez assidûment l'Écriture sainte : un seul passage de la Bible vaut mieux que cent raisonnements humains.

» Abstenez-vous des paroles qui peuvent faire rire : cela sent le charlatan.

» Je ne vous conseille pas de prêcher par périodes carrées, et d'user de pensées et de pointes trop étudiées.

» Quand vous parlez contre les hérétiques en chaire, ou avec eux en particulier, que ce soit toujours avec compassion, respect, tendresse et témoignages d'affection, leur accordant tout ce que vous pourrez sans intéresser la vérité. »

A la fin de sa vie, dit un biographe, le Père Lejeune, obligé de garder le lit, rassemblait dans sa chambre les petits enfants, et de sa couche de douleur il leur faisait le catéchisme. « Faut-il s'étonner, ajoute l'écrivain, si l'opinion publique lui a décerné le titre de *second apôtre du Limousin?*

V.

Fin de l'Oratoire de Limoges.

Liée de bonne heure avec les disciples de Jansénius et de Saint-Cyran, la congrégation qu'avaient illustrée Pierre de Bérulle et Charles de Condren vit plusieurs de ses membres faire cause commune avec le jansénisme (1). Par le progrès du temps, le mal ne fit que s'accroître ; et, au commencement du xviii° siècle, l'Oratoire de Montmorency était devenu comme un centre d'où l'erreur doctrinale rayonnait sur la congrégation tout entière. Lorsque éclata la révolution de 89, les Oratoriens, depuis si long-temps préparés au schisme, furent des premiers à embrasser les nouvelles erreurs. Leur congrégation donna aux églises de Nancy, de Cambrai et de Clermont des évêques intrus ; aux paroisses, beaucoup de curés assermentés, et à la convention, les Fouché de Nantes, les Lebon et plusieurs autres. L'Oratoire, au moment de la révolution, possédait en France quatre-vingts séminaires ou colléges (2).

A Limoges, les Oratoriens jansénistes réussirent à faire quelques prosélytes dans les classes

---

(1) M. l'abbé Faillon, *Vie d'Olier*, 1, 359.
( ) Le P. Prat, *Dest. des ord. rel.*, p. 405.

supérieures, toujours les premières à se laisser séduire ; mais le peuple eut le bon sens de s'en tenir à la foi de Rome. Au moment où ils sapaient ainsi les antiques croyances, les successeurs dégénérés du P. Lejeune songeaient, architectes aveugles, à se perpétuer dans des édifices matériels restaurés et renouvelés. Ils rebâtirent leur maison de 1765 à 1773. Cette maison, qu'eût probablement emportée la tourmente révolutionnaire, périt par un autre fléau.

Le vendredi 6 décembre 1790, vers huit heures du soir, dans une maison du milieu de la rue Manigne, en face de l'Oratoire (1), le feu éclata. Les flammes, en un moment jaillissant avec impétuosité par toutes les issues, se communiquèrent d'un côté de la rue à l'autre. L'Oratoire, en un clin d'œil, parut comme couvert d'un manteau de feu. Poussée et alimentée par un vent violent venu du nord-est, la flamme se propageait avec une désolante rapidité. Déjà enveloppées dans le fatal réseau, vingt maisons brûlant à la fois servaient comme de base à une immense gerbe de feu dont la cime resplendissait dans la profondeur des cieux. Au moment où, de tous les points de l'horizon, les regards effrayés convergeaient sur

(1) Le feu prit dans la maison Dorat, en face de la maison actuelle de M. Louis Petiniaud de Champagnac, pendant que les propriétaires étaient au spectacle.

la nue enflammée, les tintements de la cloche d'alarme, rendus plus lugubres par le silence de la nuit, arrivaient en échos affaiblis à l'oreille inquiète des habitants de la campagne. Le tocsin sonna pendant trente-six heures consécutives. Ces signaux de détresse ne trouvèrent d'indifférence nulle part. Sur tous les points, à la même heure, animées d'un même esprit, les populations rurales s'ébranlent et se dirigent du côté de l'incendie. Les paysans regorgeaient sur les routes, affluaient par toutes les avenues, apportant à leurs frères de la ville le concours de leurs bras et de leur dévoûment. Il n'existait alors à Limoges aucun service de sûreté organisé. Couper les maisons parut le seul remède possible; mais, plus rapide que la hache, le feu chassait et délogeait les travailleurs. La ville, vers minuit, présentait le spectacle d'une lamentable désolation. Les familles, éplorées, fuyaient; les parents se cherchaient à la lueur de leurs foyers brûlants; des poutres embrasées coupaient et obstruaient la voie publique. Précipités des fenêtres, et difficilement arrachés à la destruction, les meubles s'entassaient sur la place des Bancs; mais, menacés par le feu, les Bancs ne parurent bientôt plus un asile assez sûr. Les objets soustraits à l'incendie furent alors portés sur la place Tourny, qui prit le caractère d'une espèce de bivouac. Un témoin encore subsistant a vu sur cette place la maison de ses pères s'ouvrir à une multitude consternée, et le vénéré vieillard a bien des fois devant nous raconté les horreurs de cette douloureuse nuit (1). Le feu dura trente-six heures, du vendredi 6 décembre à huit heures du soir au dimanche à huit heures du matin. L'Oratoire, le Jeu-de-Paume, le couvent des Ursulines, la salle de spectacle, le Poids-du-Roi, furent consumés. Près de deux cents maisons, situées entre la rue Manigne et la rue Banc-Léger, périrent. Le 8 décembre, à la pointe du jour, l'incendie roulait ses vagues enflammées, et les poussait sur le quartier de la boucherie. C'en était fait de la ville si ce quartier, rempli de matières inflammables, prenait feu. Le peuple demanda que la châsse de saint Martial, patron du diocèse, fût apportée sur le point menacé. C'était le jour de la fête de l'Immaculée Conception. Sortie de l'église Saint-Martial vers sept heures et demie du matin, la châsse, à huit heures, parut devant la boucherie, et, au même moment, ainsi le constatent toutes les relations, l'incendie tendit à décroître.

Le régiment Royal-Navarre cavalerie déploya, dans ce grand désastre, un dévoûment au-dessus de tout éloge. Les soldats et les chefs rivalisèrent

---

(1) Marie-Joseph Laforest, né le 8 septembre 1769, âgé aujourd'hui de quatre-vingt-treize ans.

de bon vouloir. Dans l'église des Ursulines, le saint ciboire allait être la proie des flammes. Un cavalier de Royal-Navarre se précipite dans le feu, saisit le saint ciboire, et, s'élançant du haut du parapet du mur de ville, haut de quinze à vingt pieds, saute, et arrive sain et sauf sur le boulevard (1). Le lendemain de l'évènement, les officiers se cotisaient, et envoyaient aux magistrats une somme de cent louis pour les incendiés. La ville, en signe de gratitude, décerna officiellement, et par acte public, au régiment de Royal-Navarre cavalerie des lettres de bourgeoisie. Le Gouvernement alloua un secours de cent mille écus. L'évêque Charles d'Argentré, récemment dépouillé par la révolution d'une grande part de ses revenus, donna généreusement dix mille livres. Les familles sans asile furent provisoirement recueillies dans les couvents. Quatre des principales dames de la ville, chargées de présider à la distribution et au bon emploi des secours, s'acquittèrent de cette mission avec un zèle admirable. L'une de ces dames employa sous ses ordres quatre cents couturières, et put ainsi distribuer des vêtements à cinq mille individus (2). Personne ne périt : seule une femme du

---

(1) L'abbé Bullat, *Tableau de Lim.*, inédit.
(2) J.-J. Juge, *Changem. surv. dans les mœurs*, p. 87.

peuple fut grièvement blessée par un meuble précipité d'une fenêtre.

Les Oratoriens de Limoges ne se sont pas relevés. Les anciens locaux de l'Oratoire appartiennent aujourd'hui (1862) à M. Louis Petiniaud de Champagnac.

Ici se terminent ces études. Des souvenirs intéressants pour notre pays flottaient épars et disséminés : j'ai essayé de les recueillir. Un autre écrira l'histoire de la ville de Limoges avec plus de talent : nul ne l'aura écrite avec plus de respect et plus d'amour.

APPENDICE.

APPENDICE.

LIMOGES AU COMMENCEMENT DU XVIIᵉ SIÈCLE.

(Page 3.)

J'ai dit de la population de Limoges qu'elle était *sobre, économe, laborieuse, fidèle à sa parole, soumise aux lois, attachée aux institutions.* A l'appui de cette appréciation, je citerai quelques passages très-remarquables de l'écrit de M. J.-J. Juge :

« Tels étaient, dit-il, nos usages et nos mœurs lorsque les premiers germes du luxe et de la dépravation furent jetés parmi nous. Je m'abstiendrai d'en nommer les fomentateurs, quoiqu'ils soient étrangers à notre ville : il y en a peut-être qui survivent encore, et je pourrais les blesser. Qu'il me suffise de dire *qu'en 1760 ils portèrent le dernier coup à notre simplicité,* et que, depuis cette époque, le libertinage est allé toujours croissant. Détournons nos regards (1).

» Au lieu de l'honnête aisance dont nous jouissions autrefois, nous sommes tourmentés par des besoins sans cesse renaissants. Dix ou douze enfants s'élevaient

---

(1) *Changem. surv. dans les mœurs*, p. 47.

dans chaque maison : on peut à peine aujourd'hui suffire à l'entretien de deux ou trois ; car *tel est le nombre auquel les ménages se trouvent aujourd'hui réduits*, terme moyen. Aussi la gaîté naturelle de mes contemporains a-t-elle, depuis quelque temps, dégénéré en sombre inquiétude *sur le présent et sur l'avenir*. ***Nous étions tous bienfaisants, hospitaliers :*** aujourd'hui nous sommes, pour ainsi dire, forcés de nous montrer égoïstes. De son côté, l'ouvrier chantait pour alléger le poids de la journée : *il ne chante plus* (1).

» A mesure que les anciens usages se perdent, d'autres les remplacent. ***Les arts remplacent les mœurs,*** la dissimulation succède à la franchise, la défiance refroidit l'amitié, le luxe traîne sur ses pas le plaisir et la mollesse. On vient ensuite nous dire que nous sommes devenus polis. Oui, à peu près comme les cailloux roulés par les eaux : ils sont fort luisants, mais à quoi servent-ils (2) ?

» En résumé, sommes-nous plus heureux que nos pères ? Je n'entreprends point de résoudre la question. Que chacun se regarde au miroir de cet écrit, et descende ensuite dans sa conscience (3) ! »

L'abbé Legros s'exprime de la même manière : suivant cet écrivain, la corruption des mœurs nous est venue par *les étrangers*, et la décadence a commencé de se faire sentir dans le courant du xviiie siècle : c'est la pensée de M. Juge exprimée sous une autre forme.

---

(1) *Changements survenus dans les mœurs*, p. 94-95.
(2) *Ibid.*, p. 95-96.
(3) *Ibid.*, p. 102.

(Page 17.)

Commerce des cires. — Ce commerce fut considérable à Limoges. Je vois, au XVIe siècle, une confrérie faire fabriquer pour les seules solennités de la Fête-Dieu deux mille deux cents bougies :

« 1551. *Item*, avons acheté 410 livres cire lymosine, à 26 livres le cent, de laquelle avons fait faire 2,200 chandelles pour les confreres et 4 grands tortissaux de cire pour nous, les quatre bayles, pour servir le jour de la fête, ensemble les octaves (1). »

LES URSULINES.

(Page 115.)

Constitutions données par Raymond de La Martonie, évêque de Limoges :

« La supérieure prendra garde de n'accoutumer les estomacs aux médecines, parce que leur usage fréquent détruit les forces et la santé.

» Les novices porteront 1,500 livres de douaire, outre le vestiaire et les meubles (2). »

LA MAISON DE POMPADOUR.

(Page 135.)

Le lecteur a rencontré dans le contexte de cet ouvrage des lettres de la vicomtesse Marie de Pom-

---

(1) *Livre des comptes de la confrérie du Saint-Sacrement.*
(2) Legros, *Mélang.* 1, 56 : mss. du sémin.

padour. Je place ci-dessous quelques autres lettres écrites à cette dame par des personnes de sa famille ou de son entourage.

1.

« *A Madame de Pompadour, à Pompadour.*

» Paris, ce 6 mars 1619.

» Ma fille, depuis l'arrivée de M. Saulger, je n'ai point eu de vos nouvelles. Je vous envoie une pareille bague que celle que j'ai donnée à vostre sœur à cette foire de *Saint-Germain*. J'ai une escritoire dédiée pour vostre cabinet quand je trouverai occasion de la vous faire tenir. Maintenant qu'on parle de guerre, et qu'il conviendra à M. de Pompadour d'y aller, c'est à vous d'estre bien contente, et ne pas faire l'enfant quand il voudra partir. Au contraire, il faut lui montrer que vous avez du courage, et savez dissimuler une affliction. N'y manquez donc pas, et faites la meilleure joie et réception que vous pourrez à ses amis. J'espere que Dieu vous en fera la grâce.

» Vostre pere et plus assuré amy,
» FABRY. »

2.

« *A Madame de Pompadour.*

Sans date.

» Ma fille, je vous ay si souvent et par toutes mes lettres priée de vous conserver en l'état où vous êtes que j'estime qu'il n'est plus besoin de le vous redire pour vous obliger à m'obéir. De croire que les excuses que vous me faites en vostre derniere lettre sont véritables, c'est ce qui m'est assez difficile, ayant tant de créance en ceux qui me donnent avis de ce qui se passe en vostre maison. Je n'ai pas ignoré vostre maladie, dont j'ay un extrême regret; mais aussi pensé-je bien que l'incommodité que vous en avez reçue vous a contrainte sinon à m'obéir, à tout le moins à garder la chambre, ce que, pour vous faire plaisir, je ne veux pas croire; mais plutost que vostre bon naturel vous a retenue dans les bornes du debvoir, auquel vous devez demeurer si vous voulez que je sois toujours

» Vostre pere affectionné,

» FABRY. »

3.

« *A Madame de Pompadour, à Pompadour.*

Sans date.

» Ma chere sœur, je rencontre ce porteur, lequel m'assure qu'il vous donnera ce mot. Vous avez reçu trois des miennes depuis que votre laquais est parti. Je n'en ai point eu de réponse. Soyez plus soigneuse à l'avenir, et me témoignez en cela que vous m'aimez. J'attends cela de vous, puisque jamais personne ne vous a aimée à l'égal de moi, qui serai toujours,

» Ma chere sœur, etc.

» FABRY D'AULTRY.

» *P. S.* Donnez-moi une adresse par laquelle je vous puisse envoyer mon portrait, comme je vous l'ai promis. Si vous savez des nouvelles, faites m'en part. Ma niece se porte bien ; elle m'appelle sa *petite maman*, et m'aime autant que son petit âge le peut permettre. Adieu. »

4.

« *A Madame de Pompadour, à Pompadour.*

» Dax, ce 22 aoust 1622.

» Madame,

» Je croirois faire une faute si je laissois partir ce porteur sans lui bailler une marque de mon debvoir. Il y a environ six semaines que je suis en mon petit chez moy, avec ma femme vostre tres-humble servante, et un petit garçon qui sera plus homme de bien que son pere. Je prie Dieu et la sainte Vierge qu'ils vous en donnent demy-douzaine afin de voir monsieur de Pompadour et monsieur vostre pere dans leur parfait contentement. Ce sont, Madame, mes souhaits, accompagnés de l'assurance d'estre toute ma vie à M. de Pompadour et à vous, et à toute vostre maison, et à tout ce que vous deux aimez et aimerez.

» Madame,
» Vostre tres-humble, etc.,
» GUILLEMOT. »

5.

« *A Madame de Pompadour, à Pompadour.*

» Paris, ce 21 décembre 1622.

» Madame ma sœur, j'ay esté fâché d'apprendre qu'on vous eust laissée avec une fievre, mais aussy réjoui que le terme de vos couches fust plus près que je n'avois cru. Conservez-vous, je vous prie, afin qu'elles puissent à tous ceux qui vous aiment donner parfait contentement. Monsieur mon pere se porte toujours de mieux en mieux. J'espere qu'apres cette maladie Dieu nous le conservera longuement en santé. Nous en avons bon besoin. Il se promene à la campagne, et mene ma niece avec lui pour son divertissement. Elle se fait tous les jours plus belle et plus gentille. Je vous remercie, comme j'ai fait M. de Pompadour, de vos deux beaux chevaux, mais vous particulierement du *dameret* que vous aimiez. J'aimerai l'un et l'autre, et les garderai pour l'amour de vous.

» Je demeurerai toujours, Madame ma sœur, etc.,
» FABRY DE VILLÉVESQUE. »

6.

« *A Madame de Pompadour, à Pompadour.*

» Paris, ce 10 décembre 1623.

» Ma fille,

» J'ay appris par vostre lettre que vous estes arrivée à bon port en vostre maison. J'en suis bien réjouie, et encore plus de l'aise et contentement que vous recevez de monsieur de Pompadour. Dieu vous fasse la grâce de ne pas abuser de son amitié, et de vous en rendre d'autant plus humble à le servir. Honorez bien les siens, spécialement ses freres et mesdames ses sœurs, desquels vous pouvez avoir des services aux nécessités qui sont dans les maisons. Si vous ne le faites, ils vous laisseront dans la peine, et ne tiendront compte de vous, ce qui apportera tel dégoust et fascherie à M. de Pompadour que son amour viendra en haine. Ce n'est pas tout : il faut que vous honoriez les amis de vostre mari et ceux qui luy font l'honneur de l'aller voir, leur faisant bon visage et bonne réception : autrement, au lieu d'estre cause du rétablissement de la maison, vous la ruinerez. Vostre pere fait ce qu'il peut pour les affaires, et y prend plaisir.

» Faites ce que je vous prescris si vous voulez estre aidée de moy. L'espérance que Dieu vous en fera la grâce me fera finir cette lettre par le supplier qu'il vous assiste.

» Vostre mere et bonne amie,
» M. BUATIER. »

7.

« *A Madame de Pompadour, à Pompadour.*

» De Cognac, ce 9 juin 1623.

» MADAME,

» Si j'estois en état de sortir du lict, je serois allé moy-mesme en toute diligence porter remede à la querelle de M. vostre mary. J'espere que les amis communs auront empesché qu'il en soit arrivé d'inconvénient. La présence du gentilhomme que j'envoie et mes lettres pourront tenir le mal en sursèance jusqu'a ce que j'y mette ordre. Faites-moy l'honneur de me donner toujours part en vos bonnes grâces, et de me croire,

» Madame,
» Vostre plus humble serviteur,
» SCHONBERG (1). »

(1) Cette lettre est du maréchal de Schomberg : le maréchal signe *Schonberg*, conformément à l'orthographe allemande.

n'y songe pas ; car tous les jours il voit M. de Pompadour, et joue avec lui.

Je vous écris d'une main, et, de l'autre bras, je tiens vostre fille, qui veut voir ce que je vous escris.

» Faites-moy l'honneur de me croire, etc.

» RILLAT. »

Et en marge :

« C'est de la main de vostre petite que je signe ici par des égratignures. » — (Suivent des zigzags et un gros barbouillage de la main de l'enfant.)

10.

« *A Madame de Pompadour, à Pompadour.*

» Paris, ce 26 juillet 1623.

» Madame ma chere cousine,

» Il y a si long-temps que M. vostre pere languit que quand Dieu le voudra appeler à soi, vous vous y devez plus facilement résoudre. Vous me conviez de vous dire la vérité ; mon devoir et la raison m'y obligent. Tel est son état que je ne crois pas qu'il puisse être en vie à huit jours d'ici. C'est la plus sensible perte que nous puissions faire. En mon particulier, je me forme à la volonté de Dieu. En cette perte, vos intérêts seront conservés jusqu'à la valeur d'une épingle. Il sera à propos que vous laissiez venir M. votre époux ; et, au bout de quelque temps, vous pourrez bien le suivre.

» Je ne serai jamais autre, Madame et chere cousine, que votre, etc.

» LE MAISTRE. »

P. S. « Votre petite mignonne, toujours plus jolie, se porte le mieux du monde. »

11.

« *A Madame de Pompadour, à Pompadour.*

» Paris, ce 30 juillet 1623.

» MADAME,

» J'étois d'avis il y a quelques jours qu'on vous despeschast un homme en diligence pour advertir M. de Pompadour et vous de l'estat de M. vostre pere. On a allégué des raisons dont je n'ai rien à dire. Il seroit néanmoins fort à propos que M. de Pompadour ou vous, ou tous les deux, fussiez ici; car je n'estime pas que vous trouviez M. vostre pere en vie. Je vous parle françois en qualité d'homme de bien.

» Je suis, madame etc.
» GUILLEMOT. »

LE COLLÉGE.

(Page 141.)

Délibération de ville de 1598.

» Les trois ordres faisant le corps de la ville, cité et faubourgs de Limoges, désirant élever leurs enfants, et donner moyen aux villes, communautés et habitants des dioceses circonvoisins d'instruire aussi les leurs en la crainte de Dieu et bonnes lettres, apres avoir reconnu qu'il n'y a plus certain moyen pour effectuer leurs désirs que d'établir et fonder en ladite ville de Limoges un collége de la compagnie de Jésus, ont pris résolution d'en faire remontrance à M. l'évêque de Limoges et à M. le baron Deslagnat, lieutenant pour le roi en ce gouvernement de Limosin; lesquels, inclinant aux intérêts et prieres de tout le corps de ladite ville et du reste de la province, sont tres-volontiers en la même résolution, et ont arrêté que Sa Majesté seroit tres-humblement suppliée et instamment requise d'avoir pour agréable l'établissement dudit collége, et permettre que, sous son autorité, les conditions de cette fondation soient valides en attendant la permission et consentement de Sadite Majesté, sans laquelle tous ensemble ne voudroient avoir pensé de mettre en exécution leur entreprise, ont trouvé bon de conserver leurs libéralités pour la fondation et dotation du collége.

» Pour laquelle révérend Pere en Dieu messire Henri de La Martonie, évêque de Limoges, pour lui et ses successeurs, a promis de donner 500 livres de rente annuelle et perpétuelle, qu'il a voulu être prise sur sa seigneurie d'Isle jusqu'à tant que lui ou ses successeurs l'aient dûment assignée ailleurs. Messieurs du chapitre, tant de l'église cathédrale que de la collégiale de Saint-Martial, ont promis deux prébendes pleines et entieres, revenant pour le moins à 500 livres de rente chaque; et le corps de ladite ville fournira la maison et place du collége, bâti et meublé, avec 2,000 livres de rente comprenant ce qui est déjà acquis audit collége; et, pour cet effet, ont promis; savoir :

M. Michel Martin, président en la ville de Limoges, 4 écus de rente annuelle ;

Jean de Julien, président et trésorier général de France, 5 écus ;

Jean de Motte, trésorier général, 5 écus ;

Martial Benoist, trésorier général, 30 écus ;

Martial Lamy, conseiller du roi et lieutenant particulier, 100 sols ;

Guillaume Garreau, conseiller et juge magistral, 100 sols ;

Jean de Jayat, conseiller du roi et juge magistral, 100 sols ;

Jean Gainot, conseiller du roi et juge magistral, pour lui et ses neveux, 5 écus ;

Pierre Duboys, conseiller du roi et juge magistral, 1 écu ;

Gaspar et Mathieu Benoist, élu et juge magistral, sieur du Mas-Bouriane, 300 livres ;

De Douhet, sieurs du Puy-Molinier, 200 écus sol. ;

Sire François Vidaud, 100 écus ;

Jean et Martial Vidaud frères, 120 écus sol. ;

Jean Boyol le jeune, 50 écus ;

Audoy Maledent, 100 écus ;

Mathieu Maledent, receveur général, 100 écus ;

Jean Maledent, receveur des tailles, 66 écus 2/3 (*une fois payés*);

Pierre Maledent, receveur des décimes, 50 écus ;

Jean Maledent, marchand, 30 écus sol. ;

Guillaume Petit, marchand, 50 écus ;

Pierre Decordes, conseiller du roi, élu en l'élection du Haut-Limosin, 100 écus ;

Sire Grégoire Descordes, 40 écus ;

Pierre Maillot, marchand, 50 écus ;

Thomas Maillot, marchand, 20 écus ;

Martial Degay, conseiller du roi, lieutenant général, 100 écus sol. ;

Jacques Dupeyrat, conseiller et juge magistral, et son fils le receveur, 50 écus ;

Pierre de Grand-Champs, conseiller et juge magistral, 20 écus ;

Albert Vincendon, conseiller du roi, juge magistral, 133 écus 2/3 ;

APPENDICE. 599

Jean Boyol, bourgeois, 66 écus 2/3;
Guillaume de Vaubrun, conseiller élu, 50 écus;
Michel Brugiere, bourgeois et marchand, 66 écus 2/3;
Martial Alesme, greffier, (*le chiffre est omis*);
Jean Collin, bourgeois, 70 écus 2/3;
Jean Disnematin, bourgeois et marchand, 66 écus 2/3;
Pierre Labourdays, receveur du taillon, 50 écus;
Roland de Verthamond, receveur du taillon, 20 écus sol.;
Jean de Jayat, 33 écus 1/3;
Martial et Joseph Dordre, 66 écus 2/3;
Pierre Vernajoux, procureur, 66 écus 2/3;
François Plaignon, conseiller et magistrat, 20 écus;
Léonard Marchandon, conseiller du roi, juge magistral, 33 écus 1/3;
Simon Ardent, conseiller et procureur du roi, 40 écus;
Simon Descoutures, conseiller et avocat du roi, 20 écus;
Pierre Volondat, avocat, 66 écus 2/3;
Jean Gibin, médecin, 20 écus;
Pierre Nicolas, conseiller en l'élection, 25 écus;
Barthelome Albin, prévôt, 15 écus;
Pierre Deschamps, 6 écus 2/3;
Hugues Barbou, imprimeur, 20 écus;
Léonard Salleys et ses frères, 100 écus;
Jean Pinchaud, 10 écus;
Germain et Jean Pinaudz, 20 écus;
Simon Léger, 25 écus;
Antoine Duboys, 40 écus;
Pierre Duboys, 40 écus;
Jean Gadaud, 6 écus;
Jean Mosnier, 20 écus;
Julien David, 12 écus;
Jean Poilevé, 20 écus;
Claude Michel, 40 écus;
François et Pierre Celiere, 15 écus;
Pierre Joussin dit Chambinaud, 15 écus;
Jean et Mathieu Moulinier, 50 écus;
Pierre Coulomb et son frère, 18 écus;
Jean Petit, juge, 66 écus 2/3;
Joseph de Julien, contrôleur, 25 écus;

Constant, avocat, 50 écus ;
Antoine Vigier, 12 écus ;
Jean Lascure, 13 écus 1/3 ;
Jean et Pierre Regnaudens, 20 écus ;
Joseph Decordes dit Le Cousteau, 40 écus ;
Jean Coulomb, marchand, 6 écus 2/3 ;
Jean Verget, 20 écus ;
Jean Pabot, procureur, 20 écus ;
Jean Froutier, maître fondeur, 8 écus 1/3 ;
Jacques Guibert, orfèvre, 10 écus ;
Nicolas Varacheau, 10 écus ;
Estienne et autre Estienne Danioz, 20 écus ;
Dame Catherine Briol, 66 écus 2/3, outre les 100 écus donnés pour l'édification dudit collége ;
Dame Jeannette et sieur Mathieu Benoist, 50 écus ;
Jean Hardy l'aîné, 40 écus ;
Pierre Guy, 100 livres ;
Jean et Joseph Croisier, 100 livres ;
Albert Disnematin, 12 écus ;
Guillaume Nicot, 26 écus ;
Guillaume Gadaud, 20 écus ;
Jean Roux, 15 écus ;
Pierre Deschamps, 6 écus 2/3 ;
Pierre de Plessat, 5 écus ;
Guillaume Léonard, receveur, 66 écus 2/3 ;
Jean Debroua, procureur, 12 écus ;
Laurent et André Bournaud, 10 écus ;
Guillaume Roulhac, 20 écus ;
Louis et Pierre Crouchaud, 25 écus ;
Mathieu Dubois, 20 écus ;
Pierre Chantrat, 16 écus 2/3 ;
Joseph Marrand, contrôleur général, 16 écus 2/3 ;
Jean Malignaud, procureur, 30 écus ;
Pierre Duboys fils à feu Jean, 33 écus 1/3 ;
Jean Martin, receveur, 50 écus ;
Moreil, lieutenant, 33 écus 1/3 ;
Joseph Roulhac, procureur, 25 écus ;
Jean L..., 33 écus 1/3 ;
Léonard Roumanet, prévôt à la juridiction ordinaire, 50 écus ;

APPENDICE.

Pierre Duboys fils à feu Jean, 10 écus;
Jean Motiot, procureur, 25 écus;
Pierre Benoist, 15 écus;
Pierre Brunier, ceinturier, 4 écus;
Jacques Grégoux, 33 écus 1/3;
Michel Lemoyne, imprimeur, 10 écus;
Jean Maledent l'aîné, 15 écus;
Bounin, procureur, 33 écus 1/3;
Pierre Maledent l'aîné, 20 écus;
Claude Sordou, 2 écus 1/3;
Martial Vezimbre, 20 écus;
Pierre Maledent le jeune, 8 écus.
Jacques Rougier, 5 écus;
Jean Marchandon, 6 écus 2/3;
Jacques Benoist fils à feu Mathieu, 15 écus;
Martial Duboys fils à feu Jean, 20 écus;
Pierre Martin, 13 écus 1/3;
François de Julien, sieur du Bâtiment, 11 écus 40 sols;
Jean Martin, procureur, 40 livres;
Jean Coulomb, sieur de Proximar, consul, 40 écus;
Jean Desmaisons, avocat, 40 écus;
Jean Baignol, procureur du roi, 25 écus;
Jean Petiot, conseiller général, 20 écus;
Jean Baillot, procureur, 30 écus;
Jean Certe, procureur, 12 écus;
Jacques Guilbaut, enquêteur, 20 écus;
Pierre de Beaubreuil, 3 écus 1/3;
Psaulmet Tirebatz, 15 écus;
Gerald Desvignes, procureur, 10 écus;
Jean David, médecin, 20 écus;
Pierre Malevergne, 30 écus;
Antoine Barny, 50 écus;
Pierre Merlin, 15 écus;
Isaac Mouzinier, 40 écus;
Jean Byas, 40 écus;
Bertrand Cazanier, 30 écus;
Antoine de La Charlounie, 20 écus;
Léonard Chappelas, 40 écus;
Jean Ardelier, 10 écus;

Duboys, sieur de St-Léger, 50 écus ;
Jean de Nerneresses, chanoine, 5 écus ;
De Lombardie, 40 écus ;
Jean Ardy, 20 écus ;
Martial Gadaud, procureur, 30 écus ;
Jacques Quinaud, procureur, 10 écus ;
Jean Delage, 13 écus 1/3.
Lazare Texandier, 6 écus 2/3 ;
Jean Vergot, 20 écus ;
Léonard de La Charlounie, procureur, 25 écus ;
Pierre Pouyat, 20 écus ;
Jean André, marchand cordonnier, 6 écus 2/3 ;
Jean Brunetaud, procureur, 3 écus 1/3 ;
Pierre Deschamps, marchand, 12 écus ;
Léonard Brunet, procureur, 15 écus ;
Jean Clément, procureur, 10 écus ;
Antoine Devaux, procureur, 10 écus ;
Gérald de Jayat, avocat du roi, 15 écus ;
Martial Martin, 100 livres ;
Jean Mouzinier le jeune, 6 écus 2/3.
Jean Deflottes, 20 écus ;
Gabriel de La Brousse, 10 écus ;
Jean et Isaac Juge frères, 20 livres ;
Jean Dubois le jeune, 5 écus ;
Aimery et Pierre Vergier, 20 écus ;
Martial Baillot, 4 écus ;
Etienne Ardy, 12 écus ;
Jean Garat, 10 livres ;
Léonarde Martin, 20 écus ;
François Rougier, 4 écus ;
Jacques Bardinet, 8 écus 1/3.
Martial Tertet dit Pipeye, 12 écus ;
Dame Thive Ruaud, pour elle et le sieur Sponnet Lamy, son gendre, 16 écus 2/3 ;
Charles Pouyat, 20 écus ;
Mathieu Petiot, sieur de Chavagnat, 50 écus ;
Pierre Renaudin, 12 écus ;
Pierre Poillevé, 15 écus ;
Pierre Duteil, procureur, 15 écus ;

Jean Sauvage, 6 écus 2/3 ;
Balthazar de Douhet, 40 écus ;
Jean Lamy, chanoine, 40 écus ;
Philippe de Douhet, sieur du Chambon, 30 écus ;
Jean de Douhet, président, 30 écus ;
Jean Bardinet, 10 livres ;
Jean Bardinet l'aîné, 4 écus ;
Jean Roumanet, 5 écus ;
Jean Maillard, 8 écus ;
Jean Forme, 8 écus 1/3 ;
Jean Forme l'aîné, 6 écus 2/3 ;
Jean Chambon, 7 écus ;
Mathieu Boutineau, 6 écus 2/3.
Jean Lamy, procureur, 10 écus ;
Dame Barbe Alesme, 20 écus ;
Jean Maillard, 8 écus ;
Jean Cirieyx, 10 sols ;
Martial Belut et son frère, 10 écus ;
Martial Peyroche, chanoine, et Etienne Peyroche frères, 35 écus ;
Pierre Demay, 6 écus 2/3 ;
Pierre Barrier, 10 écus ;
Léonard Barrier, 10 écus ;
Louis Dubois, 3 écus 1/3 ;
Martial Sandelles, 10 écus ;
Maurice Lagorce, sieur Jacques Cibot, 10 livres ;
Pierre Dupré, 6 écus 2/3 ;
Mathieu Moyse, 16 écus 2/3 ;
François Chastaignat, 20 écus ;
François Disnematin, 15 écus ;
Léonard Gallicher, 100 livres ;
Léonard Rougier, 10 écus ;
Jean Couleau, 6 écus 4 sols ;
Jean Dade, 15 écus ;
Jean Duprat, 3 écus 1/3 ;
Hélies Goudon, 6 écus 2/3 ;
Antoine Martialet, procureur, 12 écus ;
Martial Duboucheys, 30 écus ;
Mathieu Resnier, 10 livres ;

Joseph Delauze, 10 écus ;
Pierre Muret, 15 écus ;
Pierre de Plenas-Meyjoux, 10 livres ;
Simon Caneau, 8 écus ;
Mathieu Durand, 10 écus ;
Pierre Duclou, 15 écus ;
Valerie Muret, 10 livres ;
Léonard Texibre, 6 écus 2/3 ;
Pierre Lagrange, 6 écus ;
Etienne de Volondat, 10 écus ;
Pierre Boudet, 10 livres ;
Jean Gicquet, 6 écus 2/3 ;
Psamuct Chabrol, 3 écus 1/3 ;
Etienne Baurie, 10 écus ;
Antoine Nobis, 10 livres ;
Martial Romanet, 20 écus ;
Jean et Pierre Limosin, 5 écus ;
François de Plenas-Meyjoux, 10 livres ;
Jean de Leyssene, 20 livres ;
Jean Parot, 10 livres ;
Léonard Gillet dit Peyré, 10 livres ;
Léonard de Saint-Chastier, 10 livres ;
Martial de La Voute dit Vigne, 10 livres ;
Jean-Nicolas Varacheau, 10 livres ;
Jean Musnier, 5 écus ;
Jacques Papetaud, 4 écus ;
Antoine Signat, 10 livres ;
Jean Cibot, 10 livres ;
Jean Laurent, 6 écus 2/3 ;
Louis Cibot, 10 livres ;
Jean Beteste dit l'Amour, 10 livres ;
Mathieu Cibot dit le Bureaud, 10 livres ;
Jacques Droris, 10 livres ;
Antoine Ardent, juge, et Jean Ligoure, 10 écus ;
Dame Jeanne Lamy, 40 livres ;
Pierre Bulon, 10 livres ;
Pierre Quillet, 10 livres ;
Pierre ......, 10 livres ;
Pierre Barrière, 4 écus ;

Marie David, 12 écus;
Bernard Renaudin, 10 livres;
Jean Vigier, 10 livres;
Jacques Chasset, dit Chasseau, 5 écus;
Joseph Naujat, 10 livres;
Jean Chabon, 10 livres;
Philippe Verthamond, 10 livres;
Psaulmet Texandier, 20 livres;
Jean Pouzol dit Pancetas, 20 livres;
Léonard Garat, 10 livres;
Jean Dumas, 10 livres;
Jean Béchameil, 10 livres;
Pierre Brunet, 20 livres;
Jean Juge, 5 écus;
Jean Meynard, 10 livres;
François Eudoin dit Vaudaud, 10 livres;
Clément Narjot, 10 livres;
Estienne Dentricollas, 10 livres;
Jean Benoist, 10 livres;
Albert de Plenas-Meyjoux, 10 livres,
François Ruaud, 10 écus;
Estienne Debroua, 10 livres;
Antoine Guillaud, 10 livres;
François Bureau, 10 livres;
Jean Chenaud, 10 livres;
Jean Roumanet, 20 écus;
Nicolas Gruby, 5 écus;
Martial Dentricollas, 10 livres;
Vénérable Pol Duboys, 100 livres;
François Roulhac, 4 écus;
Léonard Peyrat dit le Vicquary, 8 écus 1/3;
Dame Jeannette Rouger, 13 écus 1/3;
Jean Malevergne, 20 écus;
Louis David, 5 ...;
Jean Colomb, 5 écus;
Léonard Doriges 10 écus;
Pierre Nicolas, 4 écus;
Hierosme de Beaubrueil, 6 écus 2/3;
Noël Noalher, 3 écus 1/3;

Pierre Sarrazin, 5 écus ;
André Disnematin et puis dame Marie Bernon, 8 écus 1/3 ;
Nicolas Meynard, 6 écus 2/3 ;
Dame Catherine Brissaud, 10 écus ;
Guillaume Briance, 10 écus ;
Jean Martin, 5 écus ;
Martial Guibert, 5 écus ;
Joseph Maillard, 13 écus 1/3 ;
Jean Argenteau, 6 écus 2/3 ;
Jacques Reymond, procureur, 5 écus ;
Jacques Cibot, 5 écus ;
Léonard Bardonneau, 10 écus ;
Jean Coulomb, 6 écus ;
Guillaume Beaubrueil, 6 écus 2/3 ;
Boleitezard, 6 écus 2/3 ;
Gérald Deproges, 15 écus ;
Pierre Guibert, 10 livres ;
Jacques Roumanet, 6 écus 2/3 ;
Jeanne Martin, veuve de Jean Ustide, 40 sols de rente ;
Anne Anry, 10 livres ;
Joseph Legier, 10 livres ;
Jean Peynier, 10 écus ;
Pierrre Gourrier, 4 écus ;
Joseph Gilbert dit Nourrire, 10 livres ;
Pierre Mouret, procureur, 20 écus ;
Martial Prilene, 20 livres ;
Jean Barny, avocat, 12 écus ;
De Leymarie, 10 livres ;
Bartholome Chastaignat, 10 livres ;
Jean Ardent, 8 écus 1/3 ;
Joseph Rougier, conseiller général, 20 écus ;
François Duboys, 20 livres ;
François Deloménie, 4 écus ;
Jean Bourdarias, 10 livres ;
Joseph Descoutures, 20 livres ;
François Vitrat, 10 écus ;
Léonard Gergot, 6 écus ;
Dame Marie Vérinaud, 40 livres ;
Gérald Vexiere, procureur, 20 livres ;

Duboys-Laporte, 4 setiers de froment et 1 éminal avoine de cens dus sur le village de Las Ecuras, paroisse de Saint-Jean-Ligoure;

Jean Guineau, 10 livres;
Léonard Deloménie, 14 écus;
Jean Boisseau, 10 livres;
Pierre Noalher, 12 livres;
Thomas Romanet, 5 écus;
Dame Jeannette Vidaud, 20 livres;
Mathieu Bueilly, greffier, 8 écus;
Dame Marguerite David, 6 écus;
Pierre Cibot, 5 écus;
Pierre de La Veveyrine, 10 livres;
Jean Poilevé le jeune, 10 écus;
André Lagorce, avocat, 10 écus;
Jean Cibot, 10 livres;
Dame Catherine Alesme, sieur Claude Durand, 20 livres;
Martial Garache, 10 livres;
François Coulomb, 5 écus;
Jacques Bessy, 5 écus;
Jean Chastaignat, 4 écus;
Jean Sarrazy, 5 écus;
Jean Pinot, 20 écus;
Hélie Reculés, avocat, 20 écus;
Pierre Reculés, 12 livres;
François Desflottes fils à feu Pierre, 20 écus;
Jean de Jayat, 8 écus;
Dame Madeleine Hardy, 20 livres;
Blaize Dumas, 20 écus;
Jean de Beaume, 10 livres;
Gorry Boudaud, 10 écus;
Jean de Mauple, sieur de Plenevayre, 40 écus;
François Dauvergne, 12 écus;
Jean Blanchardon, 8 écus;
Dame Jeannette Malevergne, 30 écus;
Laurens et Guillaume Courand frères, 10 écus;
François Albiat, 10 écus;
Pierre Suduyraud, 10 écus;
Jean Cibot, avocat, 20 écus;

Etienne de Grandsaigne, conseiller contrôleur, 20 écus ;
Dame Catherine Goudin, 20 écus ;
Israël Gaudin, 10 écus ;
Noël Picaut, 10 écus ;
Jean de Beaubrueil, avocat, 45 écus ;
Jean Raymond, 10 livres ;
Pierre Pradellas, 20 livres ;
Mathieu Benoist, 10 écus ;
Jean et autre Jean Suduyraud frères, 5 écus ;
Thony Batisson, 20 livres ;
Pierre Douhet, prévôt des Seichères, 40 écus,
Jean Lasourd, chanoine, 20 écus ;
Jacques de Volondad, chanoine, 20 écus ;
Pierre de Leyssene, 20 écus ;
Pierre Cibot, sous-chantre, 100 livres ;
Jean de La Grange, chanoine, 10 livres ;
Louis de Roulzat, prévôt, 20 écus ;
Jean Reynaud, abbé de Saint-Augustin, 20 écus ;
François de Villoutreys, lieutenant en l'élection, 30 écus ;
Joseph Chaford, 10 livres ;
Charles Voureys, 20 livres ;
Pierre Mousnier, chanoine, 10 écus ;
Martial Rousset, 20 livres ;
Balthazar Duboys, 20 livres ;
François de Royer, écuyer, sieur de Brignac et de Vosdedrut, 150 écus ;
Pierre de Grandchamp, chanoine, 12 écus ;
Jean de Douhet, chanoine et curé de Saint-Pierre, 15 écus ;
Pierre Jarrige, trésorier, 25 écus ;
Yrieis Chouly, élu, 15 écus ;
Pierre Dubois, conseiller, 25 écus ;
Pierre de Nicard, élu, 20 écus ;
Claude Baillot, chanoine, 10 écus ;
Pierre et autre Pierre Martin freres, chanoines, 40 écus ;
Jean Dubois, chanoine, 10 écus ;
Pierre de Grandchamp, chanoine, 15 écus ;
Guillaume Baillot, 25 livres ;
Fiacre Deschamps, 10 livres ;
Mathieu Teulier, chanoine et prévôt, 100 livres ;

Pierre David, 10 écus ;
Albert Rémond, 20 livres ;
Etienne Villoutreys, 10 écus ;
Jean Vidaud le jeune, 10 écus ;
Jean Laborne, 20 livres ;
Joseph Latreilhe, 20 écus :
Maurice Theveny, 10 écus ;
Martial Boisse, 5 écus ;
Jean Duprin, procureur, 18 livres, compris ce que son père avoit promis.

» Toutes lesquelles rentes promises par lesdits sieurs susnommés, qui ont exercé leurs libéralités pour l'avancement dudit collége, seront, à l'endroit d'un chacun d'eux, et selon que chacun a constitué sur soi rentes amortissables toutefois et quantes, en payant le sol principal de ladite rente à raison du sol la livre, pour être ledit sol principal employé en rentes constituées ou ailleurs pour le plus grand bien et commodité dudit collége ; voulant lesdits sieurs susnommés que ladite rente commence à courir des le 1er jour d'avril prochain, promettant, chacun pour son regard, de tenir tout ce que dessus, moyennant leur foi et sous l'obligation de tous et chacun leurs biens.

» A Limoges, le 1er jour de janvier 1598. »

(*Bulletin Archéol.*, T. I, p. 109-115 : arch. dép., fonds du coll.)

Voir dans le Bulletin de la Société Archéologique plusieurs autres actes relatifs au collége, notamment la délibération de ville de 1597, le contrat de fondation de 1599, et les lettres-patentes d'acceptation du P. Claude Aquaviva, général de la compagnie de Jésus, du 25 mars 1606. L'original, signé *Claudius*

Aquaviva, et contre-signé *Bernard de Angelis*, fait partie du cabinet de manuscrits de M. Chéri Nivet-Fontaubert. Notre compatriote a acheté cette pièce à Toulouse dans une vente publique. L'acte est entouré de vignettes coloriées et de miniatures qui en rehaussent le prix.

Sur un registre intitulé *État général des affaires du collége en* 1701 (1), j'ai rencontré les deux notes suivantes :

« Aménagement des bois

» Il y a 14 ou 15 ans que nos Peres firent couper et vendre presque tout le grand bois (2), en telle maniere que, depuis ce temps, on n'en a presque pu avoir : il a fallu en acheter pour le collége, ce qui est d'une fort méchante politique. Il faut, à présent que le bois commence à estre en estat, se contenter d'en couper trois ou quatre abeaux par an, qui, avec autant qu'on en prendra dans Las Broussas, sera la provision du collége, sans estre obligé d'en acheter. Il faut aussi que celui qui a charge de le mener à Limoges le conduise à la premiere eau qui vient apres Ste-Catherine, de crainte que les glaces et les débordements empêchent qu'on ne le conduise, et que, pendant les grands froids, le collége ne se trouve sans bois. Il faut aussi de temps en temps visiter le bois pour voir qu'on ne le gâte pas. »

(1) Reg. ms. in-f°, p. 6 et 10 : arch. du dép.
(2) Il s'agit d'un bois de cent setérées, dit *bois d'Aureil*, sur le Taurion, dans la paroisse de Chargnac.

« Étangs et Pêcheries.

» L'expérience de plusieurs années nous a fait connoître qu'il ne faut jamais remettre le poisson que vous avez tiré d'un estang dans le mesme. Il n'y profite pas du tout, et vous le trouvez apres deux ans tel que vous l'avez remis. Il en est de mesme à peu pres des pescheries. Ce n'est pas qu'à la rigueur on ne puisse remettre le nourrain dans la mesme pescherie; il seroit pourtant mieux de le mettre en quelqu'autre. Mais, pour ce qui est des étangs, il faut absolument le changer si l'on veut avoir de beau poisson. En 1694, nous peschâmes l'étang de La Boucoule : on y trouva beaucoup de poisson assez beau ; on en prit une partie pour la provision du caresme, et l'on remit le reste. Deux ans apres, en 1696, on trouva ce poisson tel qu'on l'avoit mis, sans qu'il eût crû du tout. La même chose nous est arrivée, cette année 1701, à l'étang de Guimont et à celui de Loubaudie : on a trouvé le poisson tel qu'on l'avoit mis dans ces deux étangs. »

Je donne, d'après Alegambe, le nom de quelques Jésuites de Limoges ou du Limousin qui se sont distingués au XVIIe siècle :

Léonard Alemay, de Limoges ou du Limousin, *patria Lemovicensis*, entré à seize ans, en 1590, dans la compagnie de Jésus, enseigna avec succès les belles-lettres. Il publia : *Parentalia illustrissimi Domini Gorguœi, proto-præsidis Burdigalensis*, la Généalogie de l'illustre seigneur de Gourgues, premier président du parlement de Bordeaux, dédiée à ce parlement, et *Parentalia eminentissimi Domini cardinalis de Sourdis*, la Généalogie de l'éminentissime seigneur cardinal de Sourdis. — De plus il livra à l'impression un opuscule intitulé *Epithalamium D. Catharinæ* (1).

Jacques Liessene, de Limoges ou du Limousin, *patria Lemovicensis*, entré dans la compagnie de Jésus en 1605, âgé de vingt ans, enseigna la philosophie, et fit imprimer une oraison funèbre. Le P. Alegambe, qui parle de cette oraison funèbre, n'a pu, dit-il, s'en procurer aucun exemplaire (2).

Joseph du Monteil, de Limoges ou du Limousin, *patria Lemovicensis*, entré en 1596, âgé de dix-huit ans, dans la compagnie de Jésus, remplit dans cette société la charge de coadjuteur spirituel. Il écrivit en français une *Vie de sainte Radegonde, reine des Francs :* imprimée *Ruthenis*, chez Paul Desclaux, 1627, in-8. Depuis il fit paraître un abrégé de cette Vie (3).

Jean Brossard, de Limoges ou du Limousin, *patria Lemovicensis*, recteur du collége de Bourges et préfet des études au collége de Tournon, ouvrit des conférences avec le ministre calviniste Chamer ou Chameri. Il résuma la controverse dans un livre qui fut imprimé à Tournon, chez Claude Michel (4). Il mourut à Roanne le 10 janvier 1636.

---

(1) Alegambe, *Bibl. soc. Jés.*, p. 300.
(2) Id., *ibid.*, p. 206.
(3) Id., *ibid.*, p. 285.
(4) Id., *ibid.*, p. 230.

Sous la république, en 1793, le réfectoire du collége fut affecté aux séances du club, et l'église aux cérémonies décadaires. Une grande pyramide en toile occupait le sanctuaire : c'est devant ce monument provisoire que se célébraient les mariages républicains (1).

LA PESTE A LIMOGES.

(Page 179.)

Dans l'église des Jacobins, aujourd'hui Sainte-Marie, exista jusqu'à la révolution une tombe modeste, ornée d'un écusson dans lequel se lisait l'épitaphe de J. Léchiblier, médecin de Saint-Lô, mort à Limoges, victime de son zèle pendant la peste de 1631 (2).

Un personnage du Dorat qui fut attaqué de la peste rapporte dans ses Mémoires que le mal se manifestait par des pustules sur les bras et les jambes et sous les aisselles (3), ce qui est le signe de la peste de l'Afrique et du Levant.

Le célèbre Père Garasse, de la compagnie de Jésus, contracta la maladie dans les hôpitaux de Poitiers, où il se consacrait au service des pestiférés : il eut le bonheur de mourir victime de la charité.

(1) M. Léopold Fougères, *Guide de l'étrang.*, p. 119-121.
(2) Allou, *Descr. des mon. de la Haute-Vienne*, p. 258.
(3) *Mém. inédit de MM. Robert*, p. 571 et 666 : Allou, *Description des monum. de la Haute-Vienne*, p. 116.

PÉNITENTS.

(Page 210.)

Voyez, au sujet des confréries de pénitents dans l'ancienne province du Limousin, une brochure intitulée : *Histoire de la confrérie des pénitents de Treignac*, par M. l'abbé Soullier : Ussel, 1864, in-8, 58 pages.

OSTENSIONS.

(Page 244.)

Je reproduis, en l'abrégeant dans quelques-unes de ses parties, la belle description des fêtes de l'Ostension de feu M. l'abbé Texier (1) :

I.

« Une contagion connue sous le nom de *mal des ardents* sévit en Aquitaine au xe siècle. En peu de jours elle emporta quarante mille habitants de la province. Quelques heures après l'invasion du mal, des taches livides couvraient le corps; les membres, atteints par un feu intérieur, se séparaient du tronc, et tombaient desséchés. Des douleurs cruelles précédaient une mort rapide, que les malades trouvaient encore trop lente.

» Les populations, éperdues, eurent recours à l'intervention divine. Le corps de saint Martial, retiré une seconde fois de son tombeau, fut exposé à la vénération

---

(1) *Dictionnaire d'orfèvrerie chrétienne*, au mot *Ostensions* : Migne, 1856, 1 vol. in-4, 1491 colonnes.

publique en un lieu élevé près de la ville de Limoges. Toutes les reliques des saints conservées dans la province y furent transportées, comme pour faire un cortége d'honneur au saint apôtre de l'Aquitaine. Dieu se laissa toucher : la contagion disparut subitement, et l'éminence sur laquelle avaient reposé les corps des saints vit bâtir une église qui reçut le nom de *Saint-Martial-du-Mont-de-la-Joie, Montis Gaudii :* l'idiome vulgaire a altéré le nom de ce lieu, et l'appelle *Mont-Jovis.*

» A dater de ce moment, se développe, dans le diocèse de Limoges, l'usage d'exposer à nu les reliques de saint Martial et des autres saints. La piété populaire, qui demandait la cessation des fléaux, et les visites des grands de la terre rendaient plus ou moins fréquentes ces expositions publiques. Plus tard, on éprouva le besoin d'y introduire quelque régularité : il fut décidé que l'Ostension, la *montre* des reliques, comme on disait au moyen âge, aurait lieu tous les ans (1).

» Depuis le commencement du xvi₁ siècle, cette cérémonie, particulière à notre province, n'a été interrompue que deux fois. Dans le calendrier du Limousin de 1778, l'abbé Legros a publié une liste complète des Ostensions.

» Le chef de saint Martial, conservé par un des municipaux que la révolution avait chargés de le détruire, fut rendu à l'autorité diocésaine en 1803. Une enquête sévère constata l'authenticité de la sainte relique, et l'ostension régulière en eut lieu en 1806. A dater de cette année, cette cérémonie s'est accomplie aux

(1) Il faut évidemment lire *tous les sept ans.*

époques fixées. A six reprises déjà, nous avons pris part aux fêtes auxquelles elle donne lieu. Notre récit est donc la déposition d'un témoin oculaire.

» Le jeudi de la mi-carême qui précède l'ouverture des châsses, les soixante-douze membres (1) de la grande confrérie de Saint-Martial, armés et revêtus du costume traditionnel, font solennellement bénir par Mgr l'évêque de Limoges un drapeau de grande dimension dont le fond blanc est coupé d'une croix rouge. Les rites de cette cérémonie sont ceux de la bénédiction des drapeaux des croisades. Le cortége parcourt la ville aux sons de la musique et des tambours. Une mousqueterie incessante est l'accompagnement obligé de cette promenade (2). Tout enfant

(1) J'éclaircis et je complète le texte de M. l'abbé Texier :
Dans le principe, la confrérie avait compté jusqu'à six cents membres; mais, au XVIIe siècle, l'association sentit le besoin de se limiter : « Pour éviter, disent les statuts de 1624, la confusion que la multitude a accoutumé d'engendrer, pourront les confreres, par commun avis, se réduire et limiter à certain nombre tels qu'ils aviseront ». Si la confrérie s'est arrêtée au nombre de soixante-douze, c'est que, selon la tradition, saint Martial était un des soixante-douze disciples de Notre-Seigneur.
(2) Cette belle solennité a eu lieu le jeudi de la mi-carême, c'est-à-dire le 27 mars de la présente année 1862. La promenade du drapeau septénaire, béni par Monseigneur, a duré tout le jour, au milieu d'une incessante mousqueterie. A onze heures du matin, les confrères ont fait halte sur les Bancs, chez M. Mathieu Chatenet, premier baile de la confrérie, qui, suivant l'antique usage, a offert aux confrères

nous y avons pris part, et, à travers nos souvenirs, nous nous rappelons les armes étranges léguées de génération en génération pour cet usage : arquebuses à mèches ou à rouet, lourdes pièces qu'il fallait ajuster sur des fourches; tromblons gigantesques à gueules de lion qui vomissaient la flamme et le bruit; fauconneaux de formes bizarres, qu'on retrouve rarement aux panoplies des curieux; canons énormes, tout brillants des damasquinures qui les émaillaient, armes préférées, parce qu'elles étaient aussi, à leur manière, les restes les plus sonores du passé.

» Le drapeau est ensuite arboré au sommet du clocher de Saint-Michel, église où repose, depuis la destruction de l'abbaye de Saint-Martial, le corps du saint apôtre.

» Le dimanche de *Quasimodo,* le chef vénérable de saint Martial est solennellement retiré de la châsse où il a reposé pendant sept ans. Mgr l'évêque préside cette solennité, à laquelle assistent des représentants de toutes les magistratures de la ville épiscopale. La même solennité s'accomplit le même jour dans toutes les villes du diocèse qui possèdent des reliques considérables.

» Toutes ces reliques sont exposées à la vénération publique avec des cérémonies particulières.

» A Saint-Junien, les confrères, en costume suisse du xve siècle, ont paré la ville entière d'arcs de ver-

---

un déjeûner. Une table de quatre-vingts couverts réunissait les membres de cette confraternité, dont les origines remontent au xiiie siècle, et qui, après tant de vicissitudes et de révolutions, est encore debout. M. l'abbé Vénassier, curé de Saint-Michel, présidait le banquet.

dure. Dans les principaux carrefours s'élèvent des décorations, où des enfants costumés figurent les traits de la vie de saint Junien.

» Au Dorat, pour honorer saint Israël et saint Théobald, vingt à trente paroisses en armes arrivent précédées de leurs maires et de leurs curés. Les uniformes appartiennent à tous les âges, à toutes les armes, et la musique à tous les temps. Après l'office, au son des tambours et des fifres, au bruit des commandements militaires interrompus par une musique puissante, s'organise une procession immense.

» A Saint-Léonard, le tombeau du saint s'ouvre avec des solennités différentes. Les paroisses de l'ancien archiprêtré de Saint-Paul vont solennellement en procession à Saint-Léonard. Chaque paroisse laisse une offrande, consistant le plus souvent en un cierge à ses armes.

» A Limoges, les confréries diverses parcourent la ville. Les pénitents vont d'église en église, déposant des offrandes. Deux confréries surtout, celles des pénitents rouges et des pénitents feuille-morte, étaient célèbres par les luttes curieuses de magnificence et d'originalité auxquelles elles se livraient.

» Dans leurs rangs se montraient, costumés à leurs frais, les saints de l'Ancien et du Nouveau Testament, les sept Machabées, la Passion tout entière, y compris Notre-Seigneur, la sainte Vierge et les apôtres. Vingt-quatre anges portaient les instruments de la Passion. Nous avons pris part à cette fête en 1820, et nous nous rappelons les larmes et même les colères de la foule lorsque le personnage figurant Notre-Seigneur tombait sous le poids d'une immense croix. Ce spectacle fut défendu, en 1827, par Mgr de Tournefort. Aujourd'hui quelques enfants représentent encore sainte Madeleine, saint Jean-Baptiste, etc. Notre scepticisme a banni ces jeux, qui édifiaient nos pères. Par moment, on serait tenté de se demander si le principe de dissolution qui domine la création matérielle n'atteint pas aussi nos sociétés modernes : tout tombe en poussière, tout se divise. Où sont les quatre mille élèves du collége de Sainte-Marie de Limoges qui prenaient rang dans ces processions solennelles tout costumés, et représentant, par bandes de cinq cents, de douze cents, les prophètes, les martyrs, les confesseurs, les vierges, avec une rivalité de magnificence dont chaque famille faisait les frais en s'y préparant deux ans d'avance? Où sont les foules qui se précipitaient, tumultueuses et recueillies, pour jouir de l'accroissement de la France? Des recherches et des études persévérantes nous autorisent à douter de cet accroissement. A l'exception de Paris, qui grandit à effrayer, nous trouvons que tout a diminué en province.

» Pendant sept semaines, la foule, toujours pieuse et recueillie, a pu à souhait rendre ses hommages aux saints. Les reliques vont être replacées pendant sept ans dans leurs châsses séculaires. Une confrérie a le privilége de clore ce jubilé solennel. Les bouchers de Limoges possèdent une confrérie de Saint-Aurélien à laquelle est attaché cet honneur.

» Pour le dire en passant, les bouchers de Limoges forment encore une véritable corporation du moyen âge. Ils occupent le même quartier; ils ont leur église particulière, leur confrérie et leur association de charité. La foi, la générosité, ces vertus inégales mais antiques, fleurissent parmi eux. On a pu blâmer leur zèle, quelquefois excessif; mais nous savons que leur courage a fait respecter en tout temps leur église de Saint-Aurélien, et, parmi les deux cents statues de la Vierge qui ornent les carrefours de la ville de Limoges, nous avons remarqué avec surprise que la plus ancienne, enclose en une niche du XIIIe siècle, est dans leur quartier. Ils ont donc le privilége traditionnel de clore l'Ostension. Un drapeau blanc coupé d'une croix verte est promené dans les rues au bruit d'une fusillade pacifique, qui n'a jamais fait que des heureux. On se dit adieu et au revoir. Dans sept années quelle part la mort se sera faite dans ces rangs naguère si pressés ! »

Voir, au sujet de l'Ostension de 1862, le remarquable mandement de monseigneur Félix-Pierre Fruchaud, évêque de Limoges, pour le carême.

CONFRÉRIE DE SAINT-MARTIAL.

(Page 245.)

Nouvelle Châsse de Saint-Martial (1647).

« A tous qui ces présentes verront salut, bénédiction et paix en Jésus-Christ !

» Nous, abbé, prévôt, chanoines et chapitre de l'église séculière et collégiale Sainct-Martial de Limoges, savoir : Révérend Pere en Dieu messire Pierre du Verdier, conseiller du roy, aumosnier ordinaire de la reyne, abbé de ladite abbaye; François du Faure, prévôt; Jehan Perriere, chantre et prévôt des Seichères; Antoine Veyrier, Jean-Philippe Desmaisons, Pierre Rougier, Pierre du Verdier, Jean Baillot, Jean Garreau, François Guy, François Mousnier, Jean Duboys, Jean Baignol, Jacques Carrier, Gérald Darfeuilhe, Grégoire Deschamps et Pierre Chambinaud, chanoines, certifions à tous présents et à venir que, ayant plû à la divine bonté de seconder nos sainctes intentions et ardents désirs que nous avons heu depuis longtemps de faire faire à neuf la châsse de notre glorieux APOSTRE SAINCT MARTIAL, suivant la résolution prise par acte capitulaire du septieme juin mil six cent quarante-cinq, l'ouvrage a esté parfait et achevé en la présente année mil six cent quarante-sept, et conduit heureusement de Paris en cette ville de Lymoges le quinzieme du présent mois d'avril. Et ladite châsse, d'argent doré vermeil, ayant été portée dans cette église, a été cejourd'huy bénite, et consacrée à Dieu et à notre glorieux apostre sainct Martial par révérendissime Pere en Dieu messire François de La Fayette, évêque de Lymoges, lequel, en présence d'une infinité de peuple et de messieurs maîtres Pierre Romanet, lieutenant particulier au siége présidial de la ville; Jean Brays, conseiller; Simon Descoutures, advocat du roy au même siége; Jean Vidaud, greffier en l'élection; Joseph Martin et Jean Cybot, bourgeois et marchands, consuls d'icelle, a pris et transféré le chef et autres sainctes reliques de notre glorieux apôtre de l'ancienne châsse, et icelles remises dans la nouvelle châsse d'argent doré vermeil. La dépense de la châsse, montant à la somme de huit mille livres, a été faite pour la plus grande part aux dépens de notre chapitre, des offrandes et oblations de l'Ostension derniere de ladite année quarante-cinq, et l'autre, par les pieuses libéralités des habitants de cette ville, questées par maître Jacques de Petiot, conseiller du roy, juge royal civil et criminel de ladite ville; Martial Malden, sieur de Fonjaudran ; Jacques Dupeyrat, conseiller du roy, trésorier général du taillon; Pierre Decoux, conseiller du roy, receveur particulier du taillon; Jacques David, bourgeois et marchand, et Jean Londeys, advocat au siége présidial, priés et députés par ledit chapitre, lesquels tous ont témoigné, dans ce rencontre, le zèle et la dévotion qu'ils ont toujours heu et porté à l'honneur de notre GLORIEUX APOSTRE ET PATRON, lequel nous prions de tout notre cœur et prierons puissamment de nous continuer ses faveurs et protections singulieres ; d'être toujours notre intercesseur envers la divine Majesté, et nous faire la grâce, apres avoir honoré ses précieuses reliques dans cette nouvelle châsse que nous luy avons érigée, dressée et élevée pour être notre arche d'alliance et de réconciliation envers Dieu, que nous le puissions suivre et être compagnons de sa gloire au jour de la résurrection générale, et louer Dieu éternellement avec luy dans le Ciel.

» En foi de quoi, et pour la perpétuelle mémoire d'une action si célèbre et si pieuse, nous avons dressé et signé le présent acte, le vingtieme jour du mois d'avril mil six cent quarante-sept, régnant Louis XIV, par la grâce de Dieu roi de France et de Navarre.

APPENDICE. 623

» EXULTABUNT SANCTI IN GLORIA,
» ET LÆTABUNTUR IN CUBILIBUS SUIS. »

Suivent les signatures au nombre de dix-sept.

L'acte est sur vélin ; un papier annexé à l'acte porte le sceau de l'abbé de Saint-Martial (1).

La confrérie de Saint-Martial fut instituée en 1212. Les statuts de l'association furent homologués et autorisés, en 1356, par le roi Jean; en 1357, par le sénéchal du Limousin et Poitou; en 1361, par les gouverneurs et lieutenants généraux des rois d'Angleterre, ducs d'Aquitaine, et enfin, le 29 mars 1624, par l'évêque de Limoges Raymond de La Martonie (2).

SUSANNE DE LA POMÉLIE.

(Page 285.)

Le baron Germain de La Pomélie, par qui est aujourd'hui représentée la noble famille de ce nom, habite la terre de Mont-Geoffre.

François de La Tour, seigneur de Neuvillars, Lageomont et autres places, institua, par testament du 17 décembre 1734, pour son héritier universel Jean de La Tour, son frère, et lui substitua, après

(1) L'acte original appartient à M. Nivet-Fontaubert, qui a bien voulu me le communiquer.
(2) *Statuts de la grande confrérie de Saint-Martial avec les prières ordinaires*: Limoges, Pierre Chapoulaud, in-18, 24 pages. En tête de cet opuscule, se trouve relaté le mandement de Raymond de La Martonie du 29 mars 1624.

décès, MM. de La Lande-Lavaud de Saint-Estienne, ses parents.

Les de La Lande, à qui, en vertu de ce testament, appartient aujourd'hui l'ancien fief de Neuvillars, comptent parmi leurs aïeux Guillaume de La Lande, qui figura en 1351 dans le combat des Trente, et dont les armoiries se voient dans le tableau du musée de Versailles qui rappelle ce glorieux fait d'armes.

POÉSIES PATOISES.

—

(Page 286.)

Les quatre mélodies populaires qui sont données dans ce volume comme spécimen des richesses musicales que nos paysans se transmettent d'âge en âge par tradition n'ont été choisies qu'à cause des paroles. Il s'en faut de beaucoup qu'elles soient les plus intéressantes comme musique. Dans les cantons montagneux du Limousin nous en avons recueilli bon nombre, de véritables fleurs sauvages aux vives couleurs, au parfum balsamique. Tour-à-tour les sentiments tendres, la ferveur pieuse, l'enthousiasme guerrier, même la vague rêverie des pasteurs, y trouvent leur expression, souvent marquée d'un cachet tout original. Et certes la complainte tragique, la ballade naïve, les facéties du jongleur, ont inspiré à nos vieux ménestrels des rhythmes, des modulations, des cadences inattendues, que plusieurs

MÉLODIES RUSTIQUES du Limousin

Notées et harmonisées par **P. CHARREIRE**.
Maître de Chapelle de la Cathédrale de Limoges.

N° 1.
LOU SOUDARD.

2ᵐᵉ COUPLET.

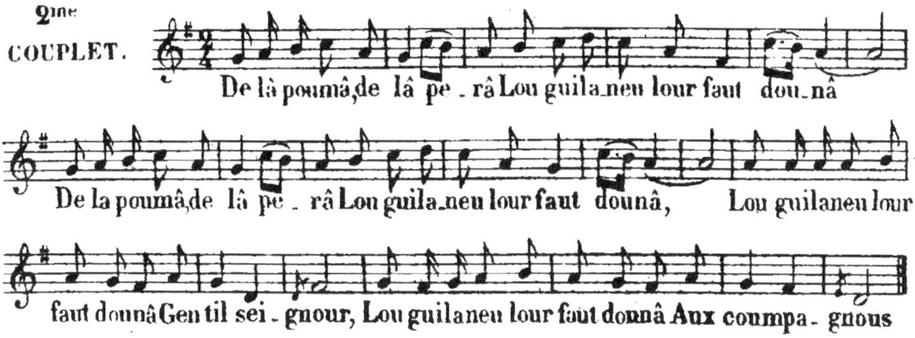

De là poumâ, de là pe-râ Lou guila-neu lour faut dou-nâ De la poumâ, de là pe-râ Lou guila-neu lour faut dounâ, Lou guilaneu lour faut dounâ Gentil sei-gnour, Lou guilaneu lour faut donnâ Aux coumpa-gnous

6ᵐᵉ COUPLET.

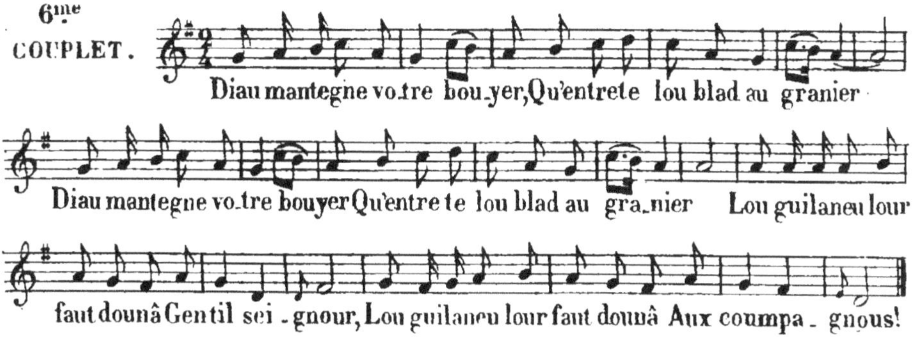

Diau mantegne vo-tre bou-yer, Qu'entre te lou blad au granier Diau mantegne vo-tre bouyer Qu'entre te lou blad au gra-nier Lou guilaneu lour faut dounâ Gentil sei-gnour, Lou guilaneu lour faut dounâ Aux coumpa-gnous!

N° 3.

MARGARITO.

Moderato (♩=84)

PIANO.

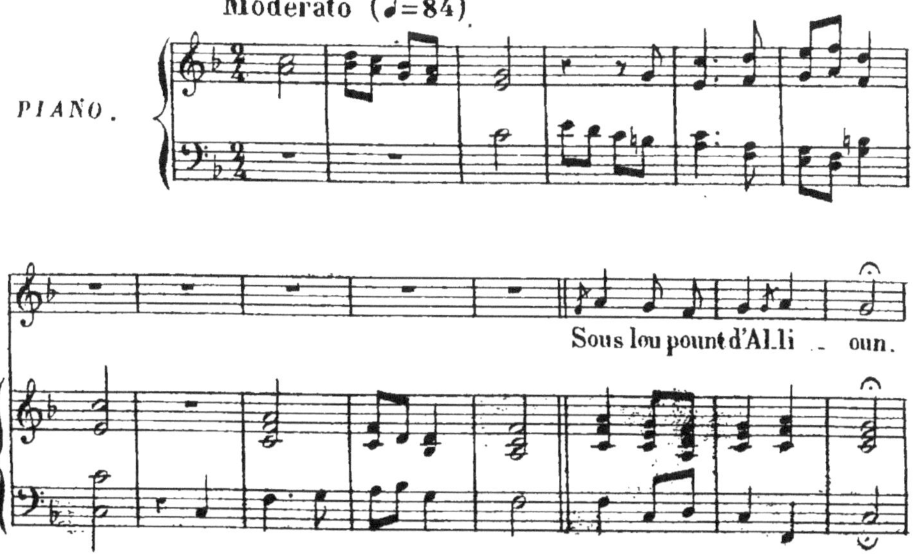

Sous lou pount d'Al-li — oun.

N° 4
L'ARNAUD L'INFANT.

de nos opéras modernes envieraient pour s'assurer un succès.

Le système ou plutôt la langue musicale qui gouverne aujourd'hui notre oreille n'a pas toujours régné sans partage; on peut même affirmer que, dans les contrées où l'industrie et la centralisation n'ont pu faire encore passer le niveau (progrès ou décadence), des dialectes musicaux proches parents du nôtre ou radicalement différents sont encore compris, goûtés et enseignés parmi les artisans, et surtout les laboureurs et les pâtres. Ces dialectes musicaux proviennent en général de quatre systèmes ou tonalités : 1° la tonalité celtique, dont on ne peut recueillir qu'un très-petit nombre de monuments; 2° la tonalité ecclésiastique, très-vivace dans les cantiques et les noëls, et que les vieillards chantent encore exclusivement; 3° la tonalité romane, fusion du système gréco-latin avec des systèmes indigènes; 4° la tonalité moderne, à laquelle la jeune génération s'efforce de plus en plus d'accommoder les refrains des aïeux; enfin çà et là des tonalités radicalement différentes par leur principe constitutif ont laissé leur empreinte dans la mémoire du peuple : ici ce sont quelques inflexions très-caractéristiques des modes arabes, naturalisées peut-être en Europe par les croisés; là ce sont des rhythmes qui rappellent par leur complication la métrique des poésies basques. Faisons observer que la carrure impitoyable de la musique moderne est antipathique aux paysans, qui ne la comprennent nécessaire que dans les airs de danse.

La mélodie transcrite sous le n° 1, *lou Soudard*, appartient évidemment au premier mode du système ecclésiastique. L'absence de la note sensible démontre cette provenance; et, si l'on examine la contexture des phrases on voit que l'harmonie grégorienne dont nous les avons revêtues est la seule convenable, et n'appartient nullement au ton de *mi mineur*. L'irrégularité rhythmique que présente le quatrième membre de phrase est une véritable beauté, dont nos compositeurs modernes pourraient certainement tirer bon parti.

La mélodie n° 2, *lou Guilaneu*, à force d'originalité, paraît étrange : elle est évidemment conçue d'après un système dont notre oreille a perdu la clef. Tout nous porte à croire que, en compulsant les diverses leçons, et en remontant la chaîne traditionnelle, on y retrouverait le type pur d'un chant celtique : aucun ton de la musique moderne ne s'y fait sentir; aucune harmonie *sui generis* ne lui est inhérente, et celle que nous lui avons appliquée, loin de l'enrichir, la dépare peut-être : c'est une concession que nous avons faite au goût moderne.

Lou Guilaneu est un branle, sorte de danse rustique encore en usage dans quelques cantons du Poitou et de la Bretagne, et très-connu des ménestrels du moyen âge. Quel rhythme désordonné et cependant très-saillant dans sa gravité! quelle coupe singulière par les repos sur les notes *la*, *fa*, *ré!* Quelle est la tonique de cet air? quel est le mode qui le gouverne? Évidemment ce n'est aucun des quatorze modes du plain-chant, puisque la relation de triton entre *si* et *fa* s'y fait continuellement entendre, et déroute nos habitudes d'audition. Ce chant a été pour nous un long sujet d'étude; nous ne lui avons trouvé d'analogues que dans les airs irlandais et écossais publiés à la suite du *Myviriam gallois*. Du reste *lou Guilaneu* tel que nous le notons ici est encore très-chanté en Bretagne, surtout parmi les Kernevotes. Un examen attentif nous a convaincu que les Druides pourraient bien le reconnaître, et que les échos des kromlecks sacrés se le rappelleraient peut-être si le grand feu de Bell venait à se rallumer sur les montagnes. M. le comte de La Villemarqué partagerait cette opinion.

La mélodie n° 3, *Margarito*, agréable et bien venue, n'offre cependant rien qui la signale à l'attention ; elle est composée dans le sixième mode grégorien, l'une des sources du mode majeur moderne. La finale *fa*, les deux cordes extrêmes *ut*, dessinent parfaitement les contours mélodiques. Le *si bémol* ou le *si bécarre* sont facultatifs : nul doute donc sur l'origine de ce chant, qui doit remonter tout au plus au xvie siècle.

Il n'en est pas de même de la mélodie n° 4, *l'Arnaud l'infant*. Au premier aspect, elle paraît appartenir au cinquième mode du plain-chant ; mais la chute de la voix sur le *mi* et le repos final sur le *la* sont des traits caractéristiques de cette tonalité romane abondante en monuments, mais peu comprise des archéologues. Ce chant doit être très-ancien ; et, bien que les paroles soient relativement modernes, nous n'hésiterions pas à en faire remonter la musique jusqu'au xiie siècle et au-delà. Quoique rhythmée, cette musique est proche parente des répons du pieux roi Robert, de Maurice de Sully, comme aussi des séquences attribuées à saint Bernard. Dans cet air l'harmonie est parfaitement à l'aise, et le contexte mélodique nous a permis d'en faire une véritable petite composition dont le parfum d'antiquité caresse doucement l'oreille.

Il serait à désirer que les érudits se hâtassent de recueillir ces derniers lambeaux de la musique de nos pères : ce sont des documents historiques d'une très-grande valeur, et dont certainement un jour la science saura tirer parti.

PAUL CHARREIRE,
Maitre de chapelle de la cathedrale.

(*Voir ci-contre les airs notés.*)

BERNARD BARDON DE BRUN.

(Page 333.)

Tous les documents contemporains sans exception parlent de Bernard Bardon de Brun avec vénération. « Cinq jours apres son inhumation, dit le *Manuscrit de* 1638, Bardon de Brun, fut désenterré et mis en un cercueil de plomb : *le corps avoit une odeur suave ; la bouche étoit vermeille; les yeux étoient à demi ouverts ainsi que les levres, et le corps n'étoit en rien corrompu.* Tous les jours, ajoute le manuscrit, plusieurs personnes vont à son sépulcre, et tous les jours elles y trouvent soulagement tant aux maladies qu'aux affaires particulieres qui arrivent dans les familles (1). »

J'ai cité de Bardon de Brun diverses pensées : j'aurais pu en rappeler quelques autres :

« Apres que je me suis long-temps aimé, dit-il, je trouve au fond que je n'ai rien : l'homme n'est rien de soy-mesme, et moins que rien lorsqu'il se préfere à Dieu.

» Celui qui est bien en Dieu est bien en soi.

» Dieu est le tout de toutes choses.

» Le péché est l'extrémité de toutes les choses basses et méprisables. »

(1) *Manuscrit* de 1638, p. 367 : Biblioth. publiq. de Lim.

MARCELLE GERMAIN.

(Page 372.)

Le Père Roby, par qui fut publiée, en 1770, chez Pierre Chapoulaud, une *Vie de Marcelle Germain*, et que j'ai signalé comme appartenant *probablement* à la compagnie de Jésus, faisait sans aucun doute partie de cette compagnie, alors dispersée. Voir, à ce sujet, Legros, *Vies des Pères*, tom. VIII, p. 1116, in-12, ms. du sémin.

D'après le Père Bonaventure de Saint-Amable, les parents de Marcelle la fiancèrent à *douze* ans : Legros redresse le Père Bonaventure, et écrit treize ans. (*Ibid.*)

MARIE DE PETIOT.

(Page 416.)

Les lignes suivantes complètent la note relative à Pierre Mercier. Pierre Mercier, prêtre, docteur en théologie, quittant la cure de Saint-Priest-sous-Aixe, se consacra au service des pauvres dès sa jeunesse, et assista Martial de Malden de Savignac en tous ses desseins. Nommé official par Louis Lascaris d'Urfé en 1677, il décéda à Limoges le 9 février 1690, et fut enterré dans le caveau de l'église de la Mission, entre La Fayette et Martial de Malden. M.' d'Urfé assista à l'enterrement, et les ecclésiastiques du séminaire aussi (1).

(1) Archiv. du dép. : *reg. ms.*, liasse 147.

Souhait de Monseigneur François de La Fayette, écrit par le prélat en tête du registre destiné à recevoir les noms des sœurs Hospitalières de Saint-Alexis.

« A JÉSUS-CHRIST NOTRE-SEIGNEUR.

» O vrai Dieu ! mais qui me fera tant de grâce que le Tout-Puissant écoute mon désir, et que lui même écrive ce livre, afin que je le porte sur mes épaules, et que je m'en environne comme d'une couronne, et que je le prononce à chaque pas, et que je le lui offre comme à un prince? Oui, Seigneur Jésus-Christ, écoutez l'exclamation que mon cœur fait pour vos servantes : écrivez vous-même en ce livre, et ne permettez pas qu'on y mette le nom d'aucune que par votre inspiration et mouvement, afin que ce volume soit un manteau d'honneur sur mes épaules et une couronne de gloire sur ma tête ! Et ainsi je nommerai en toutes les aspirations que mon esprit fera vers vous les noms qui y seront marqués comme un cantique de joie et de louange, et en offrirai le rôle comme un bouquet de suavité à votre divine Providence. Faites, ô Jésus, doux et saint amour de nos âmes, que l'an auquel sera écrit en ce livre les vœux et oblation de chaque sœur lui soit un an de sanctification : le jour, un jour de salut, et l'heure, une heure de perdurable bénédiction ; et que les cœurs que vous avez congrégés sous le nom de Filles de Saint-Alexis ne se dispersent point, et que ce que vous avez fait conjoint ne se sépare point, et que ce que vous avez assemblé ne se dissipe point; mais que les noms marqués en ces feuilles périssables soient à jamais écrits au livre des vivants avec les justes qui regnent auprès de vous en la vie de l'immortelle félicité. Ainsi soit-il! »

MARTIAL DE MALDEN DE SAVIGNAC.

(Page 457.)

Testament de Gabriel Nicolas de La Reynie, conseiller d'État ordinaire, décédé à Paris le 14 Juin 1709, à neuf heures du matin (1).

« Au nom du Pere, du Fils et du Saint-Esprit, seul Dieu éternel, tout-puissant, créateur du ciel et de la terre, et auquel, par sa grâce, je crois uniquement ! mes jours devant être de peu de durée, d'apres l'âge où je suis parvenu, faisant réflexion au passé et à l'avenir, je rends grâce à mon Dieu de sa grande et infinie miséricorde envers moi, misérable pécheur, de ce que, au lieu de me punir, comme je l'ai toujours mérité pendant le cours de ma vie, il m'a comblé de grâces par sa miséricorde infinie, et me fait espérer, nonobstant mon indignité et la multitude de

(1) Pièce communiquée par M. le marquis François de Calignon, aujourd'hui propriétaire de la terre et du château de Tralage. Ce fief appartint autrefois à la famille Nicolas, et passa en 1704 à Nicolas de La Reynie par testament d'un de ses neveux.

mes péchés, que j'en obtiendrai le pardon avec la vie éternelle par le prix et le mérite infini de la mort de Notre-Seigneur Jésus-Christ, notre rédempteur. Avec cette espérance, je, Gabriel Nicolas de La Reynie, fais ce présent testament, que je désire être accompli et exécuté.

» Je veux qu'apres mon déces mon corps soit enterré dans le cimetiere de ma paroisse si je décede à Paris, ou dans le cimetiere de la paroisse du lieu où je décederai, dans lequel sont ordinairement enterrés ceux qui décedent dans la confession de la foi catholique et dans la communion de la seule et vraie église catholique, apostolique et romaine, sans qu'il puisse être mis aucune marque particuliere à l'endroit de ma sépulture; ce que je défends expressément. Je ne désire par conséquent que mon corps soit enterré dans l'intérieur et dans l'enceinte d'aucune église, ni dans aucune chapelle particuliere, ne voulant pas que mon cadavre soit mis dans les lieux où les fideles s'assemblent pour y prier et pour y célébrer les saints mysteres, et que la pourriture de mon corps dans le temple du Seigneur y augmente la corruption de l'air, et le danger par conséquent pour les ministres de l'Église et pour le peuple qui s'y assemble.

» Je défends pareillement qu'il soit fait au temps de mon déces ni apres aucune pompe funebre, et qu'il soit mis aucune tenture de deuil dans l'église. Je supplie M. le curé de ma paroisse et mon pasteur de l'empêcher, et d'ordonner qu'il soit seulement célébré le service ordinaire qui se fait pour les morts, selon l'usage, et autant de messes qu'il en pourra être dit, ce même jour du service, dans l'église de ma paroisse, pour demander à Dieu notre Pere le pardon et la rémission de mes péchés, par Jésus-Christ Notre-Seigneur, son Fils unique, en lui offrant le sacrifice non sanglant de son corps et de son sang précieux.

» Je donne et legue néanmoins à l'œuvre et fabrique de ma paroisse les droits ordinaires qui sont dus pour l'ouverture de terre, et tels qu'ils seroient demandé si j'étois enterré dans la nef et intérieur de l'église.

» Je prie l'exécutrice de mon testament, qui sera ci-apres nommée, de faire distribuer le jour de mon déces ou en celui du service qui sera aussi fait, sans pompe ou cérémonie funebre extérieure, trois cents livres d'aumône, une fois payées, aux pauvres de ma paroisse.

» Je donne et legue au couvent des Récollets du faubourg Saint-Laurent trois cents livres, aussi une fois payées.

» Je donne et legue pareillement mille livres à l'Hôtel-Dieu de Paris, et pareille somme à l'hôpital général, payables un an apres mon déces.

» Je remets à l'exécutrice de mon testament le soin de récompenser les domestiques que j'aurai au temps de mon déces, ainsi qu'elle le jugera à propos, parce que je sais que, outre la justice, elle leur fera toute la grâce qu'elle pourra.

» Et, parce que les lois disposent pour moi des biens qu'il a plu à Dieu de me donner entre mes deux enfants Gabrielle et Gabriel-Jean de La Reynie, je les institue et nomme mes légataires universels, pour partager entre eux amiablement et par le conseil de leur mere ma succession, en quoi qu'elle puisse consister, également, si ce n'est en cas que ma fille n'ait pas encore été dotée et mariée avant mon déces, et, en ce cas seulement, je veux que ma fille prenne sur ma succession hors part, plus que son frere, la somme de vingt mille livres, et que mon fils ait aussi et prenne hors part tous mes livres imprimés et reliés et livres d'estampes; ce que je veux être ainsi fait, quelque différence qu'il puisse y avoir entre la valeur des livres et la somme de vingt mille livres. Quoique mon fils n'ait pas déféré jusqu'ici à mes avis, je veux bien excuser sa conduite, et je l'exhorte, comme je fais pareillement ma chere fille, de s'aimer l'un l'autre réciproquement. Je leur recommande aussi d'honorer leur mere de tout leur pouvoir, et d'obéir en cela tres-exactement au commandement du Seigneur, et afin qu'ils attirent sur eux la bénédiction temporelle qui est promise aux observateurs de ce précepte. J'avertis mes enfants que, s'ils y manquent, ils seront grandement coupables devant Dieu, et avec cela rejetés des hommes, et sans aucune bénédiction temporelle. Pour les préserver de ce malheur, autant que les raisons humaines y peuvent servir, je leur remets devant les yeux les soins infinis que leur mere a pris elle-même de leur éducation depuis leur enfance jusqu'à ce jour; ce qu'elle a fait pour leur inspirer la crainte de Dieu, pour leur instruction, et pour leur faire aimer et rechercher la véritable sagesse. Comme j'espere que mes enfants se souviendront de ce que je leur recommande à cet égard, je les exhorte et les conjure dans cette vue de demander particulierement à Dieu qu'ils puissent être la joie et la consolation de leur mere.

» Je ne les recommande point à leur tour à ma tres-chere épouse dame Gabrielle de Garibal, leur mere, parce que sa piété et sa vertu me sont parfaitement connues. Je sais quelle est sa tendresse pour ses enfants, et combien elle est instruite de tous les devoirs d'une bonne mere de famille suivant les grandes regles du christianisme; mais je la conjure, selon ces mêmes regles, si je meurs avant elle, de demander à Dieu notre Pere la grâce d'être parfaitement soumise en cela même à sa sainte volonté.

» Je recommande aussi à ma chere épouse et à mes enfants les intérêts de mon neveu de Tralage, et de faire ce qu'ils pourront pour mes neveux et nieces de La Grange, pour la famille de feu M. Blondeau, et pour tous nos autres parents s'il y a lieu, et s'ils sont en pouvoir de les aider, en se souvenant que Dieu ne les aura mis en cet état de les pouvoir servir qu'afin qu'ils servent en effet ceux qui pourront avoir besoin de leurs secours.

» Pour l'exécution de mon présent testament, qui est entierement écrit de ma main, je nomme ladite dame Gabrielle de Garibal, ma chere épouse, et je la prie d'en vouloir prendre le soin.

» Fait à Paris, ce premier jour de septembre mil six cent quatre-vingt-seize.

» *Signé* DE LA REYNIE. »

Et sur la suscription : « C'est mon testament, que j'ai mis sous cette enveloppe, et que j'entends être ouvert sans aucune formalité, soit qu'il soit cacheté ou non au temps de mon déces. »

CODICILLE.

« Aujourd'hui, trente-un et dernier jour du mois de mai mil six cent quatre-vingt-dix-sept, moi, Gabriel Nicolas de La Reynie, soussigné, apres avoir ce jour même relu mon testament écrit et signé de ma main en cinq pages, daté à Paris le 1er jour de septembre 1696, je veux et entends qu'il soit exécuté ; et, en tant que de besoin, je le confirme en toutes ses parties, parce que c'est ma volonté en laquelle je persiste, étant par la grâce de Dieu dans une parfaite santé de corps et pleine liberté d'esprit; et, en y ajoutant néanmoins, je défends tres-expressément à mes enfants de faire apposer aucun scellé sur mes effets apres mon déces, ni de faire procéder à aucun inventaire en justice en quelque maniere que ce soit ; car je ne laisse aucune affaire dans ma succession qui les y doive obliger ni qui puisse servir de prétexte à quelque personne que ce soit de requérir rien de semblable.

» Je joins à mon testament du 1er septembre 1696 et au présent codicille un état ou mémoire de ce même jour, entierement écrit et signé de ma main, qui contient tout ce que j'ai et qu'il a plu à Dieu de me donner des biens de fortune, et c'est par cet état, qui est véritable, que mes enfants en doivent être instruits, et non autrement.

» Je déclare aussi par ce présent codicille que je veux et entends qu'apres mon déces tous les manuscrits que j'ai, et particulierement tout ce qui se trouvera écrit de ma main, lettres missives, mémoires ou autres choses, ensemble toutes les lettres missives que j'ai reçues, et généralement tout ce qui se trouvera manuscrit, demeure ou soit remis entre les mains de dame Gabrielle de Garibal, ma tres-chere épouse, pour en disposer suivant mes intentions, dont elle a connoissance, et que je lui ai dites à ce sujet.

» Fait à Paris, le 31 mai 1697.

» *Signé* DE LA REYNIE. »

Gabriel Nicolas de La Reynie déclare joindre à son codicille un état de tous ses biens. Cet état n'a pas été retrouvé; mais j'ai sous les yeux l'acte de liquidation de la succession de son fils en date du 21 novembre 1744.

Gabriel Nicolas de La Reynie de Saint-Sulpice, fils de La Reynie, mourut à Rome le 26 janvier 1734, sans enfants, et très-probablement sans avoir été marié. Sa sœur, épouse séparée de Jean-Louis Hubert de Montmort, morte avant lui, lui avait légué tous ses biens. Sa fortune, mais l'acte de liquidation ne touche qu'aux biens provenant du chef paternel, s'élève à cinq cent quarante-neuf mille deux cent vingt-cinq francs; mais dans cette somme ne sont pas comprises certaines valeurs qui demeurent provisoirement indivises entre les cohéritiers. Il semble d'ailleurs que les immeubles mentionnés dans l'acte de liquidation y soient évalués beaucoup au-dessous de leur valeur. La seigneurie de Tralage, avec ses domaines, préclôtures, réserves et rentes, le domaine de La Blanchardie, paroisse de Vic, quatre domaines situés en la paroisse de Saint-Genieix, deux moulins, les vignes du Bas-Limousin, les vignes de Pierre-Buffière, et une maison située à Limoges, rue du Consulat, ne figurent ensemble, sur l'acte de liquidation, que pour une somme de soixante mille livres.

Règlement de l'intendant de la généralité de Limoges du 13 février 1741 touchant la vente de la viande pendant le carême

(Page 469.)

« DE PAR LE ROI,

» Louis-Urbain Aubert, chevalier, marquis de Tourny, conseiller du roi en ses conseils, maître des requêtes ordinaires, intendant de justice, police et finances de la généralité de Limoges :

» Les défenses de l'Église de manger de la viande pendant le carême et la défense du prince d'en tuer et d'en exposer en vente ont reçu les unes et les autres des modifications : de la part de l'Église, en faveur des infirmes, et, de la part du prince, en permettant pour ces infirmes la tenue de quelque boucherie dans les principales villes. Mais, si l'Église a toujours invité les fidèles à racheter par quelques aumônes l'indulgence dont en cette occasion elle usoit à leur égard, la piété de nos rois, non moins attentive à tirer de là un objet de soulagement pour les pauvres, n'a jamais accordé qu'aux hôpitaux la permission de tenir boucherie audit temps, afin de leur y faire trouver quelque profit. Une politique si sage, si charitable, établie dans des jours où les mœurs pures et sévères ne laissoient personne avec la dangereuse confiance de pouvoir faire gras sans une nécessité évidente, doit avoir aujourd'hui une exécution d'autant plus exacte que, d'un côté, les mauvaises récoltes de plusieurs années ont beaucoup augmenté la quantité des malheureux, et que, de l'autre, la corruption du siècle rendant la plupart des gens à l'aise peu scrupuleux sur l'obligation de l'abstinence du carême, le débit de la viande devient de plus en plus considérable en ce saint temps. Cependant nous nous sommes aperçu que les règlements sur cette matière n'avoient aucune application dans la ville de Limoges, qu'ils y étoient même en quelque façon ignorés, peut-être parce qu'en remontant à un petit nombre d'années on y trouveroit si peu de monde mangeant gras pendant le carême que le profit à faire sur la vente de la viande n'auroit point paru aux administrateurs de l'hôpital de cette ville assez intéressant pour jouir du privilége qui appartenoit aux pauvres, de façon que les bouchers y étoient restés dans l'habitude d'en fournir à ceux qui en avoient besoin, sans prendre même aucune permission de la police ; à quoi voulant pourvoir, après avoir consulté les gens du roi du présidial, les officiers de police et les administrateurs de l'hôpital :

ART. Ier.

» Nous faisons défense à tous bouchers, rôtisseurs et poulaillers, autres que ceux qui seront préposés par les administrateurs de l'hôpital de cette ville, de vendre dans l'étendue d'icelle, faubourgs, Cité, Pont-Saint-Martial et villages circonvoisins, depuis le mercredi des Cendres jusqu'au samedi saint, aucune viande de boucherie, aucuns gibiers ou volailles, à peine de cinq cents livres d'amende, au profit dudit hôpital, et de punition corporelle en cas de récidive.

Art. II.

» Faisons pareillement défense à toutes personnes, de quelque condition et qualité qu'elles soient, d'envoyer, amener, porter et conduire aucuns bestiaux ni viandes vives ou mortes, volaille ni gibier, en faire vente ni exposition dans les susdits lieux, sans le consentement par écrit desdits administrateurs ; et, en cas de contravention, seront les voitures, bêtes de somme, paniers ou autres choses où se trouveront lesdites viandes, ensemble icelles, arrêtées et confisquées au profit de l'hôpital, avec pareille amende de cinq cents livres contre les contrevenants.

Art. III.

» Ordonnons à tous bouchers, rôtisseurs, poulaillers, qui pourront avoir de reste le mercredi des Cendres des viandes, gibiers, volailles vives ou mortes, de les porter le jour même à l'hôpital, pour leur en être par les administrateurs payé le juste prix, en cas qu'elles se trouvent non gâtées et propres à être consommées par le public.

Art. IV.

» Ne pourront au surplus les commis ou bouchers préposés par les administrateurs vendre la meilleure viande de boucherie, bœuf, veau, mouton, pesés ensemble également par tiers, à un plus haut prix que cinq sols la livre, poids de marc ; et, quant à la basse viande pour les pauvres infirmes, elle leur sera vendue dans cette proportion, même à un moindre prix, autant qu'il sera possible, afin qu'ils puissent plus aisément y atteindre.

Art. V.

» Enjoignons au lieutenant général de police de cette ville et à tous autres officiers de justice de tenir la main chacun en droit soi à l'exécution de la présente ordonnance; enjoignons même aux brigades de maréchaussée et aux commis des portes d'arrêter et de conduire à l'hôpital les viandes vives ou mortes qu'ils surprendront être apportées sans permission des administrateurs, et sera icelle ordonnance lue, publiée et affichée par tous les carrefours et lieux ordinaires de la ville, faubourgs et Cité.

» Fait à Limoges, ce 13 février 1741.

» *Signé* AUBERT DE TOURNY. »

Suppression des tours.

(Page 475.)

Les tours ayant été supprimés dans les départements limitrophes de la Haute-Vienne, les enfants abandonnés refluaient irrégulièrement de ces départements dans le nôtre. La suppression du tour de l'hospice de Limoges eut en partie pour objet de faire cesser cet abus. La présente note rectifie et complète ce que j'ai dit de la suppression des tours à la page 475.

Testament de François de La Fayette,
évêque de Limoges.

(Page 520.)

« Jesus Maria !

» François de La Fayette, évêque de Limoges : considérant les infinies obligations que j'ai au bon Dieu pour m'avoir donné par une providence et protection toute bienfaisante des biens et faveurs que je dois à sa seule libéralité, je lui demande pardon du mauvais usage que j'en ai fait, et de ne pas les avoir employés comme je le devois pour sa gloire et son service, et de toutes les fautes, manquements et négligences que j'ai commis dans mon ministere, et des mauvais exemples que j'ai donnés.

» Je déclare que, apres les infinies obligations que j'ai au bon Dieu, j'en ai de tres-grandes à tout mon diocese, et singulierement à la ville de Limoges, pour les marques qu'ils m'ont données en plusieurs occasions de leur amour, agrément et confiance pour ma personne, et gratitude pour les petits services que j'ai tâché de leur rendre.

» Je dois en reconnoissance, et pour des considérations et raisons de justice et décharge de ma conscience, disposer de tout ce que j'ai pour la gloire de Dieu, et le bien et l'avantage du clergé et des peuples de mon diocese, particulierement pour ceux de Limoges.

» Apres avoir recommandé mon âme au bon Dieu, à ce qu'il lui plaise par les mérites de Notre-Seigneur Jésus-Christ, l'intercession de la tres-sainte et glorieuse Vierge Marie, du glorieux saint Martial, apôtre, de saint François, mon patron, la recevoir dans son éternelle béatitude apres qu'elle sera séparée de mon corps.

» Je veux être inhumé dans l'église du séminaire des Ordinands et de la Mission (1) avec le moins de dépense qu'il se pourra. Je souhaite et demande tres-instamment qu'on ne fasse point d'oraison funebre pour moi, parce que j'en suis tres-indigne, et qu'on ne sauroit parler avec vérité que de mes manquements, défauts et mauvaises conduites. Je veux être pris de mes biens, pour faire prier Dieu pour le salut de mon âme et de mes prédécesseurs, la somme de cinq cents livres pour être employés en messes incontinent apres mon déces.

» Je donne et legue aux Peres de Saint-Dominique, aux Carmes des Arenes, aux Augustins, aux Cordeliers, aux Récollets de Sainte-Valérie et aux Carmes déchaussés de cette ville, à chacun desdits couvents la somme de deux cents livres, payables un an apres mon déces, et les supplie de tous prier Dieu pour le salut de mon âme. Je donne à la sœur Hélene Mercier (2) la somme de quatre cents livres pour être employée au secours des pauvres et des malades de l'hôpital Saint-Alexis, payables comme dessus.

---

(1) Cette église est aujourd'hui celle de l'Hôpital.
(2) Le testament est de 1670. A cette époque, la Mère Marie de Petiot n'existe plus, et Hélène Mercier lui a succédé dans la charge de supérieure des Sœurs de Saint-Alexis.

» Je donne et legue à mon église cathédrale de Saint-Étienne ma grande chapelle d'argent, consistant en la croix, les chandeliers, le calice, deux bassins, deux vases, deux burettes, un vase pour les mettre, un bénitier avec l'aspersoir, la clochette, ensemble ma tapisserie de la grande salle consistant en dix pieces; et, si le bon Dieu permet que je vive encore quelques années, je l'augmenterai, afin qu'il y en ait suffisamment pour tapisser tout le chœur et autour du grand autel. Je donne à la même église ma chape et chasuble blanche en broderie, et prie messieurs les doyens et chanoines de dire à perpétuité une messe toutes les semaines pour le salut de mon âme, outre l'anniversaire que j'ai fondé.

» Je donne à l'église du séminaire de la Mission ma petite chapelle d'argent doré, ma crosse, ma petite cassolette d'argent, mes quatre mitres, mes autres chapes et chasubles, les dalmatiques dont je me sers en officiant, et dans ma chapelle les aubes, rochets, tout le linge qui sert à l'autel et mes pontificaux. Je donne à la même église ma tapisserie de la salle basse et toutes les autres tapisseries de Bergame et autres, réservé celle qui sera léguée ci-apres, avec les tapis de Turquie qui sont dans l'évêché.

» Je donne au séminaire des Ordinands le meuble, la tapisserie et les tableaux de ma chambre, de mon anti-chambre et de mon lit, pour être mis dans le logement de l'évêque au séminaire, et désire et veux qu'il y demeure et soit conservé autant qu'il pourra subsister et servir. Je donne audit séminaire les linceuls à mon usage, le petit cabinet qui est dans la garde-robe, et mon bréviaire à trois tomes dont je ne me suis pas encore servi.

» Je donne et legue toute ma vaisselle d'argent, de telles nature et qualité qu'elle soit, et qui est dans l'évêché, au séminaire de la Mission, pour l'argent qui en proviendra être employé par le supérieur et les prêtres de la Mission pour la subsistance de la maison, afin qu'ils puissent s'appliquer plus facilement et commodément à faire des missions dans le diocese. Je prie les seigneurs évêques mes successeurs d'employer toujours pour les missions qui se feront dans le diocese les prêtres qui sont et seront dans ladite maison du séminaire et de la Mission (1).

» Je donne et legue mes autres meubles, lits garnis, linges, vaisselle d'étain, batterie de cuisine et autres aux séminaires des Ordinands et de la Mission pour être partagés entre eux, à la charge que lesdits deux séminaires seront tenus de dire à perpétuité toutes les semaines chacun une messe pour le salut de mon âme.

» Je veux que tous mes domestiques soient payés de leurs gages jusqu'au jour de mon décès et une année de plus. Je donne et legue à mes quatre laquais la somme de trois cents livres chacun pour leur faire apprendre un métier.

» Je donne à monsieur Maillard, mon official, mon domino.

» Je donne tous mes habits à La Treille, mon homme de chambre.

» Je veux que les appointements de monsieur Constant, mon avocat, et de monsieur Ferrand, mon médecin, et la pension de frere Luc, religieux carme,

(1) Il y aurait bien quelques observations à faire au sujet de cette disposition; mais je reproduis le testament: je ne le commente pas.

de deux cents livres chacun, leur soient payés, et, outre ce, leur donne et legue à chacun d'eux la somme de deux cents livres, et au sieur Dufour, mon apothicaire, outre ses parties, la somme de cent livres, le tout payable un an apres mon déces.

» Je donne à mes deux aumôniers la somme de quatre cents livres chacun, et autant à monsieur Mercier, prêtre de la Mission, mon confesseur, payable un an apres mon déces.

» Je voudrois bien donner à monsieur de Savignac quelque marque de reconnoissance de mon cœur pour tant et de si grands biens qu'il a faits à mon diocese et à mon clergé, et pour les obligations que je lui ai en mon particulier. Je n'ai rien de si précieux, de si cher, que la croix que je porte où il y a du bois de la vraie croix : je la lui donne et mes deux croix pectorales, dans lesquelles il y a de saintes reliques, et aussi le crucifix qui est au chevet de mon lit, mon chapelet et ma montre. Je crois que, ayant toujours ces dévotes choses devant les yeux, sur lui ou entre les mains, il aura plus de souvenir de moi dans ses saintes prieres. C'est la grâce que je lui demande et la supplication que je lui fais, et de disposer ensuite de tout cela en faveur du séminaire.

» Au surplus, de tous mes biens présents et à venir, droits, noms, raisons et actions de telle qualité qu'ils soient, même de mes deux diamants et de la bague que je porte d'ordinaire, je fais et institue mon héritier universel l'hôpital général Saint-Alexis de la ville de Limoges, voulant que messieurs les administrateurs dudit hôpital aient la pleine et entiere disposition de mon hérédité, à la charge de payer et acquitter les susdits légats et les charges de mon hérédité, comme

APPENDICE. 647

ils le jugeront à propos et plus nécessaire pour le bien et utilité dudit hôpital, sans qu'ils en puissent être recherchés sous quelque prétexte que ce soit.

» Je supplie messeigneurs les évêques mes successeurs de maintenir et d'exécuter, pour la gloire et le service de Dieu, le bien et l'avantage du clergé de ce diocese, le traité et contrat d'association et d'union de notre séminaire avec celui de Saint-Sulpice de Paris, passé entre monsieur de Savignac, monsieur de Bretonvilliers et moi, autorisé par les avis, suffrages et signatures de messeigneurs de Comminges et de Couzerans, lesquels se rencontrerent tous en ce temps-là (1).

» Je supplie lesdits seigneurs évêques mes successeurs d'agir par leur zele, application et *présence le plus qu'il se pourra avec messieurs les administrateurs* de l'hôpital général, afin de maintenir l'ordre et les bons reglements en faveur des pauvres (2). J'exhorte messieurs du chapitre de Saint-Martial, messieurs les consuls de Limoges et messieurs les administrateurs de l'hôpital de choisir et nommer pour la décharge de leurs consciences et pour satisfaire à leurs devoirs, pour le bien et soulagement de la ville, des personnes de probité et vertu, intelligents, zélés, soigneux, assidus, pour l'administration, le régime et la conduite de l'hôpital général et de ses affaires, comme ils s'en sont tres-bien acquittés depuis son établissement jusqu'à présent.

» Je nomme pour exécuteurs de mon présent testa-

(1) L'évêque de Tulle fut aussi l'un des signataires. L'omission de son nom provient apparemment de la négligence de l'imprimeur.

(2) Voir la note placée à la page 467.

ment M. Maillard, M. de Savignac, MM. les supérieurs des séminaires des Ordinands et de la Mission, auxquels je donne tout pouvoir requis et nécessaire pour l'exécution d'iceluy.

» Je charge l'hôpital général, MON HÉRITIER, de faire dire à perpétuité une messe toutes les semaines pour le salut de mon âme et de mes parents défuncts.

» Je casse, annulle, révoque tous autres testaments, codicilles, donations, et veux que ce testament soit le mien dernier. Je l'ai tout écrit de ma main, sans qu'il y ait rien d'autrui.

» Ce vingt-neuvieme jour du mois de mai, le jeudi de l'octave de la Pentecôte, l'an mil six cent soixante-six.

» *Signé* FRANÇOIS DE LA FAYETTE,
Évêque de Limoges.

Ce testament fut imprimé, par ordre des administrateurs de l'hôpital, chez François Charbonier (ailleurs Charbounier) Pachi, in-4, 8 pages, sans date.

François Motier de La Fayette, d'une noble maison d'Auvergne, né en 1590, chanoine et comte de Lyon et premier aumônier d'Anne d'Autriche, nommé par bulles d'Urbain VIII évêque de Limoges le 29 novembre 1627, fut sacré à Paris le 19 mars 1628, jour de saint Joseph, par André Fremiot, archevêque de Bourges, frère de sainte Jeanne-Françoise de Chantal, et arriva dans son diocèse le 25 août de la même année. Il mourut à Limoges, après quarante-huit ans d'épiscopat, le 3 mai 1676, et non 1678, comme dit Moréri, âgé de quatre-vingt-six ans.

On cite de lui un trait charmant : le 23 avril 1647, le prélat voulut tenir sur les fonts baptismaux la fille de Pierre de La Maile, capitaine d'une compagnie de Bohèmes, dont la femme était accouchée à Limoges. Il donna à sa filleule le nom de Françoise-Antoinette : l'errante famille emporta dans sa vie nomade un long souvenir de l'hospitalité limousine et de la bonté du prélat.

Pièces diverses.

État des Communautés de filles de la ville de Limoges en 1743.

NOMS DES COMMUNAUTÉS.	NOMBRE DES RELIGIEUSES.	MONTANT DES REVENUS.
La Règle............	60	7,200
Les Grandes-Claires...	14	»
Les Carmélites.......	25	2,500
Les Ursulines........	47	2,800
La Visitation........	50	2,800
La Providence.......	27	2,500
Les Filles de N.-D. ...	50	3,100
Les Petites-Claires....	25	2,900
TOTAL...........	298	23,800

Je me suis servi pour dresser ce tableau d'un *État des communautés religieuses du diocèse de Limoges en 1743*, manuscrit, sans nom d'auteur, dressé par ordre de l'évêque, dont M. Nivet-Fontaubert a bien voulu me donner communication.

Les revenus de l'abbaye royale de La Règle ne sont évalués dans l'état qu'à 7,200 livres. Peut-être faut-il établir une distinction entre les revenus afférents aux religieuses et les revenus de la manse abbatiale, que plusieurs écrivains ont évalués à 14,000 livres.

Les Grandes-Claires, en 1743, sont tombées dans un état voisin de l'indigence : elles n'ont pas de revenus appréciables.

En résumé, la ville de Limoges compte en 1743 huit communautés de filles, dont six consacrées à l'enseignement. Le personnel de ces communautés se compose de 290 sujets, dont les revenus fixes s'élèvent en tout à la somme de 23,800 livres : d'où il suit qu'à cette époque la subsistance de chaque religieuse revient, en moyenne, à environ 75 livres. Il est vrai que les rétributions scolaires et sans doute aussi quelques aumônes s'ajoutaient, chaque année, aux revenus fixes; mais, même en faisant acception des produits accidentels, on arrivera à constater ce fait singulier, c'est qu'à Limoges, en 1743, une religieuse coûte moins que ne coûte probablement aujourd'hui l'indigent admis dans la maison des pauvres.

LA MÈRE DU CALVAIRE.

(Page 528.)

Dans une pièce de procédure dont l'abbé Legros nous a conservé une copie, l'auteur de l'enlèvement d'Anne-Marie de Meilhac est désigné sous le titre de Joseph D***, baron de T***.

La maison dont il s'agit est l'une des plus anciennes, et, sous tous les rapports, l'une des plus honorables de notre pays.

LE PÈRE LEJEUNE.

(Page 577.)

RÉPARTITION d'une somme de 300,000 livres accordée aux propriétaires incendiés le 6 septembre 1790 par décret du 26 octobre 1790.

	NOMS DES PROPRIÉTAIRES.	SOMMES ALLOUÉES.		
		liv.	s.	d.
1	Barbou des Courières...............	1,196	»	»
2	Valery..............................	1,453	08	»
3	Belut...............................	1,901	»	»
4	Veuve Dorat........................	4,283	05	»
5	Malissen, armurier.................	571	04	3
6	Durieux, tailleur...................	1,099	11	»
	A *reporter*......................	10,504	08	3

		liv	s	d
	Report...	10,504	8	3
7	Lagrave (1)...	6,232	6	9
8	Les mineurs Bourdeau (2)...	2,490	8	»
9	Judet...	1,054	14	6
10	Bourdeau-Vazeix...	383	08	9
11	Judet, marchand...	2,046	9	9
12	Lagrave-Talabot (3)...	2,144	15	»
13	Guibert passementier...	671	03	»
14	Desmoulins, serrurier...	716	02	»
15	Pradeau-Boyer...	3,212	08	9
16	Desbordes et veuve Guibert...	1,335	»	»
17	Veuve Guibert...	1,710	16	3
18	Veuve Guibert-Desbordes...	968	09	»
19	Veuve Roche...	770	05	3
20	Texandier...	4,752	08	3
21	Guibert La Beausserie...	4,951	9	9
22	Lacroix...	2,146	8	6
23	Segond...	3,537	10	6
24	Laporte, coutelier...	954	7	6
25	Cursac...	2,092	0	6
26	Borde...	78	18	9
27	Jacques Barny...	648	3	9
28	Mathieu et neveu...	740	2	»
29	Léonard Ribière...	1,047	8	»
30	Seignac...	2,638	8	6
31	Plaigne...	773	18	6
32	Plaigne...	570	1	9
33	Plaigne...	532	»	3
34	Mathurin Desmaisons...	563	17	9
35	Philippe Dodet, veuve Gauthier...	380	12	3
36	Pierre Garraud...	489	14	6
	A reporter...	61,133	6	3

(1) A la colonne d'émargement : *Lagrave Talabot*, pour mon père.
(2) *Ibid.*, Pour les Bourdeau mineurs, *Henry Michel*.
(3) *Ibid.*, *Lagrave Talabot*, pour mon père.

APPENDICE. 653

		liv.	s	d.
	Report....................	61,133	6	3
37	Rougerie...................	678	7	»
38	Roche fille.................	601	2	»
39	Plaigne	1,120	8	9
40	Filiatre....................	2,001	16	»
41	Filiatre	508	06	9
42	Veuve Sabourdy............	480	14	»
43	Aussel.....................	2,728	1	6
44	Étienne Lalay..............	513	2	9
45	Duclos, boulanger..........	983	15	»
46	Pierre Péret................	289	11	»
47	Élie Martial	403	03	6
48 / 49	Grosbras mère.............	1,106	12	3
50	Etienne Denard............	952	19	»
51	Picat, charpentier..........	1,103	16	»
52	Audoynaud.................	1,934	13	6
53	Reix et sœurs..............	1,459	09	»
54	Fournier et Martinaud.....	472	05	»
55	Philippe Falgerat..........	745	18	»
56	Chabrol-Ninade............	4,516	03	»
57	Bélair ou Porcher..........	491	02	6
*58	Barthélemy Garaud.........	696	19	»
59	Matha	1,058	07	»
60	Grosbras mère.............	1,003	02	»
61	Fournier Leymarie.........	1,104	16	6
62	Duclos	8,905	3	»
63	Jean-Baptiste Rouly.......	628	14	»
64	Martial Racaud aîné.......	2,193	2	3
65	Jean-Baptiste Boulière.....	806	17	6
66	Mathieu, tanneur..........	627	5	9
67	Thomas, mercier...........	708	9	9
68	Massy, tailleur............	584	8	9
69	Veuve Paignon.............	1,215	8	»
70	Veuve Noualhier...........	1,073	6	»
71	Sénemaud-Lavaud	918	2	6
72	Blanchard..................	2,129	13	9
	A reporter.................	102,878	11	6

		liv.	s.	d.
	Report..................	102,878	11	6
73	Vilette...................	1,270	13	»
74	Joseph Sénemaud...........	3,780	2	»
75	Tarnaud...................	2,197	1	6
76	Paul Larose...............	831	14	»
77	Meilhac...................	1,029	6	6
78	Veuve Géraldy.............	672	8	»
79	Puynége...................	3,032	3	»
80	Bordas....................	2,237	8	»
81	L'Oratoire................	4,279	14	»
82	Vaudet....................	4,350	3	»
83	Souligniac................	3,503	12	»
84	Veuve Bourdeau............	1,895	8	»
85	Laporte, négociant........	1,775	11	6
86	Polony, négociant.........	4,996	7	»
87	Guibert-Lachaussade.......	6,216	5	9
88	Metadier..................	1,295	15	»
89	Raymond, pelletier........	1,381	9	3
90	Cajon.....................	1,817	»	»
91	Lombardie aîné............	3,335	15	»
92	Deschamps.................	3,204	14	»
93	Thoumas, notaire..........	4,142	2	»
94	Veuve Noualhier...........	459	11	»
95	Gorsas, cordonnier........	726	16	»
96	Farne.....................	4,150	11	6
97	Thoumas notaire...........	1,288	8	3
98	Deschamps.................	956	5	»
99	Lombardie aîné............	1,443	4	»
100	Guillaume Baubiat.........	1,048	9	9
101	Soudanas..................	1,528	6	9
102	Limousin..................	644	16	»
103	La citoyenne Bourdeau.....	1,308	3	»
104	L'Oratoire................	437	»	»
105	La citoyenne Jeanty.......	715	»	»
106	Cohade....................	665	19	»
107	Frappe....................	538	10	»
	A reporter..............	176,029	4	3

APPENDICE.   655

		liv.	s.	d.
	Report...............	176,029	4	3
108	Delaroche...............	884	8	»
109	Chabrol.................	1,537	18	6
110	Veuve Sabourdy dite Granjaud..........	786	12	»
111	Daugère.................	517	7	»
112	Dantreygas..............	731	12	»
113	Fournier................	1,047	7	»
114	Bordas..................	1,272	18	»
115	François Mignon	462	18	3
116	Martial Texieras-Fonjaudran.............	441	10	»
117	Jean Bordas.............	1,578	10	»
118	Puinége et Garaud......	1,409	13	»
119	Maureil.................	1,278	16	6
120	Joseph Sénemaud........	1,622	4	3
121	Bordas..................	593	9	3
122	La citoyenne Froment....	869	9	»
123	Boudet aîné, officier municipal..........	3,389	1	»
124	Du Dognon..............	7,777	17	3
125	Dépéret.................	1,768	16	»
126 127	Veuve Sénemaud fils et Lansade.........	2,751	1	»
128	La citoyenne Poncet	908	18	6
129	Lansade.................	1,440	19	»
130	Lagueunie...............	2,450	5	»
131	Garat, notaire...........	1,973	4	3
132	Vᵉ Audoucet.............	790	»	»
133	Lagueunie...............	1,058	7	»
134	Veyrier.................	1,981	2	3
135	Martial Pouret..........	1,285	17	6
136	Pierre Alary............	1,194	10	6
137	Cibot Cartier............	1,753	17	»
138	Geanty.................	1,619	8	»
139	Bordas..................	433	12	»
140	Blondeau................	1,850	11	3
141	Peconnet................	2,088	5	»
142	Pierre Gosse............	961	7	3
	A reporter.............	228,535	16	9

		liv.	s.	d.
	Report...............	228,535	16	9
143	Nicaud née Vergniaud...............	435	11	»
144	René Ruben...............	758	13	»
145	Besse...............	7,646	15	»
146	Vacquand...............	3,744	11	6
147	Valade...............	474	10	»
148	Nicaud née Vergniaud...............	727	2	»
149	Gosse...............	896	»	»
150	Peconnet...............	1,250	12	6
151	Henry Cibot...............	1,211	3	»
152	Jeanty...............	917	1	6
153	Lalardie...............	909	4	3
154	Bordas jeune...............	859	»	»
155	Martinaud...............	1,064	11	»
156	Racaud jeune...............	1,342	5	»
157	Paul Mounier...............	331	5	
158	Guillabaud...............	1,188	13	3
159	Yanda...............	595	14	3
160	V⁰ Tarneaud...............	754	14	»
161	Ci-devant Saint-Pierre...............	960	16	»
162	Du Dognon...............	1,318	17	»
163	La Citoyenne Delord...............	653	16	»
164	V⁰ Dessagnes...............	1,217	13	»
165	Catinaud...............	2,138	8	6
166	Pierre Picat...............	1,460	13	6
167	Les ci-devant Ursulines...............	27,535	12	3
168	Lamy...............	5,692	3	»
169	Baudet...............	2,753	6	»
170	Germain...............	1,009	17	»
171	Peyrusson gendre à Tharaud............	472	16	»
172	La veuve Noualhier...............	1,319	8	3
	Total...............	300,176	9	9

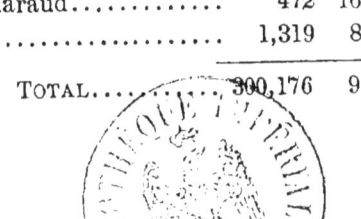

TABLE DES MATIÈRES.

	Page
INTRODUCTION	I

LIVRE PREMIER.

ÉTUDES HISTORIQUES

LIMOGES AU COMMENCEMENT DU XVIIe SIÈCLE	1
NAISSANCE DE LOUIS XIII (1601)	25
UNE ÉMEUTE A LIMOGES (1602)	33
HENRI IV A LIMOGES (1605)	46
LE DUC DE BOUILLON (1605)	65
MORT D'HENRI IV (1610)	77
SOUS LA RÉGENCE (1610-1620)	85
L'ABBAYE DE SAINT-AUGUSTIN-LEZ-LIMOGES (1617)	95
LES URSULINES (1620)	112
LA MAISON DE POMPADOUR (1584-1634)	118
LE COLLÉGE (1599-1700)	141
LA PESTE A LIMOGES (1630-1631)	179
LE MARÉCHAL DE SCHOMBERG (1607-1632)	195
LES PÉNITENTS (1643)	210
SAINT-MARTIAL DE LIMOGES	229
LE CONSULAT	257

LIVRE DEUXIÈME.

ÉTUDES BIOGRAPHIQUES

	Page
Susanne de La Pomélie (1571-1616)	271
Jeanne de Verthamond (1620-1675)	305
Bernard Bardon de Brun (1564-1625)	322
Jeanne de Lestonac (1556-1640)	339
La Mère Isabelle des Anges (1565-1644)	359
Marcelle Germain (1599-1661)	370
Marie de Petiot (1612-1667)	404
Martial de Malden de Savignac (1616-1670)	442
La Mère du Calvaire (1644-1673)	522
Le Père Lejeune (1592-1672)	563
APPENDICE	583
ERRATA	657

LIMOGES. — IMPRIMERIE DE CHAPOULAUD FRÈRES,
rue Montant-Manigne, 7.

ERRATA.

Page 18. — Rectifier la note ainsi qu'il suit :

« Après un long et minutieux examen, M. Poyet a pu s'assurer qu'il existe encore en Danemarck un incunable limousin : c'est un Bréviaire latin à l'usage de la cathédrale de Limoges, in-8, imprimé dans cette ville, en 1495, par Jean Berton, père de Paul, et originaire du diocèse de Tours. (*Bull. de la Société Archéologique*, etc., 1861-62.) »

Page 96. — Faute d'une phrase explicative, qui manque, toute cette page est obscure, et se lie mal à celle qui suit.

Page 281. — *Au lieu de* : « Le lien religieux qu'il y rattachait », *lisez* : « Le lien religieux qui l'y rattachait ».

Page 342. — *Au lieu de* : « L'auteur des *Essais* stygmatise les corruptions de son temps : il signale le mal ; *il n'a nul souci d'y porter remède* », *lisez* : « L'auteur des *Essais* stygmatise les corruptions de son temps : il signale le mal ; *mais il n'indique pas le remède. Il est sceptique*, et le scepticisme philosophique envenime plus de plaies qu'il n'en guérit. »

Page 425. — *Au lieu de* : « Par ordonnance du 10 août », *lisez* : « Par ordonnance du 20 août ».

Page 448. — *Au lieu de* : « En Angleterre aussi bien qu'à Rome, les violences dirigées contre les membres souffrants de Jésus-Christ furent contemporaines des violences dirigées *contre les catholiques* », *lisez* : « *contre les fidèles* ».

Page 475. — *Au lieu de* : « Conclure des deux chiffres », *lisez* : « Conclure du rapprochement des deux chiffres ».

Page 559. — *Au lieu de* : « Le douaire de cette épouse de Jésus-Christ fut *un peu privilégié* », *lisez* : « Le douaire de cette épouse de Jésus-Christ fut *une part privilégiée* ».

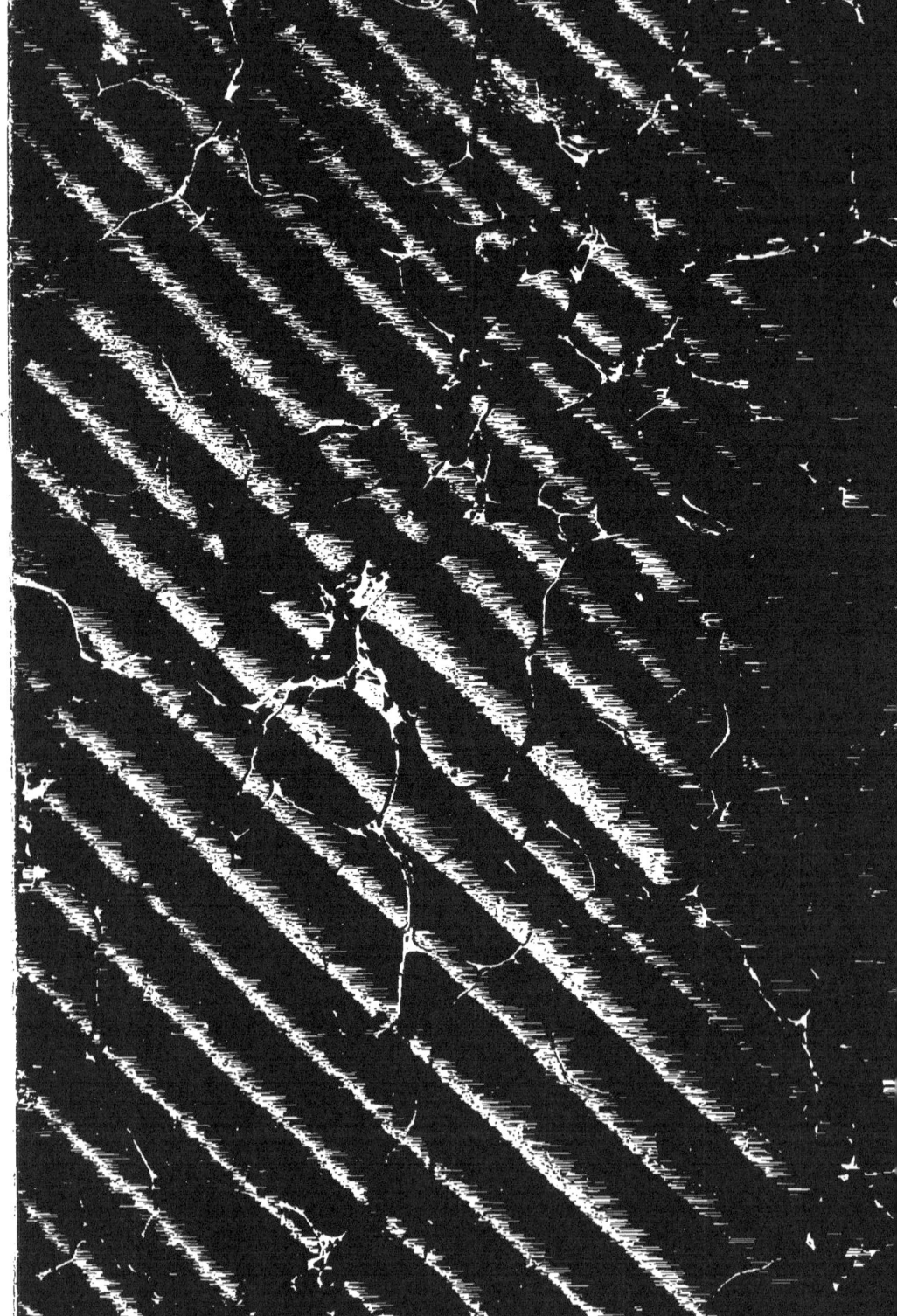

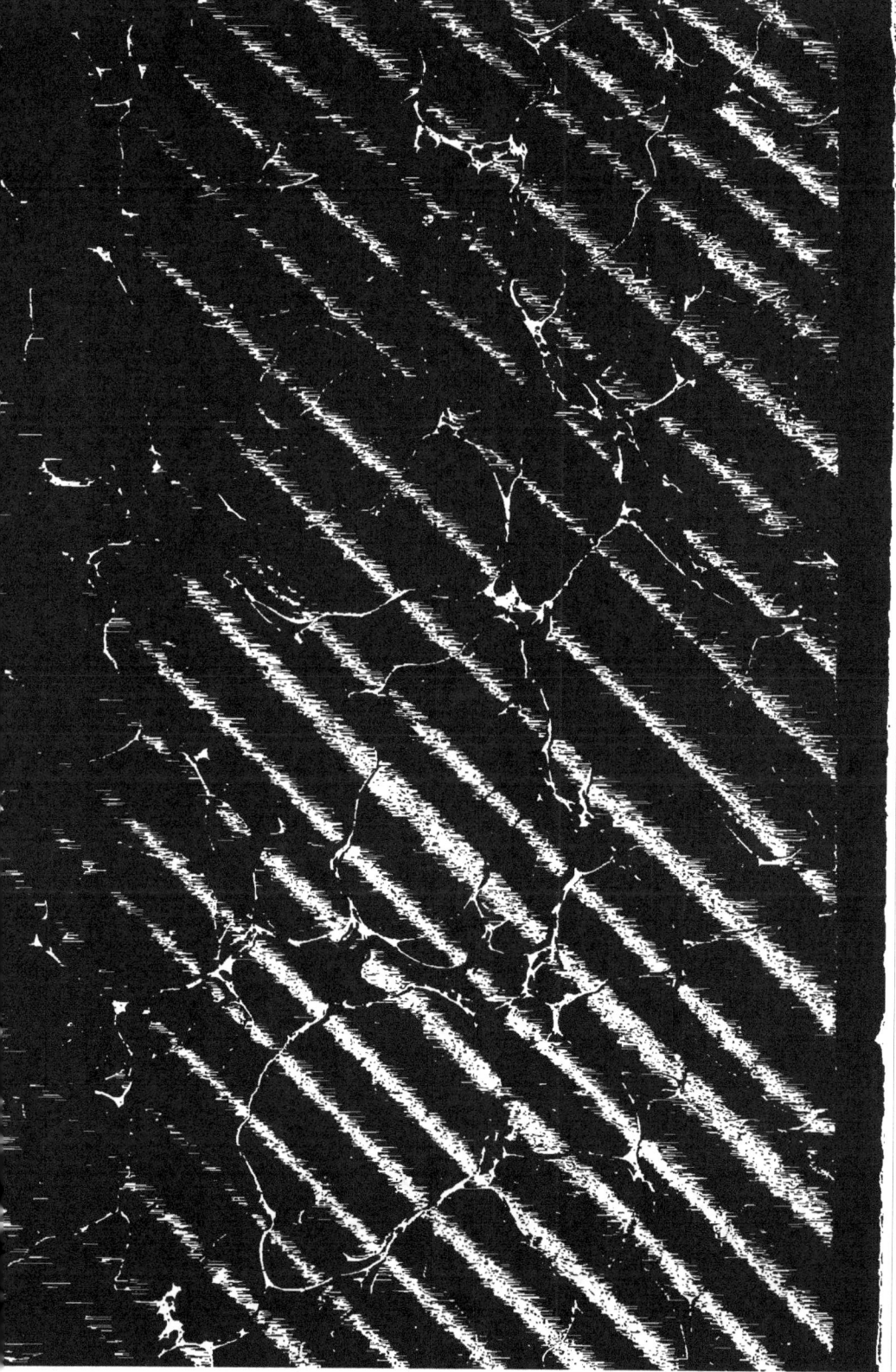

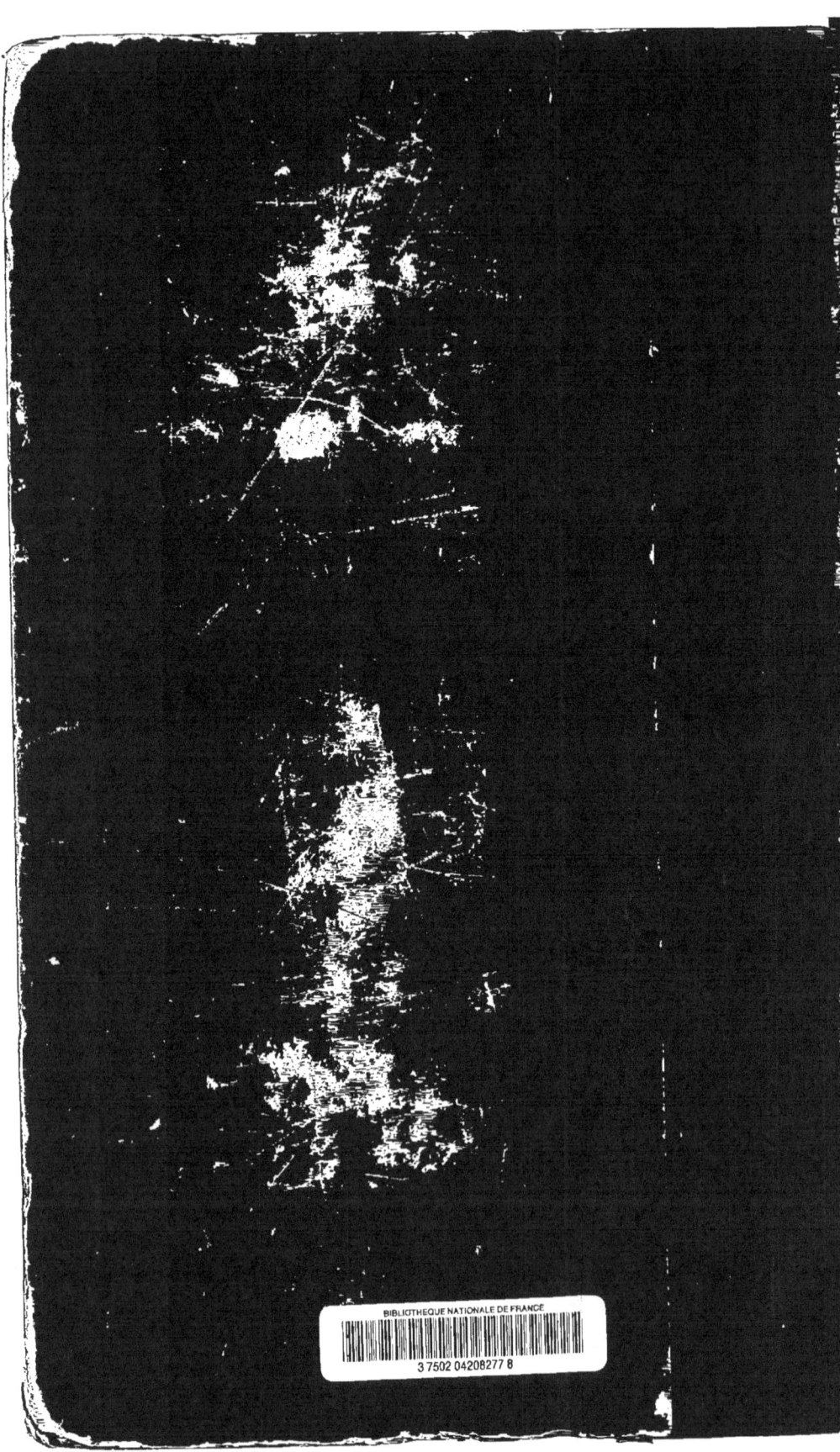

www.ingramcontent.com/pod-product-compliance
Lightning Source LLC
Chambersburg PA
CBHW061955300426
44117CB00010B/1346